新时代高等学校会计学、财务管理专业基础课程精品系列

“新文科双元培养——智慧会计”系列教材

国家级一流本科专业配套教材

# 高级财务会计

## （新形态教材）

主　编　韩小芳　施元冲

中国教育出版传媒集团

高等教育出版社·北京

内容简介

本教材以会计类专业学生为服务对象，着重阐述会计特殊业务的内涵、核算及引申的相关管理决策。

教材特色鲜明，围绕财务会计中的特殊问题、疑难问题和新问题，分九章介绍，包括：所得税会计，外币折算，会计调整，企业合并，合并财务报表，租赁会计，股份支付会计，持有待售的非流动资产、处置组和终止经营，清算会计。内容翔实，信息量大，实用性、可读性和可研究性强。

为方便教学，教材中穿插了教学课件、知识点解析、短视频和微课四种数字配套资源及大量习题。本书可用作会计学专业本科高年级开设“高级财务会计”课程的教材，也可作为企事业单位财务人员的会计培训教材。

**图书在版编目（CIP）数据**

高级财务会计 / 韩小芳，施元冲主编. -- 北京 : 高等教育出版社，2023.10
ISBN 978-7-04-060465-8

Ⅰ. ①高… Ⅱ. ①韩… ②施… Ⅲ. ①财务会计－高等学校－教材 Ⅳ. ①F234.4

中国国家版本馆CIP数据核字(2023)第079120号

Gaoji Caiwu Kuaiji

策划编辑 王 琼　　责任编辑 王 琼　　封面设计 李卫青　　版式设计 徐艳妮
责任绘图 邓 超　　责任校对 刘丽娴　　责任印制 存 怡

| | | | |
|---|---|---|---|
| 出版发行 | 高等教育出版社 | 网　址 | http://www.hep.edu.cn |
| 社　址 | 北京市西城区德外大街4号 | | http://www.hep.com.cn |
| 邮政编码 | 100120 | 网上订购 | http://www.hepmall.com.cn |
| 印　刷 | 北京华联印刷有限公司 | | http://www.hepmall.com |
| 开　本 | 787mm×1092mm 1/16 | | http://www.hepmall.cn |
| 印　张 | 24.25 | | |
| 字　数 | 540千字 | 版　次 | 2023年10月第1版 |
| 购书热线 | 010-58581118 | 印　次 | 2023年10月第1次印刷 |
| 咨询电话 | 400-810-0598 | 定　价 | 49.00元 |



物 料 号 60465-00

# 前言

高级财务会计课程作为中级财务会计课程的延伸，是会计学、审计学、财务管理、资产评估等专业的一门主干课程。基础会计、中级财务会计和高级财务会计共同构成财务会计课程的完整体系。但是，高级财务会计应当涵盖哪些内容，中外相关教材可谓仁者见仁、智者见智。本书根据目前会计高等教育教学需要，将所得税会计，外币折算，会计调整，企业合并，合并财务报表，租赁会计，股份支付会计，持有待售的非流动资产、处置组和终止经营及清算会计九个专题作为主要内容。

本书编写的特点主要体现在以下四个方面：

1. 坚持立德树人，挖掘育人生动素材

将思政元素融入教材编写中，将知识目标、能力目标和素质目标的实现内嵌于教材内容，在每章都配有生动鲜活的引导案例和教学视频，如在第一章所得税会计中讲解无形资产研发的计税基础时，潜移默化地阐述了无形资产研发税收优惠政策，帮助学生熟悉会计行业法律法规和相关政策，重点培养学生“诚信为本、操守为重”的职业道德，树立遵守财经法规、廉洁自律的职业价值观，提升会计职业素养。

2. 创新结构设计，探索分层教学路径

本书积极顺应会计行业发展背景，在尊重学生个体差异的前提下，积极探索分层教学新路径。围绕“强基筑本”与“创新思辨”的教学目的，在传统教材体例设计上创新改进，增加疑难问题的延伸探讨，借助二维码链接将每个专题经典文献及最新文献呈现于对应知识点附近。如在介绍资产负债表债务法时提供当前学术界对该种方法的辩证讨论。并在每章最后提供相关文献及案例分析，增强开放性和探究性，拓宽学生学习空间，将学生从会计核算的微观视角转移到会计分析的中观和宏观视角，提升辩证思考和创新能力。同时，在编写期间我们参考了我国财政部和国际会计准则理事会的最新会计准则和相关解释公告，以使相关内容更具有时效性。

3. 注重思维培养，突出研究性教学理念

本书在具体内容编写中体现研究性教学理念，将重点由传统的特殊业务核算向智慧思维能力培养转变，激发学生探究知识和真理的积极性，提高学生未来从事会计实务工作的职业判断能力、适应商业环境的灵活应变能力。教材基于问题导向，通过“提示”“教学讨论”“教学延伸”等栏目体现编写团队在教学实践中的经验和心得，这些栏目基本都是往届学生所提的主要问题和容易出错的地方，教材将其归纳和总结，方便教学中使用，提高学生对相关重点、难点的逻辑分析能力，体现出“教学启发科研、科研反哺教学”的良性互动。

4. 建设数字资源，打造优质新形态教材

为满足新时代我国对高校人才培养和教育信息化的需求，本书从会计特殊业务的特点出发，围绕高级财务会计中的特殊问题、疑难问题、新问题，重点介绍了九个专题内容。教材中穿插了微课、短视频、教学课件和知识点解析四种形式的数字配套资源，能够为教师提供丰富教学资源，为学生提供自主学习的材料，具有直接在课堂展示、操作等功能，配合纸质版教材使用，可大幅度提高课堂教学效率，提升教学效果。本书对应的重点专题内容已经在中国大学MOOC平台开放，配套课程对应的相关思政视频可登录“学习强国”APP搜索南京财经大学“党史中的财经故事”进行学习。

本书适合会计学专业和其他相关专业的本科生及有兴趣从事财务会计领域的学习、研究和工作的读者使用。

本书由韩小芳副教授、施元冲副教授担任主编，负责总体框架和大纲的确定，并对教材进行总纂。各章编写分工如下：于金梅副教授编写第1、2、7章，韩小芳副教授编写第3、4、5章，施元冲副教授编写第6、8章，张帆副教授编写第9章。

本教材的出版获得了南京财经大学校级重点教材立项资助，得到了南京财经大学会计学院的鼎力支持。同时，非常感谢高等教育出版社对本教材编写的指导和帮助。

由于作者水平有限，本书难免存在不足和偏颇，敬请读者批评指正。

编者

2023年6月

# 目录

# 数字教学资源目录

# 第一章 所得税会计

## 教学目标

了解所得税的会计属性和所得税会计核算方法的演变历程；掌握资产负债表债务法的含义和一般核算程序；掌握资产和负债的计税基础；熟悉暂时性差异及常见类型；掌握递延所得税负债、递延所得税资产和所得税费用的确认、计量、记录和列报。

## 思维导图

- 资产负债表债务法
  - 基本概念
  - 一般程序：账面价值、计税基础、递延所得税、当期所得税、所得税费用
- 计税基础
  - 资产的计税基础　未来可税前列支的金额
  - 负债的计税基础　账面价值−未来期间按照税法规定可予税前扣除的金额
- 暂时性差异
  - 应纳税暂时性差异
    - 判断标准
      - 资产：账面价值>计税基础
      - 负债：账面价值<计税基础
    - 增加的差异冲减应税所得、减少的差异追加应税所得
    - 匹配的递延所得税负债
      - 增加记贷、转回记借
      - 登账额=差异变动额×相关所得税税率
      - 递延所得税负债余额=期末差异余额×相关所得税税率
  - 可抵扣暂时性差异
    - 判断标准
      - 资产：账面价值<计税基础
      - 负债：账面价值>计税基础
    - 增加的差异追加应税所得、减少的差异冲减应税所得
    - 匹配的递延所得税资产
      - 增加记借、转回记贷
      - 登账额=差异变动额×相关所得税税率
      - 递延所得税资产余额=期末差异余额×相关所得税税率
  - 特殊项目产生的暂时性差异
    - 超标广告费　可抵扣暂时性差异
    - 税前弥补亏损　可抵扣暂时性差异
      - 亏损发生时作新增可抵扣暂时性差异
      - 亏损弥补时作转回可抵扣暂时性差异
    - 商誉　只有减值提取作可抵扣暂时性差异处理，其余差异都不认定

- 递延所得税负债及资产
  - 确认原则
    - 递延所得税负债:除明确规定不确认递延所得税的情况外,对于所有的应纳税暂时性差异均应该确认相关的递延所得税负债
    - 递延所得税资产:以未来可能取得的应纳税所得额为限确认
  - 后续计量
    - 递延所得税负债和资产均按转回期间税率计量,不要求折现
  - 特殊交易或事项中涉及递延所得税
- 所得税费用
  - 当期所得税
    - 概念:当期所得税指当期应交所得税,当期所得税=应纳税所得额×相关所得税税率
    - 计算:应纳税所得额=税前会计利润+纳税调整增加额-纳税调整减少额
  - 递延所得税
    - 概念:递延所得税资产及递延所得税负债当期发生额的综合结果,但不包括计入所有者权益的交易或事项的所得税影响
    - 计算:递延所得税=(递延所得税负债的期末余额-递延所得税负债的期初余额)-(递延所得税资产的期末余额-递延所得税资产的期初余额)
  - 所得税费用
    - 所得税费用=当期所得税+递延所得税
- 所得税的列报
  - 基本原则
  - 收益与会计利润的关系

## 引导案例：*ST索菱计提资产减值准备，终止确认部分递延所得税资产

深圳市索菱实业股份有限公司（以下简称“公司”）于2021年12月31日召开第四届董事会第十六次会议、第四届监事会第十次会议，审议通过了《关于计提减值损失并核销应收款项、终止确认部分递延所得税资产的议案》。现将其中部分资料摘录如下：

一、计提资产减值准备并核销应收款项情况

公司本次计提资产减值准备并核销的资产项目主要包括应收账款、其他应收款、预付账款、固定资产。其中，本次计提各项资产减值准备96 742 995.40元；核销应收账款155 309 222.72元、其他应收款1 334 149 804.93元、预付账款2 815 930.36，共计1 492 274 958.01元。并且，公司对固定资产进行了全面的清查、盘点，对已经闲置、过时、终止使用的且计划进行出售的划分为持有待售资产管理并进行减值测试；对暂时闲置、利用率严重不足等固定资产，且已经发生减值迹象的，进行减值测试，通过资产评估、市场询价等方式确认资产的可收回金额，计提减值准备140 852 508.56元。

二、终止确认部分递延所得税资产情况

截至2020年年末，公司部分控股子公司递延所得税资产情况如下：惠州市索菱精密有限公司（索菱精密）递延所得税资产为5 576 978.86元、长春索菱科技有限公司（长春索菱）递延所得税资产为161 880.50元、索菱国际实业有限公司（索菱国际）递延所得税资产为3 079 143.99元、广东索菱电子科技有限公司（广东索菱）递延所得税资产为69 871 392.58元，合计78 689 395.93元。

根据上述子公司2021年的经营情况及公司未来经营计划，索菱精密、长春索菱已停止经营、持续亏损，索菱国际2021年度预计进一步亏损，广东索菱未来经营计划有所调整，以上原因导致上述子公司预计在未来税法规定的期限内无法获得足够的应纳税所得额用于抵扣递延所得税资产的利益，基于谨慎性原则，公司对上述子公司以前年度确认的递延所得税资产78 689 395.93元予以冲回，同时对上述子公司2021年度不再确认递延所得税资产。

三、对公司财务状况和经营成果的影响

（一）本次计提减值及核销资产累计减少2021年度利润总额237 595 503.96元。

（二）本次终止确认递延所得税资产将减少2021年度净利润78 689 395.93元。

资料来源：《*ST索菱：关于计提减值损失并核销应收款项、终止确认部分递延所得税资产的公告》；公告日期：2022－01－04。

根据该案例，分析如下问题：所得税会计的计量如何影响上市公司净利润和每股收益？递延所得税应如何计量？递延所得税与当期所得税、所得税费用之间存在何种关系？

教学文档

企业所得税税法

教学文档

企业会计准则第18号——所得税

# 第一节 所得税会计概述

所得税会计是研究处理会计收益和应税收益差异的会计理论和方法，是反映企业所得税的确认、计量和报告的一整套会计原理、程序和方法。所得税会计核算方法包括应付税款法和纳税影响会计法。应付税款法是将本期税前会计利润与纳税所得之间差异造成的影响纳税金额直接计入当期损益，而不递延到以后各期。应付税款法要求所得税费用按税法计算，所得税费用等于本期应交税款。纳税影响会计法是指将本期由于时间性差异造成的税前会计利润与应纳税所得额之间的差异造成影响纳税的金额递延和分配到以后各期，可分为递延法和债务法。在税率没有变化时，递延法和债务法计算的结果相同；在税率发生变化时，递延法不考虑税率变化对当期递延税款的影响，而债务法需要考虑税率变化对当期递延税款的影响。债务法在具体运用时又可分为利润表债务法与资产负债表债务法。财政部于2006年2月发布的《企业会计准则第18号——所得税》，规定我国所得税会计核算采用资产负债表债务法。

## 一、资产负债表债务法的含义

教学视频

所得税会计概述

资产负债表债务法是从资产负债表出发，通过比较资产负债表上列示的资产、负债，按照会计准则规定确定的账面价值与按照税法规定确定的计税基础，对于两者之间的差异分别应纳税暂时性差异与可抵扣暂时性差异，确认相关的递延所得税负债与递延所得税资产，在综合考虑当期应交所得税的基础上，确定每一会计期间利润表中所得税费用的一种方法。

资产负债表债务法在所得税的会计核算方面遵循了资产、负债的界定。从会计要素角度考虑，资产的账面价值代表某项资产在持续持有及最终处置的一定期间内能为企业带来未来经济利益的总额，而其计税基础代表该期间内按照税法规定就该项资产可以税前扣除的总额。资产账面价值小于其计税基础的，表明该项资产于未来期间产生的经济利益流入低于按照税法规定允许税前扣除的金额，产生可抵减未来期间应纳税所得额的因素，减少未来期间以所得税税款的方式流出企业的经济利益，应确认为递延所得税资产。反之，若一项资产的账面价值大于其计税基础，二者之间的差额会增加企业在未来期间的应纳税所得额及应交所得税，对企业形成经济利益流出的义务，应确认为递延所得税负债。与应付税款法相比，资产负债表债务法除了能够反映企业已经持有的资产、负债及其变动对当期利润的影响外，还能够反映有关资产、负债对未来期间的

教学文档

论所得税会计方法的演变

所得税影响，在所得税核算领域贯彻了资产负债观。

## 二、资产负债表债务法的一般程序

采用资产负债表债务法，企业一般应于每一资产负债表日进行所得税的核算。企业合并等特殊交易或事项发生时，在确认因交易或事项取得的资产、负债的同时应确认相关的所得税影响。

企业进行所得税核算一般应遵循以下程序：

### （一）确定资产和负债的账面价值

按照相关会计准则规定确定资产负债表中除递延所得税资产和递延所得税负债以外的其他资产和负债项目的账面价值。资产、负债的账面价值，是指企业按照相关会计准则的规定进行核算后在资产负债表中列示的金额。例如，企业持有的应收账款账面余额为3 000万元，企业对该应收账款计提了200万元的坏账准备，其账面价值为2 800万元。资产需要进行折旧（或者摊销）的，在计算其账面价值时还应当扣除按照会计口径计算的累计折旧（或者累计摊销）。

### （二）确定资产和负债的计税基础

按照会计准则中对于资产和负债计税基础的确定方法，以适用的税收法规为基础，确定资产负债表中有关资产、负债项目的计税基础。

### （三）比较资产、负债的账面价值和计税基础，确定暂时性差异和递延所得税

经过前述计算之后比较资产、负债的账面价值与其计税基础，对于两者之间存在差异的，分析其性质，除准则中规定的特殊情况外，分别对于应纳税暂时性差异与可抵扣暂时性差异，确定资产负债表日递延所得税负债和递延所得税资产的应有余额，并与期初递延所得税负债和递延所得税资产的原有余额相比，确定当期应予以确认或者转回的递延所得税负债或递延所得税资产的金额，作为递延所得税。

### （四）计算应交所得税和当期所得税费用

就当期发生的交易或事项，按照适用的企业所得税税法规定计算当期应纳税所得额，然后乘以适用的当期所得税税率计算确认为当期应交所得税，作为当期所得税费用。

教学文档

新会计准则体系的资产负债表观与所得税会计改革

### （五）确定利润表中的所得税费用

利润表中的所得税费用包括当期所得税（当期应交所得税）和递延所得税两个组成部分，企业在计算确定了当期所得税和递延所得税后，两者之和（或之差），是利润表中的所得税费用。

**教学讨论**

应纳税所得额和会计利润的区别和联系。

# 第二节 资产和负债的计税基础

所得税会计的关键在于确定资产、负债的计税基础。在确定资产、负债的计税基础时，应严格遵循税收法规中对于资产的税务处理以及可税前扣除的费用等规定。

## 一、资产的计税基础

资产的计税基础，是指企业收回资产账面价值过程中，计算应纳税所得额时按照税法规定可以自应税经济利益中抵扣的金额，即某一项资产在未来期间计税时按照税法规定可以税前扣除的总金额。

教学视频

资产的计税基础（一）

资产在初始确认时，其计税基础一般为取得成本，即企业为取得某项资产支付的成本在未来期间准予税前扣除。在资产持续持有的过程中，其计税基础是指资产的取得成本减去以前期间按照税法规定已经税前扣除的金额后的余额。如固定资产、无形资产等长期资产在某一资产负债表日的计税基础是指其成本扣除按照税法规定已在以前期间税前扣除的累计折旧额或累计摊销额后的金额。

资产的计税基础＝未来可税前列支的金额

资产在资产负债表日的计税基础＝资产成本－本期及以前期间已税前列支的金额

现举例说明部分资产项目计税基础的确定：

### （一）固定资产

以各种方式取得的固定资产，初始确认时按照会计准则规定确定的入账价值基本上是被税法认可的，即取得时其账面价值一般等于计税基础。固定资产在持有期间进行后续计量时，由于会计与税法规定就折旧方法、折旧年限以及固定资产减值准备的提取等处理的不同，可能造成固定资产的账面价值与计税基础的差异。具体差异如表1-1所示。

表1-1 固定资产账面价值与计税基础

| 类别 | 账面价值 | 计税基础 |
|---|---|---|
| 初始确认 | 账面价值一般与计税基础相等 | |
| 后续计量 | 取得成本－累计会计折旧－固定资产减值准备 | 取得成本－累计计税折旧 |

1. 折旧方法的差异

会计准则规定，企业应当根据与固定资产有关的经济利益的预期实现方式合理选择折旧方法，如可以按年限平均法计提折旧，也可以按照双倍余额递减法、年数总和法等计提折旧，前提是企业选用的有关折旧方法反映相关固定资产包含经济利益的实现方式。税法中除某些按照规定可以加速折旧的情况外，基本上可以税前扣除的是按照年限平均法计提的折旧。

【例1-1】 开源实业股份有限公司（以下简称开源公司）于2×20年12月10日以5 000万元购入一项管理用固定资产，预计净残值为0，使用年限为5年，固定资产当日投入使用，开源公司对该固定资产采用双倍余额递减法计提折旧。按税法规定该固定资产折旧年限为5年，采用直线法计提折旧，预计净残值为0。假定固定资产未发生减值。

开源公司相关处理如下：

（1）2×20年年末：

固定资产账面价值＝5 000（万元）

固定资产计税基础＝5 000（万元）

暂时性差异＝0

（2）2×21年年末：

固定资产账面价值$=5\ 000-5\ 000\times\dfrac{2}{5}=3\ 000$（万元）

固定资产计税基础＝5 000－5 000÷5＝4 000（万元）

暂时性差异＝4 000－3 000＝1 000（万元）

该项固定资产的账面价值3 000万元与其计税基础4 000万元之间产生的1 000万元差额，在未来期间会减少企业的应纳税所得额。

2×22年至2×25年该固定资产账面价值和计税基础及其差异可以通过相同的方法分析计算。具体如表1-2所示。

表1-2 固定资产账面价值与计税基础

单位：万元

| 项 目 | 2×20年 | 2×21年 | 2×22年 | 2×23年 | 2×24年 | 2×25年 |
|---|---|---|---|---|---|---|
| 会计年折旧额① | 0 | 2 000 | 1 200 | 720 | 540 | 540 |
| 税法年折旧额② | 0 | 1 000 | 1 000 | 1 000 | 1 000 | 1 000 |
| 账面价值③（原价－累计会计折旧） | 5 000 | 3 000 | 1 800 | 1 080 | 540 | 0 |

续表

| 项 目 | 2×20年 | 2×21年 | 2×22年 | 2×23年 | 2×24年 | 2×25年 |
|---|---|---|---|---|---|---|
| 计税基础④（原价－累计计税折旧） | 5 000 | 4 000 | 3 000 | 2 000 | 1 000 | 0 |
| 暂时性差异⑤=④－③ | 0 | 1 000 | 1 200 | 920 | 460 | 0 |
| 当年发生差异 | 0 | 1 000 | 200 | −280 | −460 | −460 |

2. 折旧年限的差异

会计准则规定，折旧年限是由企业按照固定资产的性质和使用情况合理确定的，而税法规定了每一类固定资产的最低折旧年限。因此，由于折旧年限的不同，也会产生固定资产账面价值与计税基础之间的差异。

【例1-2】 开源公司适用的所得税税率为25%，各年税前利润均为20 000万元。2×21年6月以5 000万元购入一项固定资产，并于当月达到预定可使用状态，开源公司预计使用寿命为5年。按照适用税法在10年内计算确定可税前扣除的折旧额。假定会计与税法均按年限平均法计提折旧，净残值均为零。

开源公司相关处理如下：

（1）2×21年年末：

$$固定资产账面价值=5\ 000-5\ 000\div5\times\frac{6}{12}=4\ 500（万元）$$

$$固定资产计税基础=5\ 000-5\ 000\div10\times\frac{6}{12}=4\ 750（万元）$$

暂时性差异＝4 750－4 500＝250（万元）

该项固定资产的账面价值4 500万元与其计税基础4 750万元之间产生的250万元差额，在未来期间会减少企业的应纳税所得额。

**教学延伸**

$$2\times21年年末应交所得税=(10\ 000+5\ 000\div5\times\frac{6}{12}-5\ 000\div10\times\frac{6}{12})\times25\%=2\ 562.5（万元）$$

（2）2×22年年末：

固定资产账面价值＝5 000－5 000÷5×1.5＝3 500（万元）

固定资产计税基础＝5 000－5 000÷10×1.5＝4 250（万元）

暂时性差异＝4 250－3 500＝750（万元）

该项固定资产的账面价值3 500万元与其计税基础4 250万元之间产生的750万元差额，在未来期间会减少企业的应纳税所得额。

### 教学延伸

2×22年年末应交所得税 =（20 000 + 5 000 ÷ 5 − 5 000 ÷ 10）× 25% = 5 125（万元）

### 教学讨论

上述分析过程是否可以借助会计动态等式？

3. 因计提固定资产减值准备产生的差异

持有固定资产的期间内，在对固定资产计提了减值准备以后，因税法规定企业计提的资产减值准备在发生实质性损失前不允许税前扣除，在有关减值准备转变为实质性损失前，也会造成固定资产的账面价值与计税基础的差异。

【例1–3】　开源公司于2×20年12月10日以2 250万元购入一项生产用固定资产，按照该项固定资产的预计使用情况，开源公司估计其使用寿命为5年。按照适用税法规定，其最低折旧年限为10年，该企业计税时按照10年计算确定可税前扣除的折旧额。假定会计与税法规定均按年限平均法计提折旧，净残值均为零。假定2×22年年末该项固定资产的可收回金额为1 300万元。税法规定，固定资产在发生实质损失之前，计提的减值准备不允许从税前扣除。

开源公司相关处理如下：

（1）2×21年年末：

固定资产账面价值 = 2 250 − 2 250 ÷ 5 = 1 800（万元）

固定资产计税基础 = 2 250 − 2 250 ÷ 10 = 2 025（万元）

暂时性差异 = 2 025 − 1 800 = 225（万元）

该项固定资产的账面价值1 800万元与其计税基础2 025万元之间产生的225万元差额，在未来期间会减少企业的应纳税所得额。

（2）2×22年年末：

2×22年末固定资产计提折旧后的账面价值 = 1 800 − 2 250 ÷ 5 = 1 350（万元），大于其可收回金额1 300万元，应计提50万元的减值准备。因此，计提减值准备后的账面价值如下：

固定资产账面价值 = 1 800 − 2 250 ÷ 5 − 50 = 1 300（万元）

固定资产计税基础 = 2 025 − 2 250 ÷ 10 = 1 800（万元）

暂时性差异 = 1 800 − 1 300 = 500（万元）

该项固定资产的账面价值1 300万元与其计税基础1 800万元之间产生的500万元差额，在未来期间会减少企业的应纳税所得额。

### （二）无形资产

除内部研究开发形成的无形资产以外，其他方式取得的无形资产，初始确认时按照会计准则规定确定的入账价值与按照税法规定确定的计税基础之间一般不存在差异。无形资产的差异主要产生于内部研究开发形成的无形资产以及使用寿命不确定的无形资产。具体差异如表1-3所示。

表1-3　无形资产账面价值与计税基础

| 类别 | 账面价值 | 计税基础 |
| --- | --- | --- |
| 初始确认 | 除内部研究开发形成的无形资产以外，其他方式取得的无形资产，其账面价值一般与计税基础相等。但对于内部研究开发形成的无形资产，其入账价值和计税基础之间存在差异，但并不确认递延所得税 | |
| 使用寿命有限的无形资产后续计量 | 取得成本－会计累计摊销－无形资产减值准备 | 取得成本－税法累计摊销 |
| 使用寿命不确定的无形资产后续计量 | 取得成本－无形资产减值准备 | 取得成本－税法累计摊销 |

1. 内部研究开发形成的无形资产

对于内部研究开发形成的无形资产企业会计准则规定有关研究开发支出区分为两个阶段，研究阶段的支出应当费用化计入当期损益，而开发阶段符合资本化条件的支出应当资本化作为无形资产的成本；税法规定，自行开发的无形资产，以开发过程中该资产符合资本化条件后至达到预定用途前发生的支出为计税基础。另外，对于研究开发费用的加计扣除，假定税法中规定企业为开发新技术、新产品、新工艺发生的研究开发费用，未形成无形资产计入当期损益的，在按照规定据实扣除的基础上，按照研究开发费用的75%加计扣除；形成无形资产的，按照无形资产成本的175%摊销。

另外，会计准则规定，企业发生的某项交易或事项不属于企业合并、同时在确认时既不影响会计利润也不影响应纳税所得额，则不确认该暂时性差异的所得税影响。因此，享受税收优惠的无形资产在初始确认时，对于会计与税收规定之间存在的暂时性差异不确认递延所得税，持有过程中，在初始未予确认所得税影响范围内的摊销额等差异亦不确认递延所得税。

**提示**

根据财政部、国家税务总局公告〔2023〕第7号，即《关于进一步完善研发费用税前加计扣除政策的公告》，企业开展研发活动中实际发生的研发费用，未形成无形资产计入当期损益的，在按规定据实扣除的基础上，自2023年1月1日起，再按照实际发生额的100%在税前加计扣除；形成无形资产的，自2023年1月1日起，按照无形资产成本的200%在税前摊销。

**【例1-4】** 开源公司2×21年为开发新技术发生研究开发支出计1 000万元，其中研究阶段支出200万元，开发阶段符合资本化条件前发生的支出为200万元，符合资本化条件后发生的支出为600万元。税法规定，企业为开发新技术、新产品、新工艺发生的研究开发费用，未形成无形资产计入当期损益的，按照研究开发费用的75%加计扣除；形成无形资产的，按照无形资产成本的175%摊销，假定开发形成的无形资产在2×21年7月1日已达到预定用途，会计和税法规定摊销年限10年，2×21年开源公司会计利润为5 000万元。

开源公司相关处理如下：

（1）2×21年7月1日：

无形资产账面价值＝600（万元）

无形资产计税基础＝600×175%＝1 050（万元）

暂时性差异＝1 050－600＝450（万元）

应予说明的是，上述450万元暂时性差异因产生于无形资产的初始确认，该无形资产并非产生于企业合并，且该无形资产在初始确认时既不影响会计利润也不影响应纳税所得额，因此，该450万元暂时性差异的所得税影响不予确认。

（2）2×21年年末：

无形资产账面价值＝600－30＝570（万元）

无形资产计税基础＝1 050－52.5＝997.5（万元）

暂时性差异＝997.5－570＝427.5（万元）

**教学延伸**

2×21年年末应交所得税＝（5 000－400×75%－22.5）×25%＝1 169.375（万元）

2. 无形资产在后续计量时会计与税法差异

无形资产在后续计量时会计与税法的差异主要产生于是否需要摊销、摊销方法和年限的差异及无形资产减值准备的提取。会计准则规定，企业应根据无形资产的使用寿命情况，区分为使用寿命有限的无形资产与使用寿命不确定的无形资产。对于使用寿命不确定的无形资产，不要求摊销，但持有期间每年末应进行减值测试。税法规定，企业取得的无形资产成本（外购商誉除外），应在一定期限内摊销。对于使用寿命不确定的无形资产，会计处理时不予摊销，但计税时按照税法规定确定的摊销额允许税前扣除，造成该类无形资产账面价值与计税基础的差异。

在对无形资产计提减值准备的情况下，因税法规定计提的无形资产减值准备在转变为实质性损失前不允许税前扣除，即在计提无形资产减值准备的期间，无形资产的计税基础不会随减值准备的计提发生变化，从而造成无形资产的账面价值与计税基础的差异。

**【例1-5】** 开源公司各年适用的所得税税率均为25%，各年税前会计利润均为20 000万元。企业在计税时，对无形资产按照10年的期限摊销，摊销金额允许税前扣除。

（1）开源公司于2×21年1日取得某项无形资产，取得成本为1 000万元，根据各方面情况判断，开源公司无法合理预计其使用期限，将其作为使用寿命不确定的无形资产。

（2）2×22年12月31日，对该项无形资产进行减值测试，可收回金额为600万元。

开源公司相关处理如下：

（1）2×21年年末：

无形资产账面价值＝1 000（万元）

无形资产计税基础＝1 000－1 000÷10＝900（万元）

暂时性差异＝100（万元）

该项无形资产的账面价值1 000万元与其计税基础900万元之间产生的100万元差额，在未来期间会增加企业的应纳税所得额。

**教学延伸**

2×21年年末应交所得税＝(20 000－100)×25%＝4 975（万元）

（2）2×22年年末：

应计提的减值准备＝1 000－600＝400（万元）

无形资产账面价值＝600（万元）

无形资产计税基础＝1 000－100×2＝800（万元）

暂时性差异＝200（万元）

该项无形资产的账面价值600万元与其计税基础800万元之间产生的200万元差额，在未来期间会减少企业的应纳税所得额。

**教学延伸**

2×22年年末应交所得税＝(20 000＋400－100)×25%＝5 075（万元）

## （三）以公允价值计量的金融资产

教学视频

资产的计税基础（二）

1. 以公允价值计量且其变动计入当期损益的金融资产

按照《企业会计准则第22号——金融工具确认和计量》的规定，以公允价值计量且其变动计入当期损益的金融资产于某一会计期末的账面价值为其公允价值。税法规定，企业以公允价值计量的金融资产、金融负债以及投资性房地产等，持有期间公允价值的变动不计入应纳税所得额，在实际处置或结算时，处置取得的价款扣除其历史成本后的差额应计入处置或结算期间的应纳税所得额。按照该规定，以公允价值计量的金融资产在持有期间市价的波动在计税时不予考虑，有关金融资产在某一会计期末的计税基础为其取得成本，从而在公允价值变动的情况下，造成以公允价值计量的金融资产账面价值与计税基础之间产生差异。

【例1-6】　开源公司各年适用的所得税税率为25%，各年税前会计利润均为20 000

万元。假定2×21年期初暂时性差异余额为零，不考虑其他因素。有关业务如下：

（1）2×21年11月20日，开源公司自公开市场取得一项权益性投资，分类为交易性金融资产，支付价款1 000万元，本年末该权益性投资的公允价值为1 100万元。

（2）2×22年12月31日，该投资的公允价值为800万元。

开源公司相关处理如下：

（1）2×21年年末：

交易性金融资产账面价值＝1 100（万元）

交易性金融资产计税基础＝1 000（万元）

暂时性差异＝100（万元）

该项交易性金融资产的账面价值1 100万元与其计税基础1 000万元之间产生的100万元差额，在未来期间会增加企业的应纳税所得额。

**教学延伸**

2×21年年末应交所得税＝(20 000－100)×25%＝4 975（万元）

（2）2×22年年末：

交易性金融资产账面价值＝800（万元）

交易性金融资产计税基础＝1 000（万元）

暂时性差异＝200（万元）

该项交易性金融资产的账面价值800万元与其计税基础1 000万元之间产生的200万元差额，在未来期间会减少企业的应纳税所得额。

**教学延伸**

2×22年年末需要先转回2×21年确认的100万元账面价值大于计税基础产生的暂时性差异，然后再确认本年产生的200万元账面价值小于计税基础暂时性差异，因此，应交所得税＝(20 000＋300)×25%＝5 075（万元）

2. 以公允价值计量且其变动计入其他综合收益的金融资产

企业持有的以公允价值计量且其变动计入其他综合收益的金融资产，其计税基础的确定，与以公允价值计量且其变动计入当期损益的金融资产类似，差别在于其形成的暂时性差异不需要进行纳税调整。

**【例1-7】** 沿用【例1-6】，假定该权益性投资分类为其他权益工具投资，作为以公允价值计量且其变动计入其他综合收益的金融资产。

开源公司相关处理如下：

（1）2×21年年末：

其他权益工具投资账面价值＝1 100（万元）
其他权益工具投资计税基础＝1 000（万元）
暂时性差异＝100（万元）

**教学延伸**

2×21年年末应交所得税＝20 000×25%＝5 000（万元）

（2）2×22年年末：
其他权益工具投资账面价值＝800（万元）
其他权益工具投资计税基础＝1 000（万元）
暂时性差异＝200（万元）

**教学延伸**

2×22年年末应交所得税＝20 000×25%＝5 000（万元）

**教学讨论**

以公允价值计量且其变动计入当期损益的金融资产所产生的暂时性差异为什么影响当期应交所得税，而以公允价值计量且其变动计入其他综合收益的金融资产所产生的暂时性差异为什么不影响当期应交所得税？

## （四）其他资产

因会计准则规定与税法规定不同，企业持有的其他资产，也可能造成其账面价值与计税基础之间存在差异。

1. 投资性房地产

企业持有的投资性房地产进行后续计量时，会计准则规定可以采用两种模式：一种是成本模式，采用该种模式计量的投资性房地产，其账面价值与计税基础的确定与固定资产、无形资产相同；另一种是在符合规定条件的情况下，可以采用公允价值模式对投资性房地产进行后续计量。对于采用公允价值模式进行后续计量的投资性房地产，其账面价值的确定类似于以公允价值计量的金融资产，因税法中没有投资性房地产的概念及专门的税收处理规定，其计税基础的确定类似于固定资产或无形资产的计税基础。具体差异如表1–4所示。

表1-4 投资性房地产账面价值与计税基础

<table>
<tr><th>类别</th><th>账面价值</th><th>计税基础</th></tr>
<tr><td>成本模式</td><td>初始成本－投资性房地产累计会计折旧（或摊销）－投资性房地产减值准备</td><td rowspan="2">初始成本－投资性房地产累计计税折旧（或摊销）</td></tr>
<tr><td>公允价值模式</td><td>期末公允价值</td></tr>
</table>

【例1-8】 开源公司于2×21年1月2日自公开市场取得一项土地使用权即对外出租，取得土地使用权支付价款8 000万元，使用年限50年。开源公司对投资性房地产按公允价值模式进行后续计量，税法规定按50年平均摊销。2×21年12月31日，该项土地使用权的公允价值为8 800万元。2×22年12月31日，该项土地使用权的公允价值为9 200万元。

开源公司相关处理如下：

（1）2×21年年末：

投资性房地产账面价值＝8 800（万元）

投资性房地产计税基础＝8 000－8 000÷50＝7 840（万元）

暂时性差异＝8 800－7 840＝960（万元）

该项投资性房地产的账面价值8 800万元与其计税基础7 840万元之间产生的960万元差额，在未来期间会增加企业的应纳税所得额。

（2）2×22年年末：

投资性房地产账面价值＝9 200（万元）

投资性房地产计税基础＝8 000－8 000÷50×2＝7 680（万元）

暂时性差异＝9 200－7 680＝1 520（万元）

该项投资性房地产的账面价值9 200万元与其计税基础7 680万元之间产生的1 520万元差额，在未来期间会增加企业的应纳税所得额。

【例1-9】 开源公司适用的所得税税率为25%，各年税前会计利润均为20 000万元。

（1）2×21年1月1日将其自用房屋用于对外出租，并采用公允价值模式对该投资性房地产进行后续计量。该房屋的成本为5 000万元，预计使用年限为20年。转为投资性房地产之前，已使用4年，按年限平均法计提折旧，预计净残值为零。2×21年1月1日，账面价值为4 000万元，转换日公允价值为5 000万元，转换日产生其他综合收益1 000万元。2×21年12月31日的公允价值为6 000万元。

（2）该项投资性房地产在2×22年12月31日的公允价值为5 600万元。

假定税法规定的折旧方法、折旧年限及净残值与会计规定相同。同时，税法规定资产在持有期间公允价值的变动不计入应纳税所得额，待处置时一并计算确定应计入应纳税所得额的金额。

开源公司相关处理如下：

（1）2×21年年末：

投资性房地产账面价值＝6 000（万元）

投资性房地产计税基础 $=5\,000-5\,000\div20\times5=3\,750$（万元）

暂时性差异 $=6\,000-3\,750=2\,250$（万元）

该项投资性房地产的账面价值6 000万元与其计税基础3 750万元之间产生的2 250万元差额，在未来期间会增加企业的应纳税所得额。

**教学延伸**

2×21年年末应交所得税 $=(20\,000-1\,000-5\,000\div20)\times25\%=4\,687.5$（万元）

（2）2×22年年末：

投资性房地产账面价值 $=5\,600$（万元）

投资性房地产计税基础 $=5\,000-5\,000\div20\times6=3\,500$（万元）

暂时性差异 $=2\,100$（万元）

该项投资性房地产的账面价值5 600万元与其计税基础3 500万元之间产生的2 100万元差额，在未来期间会增加企业的应纳税所得额。

**教学延伸**

2×22年年末应交所得税 $=(20\,000+400-5\,000\div20)\times25\%=5\,037.5$（万元）

**教学讨论**

转换日形成的暂时性差异与资产负债表日产生的暂时性差异，在会计处理上是否相同？

2. 债权投资

（1）国库券、特种国债

对于国库券和特种国债，税法规定符合条件的免征所得税，会计规定期末确认利息收入，要进行纳税调整，但不形成暂时性差异，形成永久性差异。此时，计税基础等于账面价值。

答案参考

教学讨论答案参考

（2）企业债券

① 对于每年年末支付利息的企业债券，会计准则和税法规定一致，计税基础等于账面价值，不需要进行纳税调整。

② 对于到期一次付息的企业债券，债券的账面价值大于计税基础，形成暂时性差异。

3. 长期股权投资

企业持有的长期股权投资，按照会计准则规定可以采用成本法和权益法进行核算。根据税法，对于投资资产的处理，要求按规定确定其成本后，在转让或处置投资资产时，其成本准予扣除。因此，税法规定投资资产（含长期股权投资）的成本为购买价款或者取得时的公允价值加相关税费。

【例1-10】 开源公司于2×21年1月1日以3 800万元取得对乙公司20%股权，并自取得当日起向乙公司董事会派出1名董事，能够对乙公司财务和经营决策施加重大影响。取得股权时，乙公司可辨认净资产的公允价值与账面价值相同，均为16 000万元。乙公司2×21年度实现净利润500万元，当年取得的作为其他权益工具投资核算的股票公允价值上升增加其他综合收益200万元。开源公司与乙公司2×21年未发生交易。开源公司拟长期持有对乙公司的投资。税法规定，我国境内设立的居民企业间的股息、红利免税。

2×21年年末，开源公司相关处理如下：

长期股权投资账面价值＝3 800＋500×20%＋200×20%＝3 940（万元）

长期股权投资计税基础＝3 800（万元）

暂时性差异＝3 940－3 800＝140（万元）

应予说明的是，对于采用权益法核算的长期股权投资，其账面价值与计税基础产生的有关暂时性差异是否应确认相关的递延所得税影响，应当考虑该项投资的持有意图。

4. 其他计提了资产减值准备的各项资产

有关资产计提了减值准备以后，其账面价值会随之下降，而按照税法规定，资产的减值在转化为实质性损失之前，不允许税前扣除，从而造成资产的账面价值与其计税基础之间的差异。

【例1-11】 开源公司适用的所得税税率为25%，各年税前会计利润均为20 000万元。开源公司于2×21年9月10日购入原材料，成本为5 000万元，因部分生产线停工，当年未领用任何原材料，2×21年资产负债表日估计该原材料的可变现净值为4 000万元。假定该原材料在2×21年的期初余额为零。

2×21年年末，开源公司相关处理如下：

应计提的存货跌价准备＝5 000－4 000＝1 000（万元）

原材料账面价值＝4 000（万元）

原材料计税基础＝5 000（万元）

暂时性差异＝5 000－4 000＝1 000（万元）

该项存货的账面价值4 000万元与其计税基础5 000万元之间产生的1 000万元差额，在未来期间会减少企业的应纳税所得额。

**教学延伸**

2×21年年末应交所得税＝(20 000＋1 000)×25%＝5 250（万元）

【例1-12】 开源公司适用的所得税税率为25%，各年税前会计利润均为20 000万元。开源公司2×21年12月31日应收账款余额为6 000万元，该公司期末对应收账款计提了600万元的坏账准备。税法规定，不符合国务院财政、税务主管部门规定的各项资产减值准备不允许税前扣除。假定该公司应收账款及坏账准备的期初余额均为零。

2×21年年末，开源公司相关处理如下：

应收账款账面价值＝6 000－600＝5 400（万元）

应收账款计税基础＝6 000（万元）

暂时性差异＝6 000－5 400＝600（万元）

该项应收账款的账面价值5 400万元与其计税基础6 000万元之间产生的600万元差额，在应收账款发生实质性损失时，会减少未来期间的应纳税所得额。

**教学延伸**

2×21年年末应交所得税＝（20 000＋600）×25%＝5 150（万元）

## 二、负债的计税基础

教学视频

负债的计税基础

负债的计税基础，是指负债的账面价值减去未来期间计算应纳税所得额时按照税法规定可予抵扣的金额。用公式表示为：

负债的计税基础＝账面价值－未来期间按照税法规定可予税前扣除的金额

负债的确认与偿还一般不会影响企业的损益，也不会影响其应纳税所得额，未来期间计算应纳税所得额时按照税法规定可以予以抵扣的金额为0，计税基础即为账面价值。但是，某些情况下，负债的确认可能会影响企业的损益，进而影响不同期间的应纳税所得额，使得其计税基础与账面价值之间产生差额，如按照会计规定确认的某些预计负债。

### （一）企业因销售商品提供售后服务等原因确认的预计负债

按照或有事项准则规定，企业对于预计提供售后服务将发生的支出在满足有关确认条件时，销售当期即应确认为费用，同时确认预计负债。如果税法规定，与销售产品相关的支出应于实际发生时税前扣除。因该类事项产生的预计负债在期末的计税基础为其账面价值与未来期间可税前扣除的金额之间的差额，即为0。

其他交易或事项中确认的预计负债，应按照税法规定的计税原则确定其计税基础。

某些情况下，因有些事项确认的预计负债，税法规定其支出无论是否实际发生均不允许税前扣除，即未来期间按照税法规定可予抵扣的金额为0，账面价值等于计税基础。例如关联方之间的债务担保。

**提示**

因产品质量保证和违约金认定的预计负债属于可抵扣暂时性差异；因罚没支出和担保义务认定的预计负债属于非暂时性差异。

【例1–13】 开源公司2×21年因销售产品承诺提供3年的保修服务，在当年度利润表中确认了1 500万元的销售费用，同时确认为预计负债，当年度未发生任何保修支出，2×21年年初预计负债无余额。假定按照税法规定，与产品售后服务相关的费用在实际发生时允许税前扣除。

2×21年年末，开源公司相关处理如下：

预计负债账面价值＝1 500（万元）

预计负债计税基础＝账面价值1 500万元－未来期间计算应纳税所得额时按照税法规定可予抵扣的金额1 500万元＝0

暂时性差异＝1 500－0＝1 500（万元）

该项负债的账面价值1 500万元与其计税基础0之间的暂时性差异可以理解为未来期间企业实际发生1 500万元的经济利益流出用以履行产品保修义务时，税法规定允许税前扣除，即减少未来实际发生期间的应纳税所得额。

### （二）合同负债

企业在收到客户预付的款项时，因不符合收入确认条件，会计上将其确认为一项负债（合同负债）。税法中对于收入的确认原则一般与会计规定相同，即会计上未确认收入时，计税时一般亦不计入应纳税所得额，该部分经济利益在未来期间计税时可予税前扣除的金额为0，计税基础等于账面价值。

在某些情况下，因不符合会计准则规定的收入确认条件，未确认为收入而确认为合同负债的，按照税法规定应计入当期应纳税所得额时，有关预收并确认为合同负债的计税基础为0，即因其产生时已经计算交纳所得税，未来期间可全额税前扣除。

【例1–14】 开源公司于2×21年12月20日自客户收到一笔合同预付款，金额为200万元，因不符合收入确认条件，将其作为合同负债核算。假定按照税法规定，该款项应计入取得当期应纳税所得额并计算交纳所得税，不考虑其他因素。假定开源公司2×21年税前会计利润为20 000万元，所得税税率为25%。预计2×22年年初开源公司确认收入100万元。不考虑其他因素。

2×21年年末，开源公司相关处理如下：

合同负债账面价值＝200（万元）

合同负债计税基础＝账面价值200万元－未来期间计算应纳税所得额时按照税法规定可予抵扣的金额200万元＝0

暂时性差异＝200（万元）

该项负债的账面价值200万元与其计税基础0之间产生的200万元暂时性差异，该项暂时性差异的含义为在未来期间企业按照会计规定确认收入，产生经济利益流入时，因其在产生期间已经计算缴纳了所得税，未来期间则不再计入应纳税所得额，从而会减少企业于未来期间的所得税税款流出。

教学文档

合同资产、合同负债产生的原因及核算中的相关问题辨析

**教学延伸**

2×21年年末应交所得税 =（20 000 + 200）×25% = 5 050（万元）

## （三）应付职工薪酬

会计准则规定，企业为获得职工提供的服务给予的各种形式的报酬以及其他相关支出均应作为企业的成本费用，在未支付之前确认为负债。税法规定合理的职工薪酬允许税前扣除，如果按照会计准则规定计入成本费用支出的职工薪酬按照税法规定不属于合理部分，应进行纳税调整。因这部分职工薪酬在发生当期不允许税前扣除，在以后期间也不允许税前扣除，即该部分差额对未来期间计税不产生影响，所产生应付职工薪酬负债的账面价值等于计税基础。

如果按照税法规定，职工薪酬部分当期可予以税前扣除，其余部分可结转以后期间扣除，则产生暂时性差异。例如，财税〔2018〕51号规定，企业发生的职工教育经费支出，不超过工资薪金总额8%的部分，准予在计算企业所得税应纳税所得额时扣除；超过部分，准予在以后纳税年度结转扣除。此时，会产生暂时性差异。

**【例1–15】** 开源公司2×21年12月计入成本费用的职工工资总额为5 000万元，至2×21年12月31日尚未支付。假设按照适用税法规定，当期计入成本费用的5 000万元工资支出中，可予税前扣除的合理部分为4 800万元。

2×21年年末，开源公司相关处理如下：

应付职工薪酬账面价值 = 5 000（万元）

应付职工薪酬计税基础 = 账面价值5 000万元 − 未来期间计算应纳税所得额时按照税法规定可予抵扣的金额0 = 5 000（万元）

暂时性差异 = 0

该事项的会计处理与税收处理存在差异，但之所以不形成暂时性差异的原因是两者之间的200万元差异在产生当期不能税前扣除，在未来期间亦不能税前扣除，从而构成一项永久性差异，不会对企业未来期间的计税产生影响。

教学文档

职工薪酬准则与企业所得税税法的差异

## （四）其他负债

其他负债如企业应交的罚款和滞纳金等，在尚未支付之前按照会计规定确认为费用，同时作为负债反映。税法规定，行政性罚款和滞纳金不能税前扣除，即该部分费用无论是在发生当期还是在以后期间均不允许税前扣除，其计税基础为账面价值减去未来

期间计税时可予税前扣除的金额0之间的差额，即计税基础等于账面价值。其他交易或事项产生的负债，其计税基础的确定应当遵从适用税法的相关规定。

**提示**

对于确认为递延收益的政府补助，如果按税法规定，应作为收到当期的应纳税所得额计缴企业所得税，则该递延收益的计税基础为0（产生负债账面价值大于负债计税基础的暂时性差异）。

**【例1-16】** 开源公司的所得税税率为25%，假定开源公司税前会计利润为20 000万元。不考虑其他纳税调整，税法规定，企业因违反国家有关法律法规支付的罚款和滞纳金，计算应纳税所得额时不允许税前扣除。2×21年12月接到下列处罚书面通知书：（1）因违反有关环保法规的规定，接到环保部门的处罚通知，要求其支付罚款500万元，至2×21年12月31日该项罚款尚未支付；（2）因违反税收法规的规定，接到税务部门的处罚通知，要求其支付罚款300万元，至2×21年12月31日该项罚款尚未支付。

2×21年年末，开源公司相关处理如下：

其他应付款账面价值＝800（万元）

其他应付款计税基础＝账面价值800万元－未来期间计算应纳税所得额时按照税法规定可予抵扣的金额0＝800（万元）

暂时性差异＝0

教学讨论

交易性金融负债的计税基础

**教学延伸**

2×21年年末应交所得税＝（20 000＋800）×25%＝5 200（万元）

**教学讨论**

是否有负债的账面价值低于其计税基础？请举例说明。

## 三、特殊交易或事项中产生资产、负债计税基础的确定

除企业在正常生产经营活动过程中取得的资产和负债以外，对于某些特殊交易中产生的资产、负债，其计税基础的确定应遵从税法规定，如企业合并过程中取得资产、负债计税基础的确定。

《企业会计准则第20号——企业合并》将企业合并的类型分为同一控制下的企业合并与非同一控制下的企业合并两种。同一控制下的企业合并，合并中取得的有关资产、

负债基本维持其原账面价值不变，合并中不产生新的资产和负债；非同一控制下的企业合并，合并中取得的有关资产、负债应按其购买日的公允价值计量，企业合并成本大于合并中取得可辨认净资产公允价值的份额部分确认为商誉，企业合并成本小于合并中取得可辨认净资产公允价值的份额部分计入合并当期损益。

企业合并的相关税收规定，通常情况下被合并企业应视为按公允价值转让、处置全部资产，计算资产的转让所得，依法缴纳所得税。合并企业接受被合并企业的有关资产，计税时可以按经评估确认的价值确定计税基础。判断有关企业合并是应税合并还是免税合并时，某些情况下还需要考虑在合并中涉及的获取资产或股权的比例、非股权支付额的比例，具体划分标准和条件应遵从税法。

由于会计准则与税收法规对企业合并的划分标准不同，处理原则也不同，某些情况下，会造成企业合并中取得的有关资产、负债的入账价值与其计税基础的差异。

例如，某项企业合并按照会计准则规定因合并方与被合并方在合并前后均处于同一集团内母公司的最终控制之下，会计处理时将其作为同一控制下企业合并处理，合并方对于合并中取得的被合并方的有关资产、负债均按照其原账面价值确认。该项合并中，假如从合并方取得的股权比例、合并中支付的非股权支付额的角度考虑，不考虑税法中规定的免税合并的条件，则合并方自被合并方取得的有关资产、负债的计税基础应当重新认定。假如按照税法规定确定的被合并方有关资产、负债的计税基础为合并日的市场价格，则相关资产、负债的账面价值与其计税基础会存在差异，从而产生需要确认的递延所得税资产或负债。因有关暂时性差异产生于企业合并交易，且该企业合并为同一控制下企业合并，在确认合并中产生的递延所得税资产或负债时，相关影响应当计入所有者权益。

再如，某项企业合并交易为市场独立主体之间发生，按照会计准则规定属于非同一控制下企业合并，购买方对于合并中取得的被购买方各项可辨认资产、负债应按照公允价值确认。如果购买方取得被购买方的股权比例、合并中股权支付额的比例等达到税法中规定的免税合并的条件，则计税时可以作为免税合并处理，即购买方对于交易中取得被购买方各项可辨认资产、负债的计税基础应承继其原有计税基础。比较该项企业合并中取得有关可辨认资产、负债的账面价值与其计税基础会产生暂时性差异。因有关暂时性差异产生于企业合并，且该企业合并为非同一控制下企业合并，与暂时性差异相关的所得税影响确认的同时，将影响合并中确认的商誉。

上述因合并中取得可辨认资产、负债的账面价值与计税基础不同产生的暂时性差异的所得税影响，在控股合并的情况下，应于合并财务报表中确认。购买方或合并方的个别财务报表中产生的会计与税法的差异可能源于相关长期股权投资的入账价值与计税基础之间的差异，一般在长期股权投资初始确认时应确认相关的递延所得税影响。

# 第三节 暂时性差异

暂时性差异是指资产、负债的账面价值与其计税基础不同产生的差额。因资产、负债的账面价值与其计税基础不同，产生了在未来收回资产或清偿负债的期间内，应纳税所得额增加或减少并导致未来期间应交所得税增加或减少的情况，形成企业的资产或负债，在有关暂时性差异发生当期，符合确认条件的情况下应确认相关的递延所得税负债（或资产）。

暂时性差异分为应纳税暂时性差异和可抵扣暂时性差异。

教学视频

暂时性差异

除因资产、负债的账面价值与其计税基础不同产生的暂时性差异以外，按照税法规定可以结转以后年度的未弥补亏损和税款抵减，也视同可抵扣暂时性差异处理。某些不符合资产、负债的确认条件，未作为财务报告中资产、负债列示的项目，如果按照税法规定可以确定其计税基础，该计税基础与其账面价值之间的差额也构成暂时性差异。

**教学拓展**

**永久性差异和时间性差异**

由于会计利润和纳税所得均涉及收入和费用的确认和计量，从收入、费用的角度，按照税前会计利润和纳税所得之间产生差异的原因，可以将两者的差异划分为永久性差异和时间性差异。永久性差异是指企业一定时期的税前会计利润与应纳税所得额之间由于计算口径不同而产生的，且不能在以后各期转回的差异。该种差异在本期发生，不会在以后各期转回。例如，国债利息收入免税，符合条件的居民企业之间的股息、红利等权益性投资收益免税等。时间性差异是指税法与会计准则在确认收益、费用或损失时的时间不同而产生的税前会计利润与应纳税所得额的差异。时间性差异发生于某一会计期间，但会在以后的一期或若干期内转回。例如，企业确认的交易性金融资产的公允价值变动收益，会计在当期确认为收益，但按照税法规定，应在以后期间确认为应税收益。

## 一、应纳税暂时性差异

应纳税暂时性差异，是指在确定未来收回资产或清偿负债期间的应纳税所得额时，将导致产生应税金额的暂时性差异，即在未来期间不考虑该事项影响的应纳税所得额的基础上，由于该暂时性差异的转回，会进一步增加转回期间的应纳税所得额和应交所得税金额，在其产生当期，符合条件时，应当确认相关的递延所得税负债。

应纳税暂时性差异通常产生于以下情况：

### （一）资产的账面价值大于其计税基础

资产的账面价值代表的是企业在持续使用及最终出售该项资产时将取得的经济利益的总额，而计税基础代表的是资产在未来期间可予税前扣除的总金额。资产的账面价值大于其计税基础，该项资产未来期间产生的经济利益不能全部税前抵扣，两者之间的差额需要交税，产生未来应纳税暂时性差异。例如，一项固定资产的账面价值为2 000万元，计税基础为1 250万元，两者之间差额750万元，会造成未来期间应纳税所得额和应交所得税的增加，在产生的当期应确认相关的递延所得税负债。如【例1–8】【例1–9】中资产产生的暂时性差异。

### （二）负债的账面价值小于其计税基础

负债的账面价值为企业预计在未来期间清偿该项负债时的经济利益流出，而其计税基础代表的是账面价值在扣除税法规定未来期间允许税前扣除的金额之后的差额。负债的账面价值与其计税基础不同产生的暂时性差异，实质上是税法规定就该项负债在未来期间可以税前扣除的金额（即与该项负债相关的费用支出在未来期间可予税前扣除的金额）。负债的账面价值小于其计税基础，则意味着就该项负债在未来期间可以税前抵扣的金额为负数，应调增未来期间应纳税所得额，增加未来应交所得税金额，产生应纳税暂时性差异，应确认相关的递延所得税负债。

**教学讨论**

结合第二节例题，分析应纳税暂时性差异在发生时如何影响应纳税所得额和递延所得税？

## 二、可抵扣暂时性差异

可抵扣暂时性差异是指在确定未来收回资产或清偿负债期间的应纳税所得额时，将导致产生可抵扣金额的暂时性差异。该差异在未来期间转回时会减少转回期间的应纳税所得额，减少未来期间的应交所得税。在可抵扣暂时性差异产生当期，符合确认条件时，应当确认相关的递延所得税资产。

可抵扣暂时性差异一般产生于以下情况：

### （一）资产的账面价值小于其计税基础

资产的账面价值小于其计税基础，意味着资产在未来期间产生的经济利益少，按照税法规定允许税前扣除的金额多，两者之间的差额可以减少企业在未来期间的应纳税所得额并减少应交所得税，符合有关条件时，应当确认相关的递延所得税资产。例如，一项固定资产的账面价值为2 000万元，计税基础为2 300万元，则企业在未来期间就该项资产可以在其自身取得经济利益的基础上多扣减300万元，会减少未来期间的应纳税所得额，相应减少未来应交所得税，形成可抵扣暂时性差异。如【例1-1】【例1-2】【例1-3】【例1-4】【例1-11】【例1-12】中资产产生的暂时性差异。

### （二）负债的账面价值大于其计税基础

负债的账面价值大于其计税基础，负债产生的暂时性差异实质上是税法规定就该项负债可以在未来期间税前扣除的金额。

即：负债产生的暂时性差异＝账面价值－计税基础

＝账面价值－（账面价值－未来期间计税时按照税法规定可予税前扣除的金额）

＝未来期间计税时按照税法规定可予税前扣除的金额

负债的账面价值大于其计税基础，意味着未来期间按照税法规定与负债相关的全部或部分支出可以从未来应税经济利益中扣除，减少未来期间的应纳税所得额和应交所得税。符合有关确认条件时，应确认相关的递延所得税资产。如【例1-13】【例1-14】中负债产生的暂时性差异。

**教学讨论**

结合第二节例题，分析可抵扣暂时性差异在发生时如何影响应纳税所得额和递延所得税？

综上所述，暂时性差异的种类与形成见表1-5。

表1-5　暂时性差异的种类与形成

| 项目 / 形成 / 种类 | 资产项目 | 负债项目 |
| --- | --- | --- |
| 应纳税暂时性差异（递延所得税负债） | 账面价值 > 计税基础 | 账面价值 < 计税基础 |
| 可抵扣暂时性差异（递延所得税资产） | 账面价值 < 计税基础 | 账面价值 > 计税基础 |

## 三、特殊项目产生的暂时性差异

### （一）未作为资产、负债确认的项目产生的暂时性差异

某些交易或事项发生以后，因为不符合资产、负债确认条件而未体现为资产负债表

中的资产或负债，但按照税法规定能够确定其计税基础的，其账面价值0与计税基础之间的差异也构成暂时性差异。如税法规定企业发生的符合条件的广告费和业务宣传费支出，除另有规定外，不超过当年销售收入15%的部分准予扣除；超过部分准予在以后纳税年度结转扣除。该类费用在发生时按照会计准则规定即计入当期损益，不形成资产负债表中的资产，但按照税法规定可以确定其计税基础的，两者之间的差异也形成暂时性差异。

【例1–17】 开源公司适用的所得税税率为25%。假定开源公司税前会计利润为20 000万元。不考虑其他纳税调整。2×21年发生1 700万元广告费支出，发生时已作为销售费用计入当期损益。税法规定，该类支出不超过当年销售收入15%的部分允许当期税前扣除，超过部分允许向以后年度结转税前扣除。开源公司2×21年实现销售收入10 000万元。假定2×21年发生的广告费款项已经支付，2×21年年初递延所得税资产（负债）无余额。

2×21年年末，开源公司相关处理如下：

计税基础＝1 700－10 000×15%＝200（万元）

可抵扣暂时性差异＝200（万元）

**教学延伸**

2×21年年末应交所得税＝(20 000＋200)×25%＝5 050（万元）

2×21年年末递延所得税资产余额＝200×25%＝50（万元）

2×21年确认所得税费用＝5 050－50＝5 000（万元）

| | | |
|---|---|---|
| 借：所得税费用 | 50 000 000 | |
| 递延所得税资产 | 500 000 | |
| 贷：应交税费——应交所得税 | | 50 500 000 |

## （二）可抵扣亏损及税款抵减产生的暂时性差异

教学文档

两部门发布广告费和业务宣传费支出税前扣除有关规定

按照税法规定可以结转以后年度的未弥补亏损及税款抵减，虽不是因资产、负债的账面价值与计税基础不同产生的，但与可抵扣暂时性差异具有同样的作用，均能够减少未来期间的应纳税所得额，进而减少未来期间的应交所得税，会计处理上视同可抵扣暂时性差异，符合条件的情况下，应确认与其相关的递延所得税资产。

【例1–18】 开源公司于2×21年因政策性原因发生经营亏损1 800万元，按照税法规定，该亏损可用于抵减以后5个年度的应纳税所得额。该公司预计其于未来5年期间能够产生足够的应纳税所得额弥补该亏损。

该经营亏损不是资产、负债的账面价值与其计税基础不同产生的，但从性质上可以减少未来期间企业的应纳税所得额和应交所得税，属于可抵扣暂时性差异。企业预计未来期间能够产生足够的应纳税所得额利用该可抵扣亏损时，应确认相关的递延所得税资产。

# 第四节 递延所得税负债及递延所得税资产的确认和计量

企业在计算确定了应纳税暂时性差异与可抵扣暂时性差异后，应当按照所得税会计准则规定的原则确认相关的递延所得税负债以及递延所得税资产。

**教学讨论**

会计要素一般先介绍资产，后讲述负债，该部分为什么先学习递延所得税负债而后讲解递延所得税资产？

## 一、递延所得税负债的确认和计量

教学视频

递延所得税负债的确认和计量

### （一）递延所得税负债的确认

企业在确认因应纳税暂时性差异产生的递延所得税负债时，应遵循以下原则：

1. 除所得税准则中明确规定可不确认递延所得税负债的情况以外，企业对于所有的应纳税暂时性差异均应确认相关的递延所得税负债。除与直接计入所有者权益的交易或事项以及企业合并中取得资产、负债相关的以外，在确认递延所得税负债的同时，应增加利润表中的所得税费用。与应纳税暂时性差异相关的递延所得税负债的确认，体现了会计上的谨慎性原则，即企业进行会计核算时不应高估资产、不应低估负债。

**【例1-19】** 开源公司于2×20年12月21日购入某项设备，取得成本为1 500万元，会计上采用年限平均法计提折旧，使用年限为10年，净残值为零，因该资产常年处于强震动状态，计税时按双倍余额递减法计算折旧，使用年限及净残值与会计相同。开源公司适用的所得税税率为25%。假定该企业不存在其他会计与税收处理的差异，2×20年年末递延所得税资产（负债）余额为零。

开源公司所得税会计处理如下：

（1）2×21年年末：

固定资产账面价值＝1 500－1 500÷10＝1 350（万元）

固定资产计税基础＝1 500－1 500×20%＝1 200（万元）

应纳税暂时性差异＝1 350－1 200＝150（万元）

该应纳税暂时性差异应确认与其相关的递延所得税负债37.5万元（期末150万元×25%－期初0），账务处理如下：

借：所得税费用　　375 000

　贷：递延所得税负债　　375 000

（2）2×22年年末：

固定资产账面价值＝1 500－1 500÷10×2＝1 200（万元）

固定资产计税基础＝1 500－1 500×20%－1 200×20%＝960（万元）

应纳税暂时性差异＝1 200－960＝240（万元）

该应纳税暂时性差异应确认与其相关的递延所得税负债22.5万元（期末240万元×25%－期初37.5万元），账务处理如下：

借：所得税费用　　225 000

　贷：递延所得税负债　　225 000

【例1-20】 开源公司于2×20年12月底购入一台设备，成本为1 575万元，预计使用年限为6年，预计净残值为零。会计上按直线法计提折旧，因该设备符合税法规定的税收优惠条件，计税时可采用年数总和法计提折旧，假定税法规定的使用年限及净残值均与会计相同。开源公司适用的所得税税率为25%。本例中假定该公司各会计期间均未对固定资产计提减值准备，除该项固定资产产生的会计与税法之间的差异外，不存在其他会计与税收的差异。假定各年税前利润均为20 000万元。

该公司每年因固定资产账面价值与计税基础不同应予确认的递延所得税情况如表1-6所示。

表1-6 开源公司每年应予确认的递延所得税

单位：万元

| 项目 | 2×21年 | 2×22年 | 2×23年 | 2×24年 | 2×25年 | 2×26年 |
|---|---|---|---|---|---|---|
| 历史成本 | 1 575 | 1 575 | 1 575 | 1 575 | 1 575 | 1 575 |
| 累计会计折旧 | 262.5 | 525 | 787.5 | 1 050 | 1 312.5 | 1 575 |
| 账面价值 | 1 312.5 | 1 050 | 787.5 | 525 | 262.5 | 0 |
| 累计计税折旧 | 450 | 825 | 1 125 | 1 350 | 1 500 | 1 575 |
| 计税基础 | 1 125 | 750 | 450 | 225 | 75 | 0 |
| 应纳税暂时性差异 | 187.5 | 300 | 337.5 | 300 | 187.5 | 0 |

续表

| 项目 | 2×21年 | 2×22年 | 2×23年 | 2×24年 | 2×25年 | 2×26年 |
|---|---|---|---|---|---|---|
| 适用税率 | 25% | 25% | 25% | 25% | 25% | 25% |
| 递延所得税负债余额 | 46.875 | 75 | 84.375 | 75 | 46.875 | 0 |
| 递延所得税负债发生额 | 46.875 | 28.125 | 9.375 | −9.375 | −28.125 | −46.875 |

开源公司所得税会计处理如下：

（1）2×21年年末：

账面价值 = 历史成本 − 会计折旧 = 1 575 − 262.5 = 1 312.5（万元）

计税基础 = 历史成本 − 计税折旧 = 1 575 − 450 = 1 125（万元）

应纳税暂时性差异 = 1 312.5 − 1 125 = 187.5（万元）

该应纳税暂时性差异应确认与其相关的递延所得税负债46.875万元（期末187.5万元 × 25% − 期初0），账务处理如下：

借：所得税费用　　468 750

　　贷：递延所得税负债　　468 750

**教学延伸**

2×21年年末应交所得税 =［20 000 +（262.5 − 450）］× 25% = 4 953.125（万元）

（2）2×22年年末：

账面价值 = 历史成本 − 累计会计折旧 = 1 575 − 525 = 1 050（万元）

计税基础 = 历史成本 − 累计计税折旧 = 1 575 − 825 = 750（万元）

应纳税暂时性差异 = 1 050 − 750 = 300（万元）

该应纳税暂时性差异应确认与其相关的递延所得税负债75万元，但递延所得税负债的期初余额为46.875万元，当期应进一步确认递延所得税负债28.125万元（期末300万元 × 25% − 期初46.875万元），账务处理如下：

借：所得税费用　　281 250

　　贷：递延所得税负债　　281 250

**教学延伸**

2×22年年末应交所得税 =［20 000 +（262.5 − 375）］× 25% = 4 971.875（万元）

（3）2×23年年末：

账面价值 = 历史成本 − 累计会计折旧 = 1 575 − 787.5 = 787.5（万元）

计税基础＝历史成本－累计计税折旧＝1 575－1 125＝450（万元）

应纳税暂时性差异＝787.5－450＝337.5（万元）

该应纳税暂时性差异应确认与其相关的递延所得税负债84.375万元，但递延所得税负债的期初余额为75万元，当期应进一步确认递延所得税负债9.375万元（期末337.5万元×25%－期初75万元），账务处理如下：

借：所得税费用　　93 750

　　贷：递延所得税负债　　93 750

教学延伸

2×23年年末应交所得税＝[20 000＋(262.5－300)]×25%＝4 990.625（万元）

（4）2×24年年末：

账面价值＝历史成本－累计会计折旧＝1 575－1 050＝525（万元）

计税基础＝历史成本－累计计税折旧＝1 575－1 350＝225（万元）

应纳税暂时性差异＝525－225＝300（万元）

该应纳税暂时性差异应确认与其相关的递延所得税负债75万元，但递延所得税负债的期初余额为84.875万元，当期应转回原已确认的递延所得税负债9.375万元（期末300万元×25%－期初84.875万元），账务处理如下：

借：递延所得税负债　　93 750

　　贷：所得税费用　　93 750

教学延伸

2×24年年末应交所得税＝[20 000＋(262.5－225)]×25%＝5 009.375（万元）

（5）2×25年年末：

账面价值＝历史成本－累计会计折旧＝1 575－1 312.5＝262.5（万元）

计税基础＝历史成本－累计计税折旧＝1 575－1 500＝75（万元）

应纳税暂时性差异＝262.5－75＝187.5（万元）

该应纳税暂时性差异应确认与其相关的递延所得税负债46.875万元，但递延所得税负债的期初余额为75万元，当期应转回原已确认的递延所得税负债28.125万元（期末187.5万元×25%－期初75万元），账务处理如下：

借：递延所得税负债　　281 250

　　贷：所得税费用　　281 250

**教学延伸**

2×24年年末应交所得税＝[ 20 000＋( 262.5－150 )] ×25%＝5 028.125（万元）

（6）2×26年年末：

该项固定资产的账面价值及计税基础均为0，两者之间不存在暂时性差异，前期已确认的与该项资产相关的递延所得税负债应予全额转回（期末0－期初46.875万元），账务处理如下：

借：递延所得税负债　　468 750

　　贷：所得税费用　　468 750

**教学延伸**

2×24年年末应交所得税＝[ 20 000＋( 262.5－75 )] ×25%＝5 046.875（万元）

**教学讨论**

应纳税暂时性差异在转回时如何影响应纳税所得额和递延所得税？

2. 不确认递延所得税负债的特殊情况。有些情况下，虽然资产、负债的账面价值与其计税基础不同，产生了应纳税暂时性差异，但出于各方面考虑，所得税准则中规定不确认相应的递延所得税负债，主要包括：

（1）商誉的初始确认。非同一控制下的企业合并中，企业合并成本大于合并中取得的被购买方可辨认净资产公允价值份额的差额，按照会计准则规定应确认为商誉。因会计与税法上的划分标准不同，会计上作为非同一控制下的企业合并，但如果按照税法规定计税时作为免税合并的情况，则商誉的计税基础为零，其账面价值与计税基础形成应纳税暂时性差异，所得税准则中规定不确认与其相关的递延所得税负债。因为企业合并形成的暂时性差异确认的递延所得税计入商誉，因此商誉形成的应纳税暂时性差异如果确认递延所得税负债则会对应增加商誉，又形成应纳税暂时性差异，为避免进入不断的循环状态，所得税准则规定不确认与其相关的递延所得税负债。但要注意的是，企业合并中除商誉以外的其他资产、负债产生的暂时性差异在符合条件时还是要确认相关递延所得税并计入商誉。

【例1-21】　开源公司以增发市场价值为45 000万元的自身普通股为对价购入海企公司100%的净资产，对海企公司进行吸收合并，合并前开源公司与海企公司不存在任何关联方关系。假定该项合并符合税法规定的免税合并条件，交易各方选择进行免税处理，购买日海企公司各项可辨认资产、负债的公允价值及其计税基础如表1-7所示。

表1-7 海企公司购买日资产、负债的公允价值及其计税基础

单位：万元

| 项目 | 公允价值 | 计税基础 | 暂时性差异 |
| --- | --- | --- | --- |
| 固定资产 | 20 250 | 11 625 | 8 625 |
| 应收账款 | 15 750 | 15 750 | — |
| 存货 | 13 050 | 9 300 | 3 750 |
| 预计负债 | （2 250） | 0 | （2 250） |
| 应付账款 | （9 000） | （9 000） | 0 |
| 不包括递延所得税的可辨认资产、负债的公允价值 | 37 800 | — | — |

注：因为是吸收合并，开源公司取得海企公司的净资产，即原海企公司资产（负债）变为开源公司资产（负债）。

海企公司适用的所得税税率为25%，预期在未来期间不会发生变化，该项交易中应确认递延所得税负债及商誉的金额计算如下：

可辨认净资产公允价值　　37 800

递延所得税资产　　（2 250×25%）562.5

递延所得税负债　　（12 375×25%）3 093.75

考虑递延所得税后可辨认资产、负债的公允价值　　35 268.75

企业合并成本　　45 000

商誉　　9 731.25

账务处理如下：

借：海企公司可辨认净资产　　37 800

　　商誉　　7 200

　　贷：股本、资本公积——股本溢价　　45 000

不考虑递延所得税的情况下，商誉＝45 000－37 800＝7 200（万元）。

再对递延所得税进行会计处理，账务处理如下：

借：递延所得税资产　　562.5

　　贷：商誉　　562.5

借：商誉　　3 093.75

　　贷：递延所得税负债　　3 093.75

考虑递延所得税后的商誉＝7 200－562.5＋3 093.75＝9 731.25（万元）。

合并编制会计分录：

借：海企公司可辨认净资产　　37 800

　　递延所得税资产　　562.5

　　商誉　　9 731.25

贷：递延所得税负债　　3 093.75

股本、资本公积——股本溢价　　45 000

因该项合并符合税法规定的免税合并条件，当事各方选择进行免税处理的情况下，购买方在免税合并中取得的被购买方有关资产、负债应维持其原计税基础不变。被购买方原账面上未确认商誉，即商誉的计税基础为0。该项合并中所确认的商誉金额9 731.25万元与计税基础0之间产生应纳税暂时性差异，按照所得税准则中规定不再进一步确认相关的所得税影响。

需要说明的是，按照会计准则规定在非同一控制下企业合并中确认了商誉，并且按照所得税法规的规定商誉在初始确认时计税基础等于账面价值的（如：吸收合并时应税合并，初始确认时不产生暂时性差异），该商誉在后续计量过程中因会计准则与税法规定不同产生暂时性差异的（如：计提减值准备），应当确认相关的所得税影响。

（2）除企业合并以外的其他交易或事项中，若该项交易或事项发生时既不影响会计利润，也不影响应纳税所得额，则所产生的资产、负债的初始确认金额与其计税基础不同，形成应纳税暂时性差异的，交易或事项发生时不确认相应的递延所得税负债。该规定主要是考虑到由于交易发生时既不影响会计利润，也不影响应纳税所得额，确认递延所得税负债的直接结果是增加有关资产的账面价值或是降低所确认负债的账面价值，使得资产、负债在初始确认时，违背历史成本原则，影响会计信息的可靠性。

**提示**

对于不是企业合并、交易发生时既不影响会计利润也不影响应纳税所得额（或可抵扣亏损）、且初始确认的资产和负债导致产生等额应纳税暂时性差异和可抵扣暂时性差异的单项交易（包括承租人在租赁期开始日初始确认租赁负债并计入使用权资产的租赁交易，以及因固定资产等存在弃置义务而确认预计负债并计入相关资产成本的交易等），应当根据《企业会计准则第18号——所得税》等有关规定，在交易发生时分别确认相应的递延所得税负债和递延所得税资产。

（3）对联营企业、合营企业投资等相关的应纳税暂时性差异，一般应确认相应的递延所得税负债，但同时满足以下两个条件的除外：一是投资企业能够控制暂时性差异转回的时间；二是该暂时性差异在可预见的未来很可能不会转回。满足上述条件时，投资企业可以运用自身的影响力决定暂时性差异的转回，如果不希望其转回，则在可预见的未来期间，该项暂时性差异即不会转回，对未来期间计税不产生影响，从而无须确认相应的递延所得税负债。

长期股权投资取得以后，如果按照会计准则规定采用权益法核算，则一般情况下在持有过程中随着应享有被投资单位净资产份额的变化，其账面价值与计税基础会产生差异。如果企业拟长期持有该项投资，那么：

① 因初始投资成本的调整产生的暂时性差异预计未来期间不会转回，对未来期间没有所得税影响；不确认递延所得税。

② 因确认投资损益产生的暂时性差异，如果在未来期间逐期分回现金股利或利润时免税，也不存在对未来期间的所得税影响；不确认递延所得税。

③ 因确认应享有被投资单位其他权益变动而产生的暂时性差异，在长期持有的情况下预计未来期间也不会转回；不确认递延所得税。

在投资企业改变持有意图拟对外出售的情况下，按照税法规定，企业在转让或者处置投资资产时，投资资产的成本准予扣除。在持有意图由长期持有转变为拟近期出售的情况下，因长期股权投资的账面价值与计税基础不同产生的有关暂时性差异，均应确认相关的所得税影响。

### （二）递延所得税负债的计量

所得税准则规定，资产负债表日，对于递延所得税负债，应当根据适用税法规定，按照预期收回该资产或清偿该负债期间的适用税率计量。即递延所得税负债应以相关应纳税暂时性差异转回期间按照税法规定适用的所得税税率计量。无论应纳税暂时性差异的转回期间如何，相关的递延所得税负债不要求折现。

## 二、递延所得税资产的确认和计量

### （一）递延所得税资产的确认

1. 确认的一般原则

递延所得税资产产生于可抵扣暂时性差异，确认因可抵扣暂时性差异产生的递延所得税资产应以未来期间可能取得的应纳税所得额为限。在可抵扣暂时性差异预期转回的未来期间内，企业无法产生足够的应纳税所得额用以利用可抵扣暂时性差异的影响，使得与可抵扣暂时性差异相关的经济利益无法实现的，不应确认递延所得税资产；企业有明确的证据表明其于可抵扣暂时性差异转回的未来期间能够产生足够的应纳税所得额，进而利用可抵扣暂时性差异的，则应以可能取得的应纳税所得额为限，确认相关的递延所得税资产。

在判断企业于可抵扣暂时性差异转回的未来期间是否能够产生足够的应纳税所得额时，应考虑两个因素：① 企业在未来期间通过正常的生产经营活动能够实现的应纳税所得额；② 以前期间产生的应纳税暂时性差异在未来期间转回时将增加的应纳税所得额。

【例1-22】 开源公司于2×20年12月底购入一台设备，成本为5 000万元，预计使用年限为5年，预计净残值为零。会计上按双倍余额递减法计提折旧。税法规定，该设备按照年限平均法计提折旧，并准予在税前扣除。假定税法规定的机器设备预计使用年限及净残值与会计规定相同。开源公司适用的所得税税率为25%。本例中假定该公司各会计期间均未对固定资产计提减值准备，除该项固定资产产生的会计与税法之间的差异外，不存在其他会计与税收的差异。假定开源公司未来能产生足够的应纳税所得额用于抵扣该可抵扣项目。假定各年税前利润均为30 000万元。

该公司每年因固定资产账面价值与计税基础不同应予确认的递延所得税情况如表1-8所示。

表1-8　开源公司每年应予确认的递延所得税

单位：万元

| 项目 | 2×21年 | 2×22年 | 2×23年 | 2×24年 | 2×25年 |
|---|---|---|---|---|---|
| 历史成本 | 5 000 | 5 000 | 5 000 | 5 000 | 5 000 |
| 累计会计折旧 | 2 000 | 3 200 | 3 920 | 4 460 | 5 000 |
| 账面价值 | 3 000 | 1 800 | 1 080 | 540 | 0 |
| 累计计税折旧 | 1 000 | 2 000 | 3 000 | 4 000 | 5 000 |
| 计税基础 | 4 000 | 3 000 | 2 000 | 1 000 | 0 |
| 可抵扣暂时性差异 | 1 000 | 1 200 | 920 | 460 | 0 |
| 适用税率 | 25% | 25% | 25% | 25% | 25% |
| 递延所得税资产余额 | 250 | 300 | 230 | 115 | 0 |
| 递延所得税资产发生额 | 250 | 50 | −70 | −115 | −115 |

开源公司所得税会计处理如下：

（1）2×21年年末：

账面价值＝历史成本－会计折旧＝5 000－2 000＝3 000（万元）

计税基础＝历史成本－计税折旧＝5 000－1 000＝4 000（万元）

可抵扣暂时性差异＝4 000－3 000＝1 000（万元）

该可抵扣暂时性差异应确认与其相关的递延所得税资产250万元（期末1 000万元×25%－期初0），账务处理如下：

借：递延所得税资产　　2 500 000

　　贷：所得税费用　　2 500 000

**教学延伸**

2×21年年末应交所得税＝[30 000＋(2 000－1 000)]×25%＝7 750（万元）

（2）2×22年年末：

账面价值＝历史成本－累计会计折旧＝5 000－3 200＝1 800（万元）

计税基础＝历史成本－累计计税折旧＝5 000－2 000＝3 000（万元）

可抵扣暂时性差异＝3 000－1 800＝1 200（万元）

该可抵扣暂时性差异应确认与其相关的递延所得税资产50万元（期末1 200万元×25%－期初250万元），账务处理如下：

借：递延所得税资产　　500 000

　　贷：所得税费用　　500 000

**教学延伸**

2×22年年末应交所得税＝[30 000＋(1 200－1 000)]×25%＝7 550（万元）

（3）2×23年年末：

账面价值＝历史成本－累计会计折旧＝5 000－3 920＝1 080（万元）

计税基础＝历史成本－累计计税折旧＝5 000－3 000＝2 000（万元）

可抵扣暂时性差异＝2 000－1 080＝920（万元）

该可抵扣暂时性差异应确认与其相关的递延所得税资产230万元，但递延所得税资产的期初余额为300万元，当期应转回原已确认的递延所得税资产70万元（期末920万元×25%－期初300万元），账务处理如下：

借：所得税费用　　700 000

　　贷：递延所得税资产　　700 000

**教学延伸**

2×23年年末应交所得税＝[30 000＋(720－1 000)]×25%＝7 430（万元）

（4）2×24年年末：

账面价值＝历史成本－累计会计折旧＝5 000－4 460＝540（万元）

计税基础＝历史成本－累计计税折旧＝5 000－4 000＝1 000（万元）

可抵扣暂时性差异＝1 000－540＝460（万元）

该可抵扣暂时性差异应确认与其相关的递延所得税资产115万元，但递延所得税资产的期初余额为230万元，当期应转回原已确认的递延所得税资产115万元（期末460万元×25%－期初230万元），账务处理如下：

借：所得税费用　　1 150 000

　　贷：递延所得税资产　　1 150 000

**教学延伸**

2×24年年末应交所得税＝[30 000＋(540－1 000)]×25%＝7 385（万元）

（5）2×25年年末：

该项固定资产的账面价值及计税基础均为0，两者之间不存在暂时性差异，前期已确认的与该项资产相关的递延所得税资产应予全额转回（期末0－期初115万元），账务处理如下：

借：所得税费用　　1 150 000

　　贷：递延所得税资产　　1 150 000

**教学延伸**

2×25年年末应交所得税＝[30 000＋(540－1 000)]×25%＝7 385（万元）

**教学讨论**

可抵扣暂时性差异在转回时如何影响应纳税所得额和递延所得税？

2. 确认递延所得税资产应注意的问题

（1）对与联营企业、合营企业的投资相关的可抵扣暂时性差异，同时满足下列条件的，应当确认相关的递延所得税资产：一是暂时性差异在可预见的未来很可能转回；二是未来很可能获得用来抵扣可抵扣暂时性差异的应纳税所得额。

对联营企业和合营企业等的投资产生的可抵扣暂时性差异，主要产生于权益法下被投资单位发生亏损时，投资企业按照持股比例确认应予承担的部分相应减少长期股权投资的账面价值，但税法规定长期股权投资的成本在持有期间不发生变化，造成长期股权投资的账面价值小于其计税基础，产生可抵扣暂时性差异。

投资企业对有关投资计提减值准备的情况下，也会产生可抵扣暂时性差异。

（2）对于按照税法规定可以结转以后年度的未弥补亏损和税款抵减，应视同可抵扣暂时性差异处理。

在有关的亏损或税款抵减金额得到税务部门的认可或预计能够得到税务部门的认可且预计可利用未弥补亏损或税款抵减的未来期间内能够取得足够的应纳税所得额时，除所得税准则中规定不予确认的情况外，应当以很可能取得的应纳税所得额为限，确认相应的递延所得税资产，同时减少确认当期的所得税费用。

3. 不确认递延所得税资产的情况

某些情况下，企业发生的某项交易或事项不属于企业合并，并且交易发生时既不影响会计利润也不影响应纳税所得额，且该项交易中产生的资产、负债的初始确认金额与其计税基础不同，产生可抵扣暂时性差异的，所得税准则中规定在交易或事项发生时不确认相应的递延所得税资产。

【例1-23】　开源公司进行内部研究开发所形成的无形资产成本为1 200万元，因按照税法规定可于未来期间税前扣除的金额为2 100万元，其计税基础为2 100万元。

该项无形资产并非产生于企业合并，同时在初始确认时既不影响会计利润也不影响应纳税所得额，确认其账面价值与计税基础之间产生暂时性差异的所得税影响需要调整该项资产的历史成本，所得税准则规定该种情况下不确认相关的递延所得税资产。

### （二）递延所得税资产的计量

与递延所得税负债的计量原则相一致，采用转回期间适用的所得税税率为基础计算确定。无论相关的可抵扣暂时性差异转回期间如何，递延所得税资产均不予折现。

企业确认递延所得税资产以后，资产负债表日应对递延所得税资产的账面价值进行复核。如果未来期间很可能无法取得足够的应纳税所得额用以抵扣可抵扣暂时性差异带来的利益，应当减记递延所得税资产的账面价值。减记的递延所得税资产除原确认时计入所有者权益的其减记金额亦应计入所有者权益外，其余情况均应增加当期的所得税费用。

递延所得税资产的账面价值减记以后，以后期间根据新的环境和情况判断能够产生足够的应纳税所得额用以利用可抵扣暂时性差异，使得递延所得税资产包含的经济利益能够实现的，应相应恢复递延所得税资产的账面价值。

另外，无论是递延所得税资产还是递延所得税负债的计量，均应考虑资产负债表日企业预期收回资产或清偿负债方式的所得税影响，在计量递延所得税资产和递延所得税负债时，应当采用与收回资产或清偿债务的预期方式相一致的税率和计税基础。例如，企业持有的某项固定资产，一般情况下是为企业的正常生产经营活动提供必要的生产条件，但在某一时点上，企业决定将该固定资产对外出售，实现其为企业带来的未来经济利益，且假定税法规定长期资产处置时适用的所得税税率与一般情况不同的，则企业在计量因该资产产生的应纳税暂时性差异或可抵扣暂时性差异的所得税影响时，应考虑该资产带来的经济利益预期实现方式的影响。

教学文档

资产负债表债务法下所得税会计信息的可靠性和相关性

## 三、特殊交易或事项中涉及递延所得税的确认和计量

### （一）与直接计入所有者权益的交易或事项相关的所得税

与当期及以前期间直接计入所有者权益的交易或事项相关的当期所得税及递延所得税应当计入所有者权益。直接计入所有者权益的交易或事项主要包括：

（1）会计政策变更采用追溯调整法或对前期差错更正采用追溯重述法调整期初留存收益；

（2）以公允价值计量且其变动计入其他综合收益的金融资产公允价值的变动金额；

（3）同时包含负债及权益成分的金融工具在初始确认时计入所有者权益；

（4）自用房地产转换为采用公允价值模式计量的投资性房地产时公允价值大于原账面价值的差额计入其他综合收益等。

### （二）与企业合并相关的递延所得税

在企业合并中，购买方取得的可抵扣暂时性差异，比如，购买日取得的被购买方在以前期间发生的未弥补亏损等可抵扣暂时性差异，按照税法规定可以用于抵减以后年度应纳税所得额，但在购买日不符合递延所得税资产确认条件而不予以确认。购买日后12个月内，如取得新的或进一步的信息表明购买日的相关情况已经存在，预期被购买方在购买日可抵扣暂时性差异带来的经济利益能够实现的，应当确认相关的递延所得税资产，同时减少商誉，商誉不足冲减的，差额部分确认为当期损益；除上述情况以外，确认与企业合并相关的递延所得税资产，应当计入当期损益。

【例1-24】 开源公司于2×21年1月1日购买乙公司90%股权，形成非同一控制下企业合并。因会计准则规定与适用税法规定的处理方法不同，在购买日产生可抵扣暂时性差异900万元。假定购买日及未来期间企业适用的所得税税率为25%。购买日，因预计未来期间无法取得足够的应纳税所得额，未确认与可抵扣暂时性差异相关的递延所得税资产225万元。购买日确认的商誉为150万元。

在购买日后6个月，开源公司预计能够产生足够的应纳税所得额用以抵扣企业合并时产生的可抵扣暂时性差异900万元，且该事实于购买日已经存在，则开源公司账务处理如下：

| | | |
|---|---|---|
| 借：递延所得税资产 | 2 250 000 | |
| 　　贷：商誉 | | 1 500 000 |
| 　　　　所得税费用 | | 750 000 |

假定在购买日后6个月，开源公司根据新的事实预计能够产生足够的应纳税所得额用以抵扣企业合并时产生的可抵扣暂时性差异900万元，且该新的事实于购买日并不存在，则开源公司应做账务处理如下：

| | | |
|---|---|---|
| 借：递延所得税资产 | 2 250 000 | |
| 　　贷：所得税费用 | | 2 250 000 |

### （三）与股份支付相关的当期及递延所得税

与股份支付相关的支出在按照会计准则规定确认为成本费用时，其相关的所得税影响应区别于税法的规定进行处理：如果税法规定与股份支付相关的支出不允许税前扣除，则不形成暂时性差异；如果税法规定与股份支付相关的支出允许税前扣除，在按照会计准则规定确认成本费用的期间内，企业应当根据会计期末取得的信息估计可税前扣除的金额计算确定其计税基础及由此产生的暂时性差异，符合确认条件的情况下，应当确认相关的递延所得税。

根据相关税法规定，对于附有业绩条件或服务条件的股权激励计划，企业按照会计准则的相关规定确认的成本费用在等待期内不得税前抵扣，待股权激励计划可行权时方可抵扣，可抵扣的金额为实际行权时的股票公允价值与激励对象支付的行权金额之间的差额。因此，企业未来可以在税前抵扣的金额与等待期内确认的成本费用金额很可能存在差异。企业应根据期末的股票价格估计未来可以税前抵扣的金额，以未来期间很可能取得的应纳税所得额为限确认递延所得税资产。此外，如果预计未来期间可抵扣的金额超过等待期内确认的成本费用，超出部分形成的递延所得税资产应直接计入所有者权益，而不是计入当期损益。

## 四、适用税率变化对已确认递延所得税资产和递延所得税负债的影响

因适用税收法规的变化，导致企业在某一会计期间适用的所得税税率发生变化的，企业应对已确认的递延所得税资产和递延所得税负债按照新的税率进行重新计量。递延所得税资产和递延所得税负债的金额代表的是有关可抵扣暂时性差异或应纳税暂时性差异于未来期间转回时，导致企业应交所得税金额的减少或增加的情况。适用税率变动的情况下，应对原已确认的递延所得税资产及递延所得税负债的金额进行调整，反映税率变化带来的影响。

除直接计入所有者权益的交易或事项产生的递延所得税资产及递延所得税负债，相关的调整金额应计入所有者权益以外，其他情况下因税率变化产生的调整金额应确认为税率变化当期的所得税费用（或收益）。

# 第五节
# 所得税费用的确认和计量

所得税会计的主要目的之一是为了确定当期应交所得税以及利润表中的所得税费用。在按照资产负债表债务法核算所得税的情况下，利润表中的所得税费用包括当期所得税和递延所得税两个部分。

教学视频

所得税费用的确认和计量

## 一、当期所得税

当期所得税是指企业按照税法规定计算确定的针对当期发生的交易和事项，应交纳给税务部门的所得税金额，即当期应交所得税。

企业在确定当期应交所得税时，对于当期发生的交易或事项，会计处理与税法处理不同的，应在会计利润的基础上，按照适用税收法规的规定进行调整，计算出当期应纳税所得额，按照应纳税所得额与适用所得税税率计算确定当期应交所得税。一般情况下，应纳税所得额可在会计利润的基础上，考虑会计与税收法规之间的差异，公式为：

应纳税所得额＝会计利润＋按照会计准则规定计入利润表但计税时不允许税前扣除的费用±计入利润表的费用与按照税法规定可予税前抵扣的金额之间的差额±计入利润表的收入与按照税法规定应计入应纳税所得额的收入之间的差额－税法规定的不征税收入±其他需要调整的因素

＝会计利润＋纳税调整增加额－纳税调整减少额

教学文档

行政性罚款和经营性罚款

## 二、递延所得税

递延所得税是指按照所得税准则规定当期应予确认的递延所得税资产和递延所得税负债金额，即递延所得税资产及递延所得税负债当期发生额的综合结果，但不包括计入所有者权益的交易或事项的所得税影响。用公式表示即为：

递延所得税＝（递延所得税负债的期末余额－递延所得税负债的期初余额）

－（递延所得税资产的期末余额－递延所得税资产的期初余额）

应予说明的是，企业因确认递延所得税资产和递延所得税负债产生的递延所得税，一般应当计入所得税费用，但以下两种情况除外：

一是某项交易或事项按照会计准则规定应计入所有者权益的，由该交易或事项产生的递延所得税资产或递延所得税负债及其变化亦应计入所有者权益，不构成利润表中的递延所得税费用（或收益）。

【例1-25】 开源公司持有的某项以公允价值计量且其变动计入其他综合收益的其他权益工具投资，成本为1 500万元，会计期末，其公允价值为1 800万元，该企业适用的所得税税率为25%。除该事项外，该企业不存在其他会计与税收法规之间的差异，且递延所得税资产和递延所得税负债不存在期初余额。

开源公司账务处理如下：

（1）会计期末确认300万元的公允价值变动：

借：其他权益工具投资　　3 000 000

　　贷：其他综合收益　　3 000 000

（2）确认应纳税暂时性差异的所得税影响：

借：其他综合收益　　750 000

　　贷：递延所得税负债　　750 000

二是企业合并中取得的资产、负债，其账面价值与计税基础不同，应确认相关递延所得税的，该递延所得税的确认影响合并中产生的商誉或是计入当期损益的金额，不影响所得税费用，有关举例见【例1-21】。

**提示**

企业确认因可抵扣暂时性差异产生的递延所得税资产应以未来期间可能取得的应纳税所得额为限，对应的科目包括所得税费用、其他综合收益、留存收益（会计政策变更或前期差错更正）、商誉等（如：企业合并；购买日相关情况已存在的，因不符合条件未确认递延所得税资产的，购买日后12个月内调账）。除所得税准则中明确规定可以不确认递延所得税负债的情况以外，企业对于所有的应纳税暂时性差异均应确认相关的递延所得税负债，对应的科目也包括所得税费用、其他综合收益、留存收益、商誉等。

## 三、所得税费用

计算确定了当期所得税及递延所得税以后，利润表中应予确认的所得税费用为两者之和，即：

所得税费用＝当期所得税＋递延所得税

【例1–26】 开源公司2×21年度利润表中利润总额为9 000万元，该公司适用的所得税税率为25%。递延所得税资产及递延所得税负债不存在期初余额。与所得税核算有关的情况如下：

2×21年发生的有关交易和事项中，会计处理与税收处理存在差别的有：

（1）2×21年1月开始计提折旧的一项固定资产，成本为4 500万元，使用年限为10年，净残值为0，会计处理按双倍余额递减法计提折旧，税收处理按直线法计提折旧。假定税法规定的使用年限及净残值与会计规定相同。

（2）违反环保法规定应支付罚款750万元。

（3）向关联企业捐赠现金1 500万元。假定按照税法规定，企业向关联方的捐赠不允许税前扣除。

（4）期末首次对应收账款计提了225万元的坏账准备。

（5）当期取得作为交易性金融资产核算的股票投资成本为2 400万元，2×21年12月31日的公允价值为3 600万元。税法规定，以公允价值计量的金融资产持有期间市价变动不计入应纳税所得额。

开源公司所得税会计处理如下：

（1）2×21年度当期应交所得税：

应纳税所得额＝9 000＋450＋750＋1 500＋225－1 200＝10 725（万元）

应交所得税＝10 725×25%＝2 681.25（万元）

（2）2×21年度递延所得税：

递延所得税资产期末余额＝675×25%＝168.75（万元）

递延所得税负债期末余额＝1 200×25%＝300（万元）

递延所得税资产及递延所得税负债不存在期初余额，因此：

递延所得税 = 300 − 168.75 = 131.25（万元）

（3）利润表中应确认的所得税费用：

所得税费用 = 2 681.25 + 131.25 = 2 812.5（万元），确认所得税费用的账务处理如下：

借：所得税费用　28 125 000
　递延所得税资产　1 687 500
　贷：应交税费——应交所得税　26 812 500
　　递延所得税负债　3 000 000

该公司2×21年资产负债表相关项目金额及其计税基础如表1-9所示。

表1-9 有关资产和负债的账面价值和计税基础差异

单位：万元

| 项目 | 账面价值 | 计税基础 | 差异 | |
|---|---|---|---|---|
| | | | 应纳税暂时性差异 | 可抵扣暂时性差异 |
| 应收账款 | 6 000 | 6 225 | | 225 |
| 固定资产： | | | | |
| 固定资产原价 | 4 500 | 4 500 | | |
| 减：累计折旧 | 900 | 450 | | |
| 减：固定资产减值准备 | 0 | 0 | | |
| 固定资产账面价值 | 3 600 | 4 050 | | 450 |
| 交易性金融资产 | 3 600 | 2 400 | 1 200 | |
| 其他应付款 | 750 | 750 | | |
| 总计 | | | 1 200 | 675 |

【例1-27】 沿用【例1-26】中有关资料，假定开源公司2×22年当期应交所得税为3 465万元。资产负债表中有关资产、负债的账面价值与其计税基础相关资料如表1-10所示，除所列项目外，其他资产、负债项目不存在会计和税收的差异。

表1-10 有关资产和负债的账面价值和计税基础差异

单位：万元

| 项目 | 账面价值 | 计税基础 | 差异 | |
|---|---|---|---|---|
| | | | 应纳税暂时性差异 | 可抵扣暂时性差异 |
| 应收账款 | 12 000 | 12 600 | | 600 |
| 固定资产： | | | | |

续表

| 项目 | 账面价值 | 计税基础 | 差异 | |
|---|---|---|---|---|
| | | | 应纳税暂时性差异 | 可抵扣暂时性差异 |
| 固定资产原价 | 4 500 | 4 500 | | |
| 减：累计折旧 | 1 620 | 900 | | |
| 减：固定资产减值准备 | 150 | 0 | | |
| 固定资产账面价值 | 2 730 | 3 600 | | 870 |
| 交易性金融资产 | 5 025 | 3 000 | 2 025 | |
| 预计负债 | 750 | 0 | | 750 |
| 总计 | | | 2 025 | 2 220 |

开源公司所得税会计处理如下：

（1）当期所得税 = 当期应交所得税 = 3 465（万元）。

（2）递延所得税：

| | | |
|---|---|---|
| ① 期末递延所得税负债 | （2 025 × 25%） | 506.25 |
| 期初递延所得税负债 | | 300 |
| 递延所得税负债增加 | | 206.25 |
| ② 期末递延所得税资产 | （2 220 × 25%） | 555 |
| 期初递延所得税资产 | | 168.75 |
| 递延所得税资产增加 | | 386.25 |

递延所得税 = 206.25 − 386.25 = −180（万元）（收益）

（3）确认所得税费用：

所得税费用 = 3 465 − 180 = 3 285（万元），确认所得税费用的账务处理如下：

| |  |  |
|---|---|---|
| 借：所得税费用 | 32 850 000 | |
| 递延所得税资产 | 3 862 500 | |
| 贷：递延所得税负债 | | 2 062 500 |
| 应交税费——应交所得税 | | 34 650 000 |

# 第六节 所得税的列报

## 一、列报的基本原则

企业对所得税的核算结果，除利润表中列示的所得税费用以外，在资产负债表中形成的应交税费（应交所得税）以及递延所得税资产和递延所得税负债应当遵循准则规定列报。其中，递延所得税资产和递延所得税负债一般应当分别作为非流动资产和非流动负债在资产负债表中列示，所得税费用应当在利润表中单独列示，同时还应在附注中披露与所得税有关的信息。

一般情况下，在个别财务报表中，当期所得税资产与负债及递延所得税资产及递延所得税负债可以以抵销后的净额列示。在合并财务报表中，纳入合并范围的企业中，一方的当期所得税资产或递延所得税资产与另一方的当期所得税负债或递延所得税负债一般不能予以抵销，除非所涉及的企业具有以净额结算的法定权利并且意图以净额结算。

## 二、所得税费用（收益）与会计利润关系的说明

会计准则要求企业在会计报表附注中就所得税费用（或收益）与会计利润的关系进行说明，在利润表中已列示所得税费用的基础上对当期以会计利润为起点，考虑会计与税收规定之间的差异，计算得到所得税费用的调节过程。从会计利润到所得税费用之间的调整包括两个方面：一是未包括在利润总额的计算中但包含在当期或递延所得税计算中的项目；二是未包括在当期或递延所得税计算中，但包含在利润总额中的项目。

具体调整项目主要包括：

（1）与税率相关的调整；

（2）税法规定的非应税收入、不得税前扣除的成本费用和损失等永久性差异；

（3）本期未确认递延所得税资产的可抵扣暂时性差异或可抵扣亏损的影响、使用前期未确认递延所得税资产的可抵扣亏损影响；

（4）对以前期间所得税进行汇算清缴的结果与以前期间确认金额不同调整报告期间所得税费用等。

## 课后思考题

1. 资产负债表债务法和应付税款法的区别有哪些?
2. 资产账面价值与计税基础可能存在的差异有哪些?
3. 负债账面价值与计税基础可能存在的差异有哪些?
4. 递延所得税资产和负债如何确认?

## 第一章教学课件

教学课件

所得税会计

教学文档

课外文献拓展

## 案例分析题及参考答案

## 即测即评

请扫描右侧二维码，进行随堂测试。

# 第二章 外币折算

## 教学目标

通过本章学习，要求学生了解外币与外汇的含义、外币业务及其类型；掌握记账本位币的确定方法；理解汇兑损益的含义及其常见类型；明确外币交易两种不同观点的处理要点；掌握外币交易的会计处理；了解外币报表折算的四种折算方法；掌握现行汇率法下外币报表折算的具体应用。

## 思维导图

- 记账本位币的确定
  - 记账本位币
    - 定义：企业经营所处的主要经济环境中的货币
    - 影响因素
      - 该货币主要影响商品和劳务的销售价格
      - 该货币主要影响商品和劳务所需人工、材料和其他费用
      - 融资活动获得的资金以及保存从经营活动中收取款项所使用的货币
  - 境外经营及其记账本位币
    - 定义：境外的子公司、合营企业、联营企业、分支机构。实体即使在境内，只要记账本位币与企业不同，也视为境外经营机构
    - 影响因素
      - 境外经营对其所从事的活动是否拥有很强的自主性
      - 境外经营与企业的交易是否在境外经营活动中占有较大比例
      - 境外经营活动产生的现金流量是否直接影响企业的现金流量、是否可以随时汇回
      - 境外经营活动产生的现金流量是否足以偿还其现有债务和可预期的债务
  - 变更
    - 主要经济环境发生变化：可变更
    - 采用变更当日的即期汇率将所有项目折算为变更后的记账本位币
    - 不产生汇兑差额

- 外币交易的会计处理
  - 外币交易的定义
    - 企业发生以外币计价或者结算的交易
  - 初始确认
    - 采用交易发生日的即期汇率或近似汇率将外币金额折算为记账本位币金额
    - 收到外币资本投入，应当按交易发生日即期汇率进行折算
  - 期末调整或结算
    - 外币货币性项目期末汇兑损益
      - 符合资本化条件的记入工程成本
      - 不符合资本化条件而且属于筹建期内发生的部分记入“管理费用”
      - 上述均不符合的记入“财务费用”
    - 外币非货币性项目期末汇率的调整
      - 历史成本计量的外币非货币性项目:期末无需调整
      - 成本与可变现净值孰低法计量的存货:可变现净值用外币折算认定
      - 交易性金融资产:公允价值变动损益
      - 以公允价值计量且变动记入其他综合收益的外币非货币性金融资产:其他综合收益
- 外币财务报表折算
  - 我国会计准则采用的方法
    - 资产负债表:资产和负债项目，采用资产负债表日的即期汇率折算，所有者权益项目除“未分配利润”项目外，其他项目采用发生时的即期汇率折算
    - 利润表:收入和费用项目，采用交易发生日的即期汇率或即期汇率的近似汇率折算
    - 折算差额:在资产负债表中“其他综合收益”项目列示
  - 特殊项目的处理
    - 少数股东应承担的折算差额记入“少数股东权益”
    - 实际上构成的净投资
      - 抵销长期应收应付项目的同时，将其产生的汇兑差额转入“其他综合收益”项目
      - 汇兑差额相互抵销，差额转入“其他综合收益“项目

## 引导案例：人民币国际化，助推经济发展

根据《2021年人民币国际化报告》(下称“报告”)，2020年以来，央行稳慎推进人民币国际化，更好发挥跨境人民币业务服务实体经济、促进贸易投资便利化的作用。人民币的支付货币功能进一步增强，投融资货币功能深化，储备货币功能上升，计价货币功能有新的突破，人民币国际化取得积极进展。

报告显示，2020年人民币跨境收付金额较快增长，银行代客人民币跨境收付金额合计为28.39万亿元，同比增长44.3%，收付金额创历史新高。人民币跨境收支总体平衡，全年累计净流出1 857.86亿元。

2020年，中国与“一带一路”沿线国家人民币跨境收付金额超过4.53万亿元，同比增长65.9%，占同期人民币跨境收付总额的16.0%。其中货物贸易收付金额8 700.97亿元，同比增长18.8%，直接投资收付金额4 341.16亿元，同比增长72.0%。截至2020年年末，中国与22个“一带一路”沿线国家签署了双边本币互换协议，在8个“一带一路”沿线国家建立了人民币清算机制安排。

2021年上半年，银行代客人民币跨境收付金额合计为17.57万亿元，同比增长38.7%。环球银行金融电信协会（SWIFT）发布的数据显示，2021年6月，在主要国际支付货币中人民币排在第五位，人民币支付金额占所有货币支付金额的2.5%，较2020年同期上升0.7个百分点。2021年一季度，在国际货币基金组织（IMF）官方外汇储备货币构成（COFER）中人民币排在第五位，人民币在全球外汇储备中的占比为2.5%，较2016年人民币刚加入特别提款权（SDR）篮子时上升1.4个百分点。

报告称，经常项目和直接投资等与实体经济相关的跨境人民币结算量较快增长，大宗商品等重要领域及东盟等地区使用人民币进一步增加。人民币汇率弹性增强，双向波动成为常态。为规避汇率风险，更多市场主体倾向在跨境贸易投资中选择使用人民币。跨境人民币业务政策框架更为完善，在跨境贸易投资中使用人民币更加便利。同时，境外投资者积极配置人民币资产，证券投资等资本项下使用人民币成为人民币跨境收支增长的主要推动力量。

由此可见，随着中国经济实力不断增强，人民币在世界舞台的分量越来越重。

资料来源：中国人民银行—宏观审慎管理局—人民币国际化报告，中国人民银行官网。

通过该案例，我们应该学会分析人民币国际化的重要意义，以及跨境资金划转对“一带一路”企业建设的影响。

教学文档

企业会计准则第19号——外币折算

# 第一节 外币业务概述

## 一、外币与记账本位币

教学视频

外币业务概述

### （一）外币的含义

外币是指本国货币以外的其他国家或地区的货币。从会计角度而言，外币是企业记账本位币以外的货币。

### （二）记账本位币的确定

记账本位币是指企业经营所处的主要经济环境中的货币。主要经济环境，通常是指企业主要产生和支出现金的环境，使用该环境中的货币最能反映企业的主要交易的经济结果。例如，我国大多数企业主要产生和支出现金的环境在国内。因此，一般以人民币作为记账本位币。

《中华人民共和国会计法》规定，业务收支以人民币以外的货币为主的单位，可以选定其中一种货币作为记账本位币，但是编报的财务会计报告应当折算为人民币。

企业记账本位币的选定，应当考虑下列因素：

（1）从日常活动收入现金的角度看，所选择的货币能够对企业商品和劳务销售价格起主要作用，通常以该货币进行商品和劳务销售价格的计价和结算。

（2）从日常活动支出现金的角度看，所选择的该货币能够对商品和劳务所需人工、材料和其他费用产生主要影响，通常以该货币进行这些费用的计价和结算。

（3）融资活动获得的资金以及保存从经营活动中收取款项时所使用的货币。即视融资活动获得的资金在其生产经营活动中的重要性，或者企业通常留存销售收入的货币而定。

【例2–1】 假定开源公司主要从事外贸自营出口业务，该公司超过85%的营业收入来自向各国的出口，其商品销售价格一般以美元结算，主要受美元汇率的影响。因此，从影响商品和劳务销售价格的角度看，开源公司应选择美元作为记账本位币。

如果开源公司除厂房设施、35%的人工成本在国内以人民币采购，生产所需原材料、机器设备及65%以上的人工成本都来自美国投资者以美元在国际市场的采购，则可进一步确定开源公司的记账本位币应是美元。

如果开源公司的人工成本、原材料及相应的厂房设施、机器设备等95%以上在国内采购并以人民币计价，则难以确定开源公司的记账本位币，需要考虑第三项因素。如果开源公司取得的美元营业收入在汇回国内时可随时换成人民币存款，且开源公司对所有以美元结算的资金往来的外币风险都进行了套期保值，则开源公司应当选定人民币为其记账本位币。

在确定企业的记账本位币时，上述因素的重要程度因企业具体情况不同而不同，需要企业管理层根据实际情况进行判断。一般情况下，综合考虑前两项即可确定企业的记账本位币，第三项为参考因素，视其对企业收支现金的影响程度而定。在综合考虑前两项因素仍不能确定企业记账本位币的情况下，第三项因素对企业记账本位币的确定起重要作用。

教学文档

外币折算会计准则相关问题探讨

需要强调的是，企业管理层根据实际情况确定的记账本位币只有一种，该货币一经确定，不得改变，除非与确定记账本位币相关的企业经营所处的主要经济环境发生重大变化。

**提示**

企业记账本位币发生变更的，其比较财务报表应当以可比当日的即期汇率折算所有资产负债表和利润表项目。可比当日，是指以前年度的同一日期，比如，变更当日是2×21年1月1日，如果2×21年报表比较列报2×20年报表项目数据，那么2×20年1月1日就是可比当日。

## 二、境外经营及其记账本位币

### （一）境外经营的含义

境外经营是指企业在境外的子公司、合营企业、联营企业、分支机构。当企业在境内的子公司、联营企业、合营企业或者分支机构，选定的记账本位币不同于该企业的记账本位币时，也应当视同境外经营。

区分某实体是否为该企业的境外经营的关键有两项：一是实体与该企业的关系，是否为该企业的子公司、合营企业、联营企业、分支机构；二是实体的记账本位币是否与该企业记账本位币相同，而不是以实体是否在该企业所在地的境外作为标准。

**提示**

实体即使在境内，只要记账本位币与该企业不同，也视为境外经营机构。

### （二）境外经营记账本位币的确定

境外经营在确定其记账本位币时也应当考虑企业选择确定记账本位币需要考虑的上述因素。同时，由于境外经营是企业的子公司、联营企业、合营企业或者分支机构，因此，境外经营记账本位币的选择还应当考虑该境外经营与企业的关系：

（1）境外经营对其所从事的活动是否拥有很强的自主性。如果境外经营所从事的活动是视同企业经营活动的延伸，该境外经营应当选择与企业记账本位币相同的货币作为记账本位币；如果境外经营所从事的活动拥有极大的自主性，境外经营不能选择与企业记账本位币相同的货币作为记账本位币。

（2）境外经营与企业的交易是否在境外经营活动中占有较大比例。如果境外经营与企业的交易在境外经营活动中所占的比例较高，境外经营应当选择与企业记账本位币相同的货币作为记账本位币；反之，应选择其他货币。

（3）境外经营活动产生的现金流量是否直接影响企业的现金流量，是否可以随时汇回。如果境外经营活动产生的现金流量直接影响企业的现金流量，并可随时汇回，境外经营应当选择与企业记账本位币相同的货币作为记账本位币；反之，应选择其他货币。

（4）境外经营活动产生的现金流量是否足以偿还其现有债务和可预期的债务。如果境外经营活动产生的现金流量在企业不提供资金的情况下，难以偿还其现有债务和正常情况下可预期的债务，境外经营应当选择与企业记账本位币相同的货币作为记账本位币；反之，应选择其他货币。

## 三、记账本位币变更的会计处理

企业因经营所处的主要经济环境发生重大变化，确需变更记账本位币的，应当采用变更当日的即期汇率将所有项目折算为变更后的记账本位币，折算后的金额作为新的记账本位币的历史成本。由于采用同一即期汇率进行折算，因此，不会产生汇兑差额。当然，企业需要提供确凿的证据证明企业经营所处的主要经济环境确实发生了重大变化，并应当在附注中披露变更的理由。

企业记账本位币发生变更的，其比较财务报表应当以可比当日的即期汇率折算所有资产负债表和利润表项目。

## 四、汇率

汇率是指两种货币相兑换的比率，是一种货币单位用另一种货币单位表示的价格。通常我们在银行见到的汇率有三种表示方式：买入价、卖出价和中间价。买入价指银行买入其他货币的价格，卖出价指银行出售其他货币的价格，中间价是银行买入价与卖出价的平均价，银行的卖出价一般高于买入价，以获取其中的差价。

### （一）即期汇率的选择

即期汇率是相对于远期汇率而言的。远期汇率是在未来某一日交付时的结算价格。无论买入价还是卖出价均是立即交付的结算价格，都是即期汇率。为方便核算，会计准则中企业用于记账的即期汇率一般指当日中国人民银行公布的人民币汇率的中间价。但是，在企业发生单纯的货币兑换交易或涉及货币兑换的交易时，仅用中间价不能反映货币买卖的损益，需要使用买入价或卖出价折算。

企业发生的外币交易只涉及人民币与美元、欧元、日元、港元等之间折算的，可直接采用中国人民银行每日公布的人民币汇率的中间价作为即期汇率进行折算；企业发生的外币交易涉及人民币与其他货币之间折算的，应按照国家外汇管理局公布的各种货币对美元折算率采用套算的方法进行折算，发生的外币交易涉及人民币以外的货币之间折算的，可直接采用国家外汇管理局公布的各种货币对美元折算率进行折算。

### （二）即期汇率的近似汇率

当汇率变动不大时，为简化核算，企业在外币交易日或对外币报表的某些项目进行折算时，也可以选择即期汇率的近似汇率。即期汇率的近似汇率是“按照系统合理的方法确定的、与交易发生日即期汇率近似的汇率”，通常是指当期平均汇率或加权平均汇率等。加权平均汇率需要采用外币交易的外币金额作为权重进行计算。

确定即期汇率的近似汇率的方法应在前后各期保持一致。如果汇率波动使得采用即期汇率的近似汇率折算不适当，应当采用交易发生日的即期汇率折算。至于何时不适当，需要企业根据汇率变动情况及计算即期汇率的近似汇率的方法等进行判断。

## 五、外币业务

外币业务包括外币交易和外币报表折算。外币交易是指企业发生以外币计价或者结算的交易；外币报表折算是为了满足特定目的，将以某种货币单位表述的财务报表折算成所要求的按另一种货币单位表述的财务报表。外币业务主要有以下四种类型：

（1）买入或者卖出以外币计价的商品或者劳务。例如，以人民币为记账本位币的国内A公司向国外B公司销售商品，货款以美元结算；A公司购买S公司发行的 H股股票；A公司从境外以美元购买固定资产或生产用原材料等。

（2）借入或者借出外币资金。例如，以人民币为记账本位币的甲公司从中国银行借入欧元、经批准向海外发行美元债券等。

（3）其他以外币计价或者结算的交易。指除上述（1）（2）外，以记账本位币以外的货币计价或结算的其他交易。例如，接受外币现金捐赠等。

（4）外币报表折算业务，即将以某种外币表述的财务报表折算为以另一种货币表述的财务报表。

## 六、汇兑损益

### （一）汇兑损益的含义

汇兑损益也称汇兑差额，指的是由于汇率的浮动所产生的结果，是企业在发生外币交易、兑换业务和调整期末账户及换算外币的时候，由于采用不同货币，或同一货币不同比价的汇率核算时产生的、按记账本位币折算的差额。

### （二）汇兑损益的类型

1. 按业务归属划分

企业经营期间正常发生的汇兑损益，根据产生的业务，一般可划分为四种：

（1）交易损益。在发生以外币计价的交易业务时，因收回或偿付债权、债务而产生的汇兑损益，称为"交易外币汇兑损益"。

（2）兑换损益。在发生外币与记账本位币，或一种外币与另一种外币进行兑换时产生的汇兑损益，称为"兑换外币汇兑损益"。

（3）调整损益。在现行汇率制下，会计期末将所有外币性债权、债务和外币性货币资金账户，按期末汇率进行调整而产生的汇兑损益，称为"调整外币汇兑损益"。

（4）折算损益。会计期末为了合并财务报表或为了重新修正会计记录和重编财务报表，而把外币计量单位的金额转化为记账本位币计量单位的金额，在此过程中产生的汇兑损益，称为"折算外币汇兑损益"。

企业除了上述四种正常经营期间发生的一般外币业务汇兑损益以外，还有非正常经营期间发生的汇兑损益和经营期间特殊外币业务发生的汇兑损益，包括：企业开办期间收到外币性投资而产生的资本折算的汇兑损益；企业筹建期间由于外币收付业务产生的汇兑损益；企业清算期间由于企业各项资产及外币性长短期债权、债务的调整和结算处理而产生的汇兑损益；企业经营期间发生的特殊外币业务，如外币性长期投资、外币性长期负债、外币性的风险规避措施等经济业务产生的汇兑损益。

2. 按本期实现与否划分

汇兑损益按其是否在本期实现，可以分为以下两类：

（1）已实现的汇兑损益。已实现的汇兑损益，是指产生汇兑损益的外币业务在本期内已经全部完成所产生的汇兑损益。例如，收取的外币存款在实际支付时，应收的外币债权在实际收回时，应付的外币债务在实际偿还时，不同货币在实际兑换时。一般来说，交易损益和兑换损益属于已实现的汇兑损益。

（2）未实现的汇兑损益。未实现的汇兑损益，是指产生汇兑损益的外币业务尚未完成。例如，收取的外币存款尚未实际支付时，应收的外币债权尚未实际收回，应付的外币债务尚未实际偿还，一种货币尚未兑换为另一种货币。一般来说，调整损益和折算损益属于未实现的汇兑损益。

# 第二节
# 外币交易的会计处理

## 一、外币交易会计处理的两种观点

外币交易由于交易日与款项结算日不同，折算所用的汇率可能不同，相同金额的外币折算为记账货币的金额可能不同，对此的处理有两种观点：一项交易观和两项交易观。目前我国及其他国家或地区普遍采用两项交易观。

### （一）一项交易观

一项交易观认为，应当将交易的发生与以后相应款项的结算视为一项交易的两个阶段，从交易日至款项结算日汇率变动的影响作为对原已入账的销售收入或购货成本的调整。这样，企业的销售收入或购货成本在交易日不能确定，须待款项结算时由当日的汇率确定。这与国际上所公认的销售收入应在销售成立时确认的原则相违背，且所提供的会计信息不能反映外币风险的程度。

### （二）两项交易观

两项交易观认为，交易的发生与相应款项的结算是两项独立的关联交易，交易产生的销售收入或购货成本在交易日由当日的汇率确定，以后不再因汇率的变动而予以调整，汇率变动的风险由因交易而产生的应收或应付款承担。因交易日与款项结算日汇率不同而产生的应收或应付款差额称为汇兑差额。若外币交易已经全部完成且债权债务已结清，产生的汇兑差额为“已实现汇兑差额”；若外币交易已完成，但债权未收回或债务未偿付，产生的汇兑差额为“未实现汇兑差额”。对于“未实现汇兑差额”，有两种处理方法：一是当期不确认未实现汇兑差额，需递延至外币交易结算的当期确认；二是未实现汇兑差额与已实现汇兑差额均在当期确认。前者是考虑了汇率的反向变动情况，但将产生前后两期净利润的扭曲；而后者则认为，既然存在会计分期，就应分期反映当期汇率变动的情况，这也与两项交易观的基础是一致的，因此，我国和大多数国家或地区均采用这一方法。

教学文档
外币业务会计处理的国际比较

## 二、外币交易的记账方法

外币交易的记账方法有外币统账制和外币分账制两种。外币统账制是指企业在发生外币交易时，即折算为记账本位币入账。外币分账制是指企业在日常核算时分别币种记账，资产负债表日分别货币性项目和非货币性项目进行调整，货币性项目按资产负债表日即期汇率折算，非货币性项目按交易日即期汇率折算，产生的汇兑差额计入当期损益。

从我国目前的情况看，绝大多数企业采用外币统账制，只有银行等少数金融企业由于外币交易频繁，涉及外币币种较多，采用分账制记账方法进行日常核算。无论是采用分账制记账方法，还是采用统账制记账方法，只是账务处理的程序不同，但产生的结果应当相同，即计算出的汇兑差额相同；相应的会计处理也相同，即均计入当期损益。

## 三、外币交易的核算程序

本节主要介绍外币统账制下的账户设置及其会计核算的基本程序。

### （一）账户设置

在外币统账制方法下，对外币交易的核算不单独设置科目，对外币交易金额因汇率变动而产生的差额可在“财务费用”科目下设置二级科目“汇兑差额”反映。该科目借方反映因汇率变动而产生的汇兑损失，贷方反映因汇率变动而产生的汇兑收益。期末余额结转入“本年利润”科目后一般无余额。

**提示**

企业为购建或生产符合资本化条件的资产而借入的外币专门借款，在借款费用资本化期间汇兑差额应当资本化。

### （二）核算程序

（1）外币交易发生时，将外币金额按照交易日的即期汇率或即期汇率的近似汇率折算为记账本位币金额，按照折算后的记账本位币金额登记有关账户；在登记有关记账本位币账户的同时，按照外币金额登记相应的外币账户。

（2）期末，将所有外币货币性项目的外币余额，按照期末即期汇率折算为记账本位币金额，并与原记账本位币金额相比较，其差额记入“财务费用——汇兑差额”等科目。

（3）结算外币货币性项目时，将其外币结算金额按照当日即期汇率折算为记账本位币金额，并与原记账本位币金额相比较，其差额记入“财务费用——汇兑差额”等科目。

## 四、外币交易的会计处理

教学视频

外币交易的初始确认

### （一）初始确认

企业发生外币交易的，应在初始确认时采用交易日的即期汇率或即期汇率的近似汇率将外币金额折算为记账本位币金额。

1. 外币兑换业务的会计处理

外币兑换主要是指企业将本国货币兑换为外币或者将外币兑换为本国货币。

（1）企业将人民币兑换成外币。企业因业务需要将人民币兑换成外币，银行售汇时按其卖出价向企业计算收取人民币。

借：银行存款——外币户（按记账汇率折算）

　　财务费用——汇兑差额

　　贷：银行存款——人民币户（应以银行挂牌卖价来计算）

**【例2-2】** 开源公司以人民币为记账本位币，对外币交易采用交易日的即期汇率折算。2×21年1月5日，开源公司从银行购入20 000美元，银行当日的美元卖出价为1美元＝6.53元人民币，中间价为1美元＝6.50元人民币。开源公司账务处理如下：

借：银行存款——美元　（20 000×6.5）130 000

　　财务费用——汇兑差额　600

　　贷：银行存款——人民币　（20 000×6.53）130 600

（2）企业将外币兑换成人民币。企业按规定将外币卖给银行，即结汇业务，银行买进外汇并按其买入价格将人民币兑付给企业。

借：银行存款——人民币户（应以银行挂牌买价来计算）

　　财务费用——汇兑差额

　　贷：银行存款——外币户（按记账汇率折算）

**【例2-3】** 开源公司以人民币为记账本位币，对外币交易采用交易日的即期汇率折算。2×21年1月5日，将30 000美元到银行兑换为人民币，银行当日的美元买入价为1美元＝6.45元人民币，中间价为1美元＝6.50元人民币。开源公司账务处理如下：

借：银行存款——人民币　（30 000×6.45）193 500

　　财务费用——汇兑差额　1 500

　　贷：银行存款——美元　（30 000×6.5）195 000

**提示**

在企业发生货币兑换交易时，仅用中间价不能反映货币买卖的损益，需要使用买入价或卖出价折算。

2. 外币购销业务的会计处理

（1）外币采购业务。

【例2-4】 开源公司属于增值税一般纳税人，其记账本位币为人民币，对外币交易采用交易日的即期汇率折算。2×21年1月20日，开源公司从国外甲公司购入某原材料，货款为600 000美元，当日即期汇率为1美元=6.48元人民币，按照规定应缴纳的进口关税为388 800元人民币，适用的增值税税率为13%，款项尚未支付，进口关税和增值税以银行存款支付。开源公司账务处理如下：

借：原材料　　（600 000×6.48+388 800）4 276 800
　　应交税费——应交增值税（进项税额）　　555 984
　　贷：应付账款——美元　　3 888 000
　　　　银行存款　　944 784

（2）外币销售业务。

【例2-5】 开源公司的记账本位币为人民币，对外币交易采用交易日的即期汇率折算。2×21年3月23日，开源公司向国外乙公司出口商品一批，根据销售合同，货款共计400 000美元，当日即期汇率为1美元=6.52元人民币。假定不考虑增值税等相关税费，货款尚未收到。开源公司账务处理如下：

借：应收账款——美元　　（400 000×6.52）2 608 000
　　贷：主营业务收入　　2 608 000

3. 外币借款业务的会计处理

外币借款是企业外币筹资的重要方式。企业应当将借入的外币按当日即期汇率折算为计账本位币。

【例2-6】 开源公司的记账本位币为人民币，对外币交易采用交易日的即期汇率折算。2×21年5月1日，开源公司从中国银行借入500 000美元，期限为6个月，年利率为6%，到期还本付息。当日即期汇率为1美元=6.56元人民币。开源公司账务处理如下：

借：银行存款——美元　　（500 000×6.56）3 280 000
　　贷：短期借款——美元　　3 280 000

4. 接受外币资本投入的会计处理

企业收到投资者以外币投入的资本，无论是否有合同约定汇率，均不采用合同约定汇率和即期汇率的近似汇率折算，而应当采用交易发生日即期汇率折算。因此，外币投入资本与相应的货币性项目的记账本位币金额相等，不产生外币资本折算差额。虽然“股本（或实收资本）”账户的金额不能反映股权比例，但并不改变企业分配和清算的约定比例，这一约定比例通常已经包括在合同当中。

借：银行存款——外币户
　　贷：实收资本（或股本）
　　　　资本公积——资本溢价（或股本溢价）

【例2-7】 开源公司的记账本位币为人民币。2×21年5月12日，开源公司接受外方注资1 000 000美元，当日市场汇率为1美元＝6.45元人民币，增加4 000 000元人民币股本。假定投资合同约定的汇率为1美元＝6.51元人民币。开源公司账务处理如下：

借：银行存款——美元　　6 450 000

　　贷：股本　　4 000 000

　　　　资本公积——资本溢价　　2 450 000

【例2-8】 乙有限责任公司以人民币为记账本位币，2×21年6月11日，乙公司与美国丙公司签订投资合同，丙公司将向乙公司出资3 000 000美元，占乙公司注册资本的 20%；丙公司的出资款将在合同签订后一年内分两次汇到乙公司账上；合同约定汇率为1美元＝6.5元人民币。当日的即期汇率为1美元＝6.44元人民币。2×21年8月20日，乙公司收到丙公司汇来的第一期出资款，当日的即期汇率为1美元＝6.35元人民币。2×22年2月12日，乙公司收到丙公司汇来的第二期出资款，当日的即期汇率为1 美元＝6.42元人民币。乙公司的账务处理如下。

（1）收到第一期出资款：

借：银行存款——美元　　（1 500 000×6.35）9 525 000

　　贷：实收资本　　9 525 000

（2）收到第二期出资款：

借：银行存款——美元　　（1 500 000×6.42）9 630 000

　　贷：实收资本　　9 630 000

**教学拓展**

根据《关于外商投资的公司审批登记管理法律适用若干问题的执行意见》第八条的规定，外商投资的公司的注册资本可以用人民币表示，也可以用其他可自由兑换的外币表示。作为公司注册资本的外币与人民币或者外币与外币之间的折算，应按发生（缴款）当日中国人民银行公布的汇率的中间价计算。

### （二）期末调整或结算

期末，企业应当分别外币货币性项目和外币非货币性项目进行会计处理。

1. 货币性项目

货币性项目是企业持有的货币和将以固定或可确定金额的货币收取的资产或者偿付的负债。货币性项目分为货币性资产和货币性负债。货币性资产包括库存现金、银行存款、应收账款、其他应收款、长期应收款等；货币性负债包括应付账款、其他应付款、短期借款、应付债券、长期借款、长期应付款等。期末或结算货币性项目时，应以当日即期汇率折算外币货币性项目，该项目因当日即期汇率不同于该项目初始入账时或前一期末即期汇率而产生的汇兑差额计入当期损益。

教学视频

外币货币性项目的期末调整或结算

## 教学讨论

货币性项目包括预付账款、预收账款及合同负债吗？为什么？

企业为购建或生产符合资本化条件的资产而借入的专门借款为外币借款时，在借款费用资本化期间，由于外币借款在取得日、使用日及结算日的汇率不同而产生的汇兑差额，应当予以资本化，计入固定资产成本。

答案参考

教学讨论
答案参考

## 提示

汇兑损益的归属方向：① 符合资本化条件的计入在建工程、研发支出等；② 不符合资本化条件而且属于筹建期内发生的部分则列入“管理费用”；③ 既不符合资本化条件又未发生在筹建期内的部分则计入各期损益，列为“财务费用——汇兑差额”。

【例2-9】 承【例2-4】，2×21年1月31日，开源公司尚未向甲公司支付所欠货款600 000美元，当日即期汇率为1美元=6.50元人民币。开源公司账务处理如下：

借：财务费用——汇兑差额　　12 000

　　贷：应付账款——美元　　［600 000×（6.50－6.48）］12 000

【例2-10】 承【例2-5】，2×21年3月31日，开源公司仍未收到乙公司400 000美元购货款，当日即期汇率为1美元=6.56元人民币。2×21年4月2日，开源公司收到上述货款，兑换成人民币直接存入银行，当日即期汇率为1美元=6.59元人民币。

（1）3月31日，期末调账：

借：应收账款——美元　　［400 000×（6.56－6.52）］16 000

　　贷：财务费用——汇兑差额　　16 000

此时，应收账款美元户余额为2 624 000元人民币。

（2）4月2日，收到货款：

借：银行存款——人民币　　（400 000×6.59）2 636 000

　　贷：应收账款——美元　　2 624 000

　　　　财务费用——汇兑差额　　12 000

【例2-11】 承【例2-6】，5月31日，开源公司预提本月利息，当日即期汇率为1美元=6.58元人民币。

（1）5月31日，开源公司计提利息：

应付利息＝500 000×6%÷12×6.58＝16 450（元）

借：财务费用——汇兑差额　　16 450

　　贷：应付利息——美元　　16 450

（2）5月31日，开源公司调整短期借款：

借：财务费用——汇兑差额　　10 000

贷：短期借款——美元　[ 500 000 ×（6.58 − 6.56）] 10 000

**【例2–12】** 开源公司的记账本位币为人民币。2×21年1月1日，为建造某固定资产专门借入长期借款20 000美元，期限为2年，年利率为5%，每年年初支付利息，到期还本。2×21年1月1日的即期汇率为1美元＝6.45元人民币，2×21年12月31日的即期汇率为1美元＝6.20元人民币。2×22年1月1日，该公司支付2×21年利息，该利息由于汇率变动产生的汇兑差额应当予以资本化，计入在建工程成本。2×22年1月1日的即期汇率为1美元＝6.21元人民币。假定不考虑相关税费的影响。

开源公司账务处理如下：

（1）2×21年12月31日，计提当年利息：

借：在建工程　（20 000 × 5% × 6.20）6 200

　　贷：应付利息——美元　6 200

（2）2×21年12月31日，调整长期借款：

借：长期借款——美元　[ 20 000 ×（6.45 − 6.20）] 5 000

　　贷：在建工程　5 000

（3）2×22年1月1日，支付利息：

借：应付利息——美元　6 200

　　在建工程　[ 20 000 × 5% ×（6.21 − 6.20）] 10

　　贷：银行存款　6 210

**【例2–13】** 开源公司的记账本位币为人民币，对外币交易采用交易日的即期汇率折算，按月计算汇兑损益。开源公司在银行开设有美元账户。

开源公司有关外币账户2×21年8月31日的余额如表2–1所示。

表2–1　开源公司外币账户期初余额

| 项目 | 外币账户余额（美元） | 汇率 | 人民币账户余额（元人民币） |
|---|---|---|---|
| 银行存款 | 400 000 | 6.37 | 2 548 000 |
| 应收账款 | 200 000 | 6.37 | 1 274 000 |
| 应付账款 | 100 000 | 6.37 | 637 000 |

开源公司2×21年9月发生的有关外币交易或事项如下：

（1）9月1日，以人民币向银行买入200 000美元。当日即期汇率为1美元＝6.39元人民币，当日银行美元的卖出价为1美元＝6.43元人民币。

（2）9月5日，从国外购入一批原材料，总价款为300 000美元。该原材料已验收入库，货款尚未支付。当日即期汇率为1美元＝6.41元人民币。另外，以银行存款支付该原材料的进口关税192 300元人民币，增值税274 989元人民币。

（3）9月15日，出口一批商品，销售价款为500 000美元，货款尚未收到。当日即期汇率为1美元＝6.43元人民币。假设不考虑相关税费。

（4）9月20日，应收账款150 000美元收到，款项已存入银行。当日即期汇率为1美元＝6.42元人民币。该应收账款系8月出口销售发生的。

（5）9月30日，即期汇率为1美元＝6.45元人民币。

开源公司账务处理如下。

（1）9月1日，以人民币向银行买入美元：

借：银行存款——美元　（200 000×6.39）1 278 000

　　财务费用——汇兑差额　8 000

　　贷：银行存款——人民币　（200 000×6.43）1 286 000

（2）9月5日，从国外购入一批原材料：

借：原材料　（300 000×6.41＋192 300）2 115 300

　　应交税费——应交增值税（进项税额）　274 989

　　贷：应付账款——美元　1 923 000

　　　　银行存款——人民币　467 289

（3）9月15日，出口销售一批商品：

借：应收账款——美元　（500 000×6.43）3 215 000

　　贷：主营业务收入　3 215 000

（4）9月20日，收到应收账款：

借：银行存款——美元　（150 000×6.42）963 000

　　贷：应收账款——美元　（150 000×6.37）955 500

　　　　财务费用——汇兑差额　7 500

（5）9月30日，开源公司计算期末产生的汇兑损益：

① 银行存款美元户余额＝400 000＋200 000＋150 000＝750 000（美元）

按当日的即期汇率折算为人民币金额＝750 000×6.45＝4 837 500（元人民币）

汇兑损益＝4 837 500－（2 548 000＋1 278 000＋963 000）＝48 500（元人民币）（汇兑收益）

② 应收账款美元户余额＝200 000＋500 000－150 000＝550 000（美元）

按当日的即期汇率折算为人民币金额＝550 000×6.45＝3 547 500（元人民币）

汇兑损益＝3 547 500－（1 274 000＋3 215 000－955 500）＝14 000（元人民币）（汇兑收益）

③ 应付账款美元户余额＝100 000＋300 000＝400 000（美元）

按当日的即期汇率折算为人民币金额＝400 000×6.45＝2 580 000（元人民币）

汇兑损益＝2 580 000－（637 000＋1 923 000）＝20 000（元人民币）（汇兑损失）

④ 应计入当期损益的汇兑损益＝48 500＋14 000－20 000＝42 500（元人民币）（汇兑收益）

借：银行存款——美元　48 500

　　应收账款——美元　14 000

　　贷：应付账款——美元　20 000

财务费用——汇兑差额　　　　42 500

2. 非货币性项目

教学视频

外币非货币性项目的期末处理或结算

非货币性项目是货币性项目以外的项目，如预付账款、存货、长期股权投资、交易性金融资产（股票、基金）、固定资产、无形资产、预收账款、合同负债等。

（1）对于以历史成本计量的外币非货币性项目，已在交易发生日按当日即期汇率折算，资产负债表日不应改变其原记账本位币金额，不产生汇兑差额。

（2）对于以成本与可变现净值孰低计量的存货，在以外币购入存货并且该存货在资产负债表日的可变现净值以外币反映的情况下，确定资产负债表日存货价值时应当考虑汇率变动的影响。即先将可变现净值按资产负债表日即期汇率折算为记账本位币金额，再与以记账本位币反映的存货成本进行比较，从而确定该项存货的期末价值。

**【例2-14】** 开源公司以人民币为记账本位币。2×21年11月20日，以1 000美元/台的价格从美国购入A器材15台。2×21年12月31日，库存尚有10台，其在国际市场的价格已降至980美元/台。11月20日的即期汇率是1美元＝6.28元人民币，12月31日的即期汇率是1美元＝6.20元人民币。假定不考虑相关税费。

本例中，由于存货在资产负债表日采用成本与可变现净值孰低计量，因此，在以外币购入存货并且该存货在资产负债表日的可变现净值以外币反映时，计提存货跌价准备时应当考虑汇率变动的影响。

开源公司账务处理如下：

（1）11月20日，购入A器材：

借：库存商品——A　　　　（1 000×15×6.28）94 200

　　贷：银行存款——美元　　　　94 200

（2）12月31日，计提存货跌价准备：

10台的成本＝1 000×10×6.28＝62 800（元人民币）

10台的可变现净值＝980×10×6.20＝60 760（元人民币）

应计提的存货跌价准备＝62 800－60 760＝2 040（元人民币）

借：资产减值损失　　　　2 040

　　贷：存货跌价准备　　　　2 040

（3）对于以公允价值计量的股票、基金等外币非货币性项目，期末公允价值以外币反映的，应当先将该外币金额按照公允价值确定当日的即期汇率折算为记账本位币金额，再与原记账本位币金额进行比较，其差额作为公允价值变动损益，计入当期损益。

**【例2-15】** 开源公司的记账本位币为人民币。2×21年12月5日以每股3.5港元的价格购入乙公司H股10 000股作为交易性金融资产，当日汇率为1港元＝1元人民币，款项已付。2×21年12月31日，由于市价变动，购入的乙公司H股的市价变为每股4港元，当日汇率为1港元＝0.9元人民币。2×22年1月16日，开源公司将所购乙公司

H股股票按当日市价每股4.2港元全部售出，所得价款为42 000港元，当日汇率为1港元=0.96元人民币。假定不考虑相关税费的影响。

开源公司账务处理如下：

（1）2×21年12月5日，购入该金融资产：

借：交易性金融资产——成本 （3.5×10 000×1）35 000

　　贷：银行存款——港元 35 000

（2）2×21年12月31日，确认股价和汇率变动：

根据《企业会计准则第22号——金融工具确认和计量》，交易性金融资产以公允价值计量。由于该项交易性金融资产是以外币计价，在资产负债表日，不仅应考虑港元市价的变动，还应一并考虑港元与人民币之间汇率变动的影响。

金融资产期末余额=4×10 000×0.9=36 000（元人民币）

公允价值变动额=36 000－35 000=1 000（元人民币）

借：交易性金融资产——公允价值变动 1 000

　　贷：公允价值变动损益 1 000

1 000元人民币既包含开源公司所购乙公司H股股票公允价值变动的影响，又包含人民币与港元之间汇率变动的影响。

（3）2×22年1月16日，出售该金融资产：

金融资产账面余额=4×10 000×0.9=36 000（元人民币）

金融资产售价=4.2×10 000×0.96=40 320（元人民币）

处置收益=40 320－36 000=4 320（元人民币）

借：银行存款——港元 （4.2×10 000×0.96）40 320

　　贷：交易性金融资产——成本 35 000

　　　　　　　　　　——公允价值变动 1 000

　　　　投资收益 4 320

4 320元人民币既包含汇率的变动，也包含股票市价的变动，不进行区分，均作为投资收益进行处理。

（4）以公允价值计量且其变动计入其他综合收益的外币货币性金融资产形成的汇兑差额，应当计入其他综合收益；外币非货币性金融资产形成的汇兑差额，与其公允价值变动一并计入其他综合收益。但是，采用实际利率法计算的金融资产的外币利息产生的汇兑差额，应当计入当期损益；非交易性权益工具投资的外币现金股利产生的汇兑差额，应当计入当期损益。

【例2-16】 开源公司的记账本位币为人民币。2×21年7月16日以每股6港元的价格购入丙公司H股5 000股作为以公允价值计量且其变动计入其他综合收益的金融资产，当日汇率为1港元=0.9元人民币，款项已付。2×21年12月31日，由于市价变动，购入的丙公司H股的市价变为每股7港元，当日汇率为1港元=0.83元人民币。假定不考虑相关税费的影响。

（1）2×21年7月16日，购入该金融资产：

借：其他权益工具投资——成本　　(6×5 000×0.9) 27 000

　贷：银行存款——港元　　27 000

(2) 2×21年12月31日，确认股价和汇率变动：

金融资产期末余额 = 7×5 000×0.83 = 29 050（元人民币）

公允价值变动 = 29 050 − 27 000 = 2 050（元人民币）

借：其他权益工具投资——公允价值变动　　2 050

　贷：其他综合收益　　2 050

2 050元人民币既包含开源公司所购丙公司H股股票公允价值变动的影响，又包含人民币与港元之间汇率变动的影响。

**提示**

外币非货币性金融资产终止确认时，因公允价值变动和汇兑差额产生的其他综合收益不得重分类进损益。

上述金融资产的汇兑损益及公允价值变动处理差异如表2-2所示。

表2-2　金融资产的汇兑损益及公允价值变动处理

<table>
<tr><th colspan="2">金融资产的类型</th><th>汇率变动计入的科目</th><th>公允价值变动计入的科目</th></tr>
<tr><td colspan="2">1. 以摊余成本计量的金融资产（债权投资）</td><td>财务费用</td><td>不涉及</td></tr>
<tr><td colspan="2">2. 以公允价值计量且其变动计入当期损益的金融资产（权益工具投资形成的交易性金融资产）</td><td colspan="2">汇率变动和公允价值变动不区分，均计入公允价值变动损益</td></tr>
<tr><td rowspan="2">3. 以公允价值计量且其变动计入其他综合收益的金融资产</td><td>其他权益工具投资</td><td colspan="2">汇率变动和公允价值变动不区分，均计入其他综合收益</td></tr>
<tr><td>其他债权投资</td><td>财务费用</td><td>其他综合收益</td></tr>
</table>

# 第三节 外币财务报表折算

在将企业的境外经营通过合并、权益法核算等纳入企业的财务报表中时，需要将企业境外经营的财务报表折算为以企业记账本位币反映的财务报表，这一过程就是外币财务报表的折算。因此，境外经营及其记账本位币的确定是进行财务报表折算的关键。

# 一、境外经营财务报表的折算

教学视频

外币财务报表折算

## （一）外币报表的折算方法

对外币报表的折算，常见的方法有四种：流动和非流动法、货币性与非货币性法、时态法和现时汇率法。

1. 流动和非流动法

在流动和非流动法下，境外经营的资产负债表中的流动资产和流动负债项目按资产负债表日的现时汇率折算，非流动资产和非流动负债及实收资本等项目按取得时的历史汇率折算，留存收益项目为依资产负债表的平衡原理轧差计算而得。利润表上折旧与摊销费用按相应资产取得时的历史汇率折算，其他收入和费用项目按报告期的平均汇率折算，销货成本根据“期初存货＋本期购货－期末存货”的关系确定。形成的折算损失，计入报告企业的合并损益中；形成的折算收益，已实现部分予以确认，未实现部分须予以递延，抵销以后期间形成的损失。本方法的优点在于能够反映境外经营的营运资金的报告货币等值，不改变境外经营的流动性。本方法的缺点：一是流动性与非流动性的划分与汇率的变动无关；二是对折算结果的处理，掩盖了汇率变动对合并净收益的影响，平滑了各期收益，与实际情况不符。

2. 货币性与非货币性法

在货币性和非货币性法下，货币性资产和负债按期末现时汇率折算，非货币性资产和负债按历史汇率折算。本方法的优点在于，货币性与非货币性的分类恰当地考虑了汇率变动对资产和负债的影响，改正了流动性与非流动性法的缺点。本方法的缺点在于，仍然是用分类来解决外币报表的折算，而没有考虑会计计量的问题，结果使得有些项目分类未必与所选的汇率相关，如存货项目属非货币性项目，应采用历史汇率折算，但当存货采用成本与市价孰低计量时，对以市价计量的存货用历史汇率折算显然不合适。

3. 时态法

在时态法下，资产负债表各项目以过去价值计量的，采用历史汇率，以现在价值计量的，采用现时汇率，产生的折算损益应计入当年的合并净收益。利润表各项目的折算与流动性和非流动性法下利润表的折算相同。本方法不仅考虑了会计计量基础，而且改正了上述货币性和非货币性方法的缺点。但是，该方法是从报告企业的角度考虑问题，境外的子公司、分支机构等均被认为是报告企业经营活动在境外的延伸，与报告企业本身的外币交易原则相一致（有人将这一观点称为母公司货币观），这样实际上忽视了境外经营作为相对独立的实体（即境外实体）的情况。另外，按此方法对外币报表进行折算，由于各项目使用的折算汇率不同，因而产生的折算结果不可能保持外币报表在折算前的原有比率关系。

4. 现时汇率法

在现时汇率法下，资产和负债项目均应按现时汇率折算，实收资本按历史汇率折算，利润表各项目按当期（年）平均汇率折算，产生的折算损益作为所有者权益的一个单独项目予以列示。这一折算方法考虑了境外经营作为相对独立的实体的情况（有人将这一观点称为子公司货币观），着重于汇率变动对报告企业在境外经营的投资净额的影响，折算的结果使境外经营的会计报表中原有的财务关系不因折算而改变，所改变的仅是其表现方式。该方法改正了时态法的缺点，却产生了另外的问题：对所有的资产和负债均以现时汇率折算，如对以历史成本计价的固定资产等按现时汇率折算将显得不伦不类。

### （二）我国企业会计准则采用的折算方法

为与我国《企业会计准则第33号——合并财务报表》所采用的实体理论保持一致，我国外币折算准则基本采用现时汇率法。

在对企业境外经营财务报表进行折算前，应当调整境外经营的会计期间和会计政策，使之与企业会计期间和会计政策相一致，根据调整后会计政策及会计期间编制相应货币（记账本位币以外的货币）的财务报表，再按照以下方法对境外经营财务报表进行折算：资产负债表中的资产和负债项目，采用资产负债表日的即期汇率折算，所有者权益项目除“未分配利润”项目外，其他项目采用发生时的即期汇率折算。具体如表2-3所示。

表2-3　所有者权益主要项目的折算方法

| 所有者权益项目 | | 折算方法 |
|---|---|---|
| 实收资本（股本） | | 发生时的即期汇率折算 |
| 盈余公积 | 期初盈余公积 | 以前年度盈余公积结转 |
| | 当期计提的盈余公积 | 当期平均汇率折算 |
| 未分配利润 | 期初未分配利润 | 以前年度未分配利润结转 |
| | 本期净利润转入的未分配利润 | 按利润表折算的金额转入 |
| 其他综合收益 | | 外币报表折算差额 |

利润表中的收入和费用项目，采用交易发生日的即期汇率或即期汇率的近似汇率折算。

产生的外币财务报表折算差额，在编制合并财务报表时，应在合并资产负债表中“其他综合收益”项目列示。

比较财务报表的折算比照上述规定处理。

【例2-17】　开源公司的记账本位币为人民币，该公司在境外有一家子公司丁公司，丁公司的记账本位币为美元。根据合同约定，开源公司拥有丁公司70%的股权，并能够控制丁公司。开源公司采用当期平均汇率折算丁公司利润表项目。丁公司的有关资料如下：

2×21年12月31日的即期汇率为1美元=6.20元人民币，2×21年的平均汇率为1美元=6.40元人民币；实收资本、资本公积发生日的即期汇率为1美元=7.00元人民币，2×21年12月31日的股本为1 000万美元，折算为人民币为7 000万元；累计盈余公积为100万美元，折算为人民币为690万元；累计未分配利润为240万美元，折算为人民币为1 670万元。开源公司、丁公司均在年末提取盈余公积，丁公司当年提取的盈余公积为140万美元。

报表折算见表2-4、表2-5和表2-6。

表2-4　利　润　表

2×21年度

| 科目 | 期末数（万美元） | 折算汇率 | 折算为人民币金额（万元） |
|---|---|---|---|
| 一、营业收入 | 4 000 | 6.40 | 25 600 |
| 减：营业成本 | 3 000 | 6.40 | 19 200 |
| 税金及附加 | 80 | 6.40 | 512 |
| 管理费用 | 200 | 6.40 | 1 280 |
| 财务费用 | 20 | 6.40 | 128 |
| 加：投资收益 | 60 | 6.40 | 384 |
| 二、营业利润 | 760 | — | 4 864 |
| 加：营业外收入 | 80 | 6.40 | 512 |
| 减：营业外支出 | 40 | 6.40 | 256 |
| 三、利润总额 | 800 | — | 5 120 |
| 减：所得税费用 | 240 | 6.40 | 1 536 |
| 四、净利润 | 560 | — | 3 584 |
| 五、每股收益 | | | |
| 六、其他综合收益 | | | |
| 七、综合收益总额 | | | |

注：对于利润表中的营业利润、利润总额和净利润三个项目，需要根据项目间关系计算填列。

表2–5 所有者权益变动表

2×21年度

| | 实收资本 | | | 盈余公积 | | | 未分配利润 | | 其他综合收益 | 股东权益合计 |
|---|---|---|---|---|---|---|---|---|---|---|
| | 万美元 | 折算汇率 | 万元人民币 | 万美元 | 折算汇率 | 万元人民币 | 万美元 | 万元人民币 | | 万元人民币 |
| 一、本年年初余额 | 1 000 | 7 | 7 000 | 100 | | 690 | 240 | 1 670 | | 9 360 |
| 二、本年增减变动金额 | | | | | | | | | | |
| （一）净利润 | | | | | | | 560 | 3 584 | | 3 584 |
| （二）其他综合收益 | | | | | | | | | | −1 164 |
| 其中：外币报表折算差额 | | | | | | | | | −1 164 | −1 164 |
| （三）利润分配 | | | | | | | | | | |
| 提取盈余公积 | | | | 140 | 6.40 | 896 | −140 | −896 | | 0 |
| 三、本年年末余额 | 1 000 | 7 | 7 000 | 240 | | 1 586 | 660 | 4 358 | −1 164 | 11 780 |

注：当期计提的盈余公积采用当期平均汇率折算，期初盈余公积为以前年度计提的盈余公积按相应年度平均汇率折算后金额的累计，期初未分配利润记账本位币金额为以前年度未分配利润记账本位币金额的累计。

表2–6 资产负债表

2×21年12月31日

| 资产 | 期末数（万美元） | 折算汇率 | 折算为人民币金额（万元） | 负债和股东权益 | 期末数（万美元） | 折算汇率 | 折算为人民币金额（万元） |
|---|---|---|---|---|---|---|---|
| 流动资产： | | | | 流动负债： | | | |
| 货币资金 | 380 | 6.20 | 2 356 | 短期借款 | 90 | 6.20 | 558 |
| 应收账款 | 380 | 6.20 | 2 356 | 应付账款 | 570 | 6.20 | 3 534 |
| 存货 | 480 | 6.20 | 2 976 | 其他流动负债 | 220 | 6.20 | 1 364 |
| 其他流动资产 | 400 | 6.20 | 2 480 | 流动负债合计 | 880 | — | 5 456 |
| 流动资产合计 | 1 640 | — | 10 168 | 非流动负债： | | | |

续表

| 资产 | 期末数（万美元） | 折算汇率 | 折算为人民币金额（万元） | 负债和股东权益 | 期末数（万美元） | 折算汇率 | 折算为人民币金额（万元） |
|---|---|---|---|---|---|---|---|
| 非流动资产： | | | | 长期借款 | 280 | 6.20 | 1 736 |
| 长期应收款 | 240 | 6.20 | 1 488 | 应付债券 | 160 | 6.20 | 992 |
| 固定资产 | 1 100 | 6.20 | 6 820 | 其他非流动负债 | 180 | 6.20 | 1 116 |
| 在建工程 | 160 | 6.20 | 992 | 非流动负债合计 | 620 | — | 3 844 |
| 无形资产 | 200 | 6.20 | 1 240 | 负债合计 | 1 500 | | 9 300 |
| 其他非流动资产 | 60 | 6.20 | 372 | 股东权益： | | | |
| 非流动资产合计 | 1 760 | — | 10 912 | 股本 | 1 000 | 7.00 | 7 000 |
| | | | | 盈余公积 | 240 | | 1 586 |
| | | | | 未分配利润 | 660 | | 4 358 |
| | | | | 其他综合收益 | | | −1 164 |
| | | | | 股东权益合计 | 1 900 | | 11 780 |
| 资产总计 | 3 400 | | 21 080 | 负债和股东权益总计 | 3 400 | | 21 080 |

**提示**

其他综合收益（外币报表折算差额）为以记账本位币反映的净资产减去以记账本位币反映的股本（实收资本）、资本公积、累计盈余公积及累计未分配利润后的余额。

### （三）特殊项目的处理

教学文档

外币报表折算难题的化解

1. 少数股东应分担的外币报表折算差额的处理

在企业境外经营为其子公司的情况下，企业在编制合并财务报表时，应按少数股东在境外经营所有者权益中所享有的份额计算少数股东应分担的外币报表折算差额，并入少数股东权益列示于合并资产负债表。此时的会计分录为：

借：其他综合收益

　　贷：少数股东权益

或反向会计分录。

2. 实质上构成对境外经营净投资的外币货币性项目产生的汇兑差额的处理

母公司含有实质上构成对子公司（境外经营）净投资的外币货币性项目的情况下，在编制合并财务报表时，应分别以下两种情况编制抵销分录：

（1）实质上构成对子公司净投资的外币货币性项目以母公司或子公司的记账本位币反映，则应在抵销长期应收应付项目的同时，将其产生的汇兑差额转入“其他综合收益”科目。即借记或贷记“财务费用——汇兑差额”科目，贷记或借记“其他综合收益”科目。

（2）实质上构成对子公司净投资的外币货币性项目以母、子公司的记账本位币以外的货币反映，则应将母、子公司此项外币货币性项目产生的汇兑差额相互抵销，差额转入“其他综合收益”项目。

教学案例

情况1例题

教学案例

情况2例题

## 二、境外经营的处置

企业可能通过出售、清算、返还股本或放弃全部或部分权益等方式处置其在境外经营中的利益。在境外经营为子公司的情况下，企业处置境外经营应当按照合并财务报表处置子公司的原则进行相应的会计处理。在包含境外经营的财务报表中，将已列入其他综合收益的外币报表折算差额中与该境外经营相关部分，自所有者权益项目中转入处置当期损益；如果是部分处置境外经营，应当按处置的比例计算处置部分的外币报表折算差额，转入处置当期损益；处置的境外经营为子公司的，将已列入其他综合收益的外币报表折算差额中归属于少数股东的部分，视全部处置或部分处置分别予以终止确认或转入少数股东权益。

## 课后思考题

1. 什么是记账本位币？记账本位币应如何确定？
2. 什么是外币交易？外币交易包括哪些内容？
3. 外币货币性项目期末的汇兑差额应如何确定？
4. 为什么要进行外币财务报表折算？
5. 在我国现行会计准则下，如何进行外币财务报表折算？

## 第二章教学课件

教学课件

外币折算

教学文档

课外文献拓展

## 案例分析题及参考答案

## 即测即评

请扫描右侧二维码，进行随堂测试。

# 第三章 会计调整

## 教学目标

通过本章学习，要求学生了解会计政策变更和重大前期差错的报表调整方法；熟悉会计政策变更、会计估计变更、前期差错、资产负债表日后事项的含义；理解会计政策变更、会计估计变更的区别；掌握会计政策变更追溯调整法和未来适用法、会计估计变更未来适用法的会计处理；掌握重大前期差错更正追溯重述法的会计处理；掌握资产负债表日后事项的两种分类及资产负债表日后调整事项的会计处理。

## 思维导图

- 会计政策及其变更
  - 会计政策概述
    - 含义：企业在会计确认、计量和报告中所采用的原则、基础和会计处理方法
    - 特点：选择性、强制性、层次性
    - 披露
  - 会计政策变更概述
    - 含义：企业对相同的交易或者事项由原来采用的会计政策改用另一会计政策的行为
    - 条件
      - 法律、行政法规或者国家统一的会计制度等要求变更
      - 会计政策变更能够提供更可靠、更相关的会计信息
  - 会计处理
    - 追溯调整法
      - 以新政策下的分录对比旧政策下的分录认定追溯分录
      - 报表修改内容
        - 资产负债表的年初数
        - 利润表的上年数
        - 所有者权益变动表的年初会计政策变更累积影响数
    - 未来适用法
      - 附注披露新政策替换旧政策对当期净利润的影响数
    - 会计处理方法的选择
      - 国家明确规定衔接方法按规定处理，国家未明确规定的按追溯调整法处理
      - 主动修改的按追溯调整法处理
      - 累积影响数无法计算的按未来适用法处理
  - 会计政策变更的披露

# 会计调整

- 会计估计及其变更
  - 会计估计概述
    - 含义：企业对结果不确定的交易或者事项以最近可利用的信息为基础所做的判断
    - 特点
      - 会计估计的存在是由于经济活动中内在的不确定性因素的影响
      - 进行会计估计时，往往以最近可利用的信息或资料为基础
      - 进行会计估计并不会削弱会计确认和计量的可靠性
    - 披露
  - 会计估计变更概述
    - 含义：由于资产和负债的当前状况及预期经济利益和义务发生了变化，从而对资产或负债的账面价值或者资产的定期消耗金额进行调整
    - 条件
      - 赖以进行估计的基础发生了变化
      - 取得了新的信息，积累了更多的经验
  - 会计处理　未来适用法
  - 会计估计变更的披露
  - 会计估计变更与会计政策变更的划分
    - 以会计确认是否发生变更作为判断基础
    - 以计量基础是否发生变更作为判断基础
    - 以列报项目是否发生变更作为判断基础
    - 根据会计确认、计量基础和列报项目所选择的与为取得与资产负债表项目有关的金额或数值所采用的处理方法，不是会计政策，而是会计估计，其相应的变更是会计估计变更
- 前期差错及其更正
  - 前期差错概述
    - 含义：由于没有运用或错误运用会计信息，而对前期财务报表造成省略或错报
    - 类型
      - 计算以及账户分类错误
      - 采用法律、行政法规或者国家统一的会计制度等不允许的会计政策
      - 对事实的疏忽或曲解，以及舞弊
  - 前期差错更正的会计处理
    - 不重要的前期差错：调整发现当期与前期相同的相关项目
    - 重要的前期差错
      - 追溯重述法更正
        - 以正确分录对比错误分录认定追溯分录
        - 报表修改内容
          - 资产负债表的年初数
          - 利润表的上年数
          - 所有者权益变动表的年初前期差错更正影响数
      - 确定前期差错影响数不切实可行的，可以从可追溯重述的最早期间开始调整留存收益的期初余额，财务报表其他相关项目的期初余额也应当一并调整，也可以采用未来适用法
      - 发生在资产负债表日后期间的前期差错应参照资产负债表日后事项处理
- 资产负债表日后事项
  - 含义　资产负债表日至财务报告批准报出日之间发生的有利或不利事项
  - 涵盖期间　自资产负债表日次日起至财务报告批准报出日止的一段时间
  - 内容
    - 调整事项：对资产负债表日已经存在的情况提供了新的或进一步证据的事项
    - 非调整事项：资产负债表日后发生的情况的事项
  - 会计处理
    - 调整事项的会计处理
      - 账务上追溯调整至应达到的标准
      - 年报修正
        - 资产负债表
        - 利润表
        - 所有者权益变动表
    - 非调整事项的会计处理　报表披露

## 引导案例：*ST美尚两次更正年报，会计差错多处不一致

2021年7月1日，深交所创业板公司管理部向美尚生态景观股份有限公司（证券简称：*ST美尚）下发关注函，针对公司两次更正年报会计差错，且两次调整存在多处不一致的情形，要求说明两次会计差错更正的各科目具体情况、调整原因及合理性，函询相关独立董事详细说明两次均投弃权票的具体原因。

关注函提到，2021年4月29日，公司董事会审议通过《关于前期会计差错更正的议案》，对2019年年报进行更正。2021年6月30日，公司董事会再次审议通过《关于前期会计差错更正的议案》，重新更正2019年年报会计差错，同时披露北京中天华茂会计师事务所（普通合伙）（以下简称“中天华茂所”）对上述差错更正的鉴证报告。公司会计专业独立董事赵珊对前述两次董事会相关议案均投弃权票。

关注函指出，公司先后两次披露的2019年年报会计差错更正公告，主要调整了货币资金（调减10.14亿元）、应收账款（调增1.89亿元）、其他应收款（分别调增7.5亿元、9.5亿元）、长期应收款（调减1.32亿元）、其他应付款（分别调增0亿元、2亿元）、未分配利润（分别调减2.47亿元、2.1亿元）及信用减值损失（分别调增0.11亿元、调减0.26亿元）等多个会计科目，且两次调整存在多处不一致情形。

创业板公司管理部要求公司就多个事项进行核查并作出说明：补充说明前述两次会计差错更正的各科目具体情况、调整原因及合理性，是否符合企业会计准则相关规定；函询相关独立董事详细说明对本次会计差错更正事项履行勤勉尽责义务具体情况和投弃权票的具体原因；请中天华茂所补充说明对公司2019年年报会计差错更正事项的鉴证程序、获取的证据、质量控制措施等，相关鉴证工作是否符合《中国注册会计师审计准则》有关规定。

此外，创业板公司管理部要求公司补充说明上述会计差错更正事项是否对2019年年度财务报表具有广泛性影响，中天华茂所出具鉴证报告而非全面审计报告的合理性；结合上述会计差错更正事项及主营业务会计处理的复杂性等，说明聘请中天华茂所的原因，相关决策是否审慎，是否充分考虑相关鉴证质量风险，是否有对应的保障措施；说明公司聘请中天华茂所履行的审议程序和披露义务，是否符合《深圳证券交易所创业板股票上市规则》（2020年12月修订）的规定等事项。

资料来源：根据新浪财经2021年7月1日发布的报道资料整理。

通过该案例，我们应讨论或思考：*ST美尚会计差错更正的原因有哪些？为什么两次差错更正不一致？第一次差错更正后为什么又聘请审计师重新审计？相关独立董事为什么对两次董事会相关议案均投弃权票？

教学文档

企业会计准则第28号——会计政策、会计估计变更和差错更正

教学文档

企业会计准则第29号——资产负债表日后事项

# 第一节 会计政策及其变更

## 一、会计政策概述

教学视频

会计政策及其变更

### （一）会计政策的含义

会计政策，是指企业在会计确认、计量和报告中所采用的原则、基础和会计处理方法。

原则，是指按照《企业会计准则》规定的、适合于企业会计核算所采用的具体会计原则。例如，企业应当在履行了合同中的履约义务，即在客户取得相关商品控制权时确认收入；预计负债的确认条件等。

基础，是指为了将会计原则应用于交易或者事项而采用的基础，主要是计量基础（计量属性），包括历史成本、重置成本、可变现净值、现值和公允价值等。例如，以公允价值计量且其变动计入当期损益的金融资产采用公允价值进行后续计量；投资性房地产后续计量采用成本模式计量还是公允价值模式计量等。

会计处理方法，是指企业在会计核算中按照法律、行政法规或者国家统一的会计制度等规定采用或者选择的、适合于本企业的具体会计处理方法。例如，发出存货的计价方法；长期股权投资核算的成本法和权益法等。

原则、基础和会计处理方法构成了会计政策相互关联的有机整体。对会计政策的判断通常应当从会计要素的确认出发，根据各项资产、负债、所有者权益、收入、费用等会计要素的确认条件、计量属性以及两者相关的处理方法、列报要求等确定相应的会计政策。

### （二）会计政策的特点

1. 会计政策的选择性

会计政策是在允许的会计原则、计量基础和会计处理方法中做出指定或具体选择。由于企业经济业务的复杂性和多样化，某些经济业务在符合会计原则和计量基础的要求下，可以有多种会计处理方法，即存在不止一种可供选择的会计政策。例如，确定发出存货的实际成本时可以在先进先出法、加权平均法和个别计价法中进行选择。

2. 会计政策的强制性

在我国，会计准则和会计制度属于行政法规，会计政策所包括的具体会计原则、计量基础和具体会计处理方法由会计准则等规定，具有一定的强制性。企业必须在法规所允许的范围内选择适合本企业实际情况的会计政策。即企业在发生某项经济业务时，必须从允许的会计原则、计量基础和会计处理方法中选择出适合本企业特点的会计政策。

3. 会计政策的层次性

会计政策包括会计原则、计量基础和会计处理方法三个层次。其中，会计原则是指导企业会计核算的具体原则，例如，《企业会计准则第13号——或有事项》规定的以该义务是企业承担的现时义务，履行该义务很可能导致经济利益流出企业，该义务的金额能够可靠地计量”作为预计负债的确认条件就是预计负债确认的具体会计原则；会计基础是为将会计原则体现在会计核算中而采用的基础，例如，《企业会计准则第22号——金融工具确认与计量》中涉及的公允价值就是计量基础；会计处理方法是按照会计原则和计量基础的要求，由企业在会计核算中采用或者选择的、适合于本企业的具体会计处理方法。会计原则、计量基础和会计处理方法三者之间是一个具有逻辑性的、密不可分的整体，通过这个整体，会计政策才能得以应用和落实。

## （三）会计政策的披露

企业应当披露重要的会计政策，不具有重要性的会计政策可以不予披露。判断会计政策是否重要，应当考虑与会计政策相关项目的性质和金额。企业应当披露的重要会计政策包括但不限于下列各项：

（1）发出存货成本的计量，是指企业确认发出存货成本所采用的会计处理。例如，企业发出存货成本的计量是采用先进先出法，还是采用其他计量方法。

（2）长期股权投资的后续计量，是指企业取得长期股权投资后的会计处理。例如，企业对被投资单位的长期股权投资是采用成本法，还是采用权益法核算。

（3）投资性房地产的后续计量，是指企业在资产负债表日对投资性房地产进行后续计量所采用的会计处理。例如，企业对投资性房地产的后续计量是采用成本模式，还是公允价值模式。

（4）固定资产的初始计量，是指对取得的固定资产初始成本的计量。例如，企业取得的固定资产初始成本是以购买价款，还是以购买价款的现值为基础进行计量。

（5）生物资产的初始计量，是指对取得的生物资产初始成本的计量。例如，企业为取得生物资产而产生的借款费用，应当予以资本化，还是计入当期损益。

（6）无形资产的确认，是指对无形项目的支出是否确认为无形资产。例如，企业内部研究开发项目开发阶段的支出是确认为无形资产，还是在发生时计入当期损益。

（7）金融资产的分类及后续计量方法。

（8）非货币性资产交换的计量，是指非货币性资产交换事项中对换入资产成本的计量。例如，非货币性资产交换是以换出资产的公允价值作为确定换入资产成本的基础，还是以换出资产的账面价值作为确定换入资产成本的基础。

（9）收入的确认，是指收入确认所采用的会计原则。例如，企业确认收入采用的五步法模型。

（10）与负债会计要素相关的会计政策，主要包括借款费用的处理、债务重组的确认和计量、预计负债的确认、应付职工薪酬和股份支付的确认与计量、金融负债的分类等。其中借款费用的处理，是指借款费用的会计处理方法，即是采用资本化，还是采用费用化。

（11）与所有者权益会计要素相关的会计政策，主要包括权益工具的确认和计量、混合金融工具的分拆等，属于所有者权益要素的会计政策。

（12）合并政策，是指编制合并财务报表所采纳的原则。例如，母公司与子公司的会计年度不一致的处理原则、合并范围的确定原则等。

（13）其他重要会计政策，如财务报表列报方面所涉及的编制现金流量表经营活动现金流量的直接法和间接法、分部报告中报告分部的确定，均属于会计政策。

## 二、会计政策变更概述

教学文档

上市公司关于公司会计政策变更的公告

### （一）会计政策变更的含义

会计政策变更，是指企业对相同的交易或者事项由原来采用的会计政策改用另一会计政策的行为。为保证会计信息的可比性，使财务报表使用者在比较企业一个以上期间的财务报表时，能够正确判断企业的财务状况、经营成果和现金流量的趋势，一般情况下，企业采用的会计政策，在每一会计期间和前后各期应当保持一致，不得随意变更，否则会削弱会计信息的可比性。

### （二）会计政策变更的条件

在下述两种情形下，企业可以变更会计政策。

1. 法律、行政法规或者国家统一的会计制度等要求变更

这种情况是指，按照法律、行政法规以及国家统一的会计制度的规定，要求企业采用新的会计政策，则企业应当按照法律、行政法规以及国家统一的会计制度的规定改变原会计政策，按照新的会计政策执行。例如，《企业会计准则第1号——存货》对发出存货实际成本的计价取消了后进先出法，这就要求执行《企业会计准则》体系的企业按照新规定，将原来以后进先出法核算发出存货成本改为准则规定可以采用的会计政策。《企业会计准则第14号——收入》要求采用统一的收入确认模型来规范所有与客户之间的合同产生的收入。对于在境内外同时上市的企业以及在境外上市并采用国际财务报告准则或企业会计准则编制财务报告的企业，自2018年1月1日起执行新收入准则；对于其他在境内上市的企业，要求自2020年1月1日起执行新收入准则；对于执行企业会计准则的非上市企业，要求自2021年1月1日起执行新收入准则。以上这些均属于会计政策变更中的法定变更或被动变更。

2. 会计政策变更能够提供更可靠、更相关的会计信息

由于经济环境、客观情况的改变，使企业原采用的会计政策所提供的会计信息，已不能恰当地反映企业的财务状况、经营成果和现金流量等情况。在这种情况下，应改变

原有会计政策，按变更后新的会计政策进行会计处理，以便对外提供更可靠、更相关的会计信息。例如，企业一直采用成本模式对投资性房地产进行后续计量，如果企业能够从房地产交易市场上持续可靠地取得同类或类似房地产的市场价格及其他相关信息，从而能够对投资性房地产的公允价值做出合理的估计，那么，企业可以将投资性房地产的后续计量方法由成本模式变更为公允价值模式。该种会计政策变更也可称为自愿变更或主动变更。

需要注意的是，除法律、行政法规以及国家统一的会计制度要求变更会计政策的，应当按照国家的相关规定执行外，企业因满足上述第二个条件变更会计政策时，必须有充分、合理的证据表明其变更的合理性，并说明变更会计政策后，能够提供关于企业财务状况、经营成果和现金流量等更可靠、更相关的会计信息的理由。对会计政策的变更，企业应经股东大会或董事会、经理（厂长）会议或类似机构批准，并按照法律、行政法规等的规定报送有关各方备案。无充分、合理的证据表明会计政策变更的合理性，或者未重新经股东大会或董事会、经理（厂长）会议或类似机构批准擅自变更会计政策的，或者连续、反复地自行变更会计政策的，视为滥用会计政策变更，按照前期差错更正的方法进行处理。

上市公司的会计政策目录及变更会计政策后重新制定的会计政策目录，除应当按照信息披露的要求对外公布外，还应当报公司上市地交易所备案。未报公司上市地交易所备案的，视为滥用会计政策，按照前期差错更正的方法进行处理。

### （三）不属于会计政策变更的情形

对会计政策变更的认定，直接影响会计处理方法的选择。因此，在会计实务中，企业应当正确认定属于会计政策变更的情形。下列两种情况不属于会计政策变更。

1. 本期发生的交易或者事项与以前相比具有本质差别而采用新的会计政策

会计政策是针对特定类型的交易或事项，如果发生的交易或事项与其他交易或事项有本质区别，那么，企业实际上是为新的交易或事项选择适当的会计政策，并没有改变原有的会计政策。例如，将自用的办公楼改为出租，不属于会计政策变更，而是采用新的会计政策。

【例3-1】 2×21年1月1日，开源公司买入甲公司15%的股份，分类为其他权益工具投资。2×23年1月1日，开源公司派出管理人员参与甲公司的经营管理，使得开源公司对甲公司具有重大影响，由其他权益工具投资改为长期股权投资。这不属于会计政策变更。这属于当期发生与以前有本质区别的全新业务采用新的会计政策。

2. 对初次发生的或不重要的交易或事项采用新的会计政策

对初次发生的某类交易或事项采用适当的会计政策，并未改变原有的会计政策。例如，某企业以前没有建造合同业务，当年签订一项建造合同为另一企业建造三栋厂房，对该项建造合同按照履约进度确认收入，不是会计政策变更。对不重要的交易或事项采用新的会计政策，不按会计政策变更做出会计处理，并不影响会计信息的可比性，所以也不作为会计政策变更。

【例3-2】 假定开源公司2×21年在生产经营过程中使用少量的低值易耗品，并且价值较低，故企业于领用低值易耗品时一次计入费用；2×22年公司投产新产品，所需低值易耗品相对2×21年多很多，且价值较大，企业对领用的低值易耗品处理方法改为五五摊销法。开源公司低值易耗品在生产经营中所占的费用比例并不大，改变低值易耗品处理方法后，对损益的影响也不大，属于不重要的事项，会计政策在这种情况下的改变不属于会计政策变更。

**教学讨论**

固定资产折旧方法和存货发出计价方法的改变是否都属于会计政策变更？

答案参考

教学讨论答案参考

## 三、会计政策变更的会计处理

教学文档

文献：董事辞职与会计政策变更：形式与实质

教学视频

会计政策变更的会计处理

发生会计政策变更时，有两种会计处理方法，即追溯调整法和未来适用法，两种方法适用于不同情形。

### （一）追溯调整法

追溯调整法，是指对某项交易或事项变更会计政策，视同该项交易或事项初次发生时即采用变更后的会计政策，并以此对财务报表相关项目进行调整的方法。采用追溯调整法时，对于比较财务报表期间的会计政策变更，应调整各期间净损益各项目和财务报表其他相关项目，视同该政策在比较财务报表期间上一直采用。对于比较财务报表可比期间以前的会计政策变更的累积影响数，应调整比较财务报表最早期间的期初留存收益，财务报表其他相关项目的数字也应一并调整。

1. 追溯调整法的计算步骤

第一步，计算会计政策变更的累积影响数。

第二步，编制相关项目的调整分录。

第三步，调整列报前期最早期初财务报表相关项目及其金额。

第四步，附注说明。

2. 会计政策变更累积影响数的计算

会计政策变更累积影响数，是指按照变更后的会计政策对以前各期追溯计算的列报前期最早期初留存收益应有金额与现有金额之间的差额。即变更年度所有者权益变动表中“上年金额”栏目“盈余公积”和“未分配利润”项目的调整金额，如表3-1所示。

表3-1　所有者权益变动表（简表）

2×21年度

| 项目 | 本年金额 | | 上年金额 | |
|---|---|---|---|---|
| …… | 盈余公积 | 未分配利润 | 盈余公积 | 未分配利润 |
| 一、上年年末余额 | | | | |
| 加：会计政策变更 | | | ××× | ××× |
| 前期差错更正 | | | | |
| 二、本年年初余额 | | | | |
| …… | | | | |

根据上述定义的表述，会计政策变更的累积影响数可以分解为以下两个金额之间的差额：

（1）在变更会计政策当期，按变更后的会计政策对以前各期追溯计算，得到列报前期最早期初留存收益金额。

（2）在变更会计政策当期，列报前期最早期初留存收益金额。

上述留存收益金额，包括盈余公积和未分配利润等项目，对已经向股东分配的利润不需要调整。例如，由于会计政策变化，增加了以前期间可供分配的利润，该企业通常按净利润的20%分派股利，但在计算调整会计政策变更当期期初的留存收益时，不应当考虑由于以前期间净利润的变化而需要分派的股利。

在财务报表只提供列报项目上一个可比会计期间比较数据的情况下，上述第（2）项，在变更会计政策当期，列报前期最早期初留存收益金额，即为上期资产负债表所反映的期初留存收益，可以从上年资产负债表项目中获得；需要计算确定的是第（1）项，即按变更后的会计政策对以前各期追溯计算，所得到的上期期初留存收益金额。

累积影响数通常可以通过以下各步计算获得：

（1）根据新会计政策重新计算受影响的前期交易或事项；

（2）计算两种会计政策下的所得税前差异；

（3）计算差异的所得税影响金额；

（4）确定前期中的每一期的所得税后差异；

（5）计算会计政策变更的累积影响数。

需要注意的是，对以前年度损益进行追溯调整或追溯重述的，应当重新计算各列报期间的每股收益。

**提示**

会计政策变更的追溯调整，一般并不影响税法征收应交所得税的口径，不会影响以前年度应交所得税的变动，即不涉及“应交税费——应交所得税”科目的调整。

会计政策变更的追溯调整是否要进行递延所得税费用的会计处理，主要与会计政策变更是否会形成暂时性差异有关。如果会计政策变更引起资产、负债按照企业会计准则规定确定的账面价值与按照税法规定确定的计税基础产生或转回差异，应分别应纳税暂时性差异与可抵扣暂时性差异，确认或转回相关的递延所得税负债与递延所得税资产。

【例3-3】 开源公司2×21年、2×22年分别以900 000元和220 000元的价格从股票市场购入A、B两只以交易为目的的股票（假设不考虑购入股票发生的交易费用），市价一直高于购入成本。公司采用成本与市价孰低法对购入股票进行计量。

公司从2×23年起对其以交易为目的购入的股票由成本与市价孰低改为公允价值计量，公司保存的会计资料比较齐备，可以通过会计资料追溯计算。

假设所得税税率为25%，公司按净利润的10%提取法定盈余公积。公司发行普通股为4 500万股。两种方法计量的交易性金融资产账面价值如表3-2所示。

表3-2 两种方法计量的交易性金融资产账面价值

单位：元

| 股票 | 成本与市价孰低 | 2×21年末公允价值 | 2×22年末公允价值 |
|---|---|---|---|
| A股票 | 900 000 | 1 020 000 | 1 020 000 |
| B股票 | 220 000 | — | 260 000 |

根据上述资料，开源公司的账务处理如下：

（1）计算改变交易性金融资产计量方法后的累积影响数，如表3-3所示。

表3-3 改变交易性金融资产计量方法后的累积影响数

单位：元

| 时间 | 公允价值 | 成本与市价孰低 | 税前差异 | 所得税影响 | 税后差异 |
|---|---|---|---|---|---|
| 2×21年末 | 1 020 000 | 900 000 | 120 000 | 30 000 | 90 000 |
| 2×22年末 | 260 000 | 220 000 | 40 000 | 10 000 | 30 000 |
| 合计 | 1 280 000 | 1 120 000 | 160 000 | 40 000 | 120 000 |

开源公司2×23年12月31日的比较财务报表列报前期最早期初为2×22年1月1日。

（2）编制有关项目的调整分录：

① 对2×21年有关事项的调整分录：

a. 调整会计政策变更累积影响数（注：如果2×21年以前有数据，一并调整）。

借：交易性金融资产——公允价值变动 120 000

　　贷：利润分配——未分配利润 120 000

注：上述分录中“利润分配——未分配利润”科目代替“公允价值变动损益”科目。

借：利润分配——未分配利润　　30 000

　　贷：递延所得税负债　　（120 000×25%）30 000

注：上述分录中“利润分配——未分配利润”科目代替“所得税费用”科目。

**提示**

由于交易性金融资产采用公允价值计量，账面价值为每年年末的公允价值，而交易性金融资产的计税基础为原有的历史成本。在对2×21年有关事项进行调整时，交易性金融资产的账面价值比计税基础高120 000元，产生应纳税暂时性差异120 000元，进而需要确认递延所得税负债30 000元（120 000×25%）。

b. 调整利润分配：

按照净利润的10%提取法定盈余公积，即提取盈余公积9 000元（90 000×10%）。

借：利润分配——未分配利润　　9 000

　　贷：盈余公积——法定盈余公积　　9 000

② 对2×22年有关事项的调整分录（列报前期）：

a. 调整交易性金融资产。

借：交易性金融资产——公允价值变动　　40 000

　　贷：利润分配——未分配利润　　40 000

注：上述分录中“利润分配——未分配利润”科目代替“公允价值变动损益”科目。

借：利润分配——未分配利润　　10 000

　　贷：递延所得税负债　　（40 000×25%）10 000

注：上述分录中“利润分配——未分配利润”科目代替“所得税费用”科目。

**提示**

在对2×22年有关事项进行调整时，交易性金融资产的账面价值比计税基础高40 000元，产生应纳税暂时性差异40 000元，进而需要确认递延所得税负债10 000元（40 000×25%）。

b. 调整利润分配。

按照净利润的10%提取法定盈余公积，即提取盈余公积30 000×10%＝3 000（元）。

借：利润分配——未分配利润　　3 000

　　贷：盈余公积——法定盈余公积　　3 000

**提示**

对于会计政策变更的处理，不允许出现“以前年度损益调整”。

（3）财务报表调整和重述（财务报表略）。

开源公司在列报2×23年财务报表时，应调整2×23年资产负债表有关项目的年初余额、利润表有关项目的上年金额及所有者权益变动表有关项目的上年金额和本年金额。

① 资产负债表项目的调整（年初余额）：

调增交易性金融资产年初余额160 000元；调增递延所得税负债年初余额40 000元；调增盈余公积年初余额12 000元；调增未分配利润年初余额108 000元。如表3-4所示。

表3-4　资产负债表（简表）

2×23年12月31日　　　　单位：元

| | 期末余额 | 年初余额 |
|---|---|---|
| 交易性金融资产 | | +160 000 |
| 递延所得税负债 | | +40 000 |
| 盈余公积 | | +12 000 |
| 未分配利润 | | +108 000 |

② 利润表项目的调整（上年金额）：

调增公允价值变动收益上年金额40 000元；调增所得税费用上年金额10 000元；调增净利润上年金额30 000元；调增基本每股收益上年金额0.000 67元。如表3-5所示。

注：调增基本每股收益上年金额＝调增净利润/公司流通在外普通股股数

＝30 000/45 000 000＝0.000 67（元/股）

表3-5　利润表（简表）

2×23年度　　　　单位：元

| | 本期金额 | 上期金额 |
|---|---|---|
| 公允价值变动收益 | | +40 000 |
| 所得税费用 | | +10 000 |
| 净利润 | | +30 000 |
| 基本每股收益 | | +0.000 67 |

③ 所有者权益变动表项目的调整（上年金额和本年金额）：

调增盈余公积上年年初金额9 000元，未分配利润上年年初金额81 000元，所有者权益合计上年年初金额90 000元。

调增盈余公积本年金额3 000元，未分配利润本年金额27 000元，所有者权益合计上年金额30 000元。

调增盈余公积本年年初金额12 000元，未分配利润本年年初金额108 000元，所有者权益合计本年年初金额120 000元。如表3-6所示。

表3-6 所有者权益变动表（简表）

2×23年度 单位：元

| 项目 | 本年金额 | | 上年金额 | |
| --- | --- | --- | --- | --- |
| | 盈余公积 | 未分配利润 | 盈余公积 | 未分配利润 |
| 一、上年年末余额 | +9 000 | +81 000 | | |
| 加：会计政策变更 | +3 000 | +27 000 | +9 000 | +81 000 |
| 前期差错更正 | | | | |
| 其他 | | | | |
| 二、本年年初余额 | +12 000 | +108 000 | | |
| …… | | | | |

## （二）未来适用法

未来适用法，是指将变更后的会计政策应用于变更日及以后发生的交易或者事项，或者在会计估计变更当期和未来期间确认会计估计变更影响数的方法。

在未来适用法下，不需要计算会计政策变更产生的累积影响数，也无须调整以前年度的财务报表。企业会计账簿记录及财务报表上反映的金额，变更之日仍保留原有的金额，不因会计政策变更而改变以前年度的既定结果，并在现有金额的基础上再按新的会计政策进行核算。

虽然未来适用法不要求对以前的会计指标进行追溯调整，但应在会计政策变更当期计算由于会计政策变更对当期净利润的影响数，并披露于报表附注。

【例3-4】 开源公司原对发出存货采用后进先出法，由于采用新《企业会计准则》，按其规定，开源公司从20×7年1月1日起改用先进先出法。20×7年1月1日存货的价值为5 000 000元，公司当年购入存货的实际成本为36 000 000元，20×7年12月31日按先进先出法计算确定的存货价值为9 000 000元，当年销售额为50 000 000元，假设该年度其他费用为2 400 000元，所得税税率为25%。20×7年12月31日按后进先出法计算的存货价值为4 400 000元。

开源公司由于法律环境变化而改变会计政策，假定按照《企业会计准则》的规定对该项会计政策变更采用未来适用法进行处理，即对存货采用先进先出法从20×7年及以后才适用，不需要计算20×7年1月1日以前按先进先出法计算存货应有的余额，以及对留存收益的影响金额。

计算确定会计政策变更对当期净利润的影响数如表3-7所示。

表3-7 当期净利润的影响数计算表

单位：元

| 项目 | 先进先出法 | 后进先出法 |
|---|---|---|
| 营业收入 | 50 000 000 | 50 000 000 |
| 减：营业成本 | 32 000 000 | 36 600 000 |
| 减：其他费用 | 2 400 000 | 2 400 000 |
| 利润总额 | 15 600 000 | 1 1000 000 |
| 减：所得税费用 | 3 900 000 | 2 750 000 |
| 净利润 | 11 700 000 | 8 250 000 |
| 差额 | 3 450 000 | |

开源公司应当在20×7年财务报告中披露，由于会计政策变更使当期净利润增加了3 450 000元。

其中，采用先进先出法的销售成本为：

期初存货＋购入存货实际成本－期末存货＝5 000 000＋36 000 000－9 000 000
＝32 000 000（元）

采用后进先出法的销售成本为：

期初存货＋购入存货实际成本－期末存货＝5 000 000＋36 000 000－4 400 000
＝36 600 000（元）

**提示**

由于会计准则的要求，根据2006年颁布的《企业会计准则第38号——首次执行企业会计准则》应用指南，如存货计价方法由后进先出法变更为先进先出法等，该项会计政策变更不应追溯调整，应当自首次执行日起采用未来适用法。存货发出的计价方法由后进先出法改为先进先出法，未来适用法的意思是从改为先进先出法以后都是新方法。之前采用后进先出法的不用追溯。

### （三）会计政策变更的会计处理方法的选择

对于会计政策变更，企业应当根据具体情况，分别采用不同的会计处理方法。

（1）法律、行政法规或者国家统一的会计制度等要求变更的情况下，企业应当分为以下情况进行处理。

① 国家发布相关的会计处理办法，则按照国家发布的相关会计处理规定进行处理。例如，2007年1月1日我国上市公司执行新《企业会计准则》，会计政策发生了较大的变动，财政部制定了《企业会计准则第38号——首次执行企业会计准则》，规定了企业

执行新会计准则时应遵循的处理方法。

② 国家没有发布相关的会计处理办法，则采用追溯调整法进行会计处理。

（2）会计政策变更能够提供更可靠、更相关的会计信息的情况下，企业应当采用追溯调整法进行会计处理，将会计政策变更累积影响数调整列报前期最早期初留存收益，其他相关项目的期初余额和列报前期披露的其他比较数据也应当一并调整。

（3）确定会计政策变更对列报前期影响数不切实可行的，应当从可追溯调整的最早期间期初开始应用变更后的会计政策；在当期期初确定会计政策变更对以前各期累积影响数不切实可行的，应当采用未来适用法处理。

不切实可行，是指企业在采取所有合理的方法后，仍然不能获得采用某项规定所必需的相关信息，而导致无法采用该项规定，则该项规定在此时是不切实可行的。

对于以下特定前期，对某项会计政策变更应用追溯调整法或进行追溯重述（适用于后续章节的“重大前期差错”）以更正一项前期差错是不切实可行的：① 应用追溯调整法或追溯重述法的累积影响数不能确定；② 应用追溯调整法或追溯重述法要求对管理层在该期当时的意图做出假定；③ 应用追溯调整法或追溯重述法要求对有关金额进行重大估计，并且不可能将提供有关交易发生时存在状况的证据（例如，有关金额确认、计量或披露日期存在事实的证据，以及在受变更影响的当期和未来期间确认会计估计变更的影响的证据）和该期间财务报表批准报出时能够取得的信息这两类信息与其他信息客观地加以区分。

**提示**

在某些情况下，调整一个或者多个前期比较信息以获得与当期会计信息的可比性是不切实可行的。例如，企业因账簿、凭证超过法定保存期限而销毁；或因不可抗力而毁坏、遗失，如火灾、水灾等；或因人为因素，如盗窃、故意毁坏等，可能使当期期初确定会计政策变更对以前各期累积影响数无法计算，即不切实可行。在这种情况下，会计政策变更应当采用未来适用法进行处理。

根据某项交易或者事项确认、披露的财务报表项目应用会计政策时常常需要进行估计。本质上，估计是主观行为，而且可能在资产负债表日后才做出。当追溯调整会计政策变更或者追溯重述前期差错更正时，要做出切实可行的估计更加困难，因为有关交易或者事项已经发生较长一段时间，要获得做出切实可行的估计所需要的相关信息往往比较困难。

当在前期采用一项新会计政策或者更正前期金额时，不论是对管理层在某个前期的意图做出假定，还是估计在前期确认、计量或者披露的金额，都不应当使用“后见之明”。例如，按照《企业会计准则第22号——金融工具确认和计量》的规定，企业对原先划归为按摊余成本计量的金融资产计量的前期差错，即便管理层随后决定不将这些投资划归为按摊余成本计量，也不能改变它们在前期的计量基础，即该项金融资产应当仍然按照摊余成本进行计量。

**提示**

企业对于会计政策变更应采用的会计处理方法应做到“尽力而为”。国家有规定的，按国家有关规定执行；能追溯调整的，采用追溯调整法处理（追溯到可追溯的最早期）；不能追溯调整的，采用未来适用法处理。

## 四、会计政策变更的披露

企业应当在附注中披露与会计政策变更有关的下列信息。

（1）会计政策变更的性质、内容和原因。包括对会计政策变更的简要阐述、变更的日期、变更前采用的会计政策和变更后所采用的新会计政策及会计政策变更的原因。例如，依据法律或会计准则等行政法规、规章的要求变更会计政策时，在财务报表附注中应当披露所依据的文件。

（2）当期和各个列报前期财务报表中受影响的项目名称和调整金额。包括采用追溯调整法时计算出的会计政策变更的累积影响数、当期和各个列报前期财务报表中需要调整的净损益及其影响金额，以及其他需要调整的项目名称和金额。

（3）无法进行追溯调整的，说明该事实和原因以及开始应用变更后的会计政策的时点、具体应用情况。包括无法进行追溯调整的事实、确定会计政策变更对列报前期影响数不切实可行的原因、在当期期初确定会计政策变更对以前各期累积影响数不切实可行的原因、开始应用新会计政策的时点和具体应用情况。

需要注意的是，在以后期间的财务报表中，不需要重复披露在以前期间的附注中已披露的会计政策变更的信息。

# 第二节 会计估计及其变更

## 一、会计估计概述

教学视频

会计估计及其变更

### （一）会计估计的含义

会计估计，是指企业对结果不确定的交易或者事项以最近可利用的信息为基础所做的判断。

### （二）会计估计的特点

（1）会计估计的存在是由于经济活动中内在的不确定性因素的影响。在会计核算中，企业总是力求保持会计核算的准确性，但有些经济业务本身具有不确定性。例如，坏账、固定资产折旧年限、固定资产残余价值、无形资产摊销年限等，因而需要根据经验做出估计。可以说，在进行会计核算和相关信息披露的过程中，会计估计是不可避免的，并不削弱其可靠性。

（2）进行会计估计时，往往以最近可利用的信息或资料为基础。企业在会计核算中，由于经营活动中内在的不确定性，不得不经常进行估计。一些估计的主要目的是确定资产或负债的账面价值，如坏账准备、担保责任引起的负债；另一些估计的主要目的是确定将在某一期间记录的收益或费用的金额，如某一期间折旧、摊销的金额。企业在进行会计估计时，通常应根据当时的情况和经验，以一定的信息或资料为基础进行。但是，随着时间的推移、环境的变化，进行会计估计的基础可能会发生变化。因此，进行会计估计所依据的信息或者资料不得不经常发生变化。由于最新的信息是最接近目标的信息，以其为基础所做的估计最接近实际，所以进行会计估计时，应以最近可利用的信息或资料为基础。

（3）进行会计估计并不会削弱会计确认和计量的可靠性。企业为了定期、及时地提供有用的会计信息，将延续不断的经营活动人为划分为一定的期间并在权责发生制的基础上对企业的财务状况和经营成果进行定期确认和计量。例如，在会计分期的情况下，许多企业的交易跨越若干会计年度，以致需要在一定程度上做出决定：某一年度发生的开支，哪些可以合理地预期能够产生其他年度以收益形式表示的利益，从而全部或部分向后递延；哪些可以合理地预期在当期能够得到补偿，从而确认为费用。由于会计分期和货币计量的前提，在确认和计量过程中，不得不对许多尚在延续中、其结果尚未确定的交易或事项予以估计入账。

### （三）会计估计的披露

企业应当披露重要的会计估计，不具有重要性的会计估计可以不披露。判断会计估计是否重要，应当考虑与会计估计相关项目的性质和金额。企业应当披露的重要会计估计包括以下内容。

（1）存货可变现净值的确定。

（2）采用公允价值模式下的投资性房地产公允价值的确定。

（3）固定资产的预计使用寿命与净残值，固定资产的折旧方法、弃置费用的确定。

（4）生产性生物资产的预计使用寿命与预计净残值，各类生产性生物资产的折旧方法。

（5）使用寿命有限的无形资产的预计使用寿命与净残值、摊销方法等。

（6）可收回金额按照资产组的公允价值减去处置费用后的净额确定的，确定公允价值减去处置费用后的净额的方法。可收回金额按照资产组的预计未来现金流量的现值确定的，预计未来现金流量的确定。

（7）权益工具公允价值的确定。

（8）债务人债务重组中转让的非现金资产的公允价值、由债务转成股份的公允价值和修改其他债务条件后债务公允价值的确定。债权人债务重组中受让的非现金资产公允价值、由债权转成股份的公允价值和修改其他债务条件后债权公允价值的确定。

（9）预计负债初始计量的最佳估计数的确定。

（10）收入金额的确定，履约进度的确定。

（11）与金融工具相关的公允价值、摊余成本的确定以及金融资产减值损失的确定。

（12）职工薪酬金额的确定。

（13）与股份支付相关的公允价值的确定。

（14）与政府补助相关的公允价值的确定。

（15）承租人对未确认融资费用的分摊；出租人对未实现融资收益的分配。

（16）探明矿区权益、井及相关设施的折耗方法；与油气开采活动相关的辅助设备及设施的折旧方法。

（17）非同一控制下企业合并成本的公允价值的确定。

（18）其他重要会计估计，包括继续涉入所转移金融资产程度的确定、金融资产所有权上风险和报酬转移程度的确定、套期工具和被套期项目公允价值的确定、保险合同准备金的计算及充足性测试等。

## 二、会计估计变更概述

### （一）会计估计变更的含义

会计估计变更，是指由于资产和负债的当前状况及预期经济利益和义务发生了变化，从而对资产或负债的账面价值或者资产的定期消耗金额进行调整。

教学文档

上市公司关于公司会计估计变更的公告

### （二）会计估计变更的情形

由于企业经营活动中内在的不确定因素，许多财务报表项目不能准确地计量，只能加以估计，估计过程涉及以最近可以得到的信息为基础所做的判断。但是，估计毕竟是就现有资料对未来所做的判断，随着时间的推移，如果赖以进行估计的基础发生变化，或者由于取得了新的信息，积累了更多的经验或后来的发展（如交易对象财务状况恶化，企业应当提高应收账款计提的坏账比例），可能不得不对估计进行修订，但会计估计变更的依据应当真实、可靠。

会计估计变更的情形包括以下方面：

（1）赖以进行估计的基础发生了变化。企业进行会计估计，总是依赖于一定的基础。如果其所依赖的基础发生了变化，则会计估计也应相应发生变化。例如，企业购入一项无形资产，法律保护期限为15年，但企业认为能带来经济利益的期限为10年，则对于该无形资产应按10年进行摊销。以后发生的情况表明，该资产的受益年限已不足10年，则应相应调减摊销年限。

（2）取得了新的信息，积累了更多的经验。企业进行会计估计是就现有资料对未来所做的判断，随着时间的推移，企业有可能取得新的信息，积累更多的经验，在这种情况下，企业可能不得不对会计估计进行修订，即发生会计估计变更。例如，企业原根据当时能够得到的信息，对应收账款每年按其余额的5%计提坏账准备，现在掌握了新的信息，判定不能收回的应收账款比例已达20%，企业改按20%的比例计提坏账准备。

会计估计变更，并不意味着以前期间会计估计是错误的，只是由于情况发生变化，或者掌握了新的信息，积累了更多的经验，使得变更会计估计能够更好地反映企业的财务状况和经营成果。如果以前期间的会计估计是错误的，则属于会计差错，应按会计差错更正的会计处理办法进行处理。

## 三、会计估计变更的会计处理

企业对会计估计变更应当采用未来适用法处理。即在会计估计变更当期及以后期间采用新的会计估计，不改变以前期间的会计估计，也不调整以前期间的报告结果。

（1）会计估计变更仅影响变更当期的，其影响数应当在变更当期予以确认。

【例3-5】 假定开源公司采用应收款项余额百分比法计提坏账准备。2×21年年末应收款项余额为1 000万元，坏账准备的计提比例为2%。自2×22年起，坏账准备的计提比例调整为3%，年末应收款项余额为1 500万元。

开源公司2×22年末的账务处理如下：

年末应计提的坏账准备 =（1 500×3%－1 000×2%）= 25（万元）

借：信用减值损失　　250 000

　　贷：坏账准备　　250 000

开源公司自2×22年起，坏账准备的计提比例由原来的2%调整为3%，属于会计估计变更，且该变更只影响变更当期，应于变更当期确认。

（2）既影响变更当期又影响未来期间的，其影响数应当在变更当期和未来期间予以确认。

例如，企业的某项可计提折旧的固定资产，其有效使用年限或预计净残值的估计发生的变更，常常影响变更当期及资产以后使用年限内各个期间的折旧费用，这类会计估计的变更，应于变更当期及以后各期确认。

会计估计变更的影响数应计入变更当期与前期相同的项目中。为了保证不同期间的财务报表具有可比性，如果以前期间的会计估计变更的影响数计入企业日常经营活动损益，则以后期间也应计入日常经营活动损益；如果以前期间的会计估计变更的影响数计入特殊项目中，则以后期间也应计入特殊项目中。

【例3-6】 开源公司有一台管理用设备，原始价值为100万元，预计使用寿命为

10年，净残值为5万元，自2×18年1月起按直线法计提折旧。2×21年1月，由于新技术的发展等原因，需要对原预计使用寿命和净残值做出修正，修改后的预计使用寿命为8年，净残值为2万元。假定税法允许按变更后的折旧额在税前扣除。

开源公司对上述会计估计变更的处理如下：

一是，不调整以前各期折旧，也不计算累积影响数。

二是，变更日以后发生的经济业务改按新估计使用寿命提取折旧。

原估计提折旧 =（100－5）÷10＝9.5（万元）

按原估计，每年折旧额为95 000元，已提折旧3年，共计285 000元，固定资产净值为715 000元，则2×21年相关科目的年初余额如表3-8所示。

表3-8　相关科目年初余额表

单位：元

| 项目 | 金额 |
|---|---|
| 固定资产 | 1 000 000 |
| 减：累计折旧 | 285 000 |
| 固定资产净值 | 715 000 |

新估计提折旧 =（100－9.5×3－2）÷（8－3）= 13.9（万元）

改变估计使用寿命后，2×21年1月1日起每年计提的折旧费用为139 000元。2×21年不必对以前年度已提折旧进行调整，只需按重新预计的尚可使用寿命和净残值计算确定年折旧费用，相关账务处理如下：

借：管理费用　　　　139 000

　　贷：累计折旧　　　　139 000

会计估计变更对本期利润总额的影响额＝13.9－9.5＝4.4（万元）。

附注说明。本公司一台管理用设备，原始价值为1 000 000元，原预计使用寿命为10年，预计净残值为50 000元，按直线法计提折旧。由于新技术的发展，该设备已不能按原预计使用寿命计提折旧，本公司于2×21年初变更该设备的使用寿命为8年，预计净残值为20 000元，以反映该设备的真实耐用寿命和净残值。此估计变更影响本年度净利润减少数为33 000元［（139 000－95 000）×（1－25%）］。

（3）企业应当正确划分会计政策变更和会计估计变更，并按不同的方法进行相关会计处理。

企业通过判断会计政策变更和会计估计变更划分基础仍然难以对某项变更进行区分的，应当将其作为会计估计变更处理。

## 四、会计估计变更的披露

教学文档

会计估计变更伴随着更激进的盈余效应吗

企业应当在附注中披露与会计估计变更有关的下列信息：

（1）会计估计变更的内容和原因，包括变更的内容、变更日期以及为什么要对会计估计进行变更。

（2）会计估计变更对当期和未来期间的影响数，包括会计估计变更对当期和未来期间损益的影响金额，以及对其他各项目的影响金额。

（3）会计估计变更的影响数不能确定的，披露这一事实和原因。

## 五、会计政策变更与会计估计变更的划分

企业应当正确划分会计政策变更与会计估计变更，并按照不同的方法进行相关会计处理。企业应当以变更事项的会计确认、计量基础和列报项目是否发生变更，作为判断该变更是会计政策变更还是会计估计变更的划分基础。

（1）以会计确认是否发生变更作为判断基础。《企业会计准则——基本准则》规定了资产、负债、所有者权益、收入、费用和利润六项会计要素的确认标准，会计确认是会计处理的首要环节。一般地，对会计确认的指定或选择是会计政策，其相应的变更是会计政策变更。会计确认的变更一般会引起列报项目的变更。例如，企业在前期将某项内部研究开发项目开发阶段的支出计入当期损益，而当期按照《企业会计准则第6号——无形资产》的规定，该项支出符合无形资产的确认条件，应当确认为无形资产。该事项的会计确认发生变更，即前期将研发费用确认为一项费用，而当期将其确认为一项资产。该事项中会计确认发生了变化，所以该变更是会计政策变更。

（2）以计量基础是否发生变更作为判断基础。《企业会计准则——基本准则》规定了历史成本、重置成本、可变现净值、现值和公允价值五项会计计量属性，这是会计处理的计量基础。一般地，对计量基础的判定或选择是会计政策，其相应的变更是会计政策变更。例如，企业在前期对购入的价款超过正常信用条件延期支付的固定资产初始计量采用历史成本，而当期按照《企业会计准则第4号——固定资产》的规定，该类固定资产的初始成本应以购买价款的现值为基础确定。该事项的计量基础发生了变化，所以该变更是会计政策变更。

（3）以列报项目是否发生变更作为判断基础。《企业会计准则第30号——财务报表列报》规定了财务报表项目应采用的列报原则。一般地，对列报项目的指定或选择是会计政策，其相应的变更是会计政策变更。例如，某商业企业在前期将商品采购费用列入营业费用，当期采用新企业会计准则，根据《企业会计准则第1号——存货》的规定，将月末尚未销售的存货所分摊的采购费用列入存货成本。因为列报项目发生了变化，所以该变更是会计政策变更。

（4）根据会计确认、计量基础和列报项目所选择的、为取得与资产负债表项目有关的金额或数值（如预计使用寿命、净残值等）所采用的处理方法，不是会计政策，而

是会计估计，其相应的变更是会计估计变更。例如，企业需要对某项资产采用公允价值进行计量，而公允价值的确定需要根据市场情况选择不同的处理方法。在不存在销售协议和资产活跃市场的情况下，需要根据同行业类似资产的近期交易价格对该项资产进行估计；在不存在销售协议但存在资产活跃市场的情况下，其公允价值应当按照该项资产的市场价格进行估计。因为企业所确定的公允价值是与该项资产有关的金额，所以为确定公允价值所采用的处理方法是会计估计，不是会计政策。相应地，当企业面对的市场情况发生变化时，其采用的确定公允价值的方法变更是会计估计变更，不是会计政策变更。

企业可以采用以下具体方法划分会计政策变更与会计估计变更：分析并判断该事项是否涉及会计确认、计量基础选择或列报项目的变更，当至少涉及上述一项划分基础变更时，该事项是会计政策变更；不涉及上述划分基础变更时，该事项可以判断为会计估计变更。例如，企业在前期将购建固定资产相关的一般借款利息计入当期损益，当期根据会计准则的规定，将其予以资本化，企业因此将对该事项进行变更。该事项的计量基础未发生变更，即都是以历史成本作为计量基础；该事项的会计确认发生变更，即前期将借款费用确认为一项费用，而当期将其确认为一项资产；同时，会计确认的变更导致该事项在资产负债表和利润表相关项目的列报也发生变更。该事项涉及会计确认和列报的变更所以属于会计政策变更。又如，企业原采用双倍余额递减法计提固定资产折旧，根据固定资产使用的实际情况，企业决定改用直线法计提固定资产折旧。该事项前后采用的两种计提折旧方法都是以历史成本作为计量基础，对该事项的会计确认和列报项目也未发生变更，只是固定资产折旧、固定资产净值等相关金额发生了变化。因此，该事项属于会计估计变更。

总之，在单个会计期间，会计政策决定了财务报表所列报的会计信息和列报方式；会计估计是用来确定与财务报表所列报的会计信息有关的金额和数值。常见的会计政策或会计估计变更如表3–9所示。

表3–9　常见的会计政策或会计估计变更

| | 业务 | 会计政策变更 | 会计估计变更 |
|---|---|---|---|
| 1 | 发出存货计价方法的变更 | √ | |
| 2 | 商品流通企业采购费用由计入销售费用改为计入取得存货的成本 | √ | |
| 3 | 短期投资重新分类为交易性金融资产，其后续计量由成本与市价孰低改为公允价值 | √ | |
| 4 | 分期付款取得的固定资产、无形资产由按购买价款计价改为按购买价款现值计价 | √ | |

续表

| | 业务 | 会计政策变更 | 会计估计变更 |
|---|---|---|---|
| 5 | 将内部研发项目开发阶段的支出由计入当期损益改为符合规定条件的确认为无形资产 | √ | |
| 6 | 投资性房地产后续计量由成本模式改为公允价值模式 | √ | |
| 7 | 对合营企业投资由比例合并改为权益法核算 | √ | |
| 8 | 收入确认时点的判断标准由以风险报酬转移变更为以控制权转移 | √ | |
| 9 | 政府补助由总额法改为净额法 | √ | |
| 10 | 所得税核算方法由应付税款法变更为资产负债表债务法 | √ | |
| 11 | 应收账款减值由直接转销法改为备抵法 | √ | |
| 12 | 备抵法中三种估计坏账方法（销货百分比法、应收账款余额百分比法、账龄分析法）的变更 | | √ |
| 13 | 坏账准备计提比例的变更 | | √ |
| 14 | 存货跌价准备原来按照分类计提改为按照单项计提 | | √ |
| 15 | 存货可变现净值估计的变更 | | √ |
| 16 | 固定资产折旧方法、折旧年限和净残值的变更 | | √ |
| 17 | 无形资产摊销方法、摊销年限和净残值的变更 | | √ |
| 18 | 金融资产期末公允价值的估计 | | √ |
| 19 | 因或有事项确认的预计负债根据最新证据进行调整 | | √ |
| 20 | 提供劳务履约进度的确定 | | √ |
| 21 | 长期股权投资成本法→权益法（如70%→30%） | × | × |
| 22 | 长期股权投资权益法→成本法（如40%→70%） | × | × |
| 23 | 债权投资因意图和能力的原因，重分类为其他债权投资 | × | × |
| 24 | 自用固定资产因出租转变为投资性房地产或者投资性房地产收回转变为自用固定资产 | × | × |
| 25 | 低值易耗品摊销由一次摊销变更为分次摊销 | × | × |

# 第三节 前期差错及其更正

## 一、前期差错概述

### （一）前期差错的含义

前期差错，是指由于没有运用或错误运用下列两种信息，而对前期财务报表造成省略或错报：一是编报前期财务报表时预期能够取得并加以考虑的可靠信息；二是前期财务报告批准报出时能够取得的可靠信息。

### （二）前期差错的类型

前期差错通常包括计算错误、应用会计政策错误、疏忽或曲解事实以及舞弊产生的影响等。

没有运用或错误运用上述两种信息而形成前期差错的情形主要有以下几种。

1. 计算以及账户分类错误

例如，企业购入的五年期国债，意图长期持有，但在记账时记入了交易性金融资产，导致账户分类上的错误，并导致在资产负债表上流动资产和非流动资产的分类也有错误。

2. 采用法律、行政法规或者国家统一的会计制度等不允许的会计政策

例如，按照《企业会计准则第17号——借款费用》的规定，为购建固定资产的专门借款而发生的借款费用，满足一定条件的，在固定资产达到预定可使用状态前发生的，应予资本化，计入所购建固定资产的成本，在固定资产达到预定可使用状态后发生的，计入当期损益。如果企业固定资产已达到预定可使用状态后发生的借款费用，也计入该固定资产的价值，予以资本化，则属于采用法律或会计准则等行政法规、规章所不允许的会计政策。

3. 对事实的疏忽或曲解，以及舞弊

例如，企业销售一批商品，商品的控制权已经发生转移，商品销售收入确认条件均已满足，但该企业在期末未确认收入。

**提示**

就会计估计的性质来说，它是个近似值，随着更多信息的获得，会计估计可能需要进行修正，但会计估计变更不属于前期差错更正。

## 二、前期差错更正的会计处理

教学视频
前期差错及其更正

教学文档
上市公司关于前期差错更正的公告

如果财务报表项目的遗漏或错误表述可能影响财务报表使用者根据财务报表所做出的经济决策，则该项目的遗漏或错误就是重要的。

重要的前期差错，是指足以影响财务报表使用者对企业财务状况、经营成果和现金流量做出正确判断的前期差错。不重要的前期差错，是指不足以影响财务报表使用者对企业财务状况、经营成果和现金流量做出正确判断的会计差错。

前期差错的重要性取决于在相关环境下对遗漏或错误表述的规模和性质的判断。前期差错所影响的财务报表项目的金额或性质，是判断该前期差错是否具有重要性的决定性因素。一般来说，前期差错所影响的财务报表项目的金额越大、性质越严重，其重要性水平越高。

### （一）不重要的前期差错的会计处理

对于不重要的前期差错，企业不需调整财务报表相关项目的期初数，但应调整发现当期与前期相同的相关项目。属于影响损益的，应直接计入本期与上期相同的净损益项目。属于不影响损益的，应调整本期与前期相同的相关项目。

### （二）重要的前期差错的会计处理

企业应当采用追溯重述法更正重要的前期差错，但确定前期差错累积影响数不切实可行的除外。

追溯重述法，是指在发现前期差错时，视同该项前期差错从未发生过，从而对财务报表相关项目进行更正的方法。具体地说，企业应当在重要的前期差错发现当期的财务报表中，通过下述处理对其进行追溯更正：① 追溯重述差错发生期间列报的前期比较金额。② 如果前期差错发生在列报的最早前期之前，则追溯重述列报的最早前期的资产、负债和所有者权益相关项目的期初余额。

对于发生的重要的前期差错，如影响损益，应按其对损益的影响数调整发现当期的期初留存收益，财务报表其他相关项目的期初数也应一并调整；如不影响损益，应调整财务报表相关项目的期初数。

在编制比较财务报表时，对于比较财务报表期间的重要的前期差错，应调整各该期间的净损益和其他相关项目，视同该差错在产生的当期已经更正；对于比较财务报表期间以前的重要的前期差错，应调整比较财务报表最早期间的期初留存收益，财务报表其他相关项目的数字也应一并调整。

确定前期差错影响数不切实可行的，可以从可追溯重述的最早期间开始调整留存收益的期初余额，财务报表其他相关项目的期初余额也应当一并调整，也可以采用未来适用法。当企业确定前期差错对列报的一个或者多个前期比较信息的特定期间的累积影响数不切实可行时，应当追溯重述切实可行的最早期间的资产、负债和所有者权益相关项目的期初余额（可能是当期）；当企业在当期期初确定前期差错对所有前期的累积影响数不切实可行时，应当从确定前期差错影响数切实可行的最早日期开始采用未来适用法追溯重述比较信息。

需要注意的是，为了保证经营活动正常进行，企业应当建立健全内部稽核制度，保证会计资料的真实、完整。但是，在日常会计核算中也可能由于各种原因造成会计差错，如抄写差错、对事实的疏忽和误解以及对会计政策的误用。企业发现会计差错时，应当根据差错的性质及时纠正。对于当期发现的、属于当期的会计差错，应调整本期相关项目。例如，企业将本年度在建工程人员的工资计入了管理费用，则应将计入管理费用的在建工程人员工资调整计入工程成本。对于年度资产负债表日至财务报告批准报出日之间发现的报告年度及报告年度以前重要的前期差错，应按照《企业会计准则第29号——资产负债表日后事项》的规定进行处理。

教学文档

存货和固定资产盘盈处理的区别

值得关注的是，在实务中，会计估计变更与前期差错更正有时难以区分，尤其是难以区分会计估计变更和由于会计估计错误导致的前期差错更正。企业不应简单将会计估计与实际结果对比认定存在差错。如果企业前期作出会计估计时，未能合理使用报表编报时已经存在且能够取得的可靠信息，导致前期会计估计结果未恰当反映当时情况，则应属于前期差错，应当适用前期差错更正的会计处理方法；反之，如果企业前期的会计估计是以当时存在且预期能够取得的可靠信息为基础作出的，随后因资产和负债的当前状况及预期经济利益和义务发生了变化而变更会计估计的，则属于会计估计变更，应当适用会计估计变更的会计处理方法。

**提示**

本期发现前期重要差错，涉及损益调整的事项通过“以前年度损益调整”科目核算，最终影响“利润分配——未分配利润”科目。本期发现前期不重要差错，视同当期差错进行更正，涉及损益调整的事项不通过“以前年度损益调整”科目核算。上述对不重要差错简化处理的做法，体现了重要性的会计信息质量要求。

**【例3-7】** 2×21年12月10日，开源公司发现2×20年漏记一项行政部门固定资产的折旧费用300 000元，所得税申报表中未扣除该项费用。假设2×20年适用所得税税率为25%，无其他纳税调整事项。该公司按净利润的10%提取法定盈余公积。公司发行股票份额为1 800 000股。假定税法允许调整应交所得税。

（1）分析前期差错的影响数：

2×20年少计折旧费用300 000元；多计所得税费用75 000（300 000×25%）元；多计净利润225 000元；多计应交税费75 000（300 000×25%）元；多提法定盈余公积

22 500（225 000 × 10%）元。

（2）编制有关项目的调整分录：

① 补提折旧。

借：以前年度损益调整——管理费用 300 000

　　贷：累计折旧 300 000

② 调整应交所得税。

借：应交税费——应交所得税 75 000

　　贷：以前年度损益调整——所得税费用 75 000

③ 将“以前年度损益调整”科目余额转入利润分配。

借：利润分配——未分配利润 225 000

　　贷：以前年度损益调整 225 000

④ 调整利润分配有关数字。

借：盈余公积——法定盈余公积 22 500

　　贷：利润分配——未分配利润 22 500

（3）财务报表调整和重述。开源公司在列报2×21年财务报表时，应调整2×21年12月31日资产负债表有关项目的年初余额、2×21年度利润表有关项目的上期金额及所有者权益变动表的上年金额。

① 2×21年12月31日资产负债表“年初余额”项目的调整，如表3-10所示。调增累计折旧300 000元（即调减“固定资产”项目）；调减应交税费75 000元；调减盈余公积22 500元；调减未分配利润202 500元。

② 2×21年利润表“上年金额”项目的调整，如表3-11所示。调增管理费用300 000元；调减所得税费用75 000元；调减净利润225 000元；调减基本每股收益0.125元。

③ 2×21年所有者权益变动表“上年金额”项目的调整，如表3-12所示。调减前期差错更正项目中盈余公积22 500元；调减未分配利润202 500元；所有者权益合计调减225 000元。

表3-10 资产负债表（简表）

2×21年12月31日　　单位：元

| 资产 | 年初数 | 负债 | 年初数 |
|---|---|---|---|
| 固定资产 | -300 000 | 应交税费 | -75 000 |
| | | 盈余公积 | -22 500 |
| | | 未分配利润 | -202 500 |
| 资产合计 | -300 000 | 负债及所有者权益合计 | -300 000 |

表3-11 利润表（简表）

2×21年度 单位：元

| 项目 | 上年数 |
| --- | --- |
| 一、营业收入 | |
| 减：管理费用 | 300 000 |
| …… | |
| 二、营业利润（亏损以“-”号填列） | -300 000 |
| …… | |
| 三、利润总额（亏损总额以“-”填列） | -300 000 |
| 减：所得税费用 | -75 000 |
| 四、净利润（净亏损以“-”填列） | -225 000 |

表3-12 所有者权益变动表（简表）

2×21年度 单位：元

| 项目 | 本年金额 | | | |
| --- | --- | --- | --- | --- |
| | …… | 盈余公积 | 未分配利润 | …… |
| 一、上年年末余额 | | | | |
| 加：会计政策变更 | | | | |
| 前期会计差错 | | -22 500 | -202 500 | |
| 二、本年年初余额 | | | | |
| …… | | | | |

**提示**

**前期差错更正中所得税的会计处理**

应交所得税的调整：按税法规定执行。当会计准则和税法对涉及的损益类调整事项处理的口径相同时，则应考虑应交所得税和所得税费用的调整；当会计准则和税法对涉及的损益类调整事项处理的口径不同时，则不应考虑应交所得税的调整。

递延所得税的调整：若调整事项涉及暂时性差异，则应调整递延所得税负债或递延所得税资产。

## 三、前期差错更正的披露

企业应当在附注中披露与前期差错更正有关的下列信息。

（1）前期差错的性质。

（2）各个列报前期财务报表中受影响的项目名称和更正金额。

（3）无法进行追溯重述的，说明该事实和原因以及对前期差错开始进行更正的时点、具体更正情况。在以后期间的财务报表中，不需要重复披露在以前期间的附注中已披露的前期差错更正的信息。

教学文档

文献：会计差错与会计造假辨析——以康美药业为例

### 教学讨论

会计政策变更所形成的所得税影响与前期差错所形成的所得税影响有哪些差异？

# 第四节 资产负债表日后事项

## 一、资产负债表日后事项概述

教学视频

资产负债表日后事项概述

### （一）资产负债表日后事项的含义

资产负债表日后事项，是指资产负债表日至财务报告批准报出日之间发生的有利或不利事项。理解这一定义，需要注意以下方面。

1. 资产负债表日

资产负债表日是指会计年度末和会计中期期末。其中，年度资产负债表日是指公历12月31日；中期是指短于一个完整的会计年度的报告期间，包括半年度、季度和月度，中期资产负债表日是指各会计中期期末。例如，提供第一季度财务报告时，资产负债表日是该年度的3月31日；提供半年度财务报告时，资产负债表日是该年度的6月30日。

如果母公司或者子公司在国外，无论该母公司或子公司如何确定会计年度和会计中期，其向国内提供的财务报告都应根据《中华人民共和国会计法》和会计准则的要求确定资产负债表日。

2. 财务报告批准报出日

财务报告批准报出日是指董事会或类似机构批准财务报告报出的日期，通常是指对财务报告的内容负有法律责任的单位或个人批准财务报告对外公布的日期。

财务报告的批准者包括所有者、所有者中的多数、董事会或类似的管理单位、部门和个人。根据《中华人民共和国公司法》规定，董事会有权制定公司的年度财务预算方案、决算方案、利润分配方案和弥补亏损方案，因此，对于设置董事会的公司制企业，财务报告批准报出日是指董事会批准财务报告报出的日期。对于其他企业，财务报告批准报出日一般是指经理（厂长）会议或类似机构批准财务报告报出的日期。

3. 有利事项和不利事项

资产负债表日后事项包括有利事项和不利事项。有利或不利事项，是指资产负债表日后事项肯定对企业财务状况和经营成果具有一定影响（既包括有利影响也包括不利影响）。如果某些事项的发生对企业并无任何影响，那么，这些事项既不是有利事项，也不是不利事项，也就不属于这里所说的资产负债表日后事项。

### （二）资产负债表日后事项涵盖的期间

资产负债表日后事项涵盖的期间是自资产负债表日次日起至财务报告批准报出日止的一段时间。对上市公司而言，这一期间内涉及几个日期，包括完成财务报告编制日、注册会计师出具审计报告日、董事会批准财务报告可以对外公布日、实际对外公布日等。具体而言，资产负债表日后事项涵盖的期间应当包括：

（1）报告期间下一期间的第一天至董事会或类似机构批准财务报告对外公布的日期。

（2）财务报告批准报出以后、实际报出之前又发生与资产负债表日后事项有关的事项，并由此影响财务报告对外公布日期的，应以董事会或类似机构再次批准财务报告对外公布的日期为截止日期。

【例3-8】 假定开源公司2×21年的年度财务报告于2×22年2月2日编制完成，注册会计师完成年度财务报表审计工作并签署审计报告的日期为2×22年4月11日，董事会批准财务报告对外公布的日期为2×22年4月13日，财务报告实际对外公布的日期为2×22年4月25日，股东大会召开日期为2×22年5月7日。

开源公司2×21年度财务报告资产负债表日后事项涵盖的期间为2×22年1月1日至4月13日。

如果在2×22年4月13日至25日之间发生了重大事项，需要调整财务报表相关项目的数字或需要在财务报表附注中披露，假设经调整或说明后的财务报告再经董事会批准报出的日期为2×22年4月25日，实际报出的日期为2×22年4月30日，则资产负债表日后事项涵盖的期间为2×22年1月1日至4月25日。

### （三）资产负债表日后事项的内容

资产负债表日后事项包括资产负债表日后调整事项（以下简称调整事项）和资产负债表日后非调整事项（以下简称非调整事项）。

1. 调整事项

资产负债表日后调整事项，是指对资产负债表日已经存在的情况提供了新的或进一步证据的事项。

如果资产负债表日及所属会计期间已经存在某种情况，但当时并不知道其存在或者不能知道确切结果，资产负债表日后发生的事项能够证实该情况的存在或者确切结果，则该事项属于资产负债表日后事项中的调整事项。如果资产负债表日后事项对资产负债表日的情况提供了进一步证据，证据表明的情况与原来的估计和判断不完全一致，则需要对原来的会计处理进行调整。

企业发生的资产负债表日后调整事项，通常包括下列各项：① 资产负债表日后诉讼案件结案，法院判决证实了企业在资产负债表日已经存在现时义务，需要调整原先确认的与该诉讼案件相关的预计负债，或确认一项新负债；② 资产负债表日后取得确凿证据，表明某项资产在资产负债表日发生了减值或者需要调整该项资产原先确认的减值金额；③ 资产负债表日后进一步确定了资产负债表日前购入资产的成本或售出资产的收入；④ 资产负债表日后发现了财务报表舞弊或差错。

【例3-9】 假定开源公司因产品质量问题被消费者起诉。2×21年12月31日法院尚未判决，考虑消费者胜诉要求开源实业股份有限公司赔偿的可能性较大，开源公司为此确认了400万元的预计负债。2×22年2月15日，在开源公司2×21年度财务报告批准报出日之前，法院判决消费者胜诉，要求开源公司支付赔偿款500万元。

本例中，开源公司在2×21年12月31日已经知道消费者胜诉的可能性较大，但不能知道法院判决的确切结果，因此确认了400万元的预计负债。2×22年2月15日法院判决结果为开源公司预计负债的存在提供了进一步的证据。此时，按照2×21年12月31日存在状况编制的财务报表所提供的信息已不能真实反映企业的实际情况，应据此对财务报表相关项目的数字进行调整。

2. 非调整事项

资产负债表日后非调整事项，是指表明资产负债表日后发生的情况的事项。非调整事项的发生不影响资产负债表日企业的财务报表数据，只说明资产负债表日后发生了某些情况。对于财务报告使用者而言，非调整事项说明的情况有的重要，有的不重要。其中重要的非调整事项虽然不影响资产负债表日的财务报表数据，但可能影响资产负债表以后的财务状况和经营成果，不加以说明将会影响财务报告使用者做出正确估计和决策，因此需要适当披露。

企业发生的资产负债表日后非调整事项，通常包括下列各项：① 资产负债表日后发生重大诉讼、仲裁、承诺；② 资产负债表日后资产价格、税收政策、外汇汇率发生重大变化；③ 资产负债表日后因自然灾害导致资产发生重大损失；④ 资产负债表日后发行股票和债券以及其他巨额举债；⑤ 资产负债表日后资本公积转增资本；⑥ 资产负债表日后发生巨额亏损；⑦ 资产负债表日后发生企业合并或处置子公司；⑧ 资产负债表日后，企业利润分配方案中拟分配的以及经审议批准宣告发放的股利或利润。

3. 调整事项与非调整事项的区别

资产负债表日后发生的某一事项究竟是调整事项还是非调整事项，取决于该事项表明的情况在资产负债表日或资产负债表日以前是否已经存在。若该情况在资产负债表日或之前已经存在，则属于调整事项；反之，则属于非调整事项。这是因为，在会计期间假设下，调整事项虽然发生在资产负债表日的下一会计期间，但其指向的情况在资产负债表日已经存在，资产负债表日后所获得的证据只为资产负债表日已存在的状况提供了进一步的证据，为便于真实、公允地反映企业财务状况和经营成果，需要对资产负债表日的财务报表进行调整。

**提示**

资产负债表日至财务报告批准报出日之间存货售价发生波动的，如有确凿证据表明其对资产负债表日存货已经存在的情况提供了新的证据，应当作为调整事项进行处理；否则，作为非调整事项处理。

【例3-10】　开源公司2×21年的财务报告于2×22年4月28日批准报出，资产负债表日后事项的涵盖期间为2×22年1月1日至2×22年4月28日。

开源公司2×21年10月向乙公司销售商品一批，至2×21年12月31日货款尚未收到。假定开源公司在编制2×21年度财务报告时有两种情况：

（1）2×21年12月31日乙公司财务状况良好，开源公司预计应收账款可按时收回。乙公司2×22年2月发生重大火灾，3月4日开源公司得知100%的应收账款无法收回。

（2）2×21年12月31日前乙公司已出现财务危机，开源公司估计对乙公司的应收账款将有15%无法收回，故按15%的比例计提坏账准备。2×22年2月1日开源公司接到通知，乙公司已被宣告破产清算，开源公司估计至少85%的债权无法收回。

【分析】

在（1）事项中，导致开源公司应收账款损失的因素是火灾，火灾是不可预计的，应收账款发生损失这一事实在资产负债表日以后才发生，因此乙公司发生火灾导致开源公司应收款项发生坏账的事项属于非调整事项。

在（2）事项中，导致开源公司应收账款无法收回的事实是乙公司财务状况恶化，该事实在资产负债表日已经存在，乙公司被宣告破产只是证实了资产负债表日乙公司财务状况恶化的情况，因此，乙公司破产导致开源公司应收款项无法收回的事项属于调整事项。

在理解资产负债表日后事项的会计处理时，还需要明确以下两个问题。

第一，如何确定资产负债表日后某一事项是调整事项还是非调整事项，是对资产负债表日后事项进行会计处理的关键。调整和非调整事项是一个广泛的概念，就事项本身而言可以有各种各样的性质，只要符合《企业会计准则》中对这两类事项的判断原则即可。另外，同一性质的事项可能是调整事项，也可能是非调整事项，这取决于该事项表明的情况是在资产负债表日或资产负债表日以前已经存在或发生还是在资产负债表日后才发生的。

第二，《企业会计准则》以列举的方式说明了资产负债表日后事项中，哪些属于调整事项，哪些属于非调整事项，但并没有列举详尽。实务中，会计人员应按照资产负债表日后事项的判断原则，确定资产负债表日后发生的事项中哪些属于调整事项，哪些属于非调整事项。

## 二、资产负债表日后事项的会计处理

教学视频

调整事项及非调整事项的会计处理

### （一）资产负债表日后调整事项的会计处理

1. 调整事项处理的原则

资产负债表日后发生的调整事项，应当如同资产负债表所属期间发生的事项一样，做出相关账务处理，并对资产负债表日已经编制的财务报表进行调整。这里的财务报表包括资产负债表、利润表及所有者权益变动表等内容，但不包括现金流量表正表。

对于年度财务报告而言，由于资产负债表日后事项发生在报告年度的次年，报告年度的有关账目已经结转，特别是损益类科目在结账后已无余额。因此，年度资产负债表日后发生的调整事项，应具体分别以下情况进行处理。

（1）涉及损益的事项，通过“以前年度损益调整”科目核算。调整增加以前年度利润或调整减少以前年度亏损的事项，记入“以前年度损益调整”科目的贷方；调整减少以前年度利润或调整增加以前年度亏损的事项，记入“以前年度损益调整”科目的借方。

涉及损益的调整事项，发生在资产负债表日所属年度（报告年度）所得税汇算清缴前的，应调整报告年度应纳税所得额、应纳所得税税额；发生在报告年度所得税汇算清缴后的，应调整本年度（报告年度的次年）应纳所得税税额。

由于以前年度损益调整增加的所得税费用，记入“以前年度损益调整”科目的借方，同时贷记“应交税费——应交所得税”等科目；由于以前年度损益调整减少的所得税费用，记入“以前年度损益调整”科目的贷方，同时借记“应交税费——应交所得税”等科目。

调整完成后，将“以前年度损益调整”科目的贷方或借方余额，转入“利润分配——未分配利润”科目。

（2）涉及利润分配调整的事项，直接在“利润分配——未分配利润”科目核算。

（3）不涉及损益及利润分配的事项，调整相关科目。

（4）通过上述账务处理后，还应同时调整财务报表相关项目的数字，包括：① 资产负债表日编制的财务报表相关项目的期末数或本年发生数；② 当期编制的财务报表相关项目的期初数或上年发生数；③ 经过上述调整后，涉及报表附注内容的，还应当做出相应调整。

2. 调整事项的具体会计处理

为简化处理，如无特殊说明，本节所有的例题均假定如下：财务报告批准报出日是次年的4月30日，所得税税率为25%，按净利润的10%提取法定盈余公积，提取法定盈余公积后不再做其他分配；调整事项按税法规定均可调整应缴纳的所得税；涉及递延所得税资产的，均假定未来期间很可能取得用来抵扣暂时性差异的应纳税所得额；不考虑报表附注中有关现金流量表项目的数字。

（1）资产负债表日后诉讼案件结案，法院判决证实了企业在资产负债表日已经存在现时义务，需要调整原先确认的与该诉讼案件相关的预计负债，或确认一项新负债。这一事项是指在资产负债表日已经存在的现时义务尚未确认，资产负债表日后至财务报告批准报出日之间获得了新的或进一步的证据（法院判决结果），表明符合负债的确认条件，应在财务报告中予以确认，从而需要对财务报表相关项目进行调整；或者资产负债表日已确认的某项负债，在资产负债表日至财务报告批准报出日之间获得新的或进一步的证据，表明需要对已经确认的金额进行调整。

【例3-11】 开源公司与海企公司签订一项供销合同，约定开源公司在2×21年3月供应给海企公司一批货物。由于开源公司未能按照合同发货，致使海企公司发生重大经济损失。2×21年11月，海企公司通过法律程序要求开源公司赔偿经济损失3 600 000元，该诉讼案件在2×21年12月31日尚未判决，开源公司按照当时最佳估计数确认了2 000 000元的预计负债。2×22年2月7日，经法院一审判决，开源公司需要偿付海企公司经济损失2 400 000元，开源公司与海企公司均不再上诉，赔款已经支付。税法规定，上述预计负债产生的损失仅允许在实际支出时予以税前扣除。假定开源公司2×21年会计利润为20 000 000元。

【分析】

本例中，2×22年2月7日的判决证实了开源公司和海企公司在资产负债表日（即2×21年12月31日）分别存在现时赔偿义务和获赔权利，因此两公司都应将“法院判决”这一事项作为调整事项进行处理。假定开源公司和海企公司2×21年所得税汇算清缴均在2×22年4月30日完成，因此，应根据法院判决结果调整报告年度应纳税所得额和应纳所得税税额。

1）开源公司账务处理。

（1）2×21年末，确认预计负债和所得税费用：

借：营业外支出　　2 000 000

　　贷：预计负债　　2 000 000

借：所得税费用　　5 000 000

　　递延所得税资产　　（2 000 000×25%）500 000

　　贷：应交税费——应交所得税［（20 000 000＋2 000 000）×25%］

　　　　5 500 000

（2）2×22年2月7日，开源公司编制资产负债表日后事项调整分录：

① 记录支付的赔款，并调整递延所得税资产和应交所得税。

a. 按照判决，调整增加40万元赔款：

借：以前年度损益调整——营业外支出　　400 000

　　贷：其他应付款——海企公司　　400 000

b. 将2×21年末确认的“预计负债”转入“其他应付款”：

借：预计负债 2 000 000

　　贷：其他应付款——海企公司 2 000 000

c. 支付赔款：

借：其他应付款——海企公司 2 400 000

　　贷：银行存款 2 400 000

**提示**

资产负债表日后发生的调整事项如涉及现金收支项目，不需调整报告年度资产负债表的货币资金项目和现金流量表正表中的数字，因为资产负债表日后事项不影响报告年度现金流量。

d. 2×21年末因确认“预计负债”2 000 000元时已相应确认的递延所得税资产，在资产负债表日后事项发生后该递延所得税资产不复存在，应予转回：

借：以前年度损益调整——所得税费用 500 000

　　贷：递延所得税资产 （2 000 000×25%）500 000

e. 法院判决开源公司存在现时赔偿义务后，调减报告年度应交所得税：

借：应交税费——应交所得税 （2 400 000×25%）600 000

　　贷：以前年度损益调整——所得税费用 600 000

② 将“以前年度损益调整”科目的余额转入未分配利润。

借：利润分配——未分配利润 300 000

　　贷：以前年度损益调整 300 000

③ 因净利润减少，调整盈余公积。

借：盈余公积 30 000

　　贷：利润分配——未分配利润 （300 000×10%）30 000

（3）2×22年，开源公司调整报告年度2×21年财务报表相关项目的数字（财务报表略）：

① 2×21年资产负债表项目年末数的调整。

调减递延所得税资产500 000元；调减应交税费600 000元；调增其他应付款项目2 400 000元；调减预计负债2 000 000元；调减盈余公积30 000元；调减未分配利润270 000（300 000－30 000）元。

② 2×21年利润表项目本期金额的调整。

调增营业外支出400 000元；调减所得税费用100 000（600 000－500 000）元。

③ 2×21年所有者权益变动表项目的调整。

调减净利润300 000元；提取盈余公积项目中盈余公积一栏调减30 000元，未分配利润一栏调减270 000元。

（4）调整2×22年2月资产负债表相关项目的年初数（略），其余当年度财务报表项目的调整略。

开源公司在编制2×22年1月资产负债表时，是按照调整之前的2×21年12月31日的资产负债表中“期末余额”的数字作为年初数，由于发生了资产负债表日后调整事项，开源公司除了要调整2×21年度资产负债表相关项目的数字之外，还应当调整2×22年2月资产负债表相关项目的年初数，其年初数按照2×21年12月31日经调整以后的数字填列。

2）海企公司账务处理如下：

（1）2×21年末，海企公司很可能收到赔款，但或有资产不应当记入财务报表，因此不编制会计分录。

（2）2×22年海企公司的账务处理。

① 记录收到的赔款，调整所得税：

a. 确认应收的赔款：

借：其他应收款　　2 400 000

　　贷：以前年度损益调整——营业外收入　　2 400 000

b. 收到赔款：

借：银行存款　　2 400 000

　　贷：其他应收款　　2 400 000

c. 法院判决海企公司存在获赔权利时，应调增报告年度应交所得税：

借：以前年度损益调整——所得税费用　　600 000

　　贷：应交税费——应交所得税　　600 000

② 将“以前年度损益调整”科目的余额转入未分配利润。

借：以前年度损益调整　　1 800 000

　　贷：利润分配——未分配利润　　1 800 000

③ 因净利润变动，调整盈余公积。

借：利润分配——未分配利润　　180 000

　　贷：盈余公积　　（1 800 000×10%）180 000

（3）海企公司调整报告年度2×21年会计报表相关项目的数字（财务报表略）。

① 2×21年资产负债表项目年末数的调整。

调增其他应收款2 400 000元，调增应交税费600 000元；调增盈余公积180 000元；调增未分配利润1 620 000（1 800 000－180 000）元。

② 2×21年利润表本期金额项目的调整。

调增营业外收入2 400 000元；调增所得税费用600 000元。

③ 2×21年所有者权益变动表项目的调整。

调增净利润1 800 000元；提取盈余公积项目中盈余公积一栏调增180 000元，未分配利润一栏调增1 620 000元。

（4）调整2×22年2月资产负债表相关项目的年初数（略），其余当年度报表项目的调整略。

【例3-12】 承例3-11，假设开源公司不服判决并提出上诉，但开源公司的法律顾问认为二审判决很可能维持一审判决。税法规定，上述预计负债产生的损失仅允许在实际支出时于税前扣除。

2×22年2月7日开源公司账务处理如下。

（1）确认增加的40万元预计负债：

借：以前年度损益调整——营业外支出 400 000

贷：预计负债 400 000

（2）确认预计负债产生的递延所得税资产：

预计负债的账面价值＝40（万元）

预计负债的计税基础＝0（万元）

可抵扣暂时性差异余额＝40（万元）

借：递延所得税资产（400 000×25%） 100 000

贷：以前年度损益调整——所得税费用 100 000

其他会计分录略。

海企公司不编制会计分录。

（2）资产负债表日后取得确凿证据，表明某项资产在资产负债表日发生了减值或者需要调整该项资产原先确认的减值金额。这一事项是指在资产负债表日，根据当时的资料判断某项资产可能发生了损失或减值，但没有最后确定是否会发生，因而按照当时的最佳估计金额反映在财务报表中，但在资产负债表日至财务报告批准报出日之间，所取得的确凿证据能证明该事实成立，即某项资产已经发生了损失或减值，则应对资产负债表日所做的估计予以修正。

【例3-13】 开源公司2×21年7月销售给甲公司一批物资，货款为3 000 000元（含增值税）。甲公司于8月份收到所购物资并验收入库。按合同规定，甲公司应于收到所购物资后3个月内付款。

由于甲公司财务状况不佳，到2×21年12月31日仍未付款。开源公司于2×21年12月31日按预期信用损失法为该项应收账款计提坏账准备150 000元。

2×21年12月31日资产负债表上“应收账款”项目的金额为4 500 000元，其中2 850 000元为该项应收账款。

开源公司于2×22年2月3日（所得税汇算清缴前）收到人民法院通知，甲公司已宣告破产清算，无力偿还所欠部分货款。开源公司预计可收回应收账款的60%。

【分析】

开源公司在收到人民法院通知后，首先可判断该事项属于资产负债表日后调整事项。

开源公司原对应收甲公司账款计提了150 000元的坏账准备，按照新的证据应计提的坏账准备为1 200 000（3 000 000×40%）元，差额1 050 000元应当调整2×21年度财务报表相关项目的数字。

开源公司账务处理如下。

（1）补提坏账准备：

应补提的坏账准备 = 3 000 000 × 40% − 150 000 = 1 050 000（元）

借：以前年度损益调整——信用减值损失　　1 050 000

　　贷：坏账准备　　1 050 000

（2）调整因补提坏账准备产生的递延所得税资产：

借：递延所得税资产　　（1 050 000 × 25%）262 500

　　贷：以前年度损益调整——所得税费用　　262 500

（3）将“以前年度损益调整”科目的余额转入未分配利润：

借：利润分配——未分配利润　　787 500

　　贷：以前年度损益调整　　787 500

（4）因净利润减少，调减盈余公积：

借：盈余公积——法定盈余公积　　（787 500 × 10%）78 750

　　贷：利润分配——未分配利润　　78 750

（5）调整报告年度财务报表相关项目的数字（财务报表略）：

① 2×21年资产负债表项目年末数的调整。

调减应收账款1 050 000元，调增递延所得税资产262 500元；调减盈余公积78 750元，调减未分配利润708 750元。

② 2×21年利润表本期金额项目的调整。

调增信用减值损失1 050 000元，调减所得税费用262 500元，调减净利润787 500元。

③ 2×21年所有者权益变动表项目的调整。

调减净利润787 500元；提取盈余公积项目中盈余公积一栏调减78 750元，未分配利润调减708 750元。

（3）资产负债表日后进一步确定了资产负债表日前购入资产的成本或售出资产的收入。这类调整事项包括以下两方面的内容：一方面，若资产负债表日前购入的资产已经按暂估金额等入账，资产负债表日后获得证据，可以进一步确定该资产的成本，则应对已入账的资产成本进行调整。例如，购建固定资产已经达到预定可使用状态，但尚未办理竣工决算，企业已办理暂估入账，资产负债表日后办理决算，此时应根据竣工决算的金额调整暂估入账的固定资产成本等。另一方面，企业在资产负债表日已根据收入确认条件确认资产销售收入，但资产负债表日后获得关于资产收入的进一步证据，如发生销售退回、销售折让等，此时也应调整财务报表相关项目的金额。

需要说明的是，资产负债表日后发生的销售退回，既包括报告年度或报告中期销售的商品在资产负债表日后发生的销售退回，也包括以前期间销售的商品在资产负债表日后发生的销售退回。

资产负债表所属期间或以前期间所售商品在资产负债表日后退回的，应作为资产负债表日后调整事项处理。发生于资产负债表日后至财务报告批准报出日之间的销售退回事项，可能发生于该企业年度所得税汇算清缴之前，也可能发生于年度所得税汇算清缴之后，其会计处理分别如下进行。

① 涉及报告年度所属期间的销售退回发生于报告年度所得税汇算清缴之前的，应

调整报告年度利润表的收入、成本等，并相应调整报告年度的应纳税所得额以及报告年度应缴的所得税等。

**【例3-14】** 开源公司于2×21年12月1日销售给乙公司的一批商品于2×22年3月1日发生了退货，该商品的售价为1 000 000元，商品成本为800 000元，增值税税率为13%，消费税税率为5%。款项一直未收，对此退货开具了增值税红字专用发票。开源公司于2×21年末针对此应收账款提取了5%的坏账准备。根据上述资料，开源公司应做如何调整？

【分析】

本例中，销售退回业务发生在资产负债表日后事项涵盖期间，属于资产负债表日后调整事项，由于销售退回发生在开源公司报告年度所得税汇算清缴之前，因此，在所得税汇算清缴时应扣除该部分销售退回前所实现的应纳税所得税额，并调整报告年度2×21年和当年度2×22年度财务报表相关项目的数字。

（1）开源公司账务处理如下：

① 调整销售收入。

借：以前年度损益调整——主营业务收入 1 000 000
　　应交税费——应交增值税（销项税额） 130 000
　　贷：应收账款 1 130 000

② 调整销售成本。

借：库存商品 800 000
　　贷：以前年度损益调整——主营业务成本 800 000

③ 调整因冲减应收账款而减少的坏账准备。

借：坏账准备 （1 130 000×5%）56 500
　　贷：以前年度损益调整——信用减值损失 56 500

④ 调整应交消费税。

借：应交税费——应交消费税 （1 000 000×5%）50 000
　　贷：以前年度损益调整——税金及附加 50 000

⑤ 调整报告年度因计提坏账准备而确认的递延所得税资产。

借：以前年度损益调整——所得税费用 （56 500×25%）14 125
　　贷：递延所得税资产 14 125

⑥ 因调整收入、成本、消费税而相应调整应交所得税。

应调整的应交所得税＝（1 000 000－800 000－1 000 000×5%）×25%＝37 500（元）

借：应交税费——应交所得税 37 500
　　贷：以前年度损益调整——所得税费用 37 500

⑦ 将“以前年度损益调整”科目的余额转入未分配利润：

借：利润分配——未分配利润 70 125
　　贷：以前年度损益调整 70 125

⑧ 因净利润减少，调减盈余公积。

借：盈余公积　　　　　　　　　　　　　　　　　7 012.5

　　贷：利润分配——未分配利润　　　　　　　　　　7 012.5

（2）报表修正，如表3-13至表3-16所示。

表3-13 资产负债表（简表）

2×21年12月31日　　　　单位：元

| 资产 | 期末余额 | 负债及所有者权益 | 期末余额 |
|---|---|---|---|
| 应收账款 | −1 073 500 | 应交税费 | −217 500 |
| 存货 | +800 000 | 盈余公积 | −7 012.5 |
| 递延所得税资产 | −14 125 | 未分配利润 | −63 112.5 |
| 资产总计 | −287 625 | 负债及所有者权益总计 | −287 625 |

表3-14 利润表（简表）

2×21年　　　　单位：元

| 项目 | 本年调整数 |
|---|---|
| 一、营业收入 | −1 000 000 |
| 减：营业成本 | −800 000 |
| 税金及附加 | −50 000 |
| 信用减值损失 | −56 500 |
| …… | |
| 二、营业利润（亏损以“−”号填列） | −93 500 |
| …… | |
| 三、利润总额（亏损总额以“−”填列） | −93 500 |
| 减：所得税费用 | −23 375 |
| 四、净利润 | −70 125 |

表3-15 所有者权益变动表（简表）

2×21年度　　　　单位：元

| 项目 | 本年数 | | |
|---|---|---|---|
| | 盈余公积 | 未分配利润 | … |
| 净利润 | | −70 125 | |
| 提取盈余公积 | −7 012.5 | +7 012.5 | |

表3-16　资产负债表（简表）

2×22年3月31日　　　　单位：元

| 资产 | 年初数 | 负债及所有者权益 | 年初数 |
|---|---|---|---|
| 应收账款 | −1 073 500 | 应交税费 | −217 500 |
| 存货 | +800 000 | 盈余公积 | −7 012.5 |
| 递延所得税资产 | −14 125 | 未分配利润 | −63 112.5 |
| 资产总计 | −287 625 | 负债及所有者权益总计 | −287 625 |

② 资产负债表日后事项中涉及报告年度所属期间的销售退回发生于报告年度所得税汇算清缴之后，应调整报告年度会计报表的收入、成本等，但按照税法规定在此期间的销售退回所涉及的应缴所得税，应作为本年的纳税调整事项。

（4）资产负债表日后发现财务报表舞弊或差错。这一事项是指资产负债表日后至财务报告批准报出日之间发现报告期间或以前期间存在的财务报表舞弊或差错，这种财务报表舞弊或差错应当作为资产负债表日后调整事项，调整报告年度的年度财务报告或中期财务报告相关项目的数字。

## （二）资产负债表日后非调整事项的会计处理

教学文档

资产负债表日后调整事项对所有者权益变动表等的影响

1. 非调整事项的处理原则

资产负债表日后发生的非调整事项，是表明资产负债表日后发生的情况的事项，与资产负债表日存在状况无关，不应当调整资产负债表日的财务报表。但有的非调整事项对财务报告使用者具有重大影响，如不加以说明，将不利于财务报告使用者做出正确估计和决策，因此，应在附注中加以披露。

**提示**

非调整事项一定发生在“日后期间”，不需要调整报表，但需要将重要的非调整事项在附注中披露。

2. 非调整事项的会计处理

资产负债表日后发生的非调整事项，应当在报表附注中披露每项重要的资产负债表日后非调整事项的性质、内容，及其对财务状况和经营成果的影响。无法做出估计的，应当说明原因。

资产负债表日后非调整事项的主要例子列举如下。

（1）资产负债表日后发生重大诉讼、仲裁、承诺。资产负债表日后发生的重大诉讼等事项，对企业影响较大，为防止误导投资者及其他财务报告使用者，应当在报表附注中披露。

（2）资产负债表日后资产价格、税收政策、外汇汇率发生重大变化。资产负债表日后发生的资产价格、税收政策和外汇汇率的重大变化，虽然不会影响资产负债表日财务报表相关项目的数字，但对企业资产负债表日后期间的财务状况和经营成果有重大影响，应当在报表附注中予以披露。

（3）资产负债表日后因自然灾害导致资产发生重大损失。

（4）资产负债表日后发行股票和债券以及其他巨额举债。企业发行股票、债券以及向银行或非银行金融机构举借巨额债务都是比较重大的事项，虽然这一事项与企业资产负债表日的财务状况无关，但这一事项的披露能使财务报告使用者了解与此有关的情况及可能带来的影响，因此应当在报表附注中进行披露。

（5）资产负债表日后资本公积转增资本。企业以资本公积转增资本将会改变企业的资本（或股本）结构，影响较大，应当在报表附注中披露。

（6）资产负债表日后发生巨额亏损。企业资产负债表日后发生巨额亏损将会对企业报告期以后的财务状况和经营成果产生重大影响，应当在报表附注中及时披露该事项，以便为投资者或其他财务报告使用者做出正确决策提供信息。

（7）资产负债表日后发生企业合并或处置子公司。企业合并或者处置子公司的行为可以影响股权结构、经营范围等方面，对企业未来的生产经营活动可能产生重大影响，应当在报表附注中进行披露。

（8）资产负债表日后，企业利润分配方案中拟分配的以及经审议批准宣告发放的股利或利润。资产负债表日后，企业制定利润分配方案，拟分配或经审议批准宣告发放股利或利润的行为，并不会导致企业在资产负债表日形成现时义务，虽然该事项的发生可导致企业负有支付股利或利润的义务，但支付义务在资产负债表日尚不存在，不应该调整资产负债表日的财务报告，因此，该事项为非调整事项。不过，该事项对企业资产负债表日后的财务状况有较大影响，可能导致现金大规模流出、企业股权结构变动等，为便于财务报告使用者更充分了解相关信息，企业需要在财务报告中适当披露该信息。

另外，对于在报告期资产负债表日已经存在的债务，在其资产负债表日后期间与债权人达成的债务重组交易不属于资产负债表日后调整事项，不能据以调整报告期资产、负债项目的确认和计量。在报告期资产负债表中，债务重组中涉及的相关负债仍应按照达成债务重组协议前具有法律效力的有关协议等约定进行确认和计量。

【例3-15】 开源公司2×21年度财务会计报告于2×22年4月30日批准报出。开源公司2×22年1月1日至2×22年4月30日发生的下列事项（见表3-17）属于调整事项还是非调整事项？

表3-17　调整事项、非调整事项的判断

| 序号 | 事项 | 调整事项 | 非调整事项 |
|---|---|---|---|
| 1 | 2×22年1月5日，开源公司得知乙公司2×21年12月28日发生重大火灾，无法收回2×21年应收的货款 | √ | |
| 2 | 2×22年1月16日，开源公司收到一批退货，该批货物是2×21年12月12日售出，公司已同意退货 | √ | |

续表

| 序号 | 事项 | 调整事项 | 非调整事项 |
|---|---|---|---|
| 3 | 2×22年2月10日，开源公司发现上年应记入“管理费用”的工资费用误记入“在建工程” | √ | |
| 4 | 2×22年3月15日，开源公司按照2×21年12月申请通过的方案成功发行公司债券 | | √ |
| 5 | 2×22年3月25日，开源公司遭受地震灾害造成存货重大损失 | | √ |
| 6 | 2×22年4月11日，开源公司与客户丙公司正式达成重大的债务重组协议，该重组协议在2×21年年末已在商讨中，当时尚未有成果 | | √ |
| 7 | 2×22年4月22日，开源公司处置了下属子公司戊公司 | | √ |

## 提示

会计政策变更、会计差错更正及资产负债表日后事项的会计处理比较。

教学文档

三种业务的追溯调整原则：所得税处理原则比较及报表修正比较

## 课后思考题

1. 应如何区分会计政策和会计估计？
2. 企业变更会计政策或者会计估计的情形有哪些？
3. 应如何区分会计政策变更与会计估计变更？
4. 追溯调整法与追溯重述法有哪些异同？
5. 发生重大前期差错应如何调整相关财务报表？
6. 应如何区分资产负债表日后事项中的调整事项和非调整事项？
7. 为什么重大前期差错通常是资产负债表日后事项中的调整事项？
8. 会计政策变更、会计差错更正及资产负债表日后事项的会计处理有哪些异同？

## 第三章教学课件

| 教学课件 | 教学文档 |
| --- | --- |
| 会计调整 | 课外文献拓展 |

## 案例分析题及参考答案

## 即测即评

请扫描右侧二维码，进行随堂测试。

# 第四章 企业合并

## 教学目标

通过本章学习，使学生了解企业合并的含义、方式及分类，掌握同一控制下企业合并和非同一控制下企业合并的会计处理，理解或有对价、反向购买和多次交易分步实现企业合并的会计处理。

## 思维导图

- 企业合并概述
  - 含义：将两个或两个以上单独的企业合并形成一个报告主体的交易或事项
  - 合并方式
    - 控股合并
    - 吸收合并
    - 新设合并
  - 合并类型
    - 同一控制下：参与合并的企业在合并前后均受同一方或相同的多方最终控制且该控制并非暂时性的
    - 非同一控制下：参与合并各方在合并前后不受同一方或相同的多方最终控制
  - 业务的判断：具有投入、加工、产出能力，能独立计算成本费用、收入
  - 会计处理的主要问题
- 同一控制下企业合并
  - 处理原则
    - 合并方取得的股权投资或净资产按账面价值入账
    - 合并方支付的合并对价按账面价值入账
    - 差额调整
    - 有关费用的处理
      - 为进行企业合并支付的中介费用等增量费用，应列入当期的“管理费用”
      - 与发行债券相关的佣金、手续费等，应计入“应付债券——利息调整”
      - 与所发行权益性证券相关的佣金、手续费等应自溢价收入中扣除，不足以扣减的情况下，应当冲减留存收益
  - 账务处理
    - 控股合并
    - 吸收合并或新设合并
  - 信息披露

# 企业合并

- 非同一控制下企业合并
  - 处理原则
    - 确定购买方、购买日
    - 购买方取得的长期股权投资按合并成本作为初始投资成本，取得的可辨认资产、负债按其公允价值入账
    - 购买方合并成本的确定
      - 合并对价的公允价值
      - 合并成本在取得的可辨认资产或负债间的分配
    - 合并成本与取得的被购买方可辨认净资产公允价值份额差额的处理
      - 企业合并成本大于合并中取得的被购买方可辨认净资产公允价值份额的差额应确认为商誉
      - 企业合并成本小于合并中取得的被购买方可辨认净资产公允价值份额的部分，应计入合并当期损益
    - 合并成本或有关可辨认资产、负债公允价值暂时确定的情况
    - 有关费用的处理（与同一控制下企业合并中类似费用的处理原则一致）
  - 账务处理
    - 控股合并
    - 吸收合并或新设合并
  - 信息披露
- 特殊问题
  - 或有对价
    - 含义：如果未来特定的事项发生或满足，买方需向卖方支付额外资产或权益的义务
    - 同一控制下企业合并涉及的或有对价
    - 非同一控制下企业合并涉及的或有对价
  - 反向购买
    - 含义
    - 处理原则
      - 合并成本
      - 合并财务报表的编制
      - 每股收益的计算
    - 合并财务报表编制的分情况处理
  - 多次交易分步实现企业合并
    - 同一控制下
      - 属于“一揽子交易”的
      - 不属于“一揽子交易”的
    - 非同一控制下
  - 被购买方的会计处理

# 引导案例：宝武马钢集团合并，提高央企全球竞争力

宝山钢铁股份有限公司（证券代码：600019）是全球领先的特大型钢铁联合企业，是《财富》世界500强中国宝武钢铁集团公司的核心企业。由上海宝钢集团公司于2000年2月独家创立，同年12月在上海证券交易所上市。武汉钢铁股份有限公司（证券代码：600005）是我国重要的优质板材生产基地，也是新中国成立后兴建的第一个特大型钢铁联合企业，1955年开始建设，1958年9月13日建成投产，1999年8月3日，在上海证券交易所挂牌上市。近年来钢铁行业遭遇的滑铁卢给两家大型钢铁集团的合并创造了客观的外部环境。2015年，武钢股份全年亏损高达75亿元，宝钢股份业绩大幅下滑仅实现净利润7.14亿元（2014年为60.90亿元）。据两家公司半年度报告，截至2016年6月30日，宝钢股份实现36.21亿元净利润，占据全行业领先地位；而武钢股份仅实现2.73亿元净利润。

2016年6月27日，两家公司分别发出《宝山钢铁股份有限公司停牌公告》《武汉钢铁股份有限公司停牌公告》。同年9月22日，国资委网站发布公告称，国务院批准同意武钢、宝钢两集团进行联合重组。同日，两家官网上均发布公告称，本次合并的具体方式为宝钢股份换股吸收合并武钢股份，被合并方现有的全部资产、负债、业务、人员、合同、资质及其他一切权利与义务由其继续承接与承继，自交割日起，非存续方武钢股份100%股权由宝钢控制。换股价格以审议交易的董事会决议公告日前20个交易日双方的股票交易均价为市场参考价，定价原则为不低于市场参考价的90%，并由此确定，宝钢换股价格为4.60元/股，武钢换股价格为2.58元/股，换股比例为1∶0.56，即每1股武钢股份的股份可以换取0.56股宝钢股份的股份。上述换股合并中，宝钢股份向武钢股份全体股东发行股份的数量为56.53亿股。合并完成后，合并后上市公司股份总数为221.19亿股。2016年11月28日，宝钢、武钢两家股东会通过该换股合并计划。2016年12月1日宝武钢铁股份有限公司正式揭牌成立，成为中国最大、全球第二的特大型钢铁企业。2016年，宝武集团取得了中国钢铁行业最佳经营业绩，实现营业收入3 072亿元，利润70.2亿元。

为了进一步提升产业集中度，马钢股份于2019年6月2日发布公告，安徽省国资委将持有马钢集团51%股权无偿划转至中国宝武。中国宝武取得马钢集团51.00%的股权，从而间接持有马钢股份45.54%的股份。本次重组一方面将带动马钢实现跨越式发展，壮大安徽省国有经济，促进钢铁及相关产业聚集发展；另一方面将推动中国宝武成为“全球钢铁业的引领者”的远大愿景，进一步打造钢铁领域世界级的技术创新、产业投资和资本运营平台。

资料来源：根据新浪财经相关资料整理。

教学文档

企业会计准则第20号——企业合并

通过该案例，我们应讨论或思考：宝武马钢集团合并的意义、企业合并的方式，以及在合并过程中如何对取得的股权或净资产进行确认和计量？

# 第一节 企业合并概述

## 一、企业合并的界定

教学视频

企业合并的界定

企业合并是将两个或两个以上单独的企业合并形成一个报告主体的交易或事项。合并方，是指取得对其他参与合并企业控制权的一方；合并日，是指合并方实际取得对被合并方控制权的日期。

从会计角度，交易是否构成企业合并，进而是否能够按照企业合并准则进行会计处理，主要关注两个方面：

### （一）被购买方是否构成业务

企业合并本质上是一种购买行为，但其不同于单项资产的购买，而是一组有内在联系、为了某一既定的生产经营目的存在的多项资产组合或是多项资产、负债构成的净资产的购买。企业合并的结果通常是一个企业取得了对一个或多个业务的控制权。即要形成会计意义上的“企业合并”，前提是被购买的资产或资产负债组合要形成“业务”。如果一个企业取得了对另一个或多个企业的控制权，而被购买方（或被合并方）并不构成业务，则该交易或事项不形成企业合并。

业务是指企业内部某些生产经营活动或资产负债的组合，该组合具有投入、加工处理过程和产出能力，能够独立计算其成本费用或所产生的收入。要构成业务不需要有关资产、负债的组合一定构成一个企业，或是具有某一具体法律形式。实务中，虽然也有企业只经营单一业务，但一般情况下企业的分公司、独立的生产车间、不具有独立法人资格的分部等也会构成业务。值得注意的是，有关的资产组合或资产、负债组合是否构成业务，不是看其在出售方手中如何经营，也不是看购买方在购入该部分资产或资产、负债组合后准备如何使用。为保持业务判断的客观性，对一组资产或资产、负债的组合是否构成业务，要看正常的市场条件下，从一定的商业常识和行业惯例等出发，有关的资产或资产、负债的组合能否被作为具有内在关联度的生产经营目的整合起来使用。

【例4–1】 开源公司收购一个具有独立法人资格的B公司，B公司的账面货币资金300万元，短期借款100万元，实收资本200万元，无其他资产和负债，因为B公司没有有形资产，不构成业务，因此开源公司收购B公司的该业务事项不构成企业合并。

区分业务的购买——构成企业合并的交易与不构成企业合并的资产或资产负债组合的购买，意义在于其会计处理存在实质上的差异：

（1）企业取得了不构成业务的一组资产或资产、负债的组合时，应识别并确认所取得的单独可辨认资产（包括符合《企业会计准则第6号——无形资产》中无形资产定义和确认标准的资产）及承担的负债，并将购买成本基于购买日所取得各项可辨认资产、负债的相对公允价值，在各单独可辨认资产和负债间进行分配，不按照企业合并准则进行处理。分配的结果是取得的有关资产、负债的初始入账价值有可能不同于购买时点的公允价值（但若资产的初始确认金额高于其公允价值，需考虑是否存在资产减值），资产或资产、负债打包购买中多付或少付的部分均需要分解到取得的资产、负债项目中，从而不会产生商誉或购买利得；在被购买资产构成业务，需要作为企业合并处理时，购买日（合并日）的确定，合并中取得资产、负债的计量，合并差额等均需要按照企业合并准则的有关规定进行处理，如在构成非同一控制下企业合并的情况下，合并中自被购买方取得的各项可辨认资产、负债应当按照其在购买日的公允价值计量，合并成本与取得的可辨认净资产公允价值份额的差额应当确认为单独的一项资产——商誉，或是在企业合并成本小于合并中取得可辨认净资产公允价值份额的情况下（廉价购买），将该差额确认计入当期损益。

（2）交易费用在购买资产交易中通常作为转让对价的一部分，并根据适用的准则资本化为所购买的资产成本的一部分；而在企业合并中，交易费用应被费用化。

（3）企业会计准则禁止对在以下交易所记录的资产和负债初始确认时产生的暂时性差异确认递延所得税：非业务合并，且既不影响会计利润和也不影响应纳税所得额或可抵扣亏损。相应地，资产购买中因账面价值与税务基础不同形成的暂时性差异不应确认递延所得税资产或负债；而业务合并中购买的资产和承担的债务因账面价值与计税基础不同形成的暂时性差异应确认递延所得税影响。

### （二）交易发生前后是否涉及对标的业务控制权的转移

从企业合并的定义看，是否形成企业合并，除要看取得的资产或资产、负债组合是否构成业务之外，还要看有关交易或事项发生前后，是否引起报告主体的变化。报告主体的变化产生于控制权的变化，具体有以下两种情况：

一是交易或事项发生以后，投资方拥有对被投资方的权力，通过参与被投资方的相关活动享有可变回报，且有能力运用对被投资方的权力影响其回报金额，投资方对被投资方具有控制，形成母子公司关系，则涉及控制权的转移，该交易或事项发生以后，子公司需要纳入母公司合并财务报表的范围中，从合并财务报告角度形成报告主体的变化，形成企业合并。

二是交易或事项发生以后，一方能够控制另一方的全部净资产，被合并的企业在合并后失去其法人资格，也涉及控制权及报告主体的变化，形成企业合并。

假定在企业合并前A、B两个企业为各自独立的法律主体，且均构成业务，企业合并准则中所界定的企业合并，包括但不限于以下情形：

（1）企业A通过增发自身的普通股自企业B原股东处取得企业B的全部股权，该交易事项发生后，企业B仍持续经营。

（2）企业A支付对价取得企业B的全部净资产，该交易事项发生后，撤销企业B的法人资格。

（3）企业A以自身持有的资产作为出资投入企业B，取得对企业B的控制权，该交易事项发生后，企业B仍维持其独立法人资格继续经营。

**教学讨论**

开源公司购买了A公司的一个独立的生产车间属于企业合并吗？为什么？

## 二、企业合并的方式

教学文档

文献：企业合并准则的历史沿革与国际比较

教学视频

企业合并的分类

企业合并按合并法律形式划分，包括控股合并、吸收合并和新设合并。

### （一）控股合并

控股合并指合并方（或购买方，下同）通过企业合并交易或事项取得对被合并方（或被购买方，下同）的控制权，企业合并后能够通过所取得的股权等主导被合并方的生产经营决策并自被合并方的生产经营活动中获益，被合并方在企业合并后仍维持其独立法人资格继续经营。

该类企业合并中，因合并方通过企业合并交易或事项取得了对被合并方的控制权，被合并方成为其子公司，在企业合并发生后，被合并方应当纳入合并方合并财务报表的编制范围，从合并财务报表角度，形成报告主体的变化。

【例4-2】 开源公司以银行存款自F公司的母公司E公司处购入其所持F公司80%的股权，交易完成后，开源公司持有F公司80%的股权，能够对F公司实施控制，则该项合并业务属于控股合并。合并之后，F公司依然是独立的法人主体。

开源公司＋F公司＝开源公司（母公司）＋F公司（子公司）

### （二）吸收合并

吸收合并指合并方在企业合并中取得被合并方的全部净资产，并将有关资产、负债并入合并方自身生产经营活动中。企业合并完成后，注销被合并方的法人资格，由合并方持有合并中取得的被合并方的资产、负债，在新的基础上继续经营。

吸收合并中，因被合并方（或被购买方）在合并发生以后被注销，从合并方（或购买方）的角度需要解决的问题是，其在合并日（或购买日）取得的被合并方有关资产、负债入账价值的确定，以及为了进行企业合并支付的对价与所取得被合并方资产、负债的入账价值之间差额的处理。

企业合并继后期间，合并方应将合并中取得的资产、负债作为本企业的资产、负债核算。

【例4-3】 开源公司以银行存款或者发行自身权益工具等方式自丙公司取得其所持有的丁公司100%的股权，同时丁公司注销了法人资格，开源公司将丁公司的全部资产和负债纳入自己的核算中，则该项合并业务属于吸收合并。

开源公司 + 丁公司 = 开源公司

### （三）新设合并

参与合并的各方在企业合并后法人资格均被注销，重新注册成立一家新的企业，由新注册成立的企业持有参与合并各企业的资产、负债在新的基础上经营，为新设合并。新设合并中，各参与合并企业投入新设企业的资产、负债价值以及相关构成新设企业的资本等，一般应按照有关法律法规及各参与合并方的合同、协议执行。

【例4-4】 开源公司以银行存款或者发行自身权益工具等方式自丙公司取得其所持有的丁公司100%的股权，开源公司和丁公司同时注销法人资格，新成立L公司，则该项业务属于新设合并。

开源公司 + 丁公司 = L公司

针对上述三种企业合并方式，合并方和被合并方的表现形式如表4-1所示。

表4-1 三种合并方式下合并方和被合并方的表现形式

| 合并方式 | 合并方（购买方） | 被合并方（被购买方） |
|---|---|---|
| 控股合并 | 取得控制权体现为长期股权投资 | 保持独立成为子公司 |
| 吸收合并 | 取得对方资产并承担负债 | 解散 |
| 新设合并 | 由新成立企业持有参与合并各方资产负债 | 参与合并各方均解散 |

## 三、企业合并类型的划分及财务处理

《企业会计准则第20号——企业合并》中将企业合并按照一定的标准划分为同一控制下的企业合并与非同一控制下的企业合并。企业合并的类型划分不同，所遵循的会计处理原则也不同。

### （一）同一控制下的企业合并

同一控制下的企业合并，是指参与合并的企业在合并前后均受同一方或相同多方最终控制且该控制并非暂时性的。

能够对参与合并各方在合并前后均实施最终控制的一方通常指企业集团的母公司。同一控制下的企业合并一般发生于企业集团内部，如集团内母子公司之间、子公司和子公司之间等。因为这类合并从本质上是集团内部企业之间的资产或权益的转移，不涉及自集团外购入子公司或是向集团外其他企业出售子公司的情况，能够对参与合并企业在合并前后均实施最终控制的一方为集团的母公司。

能够对参与合并的企业在合并前后均实施最终控制的相同多方，是指根据合同或协议的约定，拥有最终决定参与合并企业的财务和经营政策，并从中获取利益的投资者群体。

实施控制的时间性要求，是指参与合并各方在合并前后较长时间内为最终控制方所控制。具体是指在企业合并（合并日）之前，参与合并各方在最终控制方的控制时间一般在1年以上（含1年），企业合并后所形成的报告主体在最终控制方的控制时间也应达到1年以上（含1年）。

企业之间的合并是否属于同一控制下的企业合并，应综合构成企业合并交易的各方面情况，按照实质重于形式的原则进行判断。通常情况下，同一控制下的企业合并是指发生在同一企业集团内部企业之间的合并。同受国家控制的企业之间发生的合并，不应仅因为参与合并各方在合并前后均受国家控制而将其作为同一控制下的企业合并。

同一控制下企业合并的特点：不属于交易，本质上是资产、负债的重新组合；交易作价往往不公允。

**提示**

非暂时性的解释：自合并日往前推一年以及合并日后一年，这两年期间均在同一控制之下。比如合并日为2×21年4月1日，在2×20年4月1日之后，合并方与被合并方均在同一控制下，并且预测在2×22年4月1日之前，双方也会均处于同一控制之下。

### （二）非同一控制下的企业合并

非同一控制下的企业合并，是指参与合并各方在合并前后不受同一方或相同的多方最终控制的合并交易，即除判断属于同一控制下企业合并的情况以外其他的企业合并。

非同一控制下企业合并的特点：非关联的企业之间进行的合并；以市价为基础，交易作价相对公平合理。

教学文档

国际会计准则理事会2020年11月《同一控制下的企业合并（讨论稿）》

**【例4-5】** 假定开源公司为某省国资委控制的国有企业，2×21年10月，该省国资系统出于整合同类业务的需要，由开源公司通过定向发行其普通股给乙公司部分股东的方式，取得对乙公司控制权。该项交易前，乙公司的股权由该省国资委下属丙投资公司持有并控制。双方签订的协议约定：

（1）以2×21年9月30日为评估基准日，根据独立的评估机构评估确定的乙公司全部股权的公允价值12.06亿元为基础确定开源公司应支付的对价。

（2）开源公司普通股作价15元/股，该项交易中开源公司向丙投资公司发行9 600万股公司普通股取得乙公司46%股权。

（3）开源公司在本次交易中定向发行的9 600万股向丙投资公司发行后，即有权力调整和更换乙公司董事会成员，该事项不受本次交易中股东名册变更及乙公司有关工商注册变更的影响。

2×21年12月10日，开源公司向丙投资公司定向发行了9 600万股并于当日对乙公司董事会进行改选。

开源公司对乙公司的合并应当属于哪一类型？

【分析】本案例中合并方开源公司与被合并方乙公司在合并前为独立的市场主体，其特殊性在于开源公司在合并前直接被当地国资委控制，乙公司是当地国资委通过下属投资公司间接控制。判断本项交易的合并类型关键在于找到是否存在于合并交易发生前后对参与合并各方均能够实施控制的一个最终控制方，本案例中，即当地国资委。虽然该项交易是国资委出于整合同类业务的需要，安排开源公司、乙公司的原控股股东丙投资公司进行的，但交易中作价是完全按照市场价格确定的，同时企业合并准则中明确，同受国家控制的两个企业进行合并，不能仅因为其为国有企业即作为同一控制下企业合并。

该项合并应当作为非同一控制下企业合并处理。

## 四、业务的判断

业务是指企业内部某些生产经营活动或资产负债的组合，该组合具有投入、加工处理过程和产出能力，能够独立计算其成本费用或所产生的收入等，目的在于为投资者提供股利、降低成本或带来其他经济利益。有关资产或资产、负债的组合具备了投入和加工处理过程两个要素即可认为构成一项业务。对于取得的资产、负债组合是否构成业务，应当由企业结合实际情况进行判断。

### （一）构成业务的要素

根据企业合并准则的规定，涉及构成业务的合并应当比照企业合并准则规定处理。合并方在合并中取得的生产经营活动或资产的组合（以下简称组合）构成业务，通常应具有下列三个要素：

（1）投入，指原材料、人工、必要的生产技术等无形资产以及构成产出能力的机器设备等其他长期资产的投入。

（2）加工处理过程，指具有一定的管理能力、运营过程，能够组织投入形成产出能力的系统、标准、协议、惯例或规则。

（3）产出，包括为客户提供的产品或服务、为投资者或债权人提供的股利或利息等投资收益，以及企业日常活动产生的其他的收益。

### （二）构成业务的判断条件

合并方在合并中取得的组合应当至少同时具有一项投入和一项实质性加工处理过程，且二者相结合对产出能力有显著贡献，该组合才构成业务。合并方在合并中取得的组合是否有实际产出并不是判断其构成业务的必要条件。企业应当考虑产出的下列情况分别判断加工处理过程是否具有实质性：

（1）该组合在合并日无产出的，同时满足下列条件的加工处理过程应判断为是实质性的：第一，该加工处理过程对投入转化为产出至关重要；第二，具备执行该过程所需技能、知识或经验的有组织的员工，且具备必要的材料、权利、其他经济资源等投入，如技术、研究和开发项目、房地产或矿区权益等。

（2）该组合在合并日有产出的，满足下列条件之一的加工处理过程应判断为是实质性的：第一，该加工处理过程对持续产出至关重要，且具备执行该过程所需技能、知识或经验的有组织的员工；第二，该加工处理过程对产出能力有显著贡献，且该过程是独有、稀缺或难以取代的。

企业在判断组合是否构成业务时，应当从市场参与者角度考虑是否可以将其作为业务进行管理和经营，而不是根据合并方的管理意图或被合并方的经营历史来判断。

### （三）集中度测试

判断非同一控制下企业合并中取得的组合是否构成业务，也可选择采用集中度测试。集中度测试是非同一控制下企业合并的购买方在判断取得的组合是否构成一项业务时，可以选择采用的一种简化判断方式。在进行集中度测试时，如果购买方取得的总资产的公允价值几乎相当于其中某一单独可辨认资产或一组类似可辨认资产的公允价值，则该组合通过集中度测试，应判断为不构成业务，且购买方无须按照上述构成业务的判断条件进行判断；如果该组合未通过集中度测试，购买方仍应按照上述构成业务的判断条件的规定进行判断。购买方应当按照下列规定进行集中度测试：

1. 计算确定取得的总资产的公允价值

取得的总资产不包括现金及现金等价物、递延所得税资产以及由递延所得税负债影响形成的商誉。购买方通常可以通过下列公式之一计算确定取得的总资产的公允价值。

公式一：

总资产的公允价值＝合并中取得的非现金资产的公允价值＋（购买方支付的对价＋购买日被购买方少数股东权益的公允价值＋购买日前持有被购买方权益的公允价值－合并中所取得的被购买方可辨认净资产的公允价值）－递延所得税资产－由递延所得税负债影响形成的商誉

公式二：

总资产的公允价值＝购买方支付的对价＋购买日被购买方少数股东权益的公允价值＋购买日前持有被购买方权益的公允价值＋取得负债的公允价值（不包括递延所得税负债）－取得的现金及现金等价物－递延所得税资产－由递延所得税负债影响形成的商誉

2. 关于单独可辨认资产

单独可辨认资产是企业合并中作为一项单独可辨认资产予以确认和计量的一项资产或资产组。如果资产（包括租赁资产）及其附着物分拆成本重大，应当将其一并作为一项单独可辨认资产，如土地和建筑物。

3. 关于一组类似资产

企业在评估一组类似资产时，应当考虑其中每项单独可辨认资产的性质及其与管理产出相关的风险等。下列情形通常不能作为一组类似资产：一是有形资产和无形资产；二是不同类别的有形资产，如存货和机器设备；三是不同类别的可辨认无形资产，如商标权和特许权；四是金融资产和非金融资产；五是不同类别的金融资产，如应收款项和权益工具投资；六是同一类别但风险特征存在重大差别的可辨认资产等。

## 五、企业合并会计处理的主要问题

企业合并有关的会计处理主要涉及两个主要问题：一是合并方在合并日如何对企业合并事项或交易进行确认和计量；二是合并日是否需要以及如何编制合并财务报表。本章主要针对第一个问题展开探讨，第二个问题将在第五章阐述。

无论是同一控制下的企业合并还是非同一控制下的企业合并，两类企业合并的结果都包括形成母子公司关系和不形成母子公司关系两种情况。两类企业合并的合并方在合并日都需要解决以下四个问题：

（1）合并方对合并日取得的股权或净资产应如何确认和计量？

（2）合并方支付的合并对价有哪些方式？如何确认和计量？

（3）合并方在合并日取得的股权或净资产与支付的合并对价如果有差异，应如何处理？

（4）合并方支付的合并费用如何界定和处理？

# 第二节 同一控制下企业合并的会计处理

同一控制下企业合并的会计处理，是从合并方出发，确定合并方在合并日对于企业合并事项应进行的会计处理。

## 一、同一控制下企业合并的处理原则

教学视频

同一控制下企业合并的会计处理原则

### （一）合并方取得的股权投资或资产、负债按账面价值入账

同一控制下企业合并的合并方，对控股合并中取得的长期股权投资，按照合并日享有的被合并方在最终控制方合并财务报表中所有者权益账面价值的份额作为其初始投资成本；对吸收合并和新设合并中取得资产和负债，按照合并日被合并方有关资产和负债的账面价值计量。

合并方在合并中确认取得的被合并方的资产、负债仅限于被合并方账面上原已确认的资产和负债，合并中不产生新的资产和负债；合并方在合并中取得的被合并方各项资产、负债应维持其在被合并方的原账面价值不变。

在确定合并中取得各项资产、负债的入账价值时，应予注意的是，被合并方在企业合并前采用的会计政策与合并方不一致的，应基于重要性原则，首先统一会计政策，即合并方应当按照本企业会计政策对被合并方资产、负债的账面价值进行调整，并以调整后的账面价值作为有关资产、负债的入账价值。

**教学讨论**

同一控制下企业合并的合并方，对控股合并中取得的长期股权投资，为什么需要按照合并日享有的被合并方在最终控制方合并财务报表中所有者权益账面价值的份额作为其初始投资成本？

【例4-6】　开源公司2×21年初自非关联方购入乙公司80%的股份，初始投资成本为3 000万元，并于当日实质控制了乙公司。购买日乙公司的账面净资产为2 100万元，可辨认净资产的公允价值为2 700万元。2×21年乙公司实现账面净利润900万元，基于2×21年初的可辨认净资产的公允价值口径推定的当年净利润为1 110万元，当年乙公司分配现金股利120万元，乙公司当年无其他所有者权益变动事项。2×22年初开源公司的另一子公司丁公司自开源公司手中购得乙公司80%的股份。丁公司长期股权投资的初始成本为多少？

【分析】根据题干，开源公司、乙公司及丁公司的合并路径如图4-1所示。

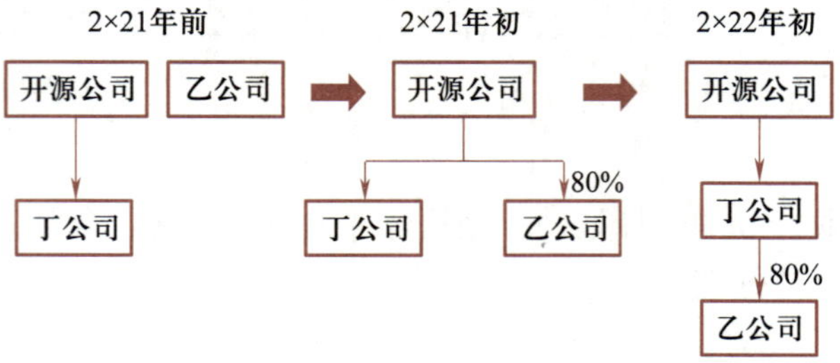


图4-1　合并路径

从图4-1中可以看出，最初最终控制方取得被合并方股权时属于非同一控制下企业合并，所以是认可被合并方投资时点可辨认净资产公允价值的，具体计算如表4-2所示。

表4-2　丁公司长期股权投资初始成本计算过程

单位：万元

| 项目 | 乙公司账面口径 | 最终控制方开源公司认可的口径 |
|---|---|---|
| 乙公司2×21年初净资产 | 2 100 | 2 700+（3 000－2 700×80%）/80%<br>=2 700+1 050=3 750 |
| 乙公司2×21年的净利润 | 900 | 1 110 |
| 乙公司2×21年的分红 | 120 | 120 |
| 乙公司2×22年初净资产 | 2 880 | 4 740 |
| 丁公司长期股权投资初始成本 | 不得采纳 | =4 740×80%=3 792 |

## （二）合并方支付的合并对价按账面价值入账

对作为合并对价付出的资产、发生或承担的负债，合并方按其账面价值计量；发行的股份按面值总额记录。合并过程中，不确认合并对价的转让损益。

## （三）差额调整

合并方在合并中取得的股权投资或净资产的入账价值相对于为进行企业合并支付的对价账面价值之间的差额，应调整所有者权益相关项目。合并差额首先调整资本公积（资本溢价或股本溢价），资本公积（资本溢价或股本溢价）的余额不足冲减的，应冲减留存收益。对于以非现金资产为合并对价的，不确认资产的处置损益。

## （四）有关费用的处理

（1）为进行企业合并支付的审计费用、进行资产评估的费用以及有关的法律咨询费用等增量费用，应列入管理费用。

（2）以发行债券作为合并对价的，与发行债券相关的佣金、手续费等应计入负债的初始计量金额（应付债券——利息调整）。其中折价发行的，应增加折价的金额；溢价发行的，应减少溢价的金额。

（3）发行权益性证券作为合并对价的，与所发行权益性证券相关的佣金、手续费等应自溢价收入（资本公积——股本溢价）中扣除，在权益性证券发行无溢价或溢价金额不足以扣减的情况下，应当冲减盈余公积和未分配利润。

教学文档

文献：国际化视角下同一控制下企业合并会计处理方法探讨

教学文档

权益结合法

（4）常设的并购部门的日常管理费用不属于合并直接费用，发生时计入当期损益。

## 二、同一控制下企业合并的账务处理

### （一）控股合并的账务处理

教学视频

同一控制下控股合并的会计处理

1. 支付资产实施的控股合并

借：长期股权投资（合并日享有的被合并方在最终控制方合并财务报表中所有者权益账面价值的份额）

贷：银行存款、库存商品、固定资产清理等（支付对价的账面价值）

贷（或借）资本公积——资本溢价（或股本溢价）（差额）

注：差额在借方，需要借记“资本公积”科目，此时应以合并方“资本公积”科目的资本溢价或股本溢价贷方余额为限，不足部分冲减合并方“留存收益”账面余额。以下同。

**提示**

如果对价为非现金资产，按照税法规定视同销售，如考虑增值税，还应贷“应交税费——应交增值税（销项税额）”科目。以下同。

2. 发行权益性证券实施的控股合并

借：长期股权投资（合并日享有的被合并方在最终控制方合并财务报表中所有者权益账面价值的份额）

贷：股本（发行证券的面值总额）

贷（或借）资本公积——资本溢价（或股本溢价）（差额）

3. 发行债券或承担其他债务实施的控股合并

借：长期股权投资（合并日享有的被合并方在最终控制方合并财务报表中所有者权益账面价值的份额）

4. 有关费用的会计处理

（1）支付的与企业合并相关的审计、评估及法律咨询费等。

借：管理费用

贷：银行存款等

**教学讨论**

在控股合并中，为什么企业合并支付的直接合并费用计入管理费用而不是计入长期股权投资初始确认金额？

（2）支付发行证券相关的手续费、佣金等。

借：资本公积——股本溢价

　　贷：银行存款等

（3）支付发行债券相关的手续费、佣金等。

借：应付债券——利息调整

　　贷：银行存款等

　　贷：应付债券——面值（发行债券的面值总额）

　　贷（或借）资本公积——资本溢价（或股本溢价）（差额）

例4–7为以支付资产为合并对价的100%控股合并的案例。

【例4–7】　开源公司和B公司分别为P公司控制下的两家子公司。开源公司于2×21年1月10日自母公司P处取得B公司100%的股权，合并后B公司仍维持其独立法人资格继续经营。为进行该项企业合并，开源公司用账面价值2 600万元、公允价值3 000万元的库存商品（假定不考虑增值税）和1 500万元银行存款作为对价。假定开源公司、B公司采用的会计政策相同。合并日，开源公司及B公司的所有者权益构成如表4–3所示。

表4–3　合并方与被并方净资产价值资料

单位：万元

| 开源公司 | | B公司 | |
|---|---|---|---|
| 项目 | 金额 | 项目 | 金额 |
| 股本 | 9 000 | 股本 | 1 500 |
| 资本公积（股本溢价） | 3 000 | 资本公积 | 500 |
| 盈余公积 | 2 000 | 盈余公积 | 1 000 |
| 未分配利润 | 5 000 | 未分配利润 | 2 000 |
| 合计 | 19 000 | 合计 | 5 000 |

开源公司在合并日的账务处理如下：

| | | |
|---|---|---|
| 借：长期股权投资 | 50 000 000 | |
| 　　贷：库存商品 | | 26 000 000 |
| 　　　　银行存款 | | 15 000 000 |
| 　　　　资本公积——股本溢价 | | 9 000 000(差额) |

例4–8为以支付资产为合并对价的非100%控股合并的案例。

【例4–8】　承例4–7，假定开源公司通过合并取得了B公司80%的股份，其他资料不变。

开源公司在合并日的账务处理如下：

| | | |
|---|---|---|
| 借：长期股权投资 | 40 000 000 | |

资本公积——股本溢价 1 000 000（差额）
贷：库存商品 26 000 000
银行存款 15 000 000

例4–9为以发行股票为合并对价的非100%控股合并案例。

【例4–9】 承例4–7，假定为进行该项企业合并，开源公司发行了1 800万股本公司普通股（每股面值1元）作为对价取得了B公司80%的股份。并且，假定开源公司用银行存款支付了审计费用、评估费用、法律服务费用等各项直接相关费用5万元，发行股票手续费10万元。其他资料不变。

开源公司在合并日的账务处理如下：

（1）确认长期股权投资：

借：长期股权投资 40 000 000
贷：股本 18 000 000
资本公积——股本溢价 22 000 000(差额）

（2）支付直接相关费用：

借：管理费用 50 000
贷：银行存款 50 000

（3）支付发行股票手续费：

借：资本公积——股本溢价 100 000
贷：银行存款 100 000

### （二）吸收合并与新设合并的账务处理

教学视频
同一控制下吸收合并的会计处理

1. 支付资产实施的企业合并

借：有关资产科目（合并日被合并方的资产账面价值）
贷：有关负债科目（合并日被合并方的负债账面价值）
银行存款、库存商品、固定资产清理等（支付对价的账面价值）
贷（或借）资本公积——资本溢价（或股本溢价）（差额）

注：差额在借方，需要借记“资本公积”科目，此时应以合并方“资本公积”科目的资本溢价或股本溢价贷方余额为限，不足部分冲减合并方“留存收益”账面余额。以下同。

2. 发行权益性证券实施的企业合并

借：有关资产科目（合并日被合并方的资产账面价值）
贷：有关负债科目（合并日被合并方的负债账面价值）
股本（发行证券的面值总额）
贷（或借）资本公积——资本溢价（或股本溢价）（差额）

3. 发行债券或承担其他债务实施的企业合并

借：有关资产科目（合并日被合并方的资产账面价值）

贷：有关负债科目（合并日被合并方的负债账面价值）

应付债券（发行债券的面值总额）

贷（或借）资本公积——资本溢价（或股本溢价）（差额）

4. 费用的会计处理

有关费用的会计处理均与本节控股合并过程中相关费用的处理原则一致。

【例4-10】 以支付资产为合并对价的吸收合并。

开源公司和S公司为同一集团内两家全资子公司，合并前其共同的母公司为A公司。2×21年6月30日，开源公司用账面价值2 600万元、公允价值3 000万元的库存商品（假定不考虑增值税）和1 500万元银行存款作为对价对S公司进行吸收合并，并于当日取得S公司净资产。不考虑相关税费及其他因素。当日，开源公司、S公司资产和负债情况如表4-4所示。

表4-4 资产负债表（简表）

2×21年6月30日 单位：万元

| 项目 | 开源公司 | S公司 | |
|---|---|---|---|
| | 账面价值 | 账面价值 | 公允价值 |
| 资产： | | | |
| 货币资金 | 4 312 | 450 | 450 |
| 存货 | 6 200 | 255 | 450 |
| 应收账款 | 3 000 | 2 000 | 2 000 |
| 长期股权投资 | 5 000 | 2 150 | 3 800 |
| 固定资产： | | | |
| 固定资产原价 | 10 000 | 4 000 | 5 500 |
| 减：累计折旧 | 3 000 | 1 000 | 0 |
| 固定资产净值 | 7 000 | 3 000 | |
| 无形资产 | 4 500 | 500 | 1 500 |
| 商誉 | 0 | 0 | 0 |
| 资产总计 | 30 012 | 8 355 | 13 700 |
| 负债和所有者权益： | | | |
| 短期借款 | 2 500 | 2 250 | 2 250 |
| 应付账款 | 3 750 | 300 | 300 |
| 其他负债 | 375 | 300 | 300 |

续表

| 项目 | 开源公司 | S公司 | |
|---|---|---|---|
| | 账面价值 | 账面价值 | 公允价值 |
| 负债合计 | 6 625 | 2 850 | 2 850 |
| 股本 | 7 500 | 2 500 | |
| 资本公积（股本溢价） | 5 000 | 1 500 | |
| 盈余公积 | 5 000 | 500 | |
| 未分配利润 | 5 887 | 1 005 | |
| 所有者权益合计 | 23 387 | 5 505 | 10 850 |
| 负债和所有者权益总计 | 30 012 | 8 355 | |

该项合并中参与合并的企业在合并前及合并后均为A公司最终控制，为同一控制下的企业合并。自6月30日开始，开源公司能够对S公司净资产实施控制，该日即为合并日。

因合并后S公司失去其法人资格，开源公司应确认合并中取得的S公司的各项资产和负债，假定开源公司与S公司在合并前采用的会计政策相同。

开源公司在合并日的账务处理如下：

| | | |
|---|---|---|
| 借：银行存款等（货币资金） | 4 500 000 | |
| 原材料等（存货） | 2 550 000 | |
| 应收账款 | 20 000 000 | |
| 长期股权投资 | 21 500 000 | |
| 固定资产 | 30 000 000 | |
| 无形资产 | 5 000 000 | |
| 贷：短期借款 | | 22 500 000 |
| 应付账款 | | 3 000 000 |
| 其他应付款等（其他负债） | | 3 000 000 |
| 库存商品 | | 26 000 000 |
| 银行存款 | | 15 000 000 |
| 资本公积——股本溢价 | | 14 050 000(差额) |

【例4-11】 以发行股票为合并对价的吸收合并。

沿用例4-10，假定为进行该项企业合并，2×21年6月30日，开源公司向S公司的股东定向增发1 000万股普通股（每股面值为1元，市价为10.85元）对S公司进行吸收合并，并于当日取得S公司净资产。并且，假定开源公司用银行存款支付了审计费用、评估费用、法律服务费用等各项直接相关费用5万元，发行股票手续费10万元。其他资料不变。

开源公司在合并日的账务处理如下：

（1）吸收合并取得被并方资产，承担被合并方负债：

| | | |
|---|---|---|
| 借：银行存款等（货币资金） | 4 500 000 | |
| 　　原材料等（存货） | 2 550 000 | |
| 　　应收账款 | 20 000 000 | |
| 　　长期股权投资 | 21 500 000 | |
| 　　固定资产 | 30 000 000 | |
| 　　无形资产 | 5 000 000 | |
| 　　贷：短期借款 | | 22 500 000 |
| 　　　　应付账款 | | 3 000 000 |
| 　　　　其他应付款等（其他负债） | | 3 000 000 |
| 　　　　股本 | | 10 000 000 |
| 　　　　资本公积——股本溢价 | | 45 050 000(差额) |

（2）支付直接相关费用：

| | | |
|---|---|---|
| 借：管理费用 | 50 000 | |
| 　　贷：银行存款 | | 50 000 |

（3）支付发行股票手续费：

| | | |
|---|---|---|
| 借：资本公积——股本溢价 | 100 000 | |
| 　　贷：银行存款 | | 100 000 |

## 三、信息披露

企业合并发生当期的期末，合并方应当在附注中披露与同一控制下企业合并有关的下列信息：

（1）参与合并企业的基本情况。

（2）属于同一控制下企业合并的判断依据。

（3）合并日的确定依据。

（4）以支付现金、转让非现金资产以及承担债务作为合并对价的，所支付对价在合并日的账面价值；以发行权益性证券作为合并对价的，合并中发行权益性证券的数量及定价原则，以及参与合并各方交换有表决权股份的比例。

（5）被合并方的资产、负债在上一会计期间资产负债表日及合并日的账面价值；被合并方自合并当期期初至合并日的收入、净利润、现金流量等情况。

（6）合并合同或协议约定将承担被合并方或有负债的情况。

（7）被合并方采用的会计政策与合并方不一致所作调整情况的说明。

（8）合并后已处置或拟处置被合并方资产、负债的账面价值、处置价格等。

教学文档

同一控制下的企业合并会计处理方式探析

# 第三节 非同一控制下企业合并的会计处理

非同一控制下企业合并的会计处理，主要涉及购买方及购买日的确定、企业合并成本的确定、合并中取得各项可辨认资产、负债的确认和计量以及合并差额的处理等。

## 一、非同一控制下企业合并的处理原则

教学视频

非同一控制下企业合并的会计处理原则

### （一）确定购买方

采用购买法核算企业合并的首要前提是确定购买方。购买方是指在企业合并中取得对另一方或多方控制权的一方。合并中一方取得了另一方半数以上有表决权股份的，除非有明确的证据表明该股份不能形成控制，一般认为取得控股权的一方为购买方。控制的判断标准，具体参见本教材第五章“合并财务报表”的规定。

某些情况下，即使一方没有取得另一方半数以上有表决权股份，但存在以下情况时，一般也可认为其获得了对另一方的控制权。

（1）通过与其他投资者签订协议，实质上拥有被购买企业半数以上表决权。

【例4-12】 开源公司拥有B公司40%的表决权资本，C公司拥有B公司30%的表决权资本。开源公司与C公司达成协议，C公司在B公司的权益由开源公司代表。在这种情况下，开源公司实质上拥有B公司70%表决权资本的控制权，B公司的章程等没有特别规定的情况下，表明开源公司实质上控制B公司。

（2）按照法律或协议等的规定，具有主导被购买企业财务和经营决策的权力。

【例4-13】 开源公司拥有B公司45%的表决权资本，同时，根据法律或协议规定，开源公司可以决定B公司的财务和生产经营等政策，达到对B公司的财务和经营政策实施控制。

（3）有权任免被购买企业董事会或类似权力机构绝大多数成员。这种情况是指虽然投资企业拥有被投资单位50%或以下表决权资本，但根据章程、协议等有权任免被投资单位董事会或类似机构的绝大多数成员，以达到实质上控制的目的。

（4）在被购买企业董事会或类似权力机构具有绝大多数投票权。这种情况是指虽然投资企业拥有被投资单位50%或以下表决权资本，但能够控制被投资单位董事会等类似权力机构的会议，从而能够控制其财务和经营政策，达到对被投资单位的控制。

### （二）确定购买日

购买日是购买方获得对被购买方控制权的日期，即企业合并交易进行过程中，发生控制权转移的日期。同时满足了以下条件时，一般可认为实现了控制权的转移，形成购买日。

（1）企业合并合同或协议已获股东大会等内部权力机构通过，如对于股份有限公司，其内部权力机构一般指股东大会。

（2）按照规定，合并事项需要经过国家有关主管部门审批的，已获得相关部门的批准。

（3）参与合并各方已办理了必要的财产权交接手续。

（4）购买方已支付了购买价款的大部分（一般应超过50%），并且有能力支付剩余款项。

（5）购买方实际上已经控制了被购买方的财务和经营政策，并享有相应的收益和风险。

企业合并涉及一次以上交换交易的，如通过逐次取得股份分阶段实现合并，企业应于每一交易日确认对被投资企业的各单项投资。“交易日”是指合并方或购买方在自身的账簿和报表中确认对被投资单位投资的日期。分步实现的企业合并中，购买日是指按照有关标准判断购买方最终取得对被购买企业控制权的日期。

【例4-14】 开源公司于2×21年10月20日取得B公司30%的股权（假定能够对被投资单位施加重大影响），在与取得股权相关的风险和报酬发生转移的情况下，开源公司应确认对B公司的长期股权投资。在已经拥有B公司30%股权的基础上，开源公司又于2×22年12月8日取得B公司30%的股权，在其持股比例达到60%的情况下，假定于当日开始能够对B公司实施控制，则2×22年12月8日为第二次购买股权的交易日，同时因在当日能够对B公司实施控制，形成企业合并的购买日。

### （三）合并中取得各项可辨认资产、负债的计量

购买方取得的长期股权投资按合并成本作为初始投资成本，取得的可辨认资产、负债按其公允价值入账。

购买方在购买日取得的股权或取得的资产、承担的负债，需要采用公允价值进行计量，而不应该采用账面价值计量。取得股权或可辨认资产、负债的具体计量方法分别为：

（1）控股合并的情况下，购买方应当在购买日按所确定的合并成本作为长期股权投资的初始投资成本入账，以确认取得的被购买方的股权份额。

（2）吸收合并和新设合并情况下，购买方需要将取得的被购买方可辨认资产、负债按其公允价值入账。

### （四）购买方合并成本的确定

企业合并成本包括购买方为进行企业合并支付的现金或非现金资产、发行或承担的债务、发行的权益性证券等在购买日的公允价值。

这就意味着，一方面，购买方在合并中付出的资产（或发生的负债），其公允价值构成合并成本；另一方面，购买方在合并中付出的资产在按其账面价值予以注销（表示相关资产退出企业）的同时，需将相关资产公允价值和账面价值的差额，作为资产转让损益计入当期损益。

企业合并成本在取得的可辨认资产和负债之间分配。

（1）购买方在企业合并中取得的被购买方各项可辨认资产和负债，要作为本企业的资产、负债（或合并财务报表中的资产、负债）进行确认，在购买日，应当满足资产、负债的确认条件。有关的确认条件包括：① 合并中取得的被购买方的各项资产（无形资产除外），其所带来的未来经济利益预期能够流入企业且公允价值能够可靠计量的，应单独作为资产确认。② 合并中取得的被购买方的各项负债（或有负债除外），履行有关的义务预期会导致经济利益流出企业且公允价值能够可靠计量的，应单独作为负债确认。

（2）企业合并中取得的无形资产的确认。非同一控制下的企业合并中，购买方在对企业合并中取得的被购买方资产进行初始确认时，应当对被购买方拥有的但在其财务报表中未确认的无形资产进行充分辨认和合理判断，满足以下条件之一的，应确认为无形资产：① 源于合同性权利或其他法定权利；② 能够从被购买方中分离或者划分出来，并能单独或与相关合同、资产和负债一起，用于出售、转移、授予许可、租赁或交换。

（3）对于购买方在企业合并时可能需要代被购买方承担的或有负债，在其公允价值能够可靠计量的情况下，应作为合并中取得的负债单独确认。

【例4-15】 开源公司吸收合并丁公司，丁公司有一项或有负债，在合并时满足了负债的确认条件，公允价值能够可靠计量，则合并时开源公司应该在其账面上对该负债进行单独确认。

（4）企业合并中取得的资产、负债在满足确认条件后，应以其公允价值计量。对于被购买方在企业合并之前已经确认的商誉和递延所得税项目，购买方在对企业合并成本进行分配、确认合并中取得可辨认资产和负债时不应予以考虑。在按照规定确认了合并中应予确认的各项可辨认资产、负债的公允价值后，其计税基础与账面价值不同形成暂时性差异的，应当按照所得税会计准则的规定确认相应的递延所得税资产或递延所得税负债。

### （五）企业合并成本与合并中取得的被购买方可辨认净资产公允价值份额差额的处理

（1）企业合并成本大于合并中取得的被购买方可辨认净资产公允价值份额的差额应确认为商誉。视企业合并方式不同，控股合并的情况下，该差额是指在合并财务报表中应予列示的商誉，即长期股权投资的成本与购买日按照持股比例计算确定应享有被购买方可辨认净资产公允价值份额之间的差额；吸收合并的情况下，该差额是购买方在其账簿及个别财务报表中应确认的商誉。

商誉代表的是合并中取得的由于不符合确认条件未予确认的资产以及被购买方有关资产产生的协同效应或合并盈利能力。商誉在确认以后，持有期间不要求摊销，应当按照《企业会计准则第8号——资产减值》的规定对其价值进行测试，按照账面价值与可收回金额孰低的原则计量，对于可收回金额低于账面价值的部分，计提减值准备，有关减值准备在提取以后，不能够转回。

### 教学讨论

对于非同一控制下的企业合并，如按照税法规定作为免税合并处理的情况下，按照会计准则确认的合并商誉，其计税基础为零，由此产生了应纳税暂时性差异，此时购买方是否确认与该商誉的暂时性差异有关的递延所得税负债？为什么？

（2）企业合并成本小于合并中取得的被购买方可辨认净资产公允价值份额的部分，应计入合并当期损益。该种情况下，购买方首先要对合并中取得的资产、负债的公允价值、作为合并对价的非现金资产或发行的权益性证券等的公允价值进行复核，如果复核结果表明所确定的各项资产和负债的公允价值确定是恰当的，应将企业合并成本低于取得的被购买方可辨认净资产公允价值份额之间的差额，计入合并当期的营业外收入，并在会计报表附注中予以说明。

在控股合并的情况下，上述差额应体现在购买方合并当期的合并利润表中，不影响购买方的个别利润表；在吸收合并的情况下，上述企业合并成本小于合并中取得的被购买方可辨认净资产公允价值份额的差额，应计入购买方合并当期的个别利润表。

答案参考

教学讨论答案参考

教学文档

关于企业合并商誉会计核算问题的思考

### （六）企业合并成本或有关可辨认资产、负债公允价值暂时确定的情况

对于非同一控制下的企业合并，如果在购买日或合并当期期末，因各种因素影响无法合理确定企业合并成本或合并中取得有关可辨认资产、负债公允价值的，在合并当期期末，购买方应以暂时确定的价值为基础对企业合并交易或事项进行核算。继后取得进一步信息表明有关资产、负债公允价值与暂时确定的价值不同的，应分别以下情况进行处理：

1. 购买日后12个月内对有关价值量的调整

在合并当期期末以暂时确定的价值对企业合并进行处理的情况下，自购买日算起12个月内取得进一步的信息表明需对原暂时确定的企业合并成本或所取得的资产、负债的暂时性价值进行调整的，应视同在购买日发生，即应进行追溯调整，同时对以暂时性价值为基础提供的比较报表信息，也应进行相关的调整。

【例4–16】　开源公司于2×21年9月20日对B公司进行吸收合并，合并中取得的一项固定资产不存在活跃市场，为确定其公允价值，开源公司聘请了有关的资产评估机构对其进行评估。至开源公司2×21年财务报告对外报出时，尚未取得评估报告。开源公司在其2×21年财务报告中对该项固定资产暂估的价值为90万元，预计使用年限为5年，净残值为0，按照年限平均法计提折旧。该项企业合并中开源公司确认商誉360万

元。假定开源公司不编制中期财务报告。

2×22年4月，开源公司取得了资产评估报告，确认该项固定资产的价值为135万元，则开源公司应视同在购买日确定的该项固定资产的公允价值为135万元，相应调整2×21年财务报告中确认的商誉价值（调减45万元）及利润表中的折旧费用（调增2.25万元）。

2. 超过规定期限后的价值量调整

自购买日算起12个月以后对企业合并成本或合并中取得的可辨认资产、负债价值的调整，应当按照《企业会计准则第28号——会计政策、会计估计变更和会计差错更正》的原则进行处理。即应视为会计差错更正，在调整相关资产、负债账面价值的同时，应调整所确认的商誉或是计入合并当期利润表中的金额，以及相关资产的折旧、摊销等。

### （七）有关费用的处理

非同一控制下企业合并中发生的与企业合并直接相关的费用，包括为进行合并而发生的会计审计费用、法律服务费用、咨询费用等，应当记入“管理费用”科目。为进行企业合并发行的权益性证券或发行的债券相关的手续费、佣金等，该部分费用应比照本章关于同一控制下企业合并中类似费用的原则处理，即应抵减权益性证券的溢价发行收入（资本公积——股本溢价）或是计入所发行债券的初始确认金额（应付债券——利息调整）。

教学文档
购买法

## 二、非同一控制下企业合并的账务处理

### （一）控股合并的账务处理

教学视频
非同一控制下控股合并的会计处理

1. 支付资产实施的控股合并

（1）支付货币资金、转让存货等实施的控股合并。

借：长期股权投资（确定的合并成本）

　　贷：银行存款、主营业务收入等（支付对价的公允价值）

（2）转让固定资产、无形资产等实施的控股合并。

借：长期股权投资（确定的合并成本）

　　贷：固定资产清理
　　　　无形资产等　　　　（支付对价的公允价值）
　　　　资产处置损益等

**提示**

在非同一控制下企业合并中，购买方在转让固定资产、无形资产时，需要借助相关科目来处理。例如，购买方为取得被购买方80%股权，付出固定资产原始价格为200万元，累计折旧30万元，累计计提减值准备10万元；公允价值180万元。假定不考虑相关税费。

此时购买方将固定资产账面价值调整为公允价值的思路如下：

第一步，将固定资产转入固定资产清理，计算出固定资产账面价值160万元：

| | | |
|---|---|---|
| 借：固定资产清理 | 1 600 000 | |
| 累计折旧 | 300 000 | |
| 固定资产减值准备 | 100 000 | |
| 贷：固定资产 | | 2 000 000 |

第二步，通过“资产处置损益”科目将固定资产账面价值调整为公允价值，此时分录为：

| | | | |
|---|---|---|---|
| 借：长期股权投资 | 1 800 000 | | |
| 贷：固定资产清理 | | 1 600 000 | 公允价值 |
| 资产处置损益 | | 200 000 | |

若购买方付出无形资产原始价格为200万元，累计摊销30万元，累计计提减值准备10万元；公允价值180万元。

此时购买方将无形资产账面价值调整为公允价值的思路如下：

| | | | | |
|---|---|---|---|---|
| 借：长期股权投资 | 1 800 000 | | | |
| 累计摊销 | 300 000 | | 账面价值 | 公允价值 |
| 无形资产减值准备 | 100 000 | | | |
| 贷：无形资产 | | 2 000 000 | | |
| 资产处置损益 | | 200 000 | | |

2. 发行权益性证券实施的控股合并

借：长期股权投资（确定的合并成本）

　　贷：股本（发行证券的面值总额）

　　　　资本公积——股本溢价（发行证券的溢价）

3. 发行债券或承担其他债务实施的控股合并

借：长期股权投资（确定的合并成本）

　　贷：应付债券——面值（发行债券的面值总额）

　　　　应付债券——利息调整（发行债券的溢价）

注：若购买方折价发行债券，此时应借记“应付债券——利息调整”。以下同。

4. 费用的会计处理

有关费用的会计处理与同一控制下控股合并过程中相关费用的处理原则一致。

**【例4–17】** 以支付资产为合并对价的控股合并。

承例4–7，假定开源公司与B公司为非同一控制下的两个企业。开源公司通过合并取得了B公司80%的股份，其他资料不变。假定不考虑相关税费。

开源公司在合并日的账务处理如下：

| | | |
|---|---|---|
| 借：长期股权投资 | 45 000 000 | |
| 贷：主营业务收入 | | 30 000 000 |
| 银行存款 | | 15 000 000 |

借：主营业务成本 26 000 000

  贷：库存商品 26 000 000

【例4-18】 以发行股票为合并对价的控股合并。

承例4-10，假定开源公司与S公司为非同一控制下的两个企业。开源公司在该项合并中发行1 000万股普通股（每股面值1元，市场价格为8.75元），取得了S公司70%的股权。

开源公司在购买日的账务处理如下：

借：长期股权投资 87 500 000

  贷：股本 10 000 000

    资本公积——股本溢价 77 500 000

## （二）吸收合并或新设合并的账务处理

教学视频

非同一控制下吸收合并的会计处理

1. 支付资产实施的企业合并

（1）支付货币资金、转让存货等实施的企业合并。

借：有关资产科目（取得的被购买方资产的公允价值）

  商誉（合并成本大于取得的可辨认净资产公允价值的差额）

  贷：有关负债科目（承担的被购买方负债的公允价值）

    银行存款、主营业务收入等（支付对价的公允价值）

    营业外收入（合并成本小于取得的可辨认净资产公允价值的差额）

（2）转让固定资产、无形资产等实施的企业合并。

借：有关资产科目（取得的被购买方资产的公允价值）

  商誉（合并成本大于取得的可辨认净资产公允价值的差额）

  贷：有关负债科目（承担的被购买方负债的公允价值）

    固定资产清理
    无形资产等
    资产处置损益等
    }（支付对价的公允价值）

    营业外收入（合并成本小于取得的可辨认净资产公允价值的差额）

2. 发行权益性证券实施的企业合并

借：有关资产科目（取得的被购买方资产的公允价值）

  商誉（合并成本大于取得的可辨认净资产公允价值的差额）

  贷：有关负债科目（承担的被购买方负债的公允价值）

    股本（发行证券的面值总额）
    资本公积（发行证券的溢价）
    } 发行证券的公允价值

    营业外收入（合并成本小于取得的可辨认净资产公允价值的差额）

3. 发行债券或承担其他债务实施的企业合并

借：有关资产科目（取得的被购买方资产的公允价值）

  商誉（合并成本大于取得的可辨认净资产公允价值的差额）

贷：有关负债科目（承担的被购买方负债的公允价值）

　　应付债券——面值（发行债券的面值总额）｝发行债券的公允价值
　　　　　——利息调整（发行债券的溢价）　｝

　　营业外收入（合并成本小于取得的可辨认净资产公允价值的差额）

4. 费用的会计处理

有关费用的会计处理与同一控制下控股合并过程中相关费用的处理原则一致。

【例4-19】　以发行股票为合并对价的吸收合并，且合并成本大于被购买方可辨认净资产的公允价值。

沿用例4-10，假定开源公司和S公司不是同一集团内的两家子公司，则此时的吸收合并为非同一控制下的企业合并。假定开源公司在该项合并中发行1 000万股普通股（每股面值1元，市场价格为11元）。

开源公司在购买日的账务处理如下：

应确认的商誉 = 1 000 × 11 − 10 850 = 150（万元）

| | | |
|---|---|---|
| 借：银行存款等（货币资金） | 4 500 000 | |
| 　原材料等（存货） | 4 500 000 | |
| 　应收账款 | 20 000 000 | |
| 　长期股权投资 | 38 000 000 | |
| 　固定资产 | 55 000 000 | |
| 　无形资产 | 15 000 000 | |
| 　商誉 | 1 500 000（差额） | |
| 　贷：短期借款 | | 22 500 000 |
| 　　应付账款 | | 3 000 000 |
| 　　其他应付款等（其他负债） | | 3 000 000 |
| 　　股本 | | 10 000 000 |
| 　　资本公积 | | 100 000 000 |

【例4-20】　以发行股票为合并对价的吸收合并，合并成本小于被购买方可辨认净资产的公允价值的案例。

沿用例4-10，假定开源公司和S公司不是同一集团内的两家子公司，则此时的吸收合并为非同一控制下的企业合并。假定开源公司在该项合并中发行1 000万股普通股（每股面值1元，市场价格为10元）。

开源公司在购买日的账务处理如下：

应确认的营业外收入 = 10 850 − 1 000 × 10 = 850（万元）

| | |
|---|---|
| 借：银行存款等（货币资金） | 4 500 000 |
| 　原材料等（存货） | 4 500 000 |
| 　应收账款 | 20 000 000 |
| 　长期股权投资 | 38 000 000 |
| 　固定资产 | 55 000 000 |

| | | |
|---|---|---|
| 无形资产 | 15 000 000 | |
| 贷：短期借款 | | 22 500 000 |
| 应付账款 | | 3 000 000 |
| 其他应付款等（其他负债） | | 3 000 000 |
| 股本 | | 10 000 000 |
| 资本公积 | | 90 000 000 |
| 营业外收入 | | 8 500 000(差额) |

## 三、信息披露

企业合并发生当期的期末，购买方应当在附注中披露与非同一控制下企业合并有关的下列信息：

（1）参与合并企业的基本情况。

（2）购买日的确定依据。

（3）合并成本的构成及其账面价值、公允价值及公允价值的确定方法。

（4）被购买方各项可辨认资产、负债在上一会计期间资产负债表日及购买日的账面价值和公允价值。

（5）合并合同或协议约定将承担被购买方或有负债的情况。

（6）被购买方自购买日起至报告期末的收入、净利润和现金流量等情况。

（7）商誉的金额及其确定方法。

（8）因合并成本小于合并中取得的被购买方可辨认净资产公允价值的份额计入当期损益的金额。

（9）合并后已处置或拟处置被购买方资产、负债的账面价值、处置价格等。

# 第四节 企业合并的特殊问题

## 一、企业合并涉及的或有对价

### （一）或有对价的含义

企业合并各方可能在合并协议中约定，根据未来一项或多项或有事项的发生，购买方通过发行额外证券、支付额外现金或其他资产等方式追加合并对价，或者要求返还之前已经支付的对价，此即或有对价。

### （二）同一控制下企业合并涉及的或有对价

在确认长期股权投资初始投资成本时，应按照或有事项准则规定，确认预计负债或资产，其后续结算金额的波动应调整资本公积（资本溢价或股本溢价），资本溢价或股本溢价不足冲减时，应调整留存收益。

【例4-21】 2×21年1月1日，开源公司向同一集团内乙公司的原股东丙公司定向增发2 000万股普通股（每股面值为1元，公允价值为4元），取得乙公司100%的股权，相关手续于当日完成，并能够对乙公司实施控制。合并后乙公司仍维持其独立法人资格继续经营。若乙公司2×21年获利超过1 400万元，开源公司2×21年12月31日需另向丙公司付款400万元。乙公司之前为丙公司于2×18年以非同一控制下企业合并的方式收购的全资子公司，购买日形成商誉1 000万元。合并日，乙公司在丙公司合并财务报表中按购买日可辨认净资产的公允价值持续计算的净资产的账面价值为12 000万元。假定开源公司和乙公司都受丙公司同一控制，乙公司2×21年很可能获利超过1 400万元。不考虑相关税费等其他因素影响。

开源公司账务处理如下：

（1）长期股权投资初始确认。

长期股权投资的初始确认金额＝12 000×100%＋1 000＝13 000（万元）

| | | |
|---|---|---|
| 借：长期股权投资——乙公司 | 130 000 000 | |
| 贷：股本 | | 20 000 000 |
| 预计负债 | | 4 000 000 |
| 资本公积——股本溢价 | | 106 000 000 |

（2）或有对价的后续影响。

① 支付或有对价时：

| | | |
|---|---|---|
| 借：预计负债 | 4 000 000 | |
| 贷：银行存款 | | 4 000 000 |

② 未支付或有对价时：

| | | |
|---|---|---|
| 借：预计负债 | 4 000 000 | |
| 贷：资本公积——股本溢价 | | 4 000 000 |

### （三）非同一控制下企业合并涉及的或有对价

在某些情况下，企业合并各方可能在合并协议中约定，根据未来一项或多项或有事项的发生，购买方通过发行额外证券、支付额外现金或其他资产等方式追加合并对价，或者要求返还之前已经支付的对价，这将导致产生企业合并的或有对价问题。相关规定如下：

（1）会计准则规定，购买方应当将合并协议约定的或有对价作为企业合并转移对价的一部分，按照其在购买日的公允价值计入企业合并成本。

（2）或有对价符合权益工具和金融负债定义的，购买方应当将支付或有对价的义务确认为一项权益或负债。

（3）符合资产定义并满足资产确认条件的，购买方应当将符合合并协议约定条件的、可收回的部分已支付合并对价的权利确认为一项资产。

（4）购买日12个月内出现对购买日已存在情况的新的或进一步证据需要调整或有对价的，应当予以确认并对原计入合并商誉的金额进行调整，如果是由于出现新的情况导致对原估计或有对价进行调整的，则不能再对企业合并成本进行调整。

（5）其他情况下发生的或有对价变化或调整，应当区分情况进行会计处理：或有对价为权益性质的，不进行会计处理；或有对价为金融资产或金融负债性质的，应当按照以公允价值计量且其变动计入当期损益的原则进行会计处理；或有对价为金融资产的不得指定为以公允价值计量且其变动计入其他综合收益的金融资产。

上述关于或有对价的规定，主要侧重于两个方面：

（1）在购买日应当合理估计或有对价并将其计入企业合并成本，购买日后12个月内取得新的或进一步证据表明购买日已存在状况，从而需要对企业合并成本进行调整的，可以据以调整企业合并成本。

（2）无论是购买日后12月内还是其他时点，如果是由于出现新的情况导致对原估计或有对价进行调整的，则不能再对企业合并成本进行调整，相关或有对价属于金融工具的，应以公允价值计量，公允价值变动计入当期损益。

上述会计处理的出发点在于，对企业合并交易原则上确认和计量时点应限定为购买日，购买日以后视新的情况对原购买成本进行调整的，不能视为购买日的状况，因此也就不能据以对企业合并成本进行调整。

非同一控制下企业合并中的或有对价构成金融资产或金融负债的，应当以公允价值计量并将其变动计入当期损益；或有对价属于权益性质的，应作为权益性交易进行会计处理。

【例4-22】 开源公司2×21年1月2日以现金9亿元自B公司购买其持有的C公司100%股权，并于当日向C公司董事会派出成员，主导其财务和生产经营决策。股权转让协议约定，B公司就C公司在收购完成后的经营业绩向开源公司作出承诺：

C公司2×21年、2×22年、2×23年度经审计扣除非经常性损益后归属于母公司股东的净利润分别不低于6 000万元、9 000万元和12 000万元。如果C公司未达到承诺业绩，B公司将在C公司每一相应年度的审计报告出具后30日内，按C公司实际实现的净利润与承诺利润的差额，以现金方式对开源公司进行补偿。

购买日，开源公司根据C公司所处市场状况及行业竞争力等情况判断，预计C公司能够完成承诺期利润。

2×21年，C公司实现净利润6 600万元。2×22年，由于整体宏观经济形势变化，C公司实现净利润7 200万元，且预期2×23年该趋势将持续，预计能够实现净利润约7 800万元。

开源公司账务处理如下：

（1）开源公司与B公司无关联方关系，此合并为非同一控制下的企业合并。

（2）购买日为2×21年1月2日，当日开源公司支付了9亿元，同时估计C公司能够实现承诺利润，或有对价估计为0，开源公司确认长期股权投资：

借：长期股权投资　　900 000 000

　　贷：银行存款　　900 000 000

（3）2×21年C公司实现了预期利润，开源公司无须进行会计处理。

（4）2×22年C公司未实现预期利润，且预计2×23年也无法实现，则开源公司需要估计该或有对价的公允价值并予以确认。因该预期利润未实现的情况是在购买日后新发生的，在购买日后超过12个月且不属于对购买日已存在状况的进一步证据，应于资产负债表日将该或有对价公允价值的变动计入当期损益。B公司对有关利润差额的补偿将以现金支付，该或有对价属于金融工具，应当按照金融工具的原则进行处理。2×22年末开源公司估计该或有对价的公允价值为6 000万元，其账务处理如下：

借：交易性金融资产　　60 000 000

　　贷：公允价值变动损益　　60 000 000

本例中有关或有对价的公允价值调整在个别财务报表中不作为对长期股权投资成本的调整，相应地，在合并财务报表中，亦不能调整购买日原已确认商誉金额。但由于C公司未实现预期利润，可能表明购买日原已确认商誉已发生减值，开源公司应当对商誉及相关长期资产进行减值测试。

## 二、反向购买

### （一）反向购买的含义

非同一控制下的企业合并，以发行权益性证券交换股权的方式进行的，通常发行权益性证券的一方为购买方。但某些企业合并中，发行权益性证券的一方因其生产经营决策在合并后被参与合并的另一方所控制，发行权益性证券的一方虽然为法律上的母公司，但其为会计上的被购买方（会计上的子公司），该类企业合并通常称为“反向购买”。

【例4-23】 假定开源公司为一家规模较小的上市公司，B公司为一家规模较大的公司。B公司拟通过收购开源公司的方式达到上市目的，但该交易是通过开源公司向B公司原股东发行普通股用以交换B公司原股东持有的对B公司股权方式实现。该项交易后，B公司原控股股东持有开源公司50%以上股权，开源公司持有B公司50%以上股权，开源公司为法律上的母公司、B公司为法律上的子公司，但从会计的角度来看，开源公司为被购买方，B公司为购买方。

### （二）反向购买的会计处理

1. 合并成本

反向购买中，法律上的子公司（会计上的母公司）的企业合并成本是指其如果以发行权益性证券的方式为获取在合并后报告主体的股权比例，应向法律上母公司（会计上的子公司）的股东发行的权益性证券数量与权益性证券的公允价值计量的结果。购买方的权益性证券在购买日存在公开报价的，通常应以公开报价作为其公允价值；购买方的权益性证券在购买日不存在可靠公开报价的，应参照购买方的公允价值和被购买方的公允价值两者之中有更为明显证据支持的一个作为基础，确定购买方假定应发行权益性证券的公允价值。

2. 合并财务报表的编制

反向购买后，法律上的母公司应当遵从以下原则编制合并财务报表：

（1）合并财务报表中，法律上子公司的资产、负债应以其在合并前的账面价值进行确认和计量。

（2）合并财务报表中的留存收益和其他权益余额应当反映的是法律上子公司在合并前的留存收益和其他权益余额。

（3）合并财务报表中的权益性工具的金额应当反映法律上子公司合并前发行在外的股份面值以及假定在确定该项企业合并成本过程中新发行的权益性工具的金额。但是，在合并财务报表中的权益结构应当反映法律上母公司的权益结构，即法律上母公司发行在外权益性证券的数量及种类。

（4）企业合并成本大于合并中取得的法律上母公司可辨认净资产公允价值的份额体现为商誉，小于合并中取得的法律上母公司可辨认净资产公允价值的份额确认为合并当期损益。

（5）合并财务报表的比较信息应当是法律上子公司的比较信息（即法律上子公司的前期合并财务报表）。

（6）法律上子公司的有关股东在合并过程中未将其持有的股份转换为对法律上母公司股份的，该部分股东享有的权益份额在合并财务报表中应作为少数股东权益列示。

因法律上子公司的部分股东未将其持有的股份转换为法律上母公司的股权，其享有的权益份额仍仅限于对法律上子公司的部分，该部分少数股东权益反映的是少数股东按持股比例计算享有法律上子公司合并前净资产账面价值的份额。另外，对于法律上母公司的所有股东，虽然该项合并中其被认为是被购买方，但其享有合并形成报告主体的净资产及损益，不应作为少数股东权益列示。

应予说明的是，上述反向购买的会计处理原则仅适用于合并财务报表的编制。法律上母公司在该项合并中形成的对法律上子公司长期股权投资成本的确定，应当遵从《企业会计准则第2号——长期股权投资》的相关规定。

3. 每股收益的计算

发生反向购买当期，用于计算每股收益的发行在外普通股加权平均数为：

（1）自当期期初至购买日，发行在外的普通股数量应假设为在该项合并中法律上母公司向法律上子公司股东发行的普通股股数。

（2）自购买日至期末发行在外的普通股数量为法律上母公司实际发行在外的普通股股数。

反向购买后对外提供比较合并财务报表的，其比较前期合并财务报表中的基本每股收益，应以法律上子公司在每一比较报表期间归属于普通股股东的净损益除以在反向购买中法律上母公司向法律上子公司股东发行的普通股股数计算确定。

上述假定法律上子公司发行的普通股股数在比较期间和自反向购买发生期间的期初至购买日之间内未发生变化。如果法律上子公司发行的普通股股数在此期间发生了变动，计算每股收益时应适当考虑其影响进行调整。

【例4-24】　假定开源公司于2×21年9月30日通过定向增发本企业普通股对B企业进行合并，取得B企业100%股权。假定不考虑所得税影响。开源公司及B企业在合并前简化资产负债表如表4-5所示。

表4-5　开源公司及B企业合并前资产负债表

单位：万元

| 项目 | 开源公司（上市公司） | B企业 |
|---|---|---|
| 流动资产 | 6 000 | 9 000 |
| 非流动资产 | 42 000 | 120 000 |
| **资产总额** | 48 000 | 129 000 |
| 流动负债 | 2 400 | 3 000 |
| 非流动负债 | 600 | 6 000 |
| **负债总额** | 3 000 | 9 000 |
| 所有者权益： | | |
| 股本 | 3 000 | 1 800 |
| 资本公积 | | |
| 盈余公积 | 12 000 | 34 200 |
| 未分配利润 | 30 000 | 84 000 |
| **所有者权益总额** | 45 000 | 120 000 |

其他资料：

（1）2×21年9月30日，开源公司通过定向增发本企业普通股，以2股换1股的比例自B企业原股东处取得了B企业全部股权。开源公司共发行了3 600万股普通股以取得B企业全部1 800万股普通股。

（2）开源公司普通股在2×21年9月30日的公允价值为20元，B企业每股普通股当日的公允价值为40元。开源公司、B企业每股普通股的面值均为1元。

（3）2×21年9月30日，开源公司除非流动资产公允价值较账面价值高9 000万元以外，其他资产、负债项目的公允价值与其账面价值相同。

（4）假定开源公司与B企业在合并前不存在任何关联方关系。

开源公司账务处理如下：

（1）性质：反向合并（购买）。对于该项企业合并，虽然在合并中发行权益性证券的一方为开源公司，但因其生产经营决策的控制权在合并后由B企业原股东控制，B企业应为购买方，开源公司为被购买方。

（2）确定该项合并中B企业的合并成本。开源公司在该项合并中向B企业原股东增发了3 600万股普通股，合并后B企业原股东持有开源公司的股权比例为54.55%［3600÷（原来股本3 000+新发股本3 600）］，如果假定B企业发行本企业普通股在合并后主体享有同样的股权比例，则B企业应当发行的普通股股数为1 500（1 800÷54.55%－1 800）万股，其公允价值为60 000（1 500万股×40）万元，企业合并成本为60 000万元。

（3）企业合并成本在可辨认资产、负债的分配（单位：万元）。

企业合并成本60 000

开源公司可辨认资产、负债：

流动资产：6 000

非流动资产：51 000（42 000＋9 000增值）

资产：57 000

流动负债：（2 400）

非流动负债：（600）

负债：（3 000）

商誉：6 000－（57 000－3 000）×100%＝6 000

开源公司2×21年9月30日合并资产负债表如表4-6所示。

表4-6 开源公司2×21年9月30日合并资产负债表

单位：万元

| 项目 | 金额 |
|---|---|
| 流动资产 | （6 000＋9 000）15 000 |
| 非流动资产 | （51 000＋120 000）171 000 |
| 商誉 | 6 000 |
| **资产总额** | 192 000 |
| 流动负债 | （2 400＋3 000）5 400 |
| 非流动负债 | （600＋6 000）6 600 |
| **负债总额** | 12 000 |
| 所有者权益： | |

续表

| 项目 | 金额 |
|---|---|
| 股本（6 600万股普通股） | （1 800＋1 500）3 300 |
| 资本公积 | （60 000－1 500）58 500 |
| 盈余公积 | 34 200 |
| 未分配利润 | 84 000 |
| **所有者权益总额** | 180 000 |

（4）每股收益。本例中假定B企业2×20年实现合并净利润3 600万元，2×21年开源公司与B企业形成的主体实现合并净利润6 900万元，自2×20年1月1日至2×21年9月30日，B企业发行在外的普通股股数未发生变化。

开源公司2×21年基本每股收益：6 900÷（3 600×9÷12＋6 600×3÷12）=1.59（元）。

提供比较报表的情况下，比较报表中的每股收益应进行调整，开源公司2×20年的每股收益＝3 600÷3 600＝1（元）。

（5）少数股东权益。本例中，B企业的全部股东中假定只有其中的90%以原持有的对B企业股权换取了开源公司增发的普通股。开源公司应发行的普通股股数为3 240（1 800×90%×2）万股。企业合并后，B企业的股东拥有合并后报告主体的股权比例为51.92%（3 240÷6 240）。

通过假定B企业向开源公司发行本企业普通股在合并后主体享有同样的股权比例，在计算B企业须发行的普通股数量时，不考虑少数股权的因素，故B企业应当发行的普通股股数为1 500（1 800×90%÷51.92%－1 800×90%）万股，B企业在该项合并中的企业合并成本为60 000［（3 120－1 620）×40］万元，B企业未参与股权交换的股东拥有B企业的股份为10%，享有B企业合并前净资产的份额为12 000万元，在合并财务报表中应作为少数股东权益列示。

### （三）非上市公司购买上市公司股权实现间接上市的会计处理

非上市公司以所持有的对子公司投资等资产为对价取得上市公司的控制权，构成反向购买的，上市公司编制合并财务报表时应当区别以下情况处理：

（1）交易发生时，上市公司未持有任何资产负债或仅持有现金、交易性金融资产等不构成业务的资产或负债的，上市公司在编制合并财务报表时，购买企业应按照权益性交易的原则进行处理，不得确认商誉或确认廉价购买利得计入当期损益。

（2）交易发生时，上市公司保留的资产、负债构成业务的，对于形成非同一控制下企业合并的，企业合并成本与取得的上市公司可辨认净资产公允价值份额的差额应当确认为商誉或是计入当期损益。

非上市公司取得上市公司的控制权，构成反向购买的，上市公司在其个别财务报表中应当按照《长期股权投资》中的原则确定取得资产的入账价值。上市公司的前期比较个别财务报表应当为其自身个别财务报表。

## 三、多次交易分步实现企业合并的会计处理

### （一）同一控制下多次交易分步实现企业合并的会计处理

企业通过多次交易分步取得同一控制下被投资单位的股权，最终形成企业合并的，属于一揽子交易的，合并方应当将各项交易作为一项取得控制权的交易进行会计处理。不属于一揽子交易的，取得控制权日，应按照以下步骤进行会计处理：

（1）在合并日，根据合并后应享有被合并方净资产在最终控制方合并财务报表中的账面价值的份额，确定长期股权投资的初始投资成本。

（2）合并日长期股权投资的初始投资成本，与达到合并前的长期股权投资账面价值加上合并日进一步取得股份新支付对价的账面价值之和的差额，调整资本公积（资本溢价或股本溢价），资本公积不足冲减的，冲减留存收益。

（3）合并日之前持有的股权投资，因采用权益法核算或金融工具确认和计量准则核算而确认的其他综合收益，暂不进行会计处理，直至处置该项投资时采用与被投资单位直接处置相关资产或负债相同的基础进行会计处理；因采用权益法核算而确认的被投资单位净资产中除净损益、其他综合收益和利润分配以外的所有者权益其他变动，暂不进行会计处理，直至处置该项投资时转入当期损益或留存收益。

其中，处置后的剩余股权根据本准则采用成本法或权益法核算的，其他综合收益和其他所有者权益应按比例结转；处置后的剩余股权改按金融工具确认和计量准则进行会计处理的，其他综合收益和其他所有者权益应全部结转。

例4-25是原投资确认为以权益法核算的长期股权投资，增资后实现企业合并案例。

【例4-25】 开源公司和A公司一直受同一最终控制方控制。2×21年1月1日，开源公司取得A公司20%的股份，实际支付款项3 000万元，能够对A公司施加重大影响。相关手续于当日办理完毕。当日，A公司可辨认净资产账面价值为11 000万元（假定与公允价值相等）。2×21年A公司实现净利润300万元，2×21年末A公司因持有的其他债权投资增值形成“其他综合收益”200万元，无其他所有者权益变动。2×22年1月1日，开源公司以定向增发1 000万股普通股（每股面值为1元，每股公允价值为4.5元）的方式购买同一控制下另一企业所持有的A公司40%股权，相关手续于当日完成。进一步取得投资后，开源公司能够对A公司实施控制。

当日，A公司在最终控制方合并财务报表中的净资产的账面价值为11 500万元。假定开源公司和A公司采用的会计政策和会计期间相同，均按照10%的比例提取盈余公积。上述交易不属于一揽子交易。不考虑相关税费等其他因素影响。

开源公司的账务处理如下。

（1）2×21年年初开源公司取得A公司20%股份：

借：长期股权投资——投资成本　　30 000 000
　　贷：银行存款　　30 000 000

（2）2×21年A公司实现净利润300万元：

借：长期股权投资——损益调整　　600 000
　　贷：投资收益　　600 000

（3）2×21年A公司形成其他综合收益：

借：长期股权投资——其他综合收益　　400 000
　　贷：其他综合收益　　400 000

（4）2×22年年初开源公司定向增发股份取得A公司控制权：

① 合并日的初始投资成本＝合并日开源公司享有A公司在最终控制方合并财务报表中净资产的账面价值份额＝11 500×60%＝6 900（万元）。

② 合并前的长期股权投资账面价值加上合并日进一步取得股份新支付对价的账面价值＝(3 000＋60＋40)＋1 000＝4 100（万元）。

③ 应调整金额＝6 900－4 100＝2 800（万元）。

教学文档

同一控制下由金融资产增资后实现企业合并例题

调整分录：

借：长期股权投资　　69 000 000
　　贷：长期股权投资——投资成本　　30 000 000
　　　　　　　　　　——损益调整　　600 000
　　　　　　　　　　——其他综合收益　　400 000
　　　　股本　　10 000 000
　　　　资本公积——股本溢价　　28 000 000（差额）

### （二）非同一控制下多次交易分步实现企业合并的会计处理

企业通过多次交易分步实现非同一控制下企业合并的，不属于一揽子交易的，取得控制权日，应按照以下步骤进行会计处理：

（1）购买日之前持有的股权采用权益法核算的，在编制个别财务报表时，应当按照原持有的股权投资的账面价值加上新增投资成本之和，作为改按成本法核算的初始投资成本。相关其他综合收益或其他资本公积暂时不做处理，待到处置该项投资时将与其相关的其他综合收益或其他资本公积再按长期股权投资的规定进行处理。

（2）购买日之前持有的股权投资，采用金融工具确认和计量准则进行会计处理的，应当将按照该准则确定的股权投资的公允价值加上新增投资成本之和，作为改按成本法核算的初始投资成本。原持有股权分类为其他权益工具投资的，其公允价值与账面价值之间的差额以及原计入其他综合收益的累计公允价值变动应当全部转入改按成本法核算的当期留存收益。原持有股权分类为交易性金融资产的，其公允价值与账面价值之间的差额应当计入投资收益。

例4-26为原投资确认为以权益法核算的长期股权投资，增资后实现企业合并案例。

【例4-26】　开源公司与乙公司合并前不属于同一集团。2×21年1月1日，开源公司购入乙公司25%的股权。初始投资成本为2 000万元，当日乙公司可辨认净资产公允价值为6 000万元。2×21年乙公司分红100万元，实现净利润400万元，其他综合收益200万元。2×22年年初开源公司以2 600万元的代价自非关联方购入乙公司40%的股份完成对乙公司的控股合并，此次合并过程不属于一揽子交易。

教学文档
非同一控制下由金融资产增资后实现企业合并例题

开源公司的账务处理如下：

（1）2×21年初开源公司购入乙公司25%股权：

借：长期股权投资——投资成本　　20 000 000
　　贷：银行存款　　20 000 000

（2）2×21年乙公司分红：

借：应收股利　　250 000
　　贷：长期股权投资——损益调整　　250 000

（3）2×21年乙公司实现净利润：

借：长期股权投资——损益调整　　1 000 000
　　贷：投资收益　　1 000 000

（4）2×21年乙公司确认其他综合收益：

借：长期股权投资——其他综合收益　　500 000
　　贷：其他综合收益　　500 000

（5）2×22年初追加投资购买乙公司40%股份：

借：长期股权投资　　26 000 000
　　贷：银行存款　　26 000 000

（6）原权益法转为成本法时：

借：长期股权投资　　21 250 000
　　贷：长期股权投资——投资成本　　20 000 000
　　　　　　　　　　——损益调整　　750 000
　　　　　　　　　　——其他综合收益　　500 000

## 四、被购买方的会计处理

教学文档
一揽子交易与非一揽子交易比较

非同一控制下的企业合并中，被购买方在企业合并后仍持续经营的，如购买方取得被购买方100%股权，被购买方可以按合并中确定的有关资产、负债的公允价值调账，其他情况下被购买方不应因企业合并改记资产、负债的账面价值。

## 课后思考题

1. 什么是企业合并?
2. 同一控制下企业合并会计处理的要点有哪些?
3. 非同一控制下企业合并会计处理的要点有哪些?
4. 什么是或有对价?
5. 什么是反向购买?

## 第四章教学课件

教学课件

企业合并

教学文档

课外文献拓展

## 案例分析题及参考答案

## 即测即评

请扫描右侧二维码，进行随堂测试。

# 第五章 合并财务报表

## 教学目标

通过本章学习，使学生熟悉合并财务报表的含义，掌握合并范围的确定、合并财务报表的编制原则和编制程序；掌握合并日及合并日后与内部股权投资有关的合并处理；掌握内部债权债务、内部商品交易、内部固定资产交易及内部无形资产交易的相关合并处理；了解特殊交易在合并财务报表中的会计处理以及合并现金流量表的编制。

## 思维导图

- 合并财务报表概述
  - 含义：反映母公司和其全部子公司形成的企业集团整体财务状况、经营成果和现金流量的财务报表
  - 种类
    - 按反映的具体内容不同进行分类：合并资产负债表、合并利润表、合并所有者权益变动表、合并现金流量表、附注
    - 按编制时间及目的不同进行分类：合并日合并财务报表、合并日后合并财务报表
  - 合并理论：母公司理论、实体理论以及所有权理论
  - 合并范围的确定：以控制为基础予以确定
  - 编制原则：以个别财务报表为基础编制、一体性原则、重要性原则
  - 编制的前期准备工作：统一会计政策、统一会计期间、统一币种、收集编制合并财务报表的相关资料等
  - 编制程序：a.设置合并工作底稿 b.将母、子公司个别报表数据过入合并工作底稿，并加计合计数 c.编制调整与抵销分录 d.计算合并数 e.将合并数填入合并财务报表
  - 调整与抵销
    - 需要调整项目
      - 对子公司个别报表的调整：统一会计政策和会计期间；账面价值调为公允价值
      - 对母公司个别报表的调整：将母公司对子公司长期股权投资由成本法调整为权益法
    - 需要抵销项目：因内部交易需要抵销的事项(五类抵销处理)

- 合并财务报表
  - 与内部股权投资有关的合并处理
    - 抵销原理
      - 合并日+合并日后的抵销处理
    - 同一控制下企业合并
      - 合并日的抵销处理：抵“权益”、恢复被合并方在企业合并前实现的留存收益中归属于合并方的部分
      - 合并日后的抵销处理：成本法调整为权益法、抵“权益”、恢复被合并方在企业合并前实现的留存收益中归属于合并方的部分、抵“损益”
    - 非同一控制下企业合并
      - 购买日的抵销处理：在购买日按公允价值对子公司的报表项目进行调整、抵“权益”
      - 购买日后的抵销处理：以购买日确定的各项可辨认资产、负债及或有负债的公允价值为基础对子公司的财务报表进行调整、成本法调整为权益法、抵“权益”、抵“损益”
  - 与内部债权债务有关的合并处理
    - 应收账款与应付账款
    - 应收票据与应付票据
    - 预付账款与合同负债等
    - 债权投资与应付债券
    - 其他应收款与其他应付款
  - 与内部资产交易有关的合并处理
    - 内部商品交易：交易当期、连续编制合并财务报表时、存货跌价准备的合并处理，递延所得税的相关调整
    - 内部固定资产交易：交易当期、取得后至处置期间、清理期间的合并处理，递延所得税的相关调整
    - 内部无形资产交易：交易当期、持有期间、摊销完毕期间的合并处理，递延所得税的相关调整
  - 其他问题
    - 特殊交易的会计处理
      - 追加投资
      - 处置对子公司投资
      - 因子公司少数股东增资导致母公司股权稀释
      - 交叉持股
      - 逆流交易
      - 其他特殊交易
    - 合并现金流量表的编制

# 引导案例：加强上市公司年报监管，提高合并财务报表质量

根据中国证券监督管理委员会发布的《上市公司年报会计监管报告（2019）》和《上市公司年报会计监管报告（2020）》，对其中与合并财务报表有关的问题进行梳理如下。

一、2019年合并财务报表有关的问题

（一）对控制的判断不正确

年报分析发现，个别上市公司仅通过暂时获取或授予其他股东表决权/投票权、修改公司章程或签订一致行动协议等方式改变合并报表范围。

（二）未正确识别及核算权益性交易

年报分析发现，个别上市公司未正确识别及核算权益性交易：一是上市公司处置子公司部分股权但未丧失控制权，在对该交易进行会计处理时，错误地按股权处置比例结转了商誉及其减值准备。二是上市公司在报告期内进行股权收购并对标的公司形成控制，收购后少数股东减资，使得上市公司对该子公司的持股比例进一步增加。上市公司未将收购后持股比例的被动增加作为权益性交易处理，而是连同股权收购的交易一并作为非同一控制下企业合并处理，导致商誉确认金额有误。

（三）丧失子公司控制权的会计处理错误

年报分析发现，个别上市公司当期丧失对被投资方的控制权但仍具有重大影响，在编制合并财务报表时，上市公司未对剩余股权按照其在丧失控制权日的公允价值进行重新计量，而是以视同一直对被投资方采用权益法核算的金额计量丧失控制权日的长期股权投资。

（四）未充分披露与合并报表相关的重大判断

年报分析发现，部分上市公司将其持股比例仅为50%或低于50%的被投资方纳入合并范围，但未披露对这些被投资方的表决权比例与持股比例是否有所不同，也未披露判断能够控制这些被投资方从而将其纳入合并范围的相关依据。

二、2020年合并财务报表有关的问题

（一）合并财务报表范围判断有误

年报分析发现，个别上市公司以前年度对外收购子公司，本年度出现子公司拒绝向上市公司提交财务报表、账簿等关键资料，或阻挠上市公司进办公现场进行审计等“失控”情形。

（二）未对购买子公司少数股权进行恰当会计处理

年报分析发现，个别上市公司本年度购买子公司少数股东股权，在合并财务报表中，因购买少数股权新取得的长期股权投资与按照新增持股比例计算应享有子公司自购买日或合并日开始持续计算的净资产份额之间的差额，未按规定先调整资本公积、资本公积不足时再调整留存收益，而是错误地同时调整资本公积及留存收益，会计处理不恰当。

资料来源：作者根据相关资料整理。

通过该案例，我们应该学会思考什么是“控制”，“控制范围”的确定如何影响合并财务报表，如何提升上市公司合并财务报表质量等问题。

教学文档

企业会计准则第33号——合并财务报表

教学文档

案例：上市公司合并财务报表信息披露违法违规

# 第一节 合并财务报表概述

## 一、合并财务报表的含义

教学视频

合并财务报表的含义及类型

合并财务报表是指反映母公司和其全部子公司形成的企业集团整体财务状况、经营成果和现金流量的财务报表。母公司，是指控制一个或一个以上主体（含企业、被投资单位中可分割的部分，以及企业所控制的结构化主体等，下同）的主体。子公司，是指被母公司控制的主体。企业合并形成的控股合并，合并双方构成了母子公司关系，母公司及其所属的子公司仍为独立的法人，仍需各自编制个别财务报表，反映各自的财务状况、经营成果和现金流量。但是，控股合并后若干具有法律主体地位的成员企业组成了一个企业集团，这个企业集团应该以一个合并的报告主体身份对外披露财务信息，以便于母公司及集团成员企业的投资人、债权人和其他报表使用者了解企业集团整体的财务状况、经营成果和现金流量，所以需要编制合并报表。

与个别报表相比，合并财务报表具有以下特点：

1. 反映对象不同

合并财务报表反映的对象是由母公司和其全部子公司组成的会计主体；而个别报表则只反映单个企业的财务会计信息。

2. 编制主体不同

合并财务报表的编制者是母公司，但所对应的会计主体是由母公司及其控制的所有子公司所构成的合并财务报表主体（企业集团）；个别报表由各单个企业自行编制。

3. 编制基础不同

合并财务报表是站在合并财务报表主体的立场上，以纳入合并范围的企业个别财务报表为编制基础；个别报表以各单个企业系统的会计账簿记录资料作为编制基础。

4. 编制方法不同

合并财务报表采用工作底稿的特殊方法，并在工作底稿中编制调整与抵销会计分录，对个别报表数据进行加总、调整、抵销，整理出合并数，据以填列合并财务报表；个别报表则根据系统的账簿记录，直接或间接计算填列各报表项目。

由此可见，合并财务报表的作用主要表现在两个方面：一是有助于向财务报告使用者提供反映企业集团整体财务状况、经营成果和现金流量的财务信息，有助于财务报告使用者作出经济决策；二是通过采用合并工作底稿的特殊编制方法，有利于避免母公司利用控制关系人为粉饰财务报表情况。

## 二、合并财务报表的种类

教学文档

文献：合并财务报表准则的历史沿革、国际比较与展望

### （一）按反映的具体内容不同进行分类

合并财务报表至少应当包括合并资产负债表、合并利润表、合并所有者权益变动表（或合并股东权益变动表）、合并现金流量表和附注，它们分别从不同的方面反映企业集团财务状况、经营成果及其现金流量情况，构成一个完整的合并财务报表体系。

1. 合并资产负债表

合并资产负债表是由母公司编制的，反映母公司和子公司所形成的企业集团某一特定日期财务状况的报表。

2. 合并利润表

合并利润表是由母公司编制的，反映母公司和子公司所形成的企业集团整体在一定期间内经营成果的报表。

3. 合并所有者权益变动表（或合并股东权益变动表）

合并所有者权益变动表（或合并股东权益变动表）是由母公司编制的，反映母公司在一定期间内，包括经营成果分配在内的所有者（或股东）权益增减变动情况的报表。它是从母公司的角度，站在母公司所有者的立场反映企业所有者（或股东）在母公司中的权益增减变动情况的。

4. 合并现金流量表

合并现金流量表是由母公司编制的，反映母公司和子公司所形成的企业集团在一定期间现金流入、流出量以及现金净增减变动情况的报表。

5. 附注

附注是对在合并资产负债表、合并利润表、合并所有者权益变动表（或合并股东权益变动表）和合并现金流量表等报表中列示项目的文字描述或明细资料，以及对未能在这些报表中列示项目的说明等。

### （二）按编制时间及目的不同进行分类

1. 合并日合并财务报表

合并日合并财务报表，是指取得控股权当天编制的合并报表。编制合并日合并财务报表，是企业股权取得日的重要会计事项之一。同一控制下的企业合并，母公司在合并日编制的合并报表包括合并资产负债表、期初至合并日的合并利润表和合并现金流量表；非同一控制下的企业合并，母公司在购买日只编制合并资产负债表。

**教学讨论**

对于同一控制下的企业合并，为什么在合并日不需要编制合并所有者权益变动表？对于非同一控制下的企业合并，为什么母公司在购买日只编制合并资产负债表？

2. 合并日后合并财务报表

合并日后合并财务报表，是指控股合并日后的每一资产负债表日编制的合并财务报表。与合并日相比，合并日后的各报告期内发生了投资收益的确认、内部交易、股利分配等许多控股权取得日不会发生的经济事项，对与之相关的财务报表数据进行调整和抵销，就构成了合并日后合并工作底稿与合并日合并工作底稿不同的内容。不论是同一控制下的企业合并还是非同一控制下的企业合并，合并日后均需要编制合并资产负债表、合并利润表、合并所有者权益变动表（或合并股东权益变动表）和合并现金流量表。

## 三、合并财务报表的合并理论

编制合并财务报表首先就涉及如何界定企业集团范围的问题，确定哪些被投资企业需要纳入其投资企业的合并范围，确定编制合并财务报表时所采用的合并方法。这些问题的解决，在很大程度上取决于编制合并财务报表所采用的合并理论。依据不同的合并理论，其确定的合并范围和选择的合并方法也各不相同。编制合并财务报表的合并理论，到目前为止主要有母公司理论、实体理论以及所有权理论等。

### （一）母公司理论

1. 基本理念

母公司理论是将合并财务报表视为母公司本身的财务报表反映的范围扩大来看待，从母公司角度来考虑合并财务报表的合并范围、选择合并处理方法。

2. 合并财务报表的服务对象

母公司理论认为合并财务报表主要是为母公司的股东和债权人服务的，为母公司现实的和潜在投资者服务的，强调的是母公司股东的利益。

3. 合并范围的确认原则

在采用母公司理论的情况下，在确定合并范围时，通常更多的是以法定控制为基础，以持有多数股权或表决权作为是否将某一被投资企业纳入合并范围的依据，或者通过一家公司处于另一家公司法定支配下的控制协议来确定合并财务报表的合并范围。

4. 合并财务报表的编制方法

在采用母公司理论编制合并财务报表的情况下，所采用的合并处理方法都是从母公司本身的股东利益来考虑的。如对于子公司少数股东的权益，在合并资产负债表中通常视为一项负债来处理；对于企业集团内部销售收入的抵销，需要考虑销售的顺销（母公司将商品销售给子公司）和逆销（子公司将商品销售给母公司）两种情况，对于顺销，在编制合并财务报表时只抵销子公司中母公司持有股权相对的份额，即多数股东股权的份额，而对于少数股东股权相对应的份额，则视为实际销售处理，不需要进行抵销处理。

5. 局限性

母公司理论忽视了母公司股东以外少数股东的利益和财务信息需要。

## （二）实体理论

1. 基本理念

实体理论认为合并财务报表是企业集团各成员企业构成的经济联合体的财务报表。编制合并财务报表是为整个经济体服务的，强调的是企业集团中所有成员企业构成的经济实体。它对构成企业集团的持有多数股权的股东和拥有少数股权的股东一视同仁，同等对待，认为只要是企业集团成员股东，无论是拥有多数股权，还是拥有少数股权，都是共同组成经济实体的股东。

2. 合并财务报表的服务对象

编制合并财务报表是为整个经济体服务的。

3. 合并财务报表的编制方法

在运用实体理论的情况下，对于少数股东权益，通常视为股东权益的一部分，在合并资产负债表中股东权益部分列示和反映。由于对构成企业集团的成员企业的所有股东均视为集团企业的股东，对于企业集团内部各成员企业互相之间发生的销售行为，其内部销售商品或提供劳务过程中所实现的销售损益，均属于未实现内部销售损益，应当予以抵销。无论是顺销还是逆销，其实现的内部销售损益，对于由成员企业全体股东构成的企业集团来说都是未实现内部交易损益，均属于抵销范围。

4. 优点

采用实体理论编制的合并财务报表，有利于企业集团内部管理人员从整体上把握企业集团经营活动的情况，相对来说更能够满足企业集团内部管理人员对财务信息的需要。因此，目前国际财务报告准则及我国企业会计准则主要采用的就是实体理论。

## （三）所有权理论

1. 基本理念

所有权理论运用于合并财务报表编制时，既不强调企业集团中存在的法定控制关系，也不强调企业集团各成员企业所构成的经济实体，而是强调编制合并财务报表的企业对另一企业的经济活动和财务决策具有重大影响的所有权。所有权理论认为，母公司理论和实体理论都不能解决隶属于两家或两家以上企业集团的企业的合并财务报表编制问题。如某一企业的全部股权由两家投资企业投资形成，各拥有其50%的股权，即共同控制企业。在这种情况下，既没有单一的母公司，也没有少数股权的股东；既不存在法定支配权，也不存在单一经济主体。为了弥补母公司理论和实体理论的不足，有的国家在编制合并财务报表时，就提出了所有权理论，以期解决共同控制下的合并财务报表的编制问题。

2. 合并财务报表的编制方法

在采用所有权理论的情况下，对于其拥有所有权的企业的资产、负债和当期实现的净损益，均按照一定的比例合并计入合并财务报表。

## 四、合并范围的确定

### （一）合并范围的含义及确定原则

教学视频

合并范围的确定（一）

合并范围是指可纳入合并财务报表的主体范围。《企业会计准则第33号——合并财务报表》规定，合并财务报表的合并范围应当以控制为基础予以确定。

### （二）控制的界定

控制是指投资方拥有对被投资方的权力，通过参与被投资方的相关活动而享有可变回报，并且有能力运用对被投资方的权力影响其回报金额。当投资方因参与被投资方的相关活动而享有可变回报，且有能力运用对被投资方的权力来影响上述回报时，投资方即控制被投资方。因此，投资方要实现控制，必须具备以下两个基本要素：

1. 因涉入被投资方而享有可变回报

（1）可变回报的定义。可变回报是不固定的并可能随着被投资方业绩而变化的回报，可以仅是正回报，仅是负回报，或者同时包括正回报和负回报。

（2）可变回报的形式。

① 股利、被投资方经济利益的其他分配（如被投资方发行的债务工具产生的利息）、投资方对被投资方的投资的价值变动。

② 因向被投资方的资产或负债提供服务而得到的报酬、因提供信用支持或流动性支持收取的费用或承担的损失、被投资方清算时在其剩余净资产中所享有的权益、税务利益、因参与被投资方而获得的未来流动性。

③ 其他利益持有方无法得到的回报。例如，投资方将自身资产与被投资方的资产整合以实现规模经济，达到节约成本的目的；投资方通过参与被投资方保证稀缺资源的供应、获得专有技术或限制被投资方某些运营或资产，从而提高投资方其他资产的价值。

2. 拥有对被投资方的权力，并且有能力运用对被投资方的权力影响其回报金额

（1）权力的定义。投资方能够主导被投资方的相关活动时，称投资方对被投资方享有“权力”。

（2）相关活动。

① 识别被投资方的相关活动。相关活动是指对被投资方的回报产生重大影响的活动。对许多企业而言，经营和财务活动通常对其回报产生重大影响。这些活动可能包括但不限于下述活动：商品或劳务的销售和购买；金融资产的管理；资产的购买和处置；研究与开发活动；确定资本结构和获取融资。

值得注意的是，关注的活动应是对被投资方的回报具有重大影响的活动，而不是对被投资方回报影响甚微或没有影响的行政活动。

② 分析相关活动的决策机制。就相关活动所做出的决策的例子包括但不限于：就被投资方的经营、融资等活动作出决策，包括编制预算；任命被投资方的关键管理人员或服务提供商，并决定其报酬；终止其作为服务提供商的业务关系或者将其予以辞退。

相关活动一般由企业章程及协议中约定的权力机构（如股东会、董事会）来决策，特殊情况下，相关活动的决策也可能基于合同协议约定等原因由其他机构来主导，如专门设置的管理委员会等。有限合伙企业的相关活动可能由合伙人大会决策，也可能是由普通合伙人或者投资管理公司等机构或人员决策。

③ 当两个或两个以上投资方能够分别单方面主导被投资方的不同相关活动时，能够主导对被投资方回报产生最重大影响的活动的一方拥有对被投资方的权力。

【例5-1】 开源公司和B公司共同投资C公司，C公司的主营业务活动为药品研发和销售。根据C公司章程和合资协议的约定，在所研发药品获得相关监管部门的生产批准前，开源可以单方面主导C公司药品研发活动，而在获得相关监管部门的生产批准后，则由B公司单方面主导该药品的生产和营销决策。

C公司的研发、生产和营销活动均是会对C公司的回报产生重大影响的活动。投资方需要考虑以下具体因素：获得监管部门批准的不确定性和难易程度、考虑投资方成功开发药品并获取生产批准的历史纪录、产品定位、目前药品所处的开发阶段、预测所需开发时间、同类药品开发的难易程度、取得同类药品营销渠道的难易程度；开发完成后哪一方投资者可实际控制该药品相关的经营活动（如取得同类药品营销渠道和实现销售业绩的难易程度）等。

（3）“权力”是一种实质性权利，而不是保护性权利。实质性权利，是指持有人有实际能力行使的可执行的权利。实质性权利应是在对相关活动进行决策时可执行的权利。对于投资方拥有的实质性权利，即便投资方并未实际行使，也应在判断投资方是否对被投资方拥有权力时予以考虑。实质性权利通常是当前可执行的权利，但某些情况下目前不可行使的权利也可能是实质性权利。判断一项权利是否为实质性权利，应当综合考虑所有相关因素。相关因素包括但不限于以下各项：权利持有人行使权利是否存在经济或其他方面的障碍；当权利由多方持有或行权需要多方同意时，是否存在实际可行的机制使得这些权利持有人在其愿意的情况下能够一致行使权利；权利持有人能否从行使权利中获利。

保护性权利旨在保护持有这些权利的当事方的权益，而不赋予当事方对这些权利所涉及的主体的权力。投资方仅持有保护性权利不能对被投资方实施控制，也不能阻止其他方对被投资方实施控制。保护性权利通常仅适用于被投资方的活动发生根本性改变或某些特殊例外的情况。

【例5-2】 投资方持有一份将于25天后结算的远期股权购买合同，该合同结算后，投资方能够持有被投资方的多数表决权股份。同时，能够对相关活动进行决策的最早决策日只可能是30天后才能召开的特别股东大会。除此之外，其他投资方不能对被投资方相关活动现行的政策做出任何改变。

在本例中，虽然投资方持有的25天后才能结算的远期股权购买合同不是当前可执行的权利，但是由于最早可能召开的股东大会必须在30天之后，晚于此远期合同的可行权日（25天后），在投资方执行远期合同之前的时间段内，也没有其他任何一方可以改变与被投资方的相关活动有关的决策，所以该权利虽然当前不可执行，但仍然为一项实质性权利，使该投资方当前有能力主导被投资方的相关活动。

（4）权力的持有人应为主要责任人。权力是能够“主导”被投资方相关活动的现时能力，可见，权力是为自己行使的（行使人为主要责任人），而不是代其他方行使权力（行使人为代理人）。在评估控制时，代理人的决策权应被视为由主要责任人直接持有，权力属于主要责任人，而非代理人。

除非某一方拥有罢免该决策者的实质性权利，且能够实现无理由罢免，否则，代理人身份的界定中须考虑以下四个因素：① 决策者对被投资方的决策权范围；② 其他方享有的实质性权利；③ 决策者的薪酬水平；④ 决策者因持有被投资方的其他权益而承担可变回报的风险。

上述四项因素中的前两项因素涉及决策者对被投资方拥有的权力范围以及对这些权力设定的任何限制的程度。第三和第四项因素与可变回报有关，要求考虑决策者从被投资方中获得的、相对于被投资方活动所产生总报酬的部分（预期值和最大值）的量级和可变动性。

综合上述四项因素的分析，当存在单独一方持有实质性罢免权并能无理由地罢免决策者时，决策者属于代理人。除此以外，须综合考虑上述四项因素以判断决策者是否是作为代理人行使决策权。

（5）权力的一般来源——表决权。表决权是对被投资方经营计划、投资方案、年度财务预算方案和决算方案、利润分配方案和弥补亏损方案、内部管理机构的设置、聘任或解聘公司经理及确定其报酬、公司的基本管理制度等事项进行表决而持有的权利。表决权比例通常与其出资比例或持股比例是一致的，但公司章程另有规定的除外。

① 通过直接或间接拥有半数以上表决权而拥有权力。当被投资方的相关活动由持有半数以上表决权的投资方表决决定，或者主导相关活动的权力机构的多数成员由持有半数以上表决权的投资方指派，而且权力机构的决策由多数成员主导时，持有半数以上表决权的投资方拥有对被投资方的权力。

【例5-3】 开源公司和B公司分别持有C公司60%和40%的普通股，C公司的相关活动通过股东会议上多数表决权主导，在股东会议上，每股普通股享有一票投票权。假设不存在其他因素，C公司的相关活动由持有C公司大多数投票权的一方主导。因此，如果不存在其他相关因素，开源公司拥有对C公司的权力，因其是C公司大多数投票权的持有者。

【例5-4】 开源公司和B公司分别持有C公司60%和40%的普通股，C公司的相关活动以董事会会议上多数表决权主导，开源公司和B公司根据其享有C公司所有者权益的比例，各自有权任命6名和4名董事。因此，如果不存在其他相关因素，开源公司拥有对C公司的权力，因其有权任命主导C公司相关活动的董事会的大多数成员。

值得注意的是，在进行控制分析时，投资方不仅需要考虑直接表决权，还需要考虑其持有的潜在表决权以及其他方持有的潜在表决权的影响，进行综合考量，以确定其对被投资方是否拥有权力。

潜在表决权是获得被投资方表决权的权利，如可转换工具、认股权证、远期股权购买合同或期权所产生的权利。

确定潜在表决权是否给予其持有者权力时，所需考虑的因素：第一，在分析控制时，仅考虑满足实质性权利要求的潜在表决权；第二，投资方是否持有其他表决权或其他与被投资方相关的决策权，这些权利与投资方持有的潜在表决权结合后是否赋予投资方拥有对被投资方的权力；第三，潜在表决权工具的设立目的和设计，以及投资方参与被投资方的其他方式的目的和设计，包括分析相关工具和安排的条款和条件，以及投资方接受这些条款和条件的期望、动机和原因。

【例5-5】　开源公司与其他两个投资方各自持有被投资方1/3的表决权。除了权益工具外，开源公司同时持有被投资方发行的可转换债券，这些可转换债券可以在目前及未来两年内任何时间以固定价格转换为被投资方的普通股。按照该价格，目前该期权为价外期权，但非深度价外。被投资方的经营活动与开源公司密切相关。

如果可转换债券转换为普通股，开源公司将持有被投资方60%的表决权，可以据此主导被投资方的相关活动，从而实现协同效应并从中获益（如降低开源公司的运营成本、确保稀缺产品的供应等）。这种情况下，开源公司持有的潜在表决权为实质性权利。开源公司持有的表决权与实质性潜在表决权相结合，使得开源公司拥有了对于被投资方的权力。

值得注意的是，确定持有半数以上表决权的投资方是否拥有权力，关键在于该投资方是否拥有主导被投资方相关活动的现时能力。在被投资方相关活动被政府、法院、管理人、接管人、清算人或监管人等其他方主导时，投资方无法凭借其拥有的表决权主导被投资方的相关活动，因此，投资方即使持有被投资方过半数的表决权，也不拥有对被投资方的权力。

投资方虽然持有被投资方半数以上投票权，但当这些投票权不是实质性权利时，其并不拥有对被投资方的权力：当其他方拥有现时权利使其可以主导被投资方的相关活动，且该其他方不是投资方的代理人时，则投资方不拥有对被投资方的权力；当投资方所拥有的表决权并非实质性权利时，即使持有多数表决权，投资方也不拥有对被投资方的权力。例如，由于无法获得必要的信息或法律法规方面的障碍，投资方虽持有半数以上表决权但无法行使，则该投资方不拥有对被投资方的权力。

有些情况下，根据相关章程、协议或其他法律文件，主导相关活动的决策所要求的表决权比例高于持有半数以上表决权的一方持有的表决权比例。

【例5-6】　开源公司持有被投资方60%的表决权，但被投资方的公司章程规定，与相关活动有关的决策必须由出席会议的投资方所持2/3以上的表决权通过。这种情况下，开源公司作为持有半数以上但不足2/3表决权的投资方，虽然表决权比例超过半数，但该表决权本身不足以赋予投资方权力，应结合其他因素进行进一步的分析与判断。

② 直接或间接结合，也只拥有半数或半数以下表决权，但仍然可以通过表决权判断拥有权力。持有半数或半数以下表决权的投资方（或者虽持有半数以上表决权，但表决权比例仍不足以主导被投资方相关活动的投资方），应综合考虑下列事实和情况，以判断其持有的表决权与相关事实和情况相结合是否可以赋予投资方拥有对于被投资方的权力。

第一，考虑投资方持有的表决权相对于其他投资方持有的表决权份额的大小，以及其他投资方持有表决权的分散程度。投资方持有的表决权比例越高，越有可能有现时能力主导被投资方相关活动。与其他方持有的表决权比例相比，投资方持有的表决权比例越高，越有可能有现时能力主导被投资方相关活动。为否决投资方而需要联合一致的行动方越多，投资方越有可能有现时能力主导被投资方相关活动。

【例5-7】 开源公司持有P公司48%的投票权，剩余投票权由数千位股东持有，但没有股东持有超过1%的投票权，没有任何股东与其他股东达成协议或能够做出共同决策。

当以其他股权的相对规模为基础判断所获得的投票权的比例时，开源公司确定48%的权益将足以使其拥有控制权。在这种情况下，开源公司无须考虑权利的任何其他证据，即可以其持有股权的绝对规模和其他股东持有股权的相对规模为基础，确定其拥有充分决定性的投票权以满足权力的标准。

第二，考虑与其他表决权持有人的协议。投资方自己拥有的表决权不足，但通过与其他表决权持有人的合同安排使其可以控制足以主导被投资方相关活动的表决权，从而拥有被投资方的权力。该类合同安排须确保投资方能够主导其他表决权持有人的表决，即其他表决权持有人按照投资方的意愿进行表决，而不是与其他表决权持有人协商根据双方协商一致的结果进行表决。

【例5-8】 假定开源公司拥有4名股东，分别为A企业、B企业、C企业和D企业，A企业持有开源公司40%的普通股，其他三位股东各持有20%，开源公司的相关活动受其董事会主导，董事会由6名董事组成，其中3名董事由A企业任命，剩余3名分别由B企业、C企业和D企业任命。

A企业和B企业单独签订合同安排，规定B企业任命的董事必须与A企业任命的董事以相同方式进行表决。若不存在其他因素，该合同安排赋予A企业在董事会议上获得涉及相关活动的大多数投票权这一事实将使A企业拥有对开源公司的权力，即使A企业并未持有开源公司的大多数投票权。

第三，考虑其他合同安排产生的权利。投资方可能通过拥有的表决权和其他决策权相结合的方式使其目前有能力主导被投资方的相关活动。例如，合同安排赋予投资方在被投资方的权力机构中指派若干成员的权利，而该等成员足以主导权力机构对相关活动的决策。又如，投资方可能通过表决权和合同安排给予的其他权利，使其目前有能力主导被投资方的生产活动，或主导被投资方的其他经营和财务活动，从而对被投资方的回报产生重大影响。但是，在不存在其他权利时，仅仅是被投资方对投资方的经济依赖（如供应商和其主要客户的关系）不会导致投资方对被投资方拥有权力。

第四，如果结合表决权和上述所列因素，仍不足以判断投资者能否控制被投资方，则还须考虑是否存在其他事实或情况，能够证明投资方拥有主导被投资方相关活动的现时能力。例如，投资方能够任命或批准被投资方的关键管理人员，这些关键管理人员能够主导被投资方的相关活动；投资方能够出于自身利益决定或者否决被投资方的重大交易；投资方能够控制被投资方董事会等类似权力机构成员的任命程序，或者从其他表决权持有人手中获得代理投票权；投资方与被投资方的关键管理人员或董事会等类似权力机构中的多数成员存在关联关系；投资方与被投资方之间存在特殊关系，如被投资方的关键管理人员是投资方的现任或前任职工，被投资方的经营活动依赖于投资方，被投资方活动的重大部分有投资方参与其中或者是以投资方的名义进行，投资方自被投资方承担可变回报的风险或享有可变回报的收益的程度远超过其持有的表决权或其他类似权利的比例等。

在被投资方的相关活动是通过表决权进行决策，而投资方持有的表决权比例不超过半数的情况下，如果投资方在考虑了所有相关情况和事实后仍不能确定投资方是否拥有被投资方的权力，则投资方不控制被投资方。

（6）权力源自表决权之外的其他权利——来自合同安排。投资方对被投资方的权力通常来自表决权，但有时，投资方对一些主体的权力不是来自表决权，而是由一项或多项合同安排决定。例如，证券化产品、资产支持融资工具、部分投资基金等结构化主体。结构化主体，是指在确定其控制方时没有将表决权或类似权利作为决定因素而设计的主体。主导该主体相关活动的依据通常是合同安排或其他安排形式。

投资方需要评估合同安排，以评价其享有的权利是否足够使其拥有对被投资方的权力。在评估时，投资方通常应考虑下列四方面：在设立被投资方时的决策及投资方的参与度；相关合同安排；仅在特定情况或事项发生时开展的相关活动；投资方对被投资方做出的承诺。

（7）权力与回报之间的联系。投资方必须不仅拥有对被投资方的权力和因涉入被投资者而承担或有权获得可变回报，而且要有能力使用权力来影响因涉入被投资者而获得的投资方的回报。只有当投资方不仅拥有对被投资方的权力、通过参与被投资方的相关活动而享有可变回报，并且有能力运用对被投资方的权力来影响其回报的金额时，投资方才控制被投资方。

教学视频

合并范围的确定（二）

### （三）纳入合并范围的特殊情况——对被投资方可分割部分的控制

教学文档

首例A股上市公司“同股不同权”

投资方通常应当对是否控制被投资方整体进行判断。但在少数情况下，如果有确凿证据表明同时满足下列条件并且符合相关法律法规规定的，投资方应当将被投资方的一部分（以下简称“该部分”）视为被投资方可分割的部分（单独主体），进而判断是否控制该单独主体：① 该部分的资产是偿付该部分负债或该部分其他利益方的唯一来源，不能用于偿还该部分以外的被投资方的其他负债；② 除与该部分相关的各方外，其他方不享有与该部分资产相关的权利，也不享有与该部分资产剩余现金流量相关的权利。

因此，实质上该部分的所有资产、负债及其他相关权益均与被投资方的剩余部分相隔离，即该部分的资产产生的回报不能由该部分以外的被投资方其他部分使用，该部分的负债也不能用该部分以外的被投资方资产偿还。

如果被投资方的一部分资产和负债及其他相关权益满足上述条件，构成单独主体，则投资方应当基于控制的判断标准确定其是否能控制该单独主体，考虑该单独主体的相关活动及其决策机制，投资方目前是否有能力主导单独主体的相关活动并据以从中取得可变回报。如果投资方控制该单独主体，则应将其进行合并。在此情况下，其他方在考虑是否合并被投资方时，应仅对被投资方的剩余部分进行控制及合并的评估，而将该单独主体排除在外。

【例5-9】 假定开源公司为有限责任公司，是专门从事房地产开发的项目公司，主要经营活动为在B地块上开发住宅和商业地产项目。B地块的开发分三期执行，各期地块的开发成本和销售收入分设三个独立子账套进行单独核算管理，但与各期开发相关的开发支出均由开源公司作为同一法人主体进行清偿，各期项目相关的土地增值税及所得税等相关税收也均由开源公司作为同一纳税主体进行统一申报和清算。各地块的相关经营决策互相独立，其经营损益分别归属于不同的权利人。

在本例中，虽然各期开发项目区分了三个账套进行独立核算管理，然而这并不足以说明其中一期开发项目的有关资产、负债和权益均与其余各期的剩余部分相隔离。各期开发支出和相应税负仍以开源公司作为单一主体进行清偿就表明某期资产并非仅承担与该期资产相关的负债，某期资产也并非与该期开发相关的负债的唯一支付来源。因此，本例中的各期开发项目并非可分割的部分，不应被认定为单独主体。

### （四）合并范围的豁免——投资性主体

1. 豁免规定

母公司应当将其全部子公司（包括母公司所控制的被投资单位可分割部分、结构化主体）纳入合并范围。但是，如果母公司是投资性主体，则只应将那些为投资性主体的投资活动提供相关服务的子公司纳入合并范围，其他子公司不应予以合并，母公司对其他子公司的投资应当按照公允价值计量且其变动计入当期损益。

一个投资性主体的母公司如果其本身不是投资性主体，则应当将其控制的全部主体，包括投资性主体以及通过投资性主体间接控制的主体，纳入合并财务报表范围。

2. 投资性主体的定义

当母公司同时满足以下三个条件时，该母公司属于投资性主体：

（1）该公司以向投资者提供投资管理服务为目的，从一个或多个投资者获取资金。这是投资性主体与其他主体的显著区别。

（2）该公司的唯一经营目的，是通过资本增值、投资收益或两者兼有而让投资者获得回报。投资性主体的经营目的一般可以通过其设立目的、投资管理方式、投资期限、投资退出战略等体现出来，具体表现形式可以是通过募集说明书、公司章程或合伙协议以及所发布的其他公开信息。例如，如果一只基金在募集说明书中说明其投资的目的是实现资本增值，一般情况下的投资期限较长、制定了比较清晰的投资退出战略，那么这些描述与投资性主体的经营目的是一致的；反之，如果该基金的经营目的是与被投资方合作开发、生产或者销售某种产品，那么就不是投资性主体。

（3）该公司按照公允价值对几乎所有投资的业绩进行计量和评价。对于投资性主体而言，相对于合并子公司财务报表或者按照权益法核算对联营企业或合营企业的投资，公允价值计量所提供的信息更具有相关性。公允价值计量体现在：在企业会计准则允许的前提下，在向投资方报告其财务状况或者经营成果时应以公允价值计量其投资；向其关键管理人员提供公允价值信息，以供他们据此评估投资业绩或做出投资决策。但是，投资性主体没必要以公允价值计量其固定资产等非投资性资产或其负债。

3. 投资性主体的特征

投资性主体通常应当符合下列四个特征：

（1）拥有一个以上的投资项目。投资性主体通常会同时持有多项投资，以分散风险，但通过直接或间接投资于另一持有多项投资的投资性主体的，也可能是投资性主体。另外，当投资性主体刚设立、尚未寻找到多个符合要求的投资项目，或者刚处置了部分投资、尚未进行新的投资，或者正处于清算过程中时，也有可能仅持有一项投资。

（2）拥有一个以上投资者。典型的投资性主体通常拥有多个投资者，多个投资者通过投资性主体集中资金，以获取单个投资者可能无法单独获取的投资管理服务和投资机会。拥有多个投资者使投资性主体或其集团成员获取除资本增值、投资收益以外的收益的可能性减小。一个投资性主体在过渡期也可能只有一个投资者。例如，当投资性主体刚刚设立、正在积极识别合格投资者，或者原持有的权益已经赎回、正在寻找新的投资者，或者处于清算过程中，或者是为了代表或支持一个较大的投资者集合的利益而设立的（如某企业设立的年金基金）时，也有可能仅拥有一个投资者。

（3）投资者不是该主体的关联方。投资性主体通常拥有若干投资者，这些投资者既不是其关联方，也不是该投资性主体所在集团的成员，这一情况使投资性主体或其集团成员获取除资本增值和投资收益以外的收益的可能性减小；反之，一个主体的投资方中包括了与该主体存在关联关系的投资方，则该主体或者关联投资方更有可能存在除了获取资本增值或者投资收益之外的其他投资目的，在这种情况下，需要更为谨慎的判断和确凿的证据来证明其唯一的经营目的是取得资本增值或投资收益或两者兼有。但是，关联投资者的存在并非表明该主体一定不是投资性主体。例如，某基金的投资方之一可能是该基金的关键管理人员出资设立的企业，其目的是更好地激励基金的关键管理人员，这一安排并不影响该基金符合投资性主体的定义。

（4）该主体的所有者权益以股权或类似权益存在。一个投资性主体并不一定必须是单独的法律实体，但无论其采取什么样的法律形式，其所有者权益应该采取股份、合伙权益或者类似权益份额的形式，且净资产按照所有者权益比例份额享有。然而，拥有不同类型的投资者，并且其中一些投资者可能仅对某类或某组特定投资拥有权利，或者不同类型的投资者对净资产享有不同比例的分配权的情况，并不说明该主体不是一个投资性主体。

可见，上述特征仅仅是投资性主体的常见特征，当主体不完全具备上述四个特征时，需要审慎评估，判断是否有确凿证据证明虽然缺少其中一个或几个特征，但该主体仍然符合投资性主体的定义。

4. 投资性主体转换的处理

（1）母公司由非投资性主体转换为投资性主体。当母公司由非投资性主体转为投资性主体时，除仅将为其投资活动提供相关服务的子公司纳入合并范围编制合并财务报表外，企业自转变日起对其他子公司不应予以合并，其会计处理参照部分处置子公司股权但不丧失控制权的处理原则：终止确认与其他子公司相关资产（包括商誉）及负债的账面价值，以及其他子公司相关少数股东权益（包括属于少数股东的其他综合收益）的账面价值，并按照对该子公司的投资在转变日的公允价值确认一项以公允价值计量且其变动计入当期损益的金融资产，同时将对该子公司的投资在转变日的公允价值作为处置价款，根据其与当日合并财务报表中该子公司净资产（资产、负债及相关商誉之和，扣除少数股东权益）的账面价值之间的差额，调整资本公积（资本溢价或股本溢价），资本公积不足冲减的，调整留存收益。

（2）母公司由投资性主体转换为非投资性主体。当母公司由投资性主体转变为非投资性主体时，应将原未纳入合并财务报表范围的子公司于转变日纳入合并财务报表范围，将转变日视为购买日，原未纳入合并报表范围的子公司于转变日的公允价值视为购买的交易对价，按照非同一控制下企业合并的会计处理方法进行会计处理。

【例5-10】 假定开源公司是一家技术公司，设立了B高新技术基金（简称B基金），该基金专门投资于高新技术创业公司从而获取资本增值。开源公司持有B高新技术基金80%的权益并且控制该基金，该基金其余20%的权益由其他10个不相关投资者持有。开源公司同时持有以公允价值购买B基金所持有投资的选择权，如果行使该选择权，开源公司从B基金所持被投资方开发的技术中受益。B基金没有明确的退出投资的计划，且B基金由该基金投资者代理人作为投资顾问管理。

本例中，即使B基金的经营目的是为资本增值而进行投资，并向其投资者提供投资管理服务，B基金也不是投资性主体，主要原因如下：一是开源公司持有购买B基金持有投资的选择权，B基金被投资方开发的资产将使开源公司受益，这样，除资本增值外，B基金还提供了其他利益；二是B基金的投资计划不包括作为权益投资的投资退出战略，开源公司持有的选择权并非由B基金控制，也不构成退出战略。

### （五）控制的持续评估

当环境或情况发生变化时，投资方需要评估控制的两个基本要素中的一个或多个是否发生了变化。如果有任何事实或情况表明控制的两项基本要素中的一个或多个发生了变化，投资方应重新评估对被投资方是否具有控制。

教学文档

文献：新合并财务报表准则解读

## 五、合并财务报表的编制原则

合并财务报表作为财务报表，必须符合财务报表编制的一般原则和基本要求。这些基本要求包括真实可靠、内容完整。与个别财务报表相比，合并财务报表又具有前述四大特点。因此，合并财务报表的编制除在遵循财务报表编制的一般原则和要求外，还应当遵循以下原则：

### （一）以个别财务报表为基础编制

合并财务报表并不是直接根据母公司和子公司的账簿编制，而是利用母公司和子公司编制的反映各自财务状况和经营成果的财务报表提供的数据，通过合并财务报表的特有方法进行编制。以纳入合并范围的个别财务报表为基础，可以说是客观性原则在合并财务报表编制时的具体体现。

### （二）一体性原则

合并财务报表反映的是企业集团的财务状况和经营成果，反映的是由多个法人企业组成的一个会计主体的财务情况，在编制合并财务报表时应当将母公司和所有子公司作为整体来看待，视为一个会计主体，母公司和子公司发生的经营活动都应当从企业集团这一整体的角度进行考虑。因此，在编制合并财务报表时，对于母公司与子公司、子公司相互之间发生的经济业务，应当视同同一会计主体内部业务处理，视同同一会计主体之下的不同核算单位的内部业务。

### （三）重要性原则

与个别财务报表相比，合并财务报表涉及多个法人主体，涉及的经营活动的范围很广，母公司与子公司经营活动往往跨越不同行业界限，有时母公司与子公司经营活动甚至相差很大。这样，合并财务报表要综合反映这样的会计主体的财务情况，必然要涉及重要性的判断问题。特别是在拥有众多子公司的情况下，更是如此。在编制合并财务报表时，特别强调重要性原则的运用。如一些项目对企业集团中的某一企业具有重要性，但对于整个企业集团则不一定具有重要性，在这种情况下根据重要性的要求对财务报表项目进行取舍，则具有重要的意义。此外，母公司与子公司、子公司相互之间发生的经济业务，对整个企业集团财务状况和经营成果影响不大时，为简化合并手续也应根据重要性原则进行取舍，可以不编制抵销分录而直接编制合并财务报表。

## 六、合并财务报表编制的前期准备工作

合并财务报表的编制涉及多个子公司，为了使编制的合并财务报表准确、全面地反映企业集团的真实情况，必须做好一系列的前期准备事项。

### （一）统一母子公司的会计政策

会计政策是指企业进行会计核算和编制财务报表时所采用的会计原则、会计程序和会计处理方法，是编制财务报表的基础，统一母公司和子公司的会计政策是保证母子公

司财务报表各项目反映内容一致的基础。为此，在编制财务报表前，应当尽可能统一母公司和子公司的会计政策，统一要求子公司所采用的会计政策与母公司保持一致。对一些境外子公司，由于所在国或地区法律、会计准则等方面的原因，确实无法使其采用的会计政策与母公司所采用的会计政策保持一致，则应当要求其按照母公司所采用的会计政策重新编报财务报表，也可以由母公司根据自身所采用的会计政策对境外子公司报送的财务报表进行调整，以重编或调整编制的境外子公司财务报表，作为编制合并财务报表的基础。

### （二）统一母子公司的资产负债表日及会计期间

财务报表总是反映一定日期的财务状况和一定会计期间经营成果的，母公司和子公司的个别财务报表只有在反映财务状况的日期和反映经营成果的会计期间一致的情况下，才能进行合并。为了编制合并财务报表，必须统一企业集团内所有的子公司的资产负债表日和会计期间，使子公司的资产负债表日和会计期间与母公司的资产负债表日和会计期间保持一致，以便于子公司提供相同资产负债表日和会计期间的财务报表。

对于境外子公司，由于当地法律限制确实不能与母公司财务报表决算日和会计期间一致的，母公司应当按照自身的资产负债表日和会计期间对子公司的财务报表进行调整，以调整后的子公司财务报表为基础编制合并财务报表，也可以要求子公司按照母公司的资产负债表日和会计期间另行编制报送其个别财务报表。

### （三）对子公司以外币表示的财务报表进行折算

对母公司和子公司的财务报表进行合并，其前提必须是母子公司个别财务报表所采用的货币计量单位一致。在我国允许外币业务比较多的企业采用某一外币作为记账本位币，境外企业一般也是采用其所在国或地区的货币作为其记账本位币。在将这些企业的财务报表纳入合并时，则必须将其折算为母公司所采用的记账本位币表示的财务报表。我国外币财务报表基本上采用的是现行汇率法。

### （四）收集编制合并财务报表的相关资料

合并财务报表以母公司和其子公司的财务报表以及其他有关资料为依据，由母公司合并有关项目的数额编制。为编制合并财务报表，母公司应当要求子公司及时提供下列有关资料：① 子公司相应期间的财务报表；② 与母公司及与其他子公司之间发生的内部购销交易、债权债务、投资及其产生的现金流量和未实现内部销售损益的期初、期末余额及变动情况等资料；③ 子公司所有者权益变动和利润分配的有关资料；④ 编制合并财务报表所需要的其他资料，如非同一控制下企业合并购买日的公允价值资料。

**教学讨论**

在编制合并财务报表时，当子公司的会计估计与母公司不一致时，是否要统一会计估计？

## 七、合并财务报表的编制程序

教学视频

合并财务报表编制原则、前期准备事项及程序

合并财务报表的编制是一项极为复杂的工作，不仅涉及本企业会计业务和财务报表，还涉及纳入合并范围的子公司的会计业务和财务报表。为了使合并财务报表的编制工作有条不紊，必须按照一定的程序有步骤地进行。合并财务报表编制程序大致包括以下五个步骤，如图5-1所示。

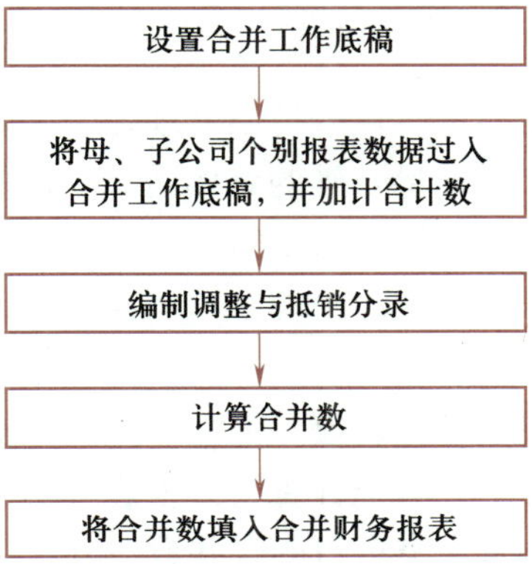


图5-1 合并财务报表的编制步骤

### （一）设置合并工作底稿

合并工作底稿的作用是为合并财务报表的编制提供基础。在合并工作底稿中，对母公司和纳入合并范围的子公司的个别财务报表各项目的数额进行汇总和抵销处理，最终计算得出合并财务报表各项目的合并数。合并工作底稿的基本格式如表5-1所示。

表5-1 合并工作底稿

| 项目 | 个别报表 | | 合计数 | 调整与抵销分录 | | 少数股东权益 | 合并数 |
|---|---|---|---|---|---|---|---|
| | 母公司 | 子公司 | | 借方 | 贷方 | | |
| 资产负债表项目： | | | | | | | |
| …… | | | | | | | |
| 利润表项目： | | | | | | | |
| …… | | | | | | | |
| 所有者权益变动表项目： | | | | | | | |
| …… | | | | | | | |

## （二）将母、子公司个别报表数据过入合并工作底稿，并加计合计数

将母公司、纳入合并范围的子公司个别资产负债表、利润表及所有者权益变动表各项目的数据过入合并工作底稿，并在合并工作底稿中对母公司和子公司个别财务报表各项目的数据进行加总，计算得出个别资产负债表、个别利润表及个别所有者权益变动表各项目合计数额。

## （三）编制调整分录与抵销分录

编制调整分录与抵销分录，进行调整抵销处理是合并财务报表编制的关键和主要内容，其目的在于将因会计政策及计量基础的差异而对个别财务报表的影响进行调整，以及将个别财务报表各项目的加总数据中重复的因素等予以抵销。

## （四）计算合并数

计算合并财务报表各项目的合并数额。即在母公司和纳入合并范围的子公司个别财务报表各项目加总数额的基础上，分别计算财务报表中的资产类项目、负债类项目、所有者权益类项目、收入项目和费用类项目的合并数。其计算方法如下：

（1）资产类项目，其合并数根据该项目加总的数额，加上该项目调整分录与抵销分录的借方发生额，减去该项目调整分录与抵销分录的贷方发生额计算确定。

（2）负债类项目和所有者权益类项目，其合并数根据该项目加总的数额，减去该项目调整分录与抵销分录的借方发生额，加上该项目调整分录与抵销分录的贷方发生额计算确定。

（3）有关收入类项目，其合并数根据该项目加总的数额，减去该项目调整分录与抵销分录的借方发生额，加上该项目调整分录与抵销分录的贷方发生额计算确定。

（4）有关费用类项目和有关利润分配的项目，其合并数根据该项目加总的数额，加上该项目调整分录与抵销分录的借方发生额，减去该项目调整分录与抵销分录的贷方发生额计算确定。

## （五）将合并数填入合并财务报表

根据合并工作底稿中计算出的资产、负债、所有者权益、收入、费用类各项目的合并数，填列正式的合并财务报表。

### 教学讨论

在开设合并工作底稿时，为什么一般将合并资产负债表工作底稿、合并利润表工作底稿和合并所有者权益工作底稿合在一张底稿中开设，而合并现金流量表工作底稿单独开设？

# 八、编制合并财务报表需要调整与抵销的项目

## （一）需要调整的项目

1. 对子公司个别报表的调整

（1）母公司应当统一子公司所采用的会计政策和会计期间，使子公司采用的会计政策和会计期间与母公司保持一致。

（2）将非同一控制下企业合并中取得的子公司购买日可辨认净资产的账面价值调整为公允价值。

教学视频

非同一控制下将子公司净资产调整为公允价值

对非同一控制下取得的子公司的个别财务报表，除了统一会计政策、会计期间和货币计量，还需调整子公司的个别财务报表，使子公司的个别财务报表各项目金额反映为在购买日公允价值基础上确定的可辨认资产和负债在本期资产负债表日的应有金额。调整原因：在非同一控制下的控股合并中，购买方确认的长期股权投资是按照公允价值计量的，计算商誉也是基于支付对价（长期股权投资的初始入账金额）与子公司净资产的公允价值的份额之差额得到的，为使抵销双方计算口径一致，应将子公司的资产和负债从账面价值调整为公允价值，并按该价值持续计量。

**提示**

将非同一控制下企业合并中取得的子公司购买日可辨认净资产的账面价值调整为公允价值，可以理解为“账面价值 + $X$ = 公允价值”，子公司账簿上已经采用账面价值记账，合并工作底稿中需要将其调整为公允价值，也就是合并工作底稿中缺少了“$X$”对应的分录，故此时的调整分录即为公允价值与账面价值之间存在差异的部分。

**教学讨论**

对于同一控制下的企业合并，为什么在合并日不需要对子公司净资产的计量属性进行调整？

2. 对母公司个别报表的调整

教学视频

合并日后将长期股权投资由成本法调整为权益法

将母公司对子公司长期股权投资由成本法调整为权益法。

根据企业会计准则的规定，母公司对子公司的长期股权投资采用成本法核算，成本法按照股权投资的取得成本计量，持有过程中除了发生减值、增资、减资等情况，对其账面价值不做调整。然而到了会计期末，母公司要编制该长期股权投资与子公司所有者权益各项目的抵销分录，由于子公司的所有者权益在合并后通常是会发生增减变动的，长期股权投资却还是初始取得成本，两者口径不一致，因而需要将长期股权投资按权益法

进行调整。这一调整满足了会计实务工作者长期以来对抵销分录编制基础的惯性思维。

**提示**

将母公司对子公司的长期股权投资由成本法调整为权益法，可以理解为“成本法+$X$=权益法”，母公司账簿上已经采用成本法记账，合并工作底稿中需要将其调整为权益法，也就是合并工作底稿中缺少了“$X$”对应的分录，故此时的调整分录即为权益法与成本法之间存在差异的部分。

### （二）需要抵销的项目

1. 抵销处理的意义

合并财务报表的编制需要遵循一体性原则，即合并财务报表反映的是企业集团整体的财务状况、经营成果和现金流量等信息。母公司和子公司发生的经营活动都应从企业集团这一整体的角度进行分析，对于母公司和子公司，子公司相互之间发生的经济业务，从合并报表的视角来看，均属于内部交易，需要对其编制抵销分录。

值得注意的是，抵销分录只能在合并工作底稿中编制，涉及的对象是有关的报表项目而不是会计科目，进而引发我们思考两个问题：第一，为什么合并资产负债表、合并利润表以及合并所有者权益变动表的工作底稿需要合并设置，而合并现金流量表工作底稿则与上述合并工作底稿没有联系；第二，为什么抵销分录对个别财务报表没有任何影响，从而导致以后报告期末编制合并报表时可能涉及对“未分配利润（期初）”项目的调整。

2. 抵销处理的类别

母子公司之间、子公司相互之间因内部交易需要抵销的事项主要包括：

（1）母公司对子公司的长期股权投资与子公司的所有者权益项目的抵销；

（2）母公司对子公司的投资收益与子公司利润分配的抵销；

（3）集团内部存货交易、固定资产交易、无形资产交易等内部资产交易有关的抵销；

（4）集团内部债权、债务业务的抵销；

（5）涉及现金流量表内部业务的抵销。

上述五类抵销处理，前四类抵销业务直接或间接服务于合并资产负债表、合并利润表及合并所有者权益变动表的信息生成，第五类抵销业务只影响合并现金流量表项目。

**教学讨论**

调整和抵销分录与企业记账凭证上的分录是否存在差异？合并工作底稿中的调整和抵销分录是否有原始凭证的支撑？这些分录是否会影响到个别企业的账务处理？

## 九、合并财务报表的格式

合并财务报表格式通常在个别财务报表基础上，增加下列项目：

### （一）合并资产负债表

（1）在“开发支出”科目下增加了“商誉”科目①，用于反映非同一控制下企业合并中取得的商誉。

（2）在所有者权益项目下增加“归属于母公司所有者权益合计”，用于反映企业集团的所有者权益中归属于母公司所有者权益的部分，包括实收资本（或股本）、其他权益工具、资本公积、库存股、其他综合收益、盈余公积、未分配利润、其他等项目的金额。

（3）在所有者权益项目下，增加“少数股东权益”项目，用于反映非全资子公司的所有者权益中不属于母公司的份额。

合并资产负债表（不含金融企业）的一般格式如表5-2所示。

表5-2　合并资产负债表　　会合01表

编制单位：　　年　月　日　　单位：元

| 资产 | 期末余额 | 年初余额 | 负债和所有者权益（或股东权益） | 期末余额 | 年初余额 |
|---|---|---|---|---|---|
| 流动资产： | | | 流动负债： | | |
| 货币资金 | | | 短期借款 | | |
| 交易性金融资产 | | | 交易性金融负债 | | |
| 衍生金融资产 | | | 衍生金融负债 | | |
| 应收票据 | | | 应付票据 | | |
| 应收账款 | | | 应付账款 | | |
| 应收款项融资 | | | 预收款项 | | |
| 预付款项 | | | 合同负债 | | |
| 其他应收款 | | | 应付职工薪酬 | | |
| 存货 | | | 应交税费 | | |
| 合同资产 | | | 其他应付款 | | |
| 持有代售资产 | | | 持有代售负债 | | |
| 一年内到期的非流动资产 | | | 一年内到期的非流动负债 | | |
| 其他流动资产 | | | 其他流动负债 | | |
| 流动资产合计 | | | 流动负债合计 | | |

① 个别报表中也可能有商誉项目，反映吸收合并形成的商誉。

续表

| 资产 | 期末余额 | 年初余额 | 负债和所有者权益（或股东权益） | 期末余额 | 年初余额 |
|---|---|---|---|---|---|
| 非流动资产： | | | 非流动负债： | | |
| 债权投资 | | | 长期借款 | | |
| 其他债权投资 | | | 应付债券 | | |
| 长期应收款 | | | 其中：优先股 | | |
| 长期股权投资 | | | 永续债 | | |
| 其他权益工具投资 | | | 租赁负债 | | |
| 其他非流动金融资产 | | | 长期应付款 | | |
| 投资性房地产 | | | 预计负债 | | |
| 固定资产 | | | 递延收益 | | |
| 在建工程 | | | 递延所得税负债 | | |
| 生产性生物资产 | | | 其他非流动负债 | | |
| 油气资产 | | | 非流动负债合计 | | |
| 无形资产 | | | 负债合计 | | |
| 使用权资产 | | | 所有者权益（或股东权益）： | | |
| 开发支出 | | | 实收资本（或股本） | | |
| 商誉 | | | 其他权益工具 | | |
| 长期待摊费用 | | | 其中：优先股 | | |
| 递延所得税资产 | | | 永续债 | | |
| 其他非流动资产 | | | 资本公积 | | |
| 非流动资产合计 | | | 减：库存股 | | |
| | | | 其他综合收益 | | |
| | | | 专项储备 | | |
| | | | 盈余公积 | | |
| | | | 未分配利润 | | |
| | | | 归属于母公司所有者权益（或股东权益）合计 | | |
| | | | 少数股东权益 | | |
| | | | 所有者权益（或股东权益）合计 | | |
| 资产总计 | | | 负债和所有者权益（或股东权益）总计 | | |

## （二）合并利润表

（1）在“净利润”项目下增加“归属于母公司所有者的净利润”和“少数股东损益”两个项目，分别反映净利润中由母公司所有者享有的份额和非全资子公司当期实现的净利润中归属于少数股东的份额。同一控制下企业合并增加子公司的，当期合并利润表中还应在“净利润”项目下增加“其中：被合并方在合并前实现的净利润”项目，用于反映同一控制下企业合并中取得的被合并方在合并日前实现的净利润。

（2）在“综合收益总额”项目下增加“归属于母公司所有者的综合收益总额”和“归属于少数股东的综合收益总额”两个项目，分别反映综合收益总额中由母公司所有者享有的份额和非全资子公司当期综合收益总额中归属于少数股东的份额。

合并利润表（不含金融企业）的一般格式如表5-3所示。

表5-3 合并利润表 会合02表

编制单位： ________年度 单位：元

| 项目 | 本期金额 | 上期金额 |
|---|---|---|
| 一、营业总收入 | | |
| 二、营业总成本 | | |
| 其中：营业成本 | | |
| 税金及附加 | | |
| 销售费用 | | |
| 管理费用 | | |
| 研发费用 | | |
| 财务费用 | | |
| 其中：利息费用 | | |
| 利息收入 | | |
| 加：其他收益 | | |
| 投资收益（损失以“-”号填列） | | |
| 其中：对联营企业和合营企业的投资收益 | | |
| 以摊余成本计量的金融资产终止确认收益 | | |
| 汇兑收益（损失以“-”号填列） | | |
| 净敞口套期收益（损失以“-”号填列） | | |
| 公允价值变动收益（损失以“-”号填列） | | |
| 信用减值损失（损失以“-”号填列） | | |
| 资产减值损失（损失以“-”号填列） | | |

续表

| 项目 | 本期金额 | 上期金额 |
| --- | --- | --- |
| 三、营业利润（亏损以“-”号填列） | | |
| 加：营业外收入 | | |
| 减：营业外支出 | | |
| 其中：非流动资产处置损失 | | |
| 四、利润总额（亏损总额以“-”号填列） | | |
| 减：所得税费用 | | |
| 五、净利润 | | |
| （一）按经营持续性分类 | | |
| 1. 持续经营净利润（净亏损以“-”号填列） | | |
| 2. 终止经营净利润（净亏损以“-”号填列） | | |
| （二）按所有权归属分类 | | |
| 1. 归属于母公司所有者的净利润（净亏损以“-”号填列） | | |
| 2. 少数股东损益（净亏损以“-”号填列） | | |
| 六、其他综合收益的税后净额 | | |
| （一）归属于母公司所有者的其他综合收益税后净额 | | |
| 1. 不能重分类进损益的其他综合收益 | | |
| （1）重新计量设定受益计划变动额 | | |
| （2）权益法下不能转损益的其他综合收益 | | |
| （3）其他权益工具投资公允价值变动 | | |
| （4）企业自身信用风险公允价值变动 | | |
| …… | | |
| 2. 将重分类进损益的其他综合收益 | | |
| （1）权益法下可转损益的其他综合收益 | | |
| （2）其他债权投资公允价值变动 | | |
| （3）金融资产重分类计入其他综合收益的金额 | | |
| （4）其他债权投资信用减值准备 | | |
| （5）现金流量套期储备 | | |
| （6）外币财务报表折算差额 | | |
| …… | | |
| （二）归属于少数股东的其他综合收益税后净额 | | |

续表

| 项　目 | 本期金额 | 上期金额 |
|---|---|---|
| 七、综合收益总额 | | |
| （一）归属于母公司所有者的综合收益总额 | | |
| （二）归属于少数股东的综合收益总额 | | |
| 八、每股收益 | | |
| （一）基本每股收益 | | |
| （二）稀释每股收益 | | |

### （三）合并现金流量表

与个别企业编制的现金流量表格式基本相同。

合并现金流量表（不含金融企业）的一般格式如表5-4所示。

表5-4　合并现金流量表　　会合03表

编制单位：　　　　________年度　　　　单位：元

| 项　目 | 本期金额 | 上期金额 |
|---|---|---|
| 一、经营活动产生的现金流量 | | |
| 销售商品、提供劳务收到的现金 | | |
| 收到的税费返还 | | |
| 收到其他与经营活动有关的现金 | | |
| 经营活动现金流入小计 | | |
| 购买商品、接受劳务支付的现金 | | |
| 支付给职工以及为职工支付的现金 | | |
| 支付的各项税费 | | |
| 支付其他与经营活动有关的现金 | | |
| 经营活动现金流出小计 | | |
| 经营活动产生的现金流量净额 | | |
| 二、投资活动产生的现金流量 | | |
| 收回投资收到的现金 | | |
| 取得投资收益收到的现金 | | |
| 处置固定资产、无形资产和其他长期资产收回的现金净额 | | |
| 处置子公司及其他营业单位收到的现金净额 | | |

续表

| 项　目 | 本期金额 | 上期金额 |
|---|---|---|
| 收到其他与投资活动有关的现金 | | |
| 投资活动现金流入小计 | | |
| 购建固定资产、无形资产和其他长期资产支付的现金 | | |
| 投资支付的现金 | | |
| 取得子公司及其他营业单位支付的现金净额 | | |
| 支付其他与投资活动有关的现金 | | |
| 投资活动现金流出小计 | | |
| 投资活动产生的现金流量净额 | | |
| 三、筹资活动产生的现金流量 | | |
| 吸收投资收到的现金 | | |
| 其中：子公司吸收少数股东投资收到的现金 | | |
| 取得借款收到的现金 | | |
| 收到其他与筹资活动有关的现金 | | |
| 筹资活动现金流入小计 | | |
| 偿还债务支付的现金 | | |
| 分配股利、利润或偿付利息支付的现金 | | |
| 其中：子公司支付给少数股东的股利、利润 | | |
| 支付其他与筹资活动有关的现金 | | |
| 筹资活动现金流出小计 | | |
| 筹资活动产生的现金流量净额 | | |
| 四、汇率变动对现金及现金等价物的影响 | | |
| 五、现金及现金等价物净增加额 | | |
| 加：期初现金及现金等价物余额 | | |
| 六、期末现金及现金等价物余额 | | |

### （四）合并所有者权益变动表

合并所有者权益变动表中，应增加“少数股东权益”栏目，反映少数股东权益变动的情况。另外，参照合并资产负债表中的“资本公积”“其他权益工具”“其他综合收益”等项目的列示，合并所有者权益变动表中应单列上述各栏目反映。

合并所有者权益变动表（不含金融企业）的一般格式如表5-5所示。

表 5-5 合并所有者权益变动表

会合 04 表

编制单位： ________年度 单位：元

| 项目 | 本年金额 | | | | | | | | | | 上年金额 | | | | | | | | | |
|---|---|---|---|---|---|---|---|---|---|---|---|---|---|---|---|---|---|---|---|---|
| | 归属于母公司的所有者权益 | | | | | | | | 少数股东权益 | 所有者权益合计 | 归属于母公司的所有者权益 | | | | | | | | 少数股东权益 | 所有者权益合计 |
| | 实收资本（或股本） | 其他权益工具 | 资本公积 | 减：库存股 | 其他综合收益 | 盈余公积 | 未分配利润 | 小计 | | | 实收资本（或股本） | 其他权益工具 | 资本公积 | 减：库存股 | 其他综合收益 | 盈余公积 | 未分配利润 | 小计 | | |
| 一、上年年末余额 | | | | | | | | | | | | | | | | | | | | |
| 加：会计政策变更 | | | | | | | | | | | | | | | | | | | | |
| 前期差错更正 | | | | | | | | | | | | | | | | | | | | |
| 其他 | | | | | | | | | | | | | | | | | | | | |
| 二、本年年初余额 | | | | | | | | | | | | | | | | | | | | |
| 三、本年增减变动金额（减少以“–”号填列） | | | | | | | | | | | | | | | | | | | | |
| （一）综合收益总额 | | | | | | | | | | | | | | | | | | | | |
| （二）所有者投入和减少资本 | | | | | | | | | | | | | | | | | | | | |
| 1. 所有者投入的普通股 | | | | | | | | | | | | | | | | | | | | |
| 2. 其他权益工具持有者投入资本 | | | | | | | | | | | | | | | | | | | | |
| 3. 股份支付计入所有者权益的金额 | | | | | | | | | | | | | | | | | | | | |
| 4. 其他 | | | | | | | | | | | | | | | | | | | | |

续表

| 项目 | 本年金额 | | | | | | | | | | 上年金额 | | | | | | | | | |
|---|---|---|---|---|---|---|---|---|---|---|---|---|---|---|---|---|---|---|---|---|
| | 归属于母公司的所有者权益 | | | | | | | | | | 归属于母公司的所有者权益 | | | | | | | | | |
| | 实收资本（或股本） | 其他权益工具 | 资本公积 | 减：库存股 | 其他综合收益 | 盈余公积 | 未分配利润 | 小计 | 少数股东权益 | 所有者权益合计 | 实收资本（或股本） | 其他权益工具 | 资本公积 | 减：库存股 | 其他综合收益 | 盈余公积 | 未分配利润 | 小计 | 少数股东权益 | 所有者权益合计 |
| （三）利润分配 | | | | | | | | | | | | | | | | | | | | |
| 1. 提取盈余公积 | | | | | | | | | | | | | | | | | | | | |
| 2. 对所有者（或股东）的分配 | | | | | | | | | | | | | | | | | | | | |
| 3. 其他 | | | | | | | | | | | | | | | | | | | | |
| （四）所有者权益内部结转 | | | | | | | | | | | | | | | | | | | | |
| 1. 资本公积转增资本（或股本） | | | | | | | | | | | | | | | | | | | | |
| 2. 盈余公积转增资本（或股本） | | | | | | | | | | | | | | | | | | | | |
| 3. 盈余公积弥补亏损 | | | | | | | | | | | | | | | | | | | | |
| 4. 设定受益计划变动额结转留存收益 | | | | | | | | | | | | | | | | | | | | |
| 5. 其他综合收益结转留存收益 | | | | | | | | | | | | | | | | | | | | |
| 6. 其他 | | | | | | | | | | | | | | | | | | | | |
| 四、本年年末余额 | | | | | | | | | | | | | | | | | | | | |

# 第二节
# 内部股权投资相关业务的合并处理

## 一、抵销原理

与企业集团内部成员企业之间股权投资有关的业务主要包括：第一，投资方对被投资方进行股权投资；第二，投资后被投资方向投资方宣派股利。在母公司对子公司形成控股性投资的开始日，一方面增加母公司的长期股权投资，另一方面形成子公司的股本或实收资本；股权投资之后的各报告期内，子公司宣告分配的现金股利，会导致母公司确认投资收益。从企业集团角度分析，上述内部股权投资业务引致了母公司长期股权投资、投资收益以及子公司的股本、利润分配等项目的变动；而从合并财务报表编制的角度分析，依据一体性原则，上述内部股权投资业务的确认和计量对投资双方个别报表数据产生的影响应当在合并工作底稿中予以抵销。

### （一）合并日的抵销处理

合并日应编制合并财务报表，编制合并财务报表时应进行相应的调整和抵销处理。根据企业会计准则的规定，无论是同一控制下的企业合并还是非同一控制下的企业合并，合并日都需要编制合并资产负债表；如果是期中进行的同一控制下企业合并，合并日还需要编制年初至合并日的合并利润表、合并现金流量表。

合并日在编制合并报表时，需要进行以下合并处理：

（1）对于非同一控制下的企业合并，将子公司合并日的可辨认净资产的账面价值调整为公允价值，同时确认对递延所得税的影响。

（2）一般只需要将母公司的长期股权投资与子公司的股东权益归属于母公司的部分相抵销，可能会涉及少数股东权益的确认。由于母公司在合并日不涉及投资收益的确认，因而不会涉及股权投资收益有关的抵销处理。

### （二）合并日后的抵销处理

合并日后在编制合并报表时，需要进行以下合并处理：

（1）对于非同一控制下的企业合并，将合并日的子公司可辨认净资产的账面价值调整为公允价值，同时确认对递延所得税的影响。

（2）一般需要将母公司对子公司长期股权投资由成本法调整为权益法。

（3）将母公司的长期股权投资余额与子公司的股东权益中归属于母公司的股东权益进行抵销，可能会涉及少数股东权益的确认。

（4）将报告期内母公司来自子公司的投资收益与子公司股利分配中归属于母公司应享有的部分进行抵销，可能会涉及少数股东损益的处理。

与合并日相比，合并日后各资产负债表日编制合并财务报表时，内部股权投资双方（以母公司对子公司股权投资为例）的相关报表项目可能已经发生变动，因而在抵销的过程中需要考虑以下问题：

（1）合并日已经调整和抵销的事项，在合并日后是否还需要调整和抵销？

（2）当合并日后子公司的股东权益发生变化时，母公司对子公司的长期股权投资与子公司股东权益如何抵销？此时母公司对子公司的长期股权投资是否需要由成本法调整为权益法？调整与不调整两种情况下的抵销处理有什么区别？

（3）当合并日后子公司宣告分派现金股利时，母公司确认的投资收益如何抵销？同时，子公司对内股利分配如何抵销？

（4）在非全资控股情形下，子公司实现的净利润对少数股东损益和少数股东权益产生何种影响？

（5）以前期间的上述抵销处理对本期期初未分配利润产生何种影响？

下面围绕这些问题，按照同一控制下企业合并和非同一控制下企业合并分别展开。

教学文档

少数股东权益和少数股东损益

## 二、同一控制下企业合并与内部股权投资有关的合并处理

### （一）同一控制下企业合并在合并日的抵销处理

教学视频

同一控制下与内部股权投资有关的在合并日的抵销处理

根据现行企业会计准则，对于同一控制下的企业合并，母公司在合并日需要编制合并日的合并资产负债表、合并利润表、合并现金流量表等合并财务报表。母公司在将购买取得子公司股权登记入账后，在编制合并日合并资产负债表时，除应考虑母子公司会计政策和会计期间的差别外，只需将对子公司长期股权投资与子公司所有者权益中母公司所拥有的份额相抵销，具体需要考虑的合并处理要点如下：

（1）将母公司对子公司的长期股权投资项目与子公司所有者权益项目抵销，并确认少数股东权益：

借：实收资本（或股本）
　　资本公积
　　其他综合收益　　　　（$A$＝子公司报告价值）
　　盈余公积
　　未分配利润等

　贷：长期股权投资（母公司对子公司长期股权投资报告价值＝$A\times$ 母公司持股比例）

　　　少数股东权益（$A\times$ 少数股东持股比例）

（2）对于同一控制下的控股合并，母公司（合并方）在编制合并财务报表时，应视同合并后形成的报告主体自最终控制方开始实施控制时一直是一体化存续下来的，参与合并各方在合并以前期间实现的留存收益应体现为合并财务报表中的留存收益。在合并财务报表中，应以合并方的资本公积（或经调整后的资本公积）中资本溢价或股本溢价为限，在所有者权益内部进行调整，将被合并方在合并日以前实现的留存收益中按照持股比例计算归属于合并方的部分，自资本公积转入留存收益。具体分别按以下两种情况进行调整：

① 确认企业合并形成的长期股权投资后，合并方资本公积（资本溢价或股本溢价）贷方余额大于被合并方合并前实现的留存收益中归属于合并方的部分，在合并资产负债表中，应将被合并方在合并前实现的留存收益中归属于合并方的部分自“资本公积”转入“盈余公积”和“未分配利润”项目。在合并工作底稿中，应编制如下调整会计分录：

借：资本公积（被合并方合并前实现的留存收益 × 合并方持股比例）

　　贷：盈余公积（被合并方合并前的盈余公积 × 合并方持股比例）

　　　　未分配利润（被合并方合并前的未分配利润 × 合并方持股比例）

② 确认企业合并形成的长期股权投资后，合并方资本公积（资本溢价或股本溢价）贷方余额小于被合并方合并前实现的留存收益中归属于合并方的部分，在合并资产负债表中，应以合并方资本公积（资本溢价或股本溢价）的贷方余额为限，将被合并方在合并前实现的留存收益中归属于合并方的部分自“资本公积”转入“盈余公积”和“未分配利润”项目。在合并工作底稿中，应编制如下调整分录：

借：资本公积［合并方资本公积（资本溢价或股本溢价）的账面余额］

　　贷：盈余公积

　　　　未分配利润

因合并方的资本公积（资本溢价或股本溢价）余额不足，被合并方在合并前实现的留存收益在合并资产负债表中未予全部恢复的，合并方应当在财务报表附注中予以说明。

**提示**

在同一控制下的控股合并中，母公司确认长期股权投资时，借贷差额调整股东权益；在合并工作底稿中，站在集团的角度，需要将母公司对子公司的长期股权投资与子公司所有者权益项目抵销，并确认少数股东权益，此时“抵销权益”会计分录无差额。也就是说，同一控制下控股合并，合并差额记入母公司账簿，合并工作底稿中“抵销权益”时无差额。

例5-11为同一控制下控股合并形成全资控股的情况。

**【例5-11】** 开源公司和A公司分别为F公司控制下的两家子公司。开源公司于2×20年12月31日自F公司处取得A公司100%的股权，合并后A公司仍维持其独立法人资格继续经营。为进行该项企业合并，开源公司用账面价值3 400万元、公允价值3 600万元的库存商品（假定不考虑增值税）和750万元的银行存款作为对价。假定开源公司、A公司采用的会计政策相同。合并日，开源公司及A公司的所有者权益[①]构成如表5-6所示。

表5-6 资产负债表（简表）（合并前）

2×20年12月31日 单位：万元

| 项目 | 开源公司 | A公司 |
|---|---|---|
| | 账面价值 | 账面价值 |
| 资产： | | |
| 货币资金 | 2 125 | 600 |
| 其他应收款 | 0 | 0 |
| 存货 | 13 400 | 2 200 |
| 长期股权投资 | 0 | 0 |
| 固定资产 | 14 000 | 3 200 |
| **资产总计** | **29 525** | **6 000** |
| 负债和所有者权益： | | |
| 应付账款 | 10 000 | 1 000 |
| 其他应付款 | 0 | 0 |
| **负债合计** | 10 000 | 1 000 |
| 股本 | 10 000 | 3 000 |
| 资本公积（股本溢价） | 2 950 | 500 |
| 盈余公积 | 3 000 | 300 |
| 未分配利润 | 3 575 | 1 200 |
| 所有者权益合计 | 19 525 | 5 000 |
| **负债和所有者权益总计** | **29 525** | **6 000** |

（1）合并日，开源公司的相关账务处理如下：

借：长期股权投资 50 000 000

① A公司的所有者权益是指在最终控制方合并财务报表中所有者权益的账面价值。

贷：库存商品 34 000 000

银行存款 7 500 000

资本公积——股本溢价 8 500 000

（2）合并日，合并工作底稿中的相关合并处理如下：

① 将母公司对子公司的长期股权投资与子公司所有者权益项目抵销。

借：股本 30 000 000

资本公积 5 000 000

盈余公积 3 000 000

未分配利润 12 000 000

贷：长期股权投资 50 000 000

② 将子公司以前年度留存收益中属于母公司的部分自母公司的资本公积转入留存收益。

借：资本公积 15 000 000

贷：盈余公积 3 000 000

未分配利润 12 000 000

（3）合并日合并工作底稿（局部）如表5-7所示。

表5-7 合并日合并工作底稿（局部）

单位：万元

| 项目 | 个别报表 | | 合计数 | 调整与抵销分录 | | 少数股东权益 | 合并数 |
|---|---|---|---|---|---|---|---|
| | 母公司 | 子公司 | | 借方 | 贷方 | | |
| 资产： | | | | | | | |
| 货币资金 | 1 375 | 600 | 1 975 | | | | 1 975 |
| 其他应收款 | 0 | 0 | 0 | | | | 0 |
| 存货 | 10 000 | 2 200 | 12 200 | | | | 12 200 |
| 长期股权投资 | 5 000 | 0 | 5 000 | | ① 5 000 | | 0 |
| 固定资产 | 14 000 | 3 200 | 17 200 | | | | 17 200 |
| **资产总计** | **30 375** | **6 000** | **36 375** | | **5 000** | | **31 375** |
| 负债和所有者权益： | | | | | | | |
| 应付账款 | 10 000 | 1 000 | 11 000 | | | | 11 000 |
| 其他应付款 | 0 | 0 | 0 | | | | 0 |
| 负债合计 | 10 000 | 1 000 | 11 000 | | | | 11 000 |
| 股本 | 10 000 | 3 000 | 13 000 | ① 3 000 | | | 10 000 |

续表

| 项目 | 个别报表 | | 合计数 | 调整与抵销分录 | | 少数股东权益 | 合并数 |
|---|---|---|---|---|---|---|---|
| | 母公司 | 子公司 | | 借方 | 贷方 | | |
| 资本公积 | 3 800 | 500 | 4 300 | ② 1 500<br>① 500 | | | 2 300 |
| 盈余公积 | 3 000 | 300 | 3 300 | ① 300 | ② 300 | | 3 300 |
| 未分配利润 | 3 575 | 1 200 | 4 775 | ① 1 200 | ② 1 200 | | 4 775 |
| 所有者权益合计 | 20 375 | 5 000 | 25 375 | 6 500 | 1 500 | | 20 375 |
| **负债和所有者权益总计** | **30 375** | **6 000** | **36 375** | **6 500** | **1 500** | | **31 375** |

例5-12为同一控制下控股合并形成非全资控股的情况。

【例5-12】　承例5-11的有关资料，假定开源公司通过合并取得了A公司80%的股份，其他资料不变。

（1）合并日，开源公司的相关账务处理如下：

借：长期股权投资　　（50 000 000×80%）40 000 000
　　资本公积——股本溢价　　1 500 000
　　贷：库存商品　　34 000 000
　　　　银行存款　　7 500 000

（2）合并日，合并工作底稿中的相关合并处理如下：

① 将母公司对子公司的长期股权投资与子公司所有者权益项目抵销。

借：股本　　30 000 000
　　资本公积　　5 000 000
　　盈余公积　　3 000 000
　　未分配利润　　12 000 000
　　贷：长期股权投资　　40 000 000
　　　　少数股东权益　　10 000 000

② 将子公司以前年度留存收益中属于母公司的部分自母公司的资本公积转入留存收益。

借：资本公积　　12 000 000
　　贷：盈余公积　　（3 000 000×80%）2 400 000
　　　　未分配利润　　（12 000 000×80%）9 600 000

（3）合并日合并工作底稿（局部）如表5-8所示。

表 5-8　合并日合并工作底稿（局部）

单位：万元

| 项目 | 个别报表 |  | 合计数 | 调整与抵销分录 |  | 少数股东权益 | 合并数 |
|---|---|---|---|---|---|---|---|
|  | 母公司 | 子公司 |  | 借方 | 贷方 |  |  |
| 资产： |  |  |  |  |  |  |  |
| 货币资金 | 1 375 | 600 | 1 975 |  |  |  | 1 975 |
| 其他应收款 | 0 | 0 | 0 |  |  |  | 0 |
| 存货 | 10 000 | 2 200 | 12 200 |  |  |  | 12 200 |
| 长期股权投资 | 4 000 | 0 | 4 000 |  | ① 4 000 |  | 0 |
| 固定资产 | 14 000 | 3 200 | 17 200 |  |  |  | 17 200 |
| **资产总计** | **29 375** | **6 000** | **35 375** |  | **4 000** |  | **31 375** |
| 负债和所有者权益： |  |  |  |  |  |  |  |
| 应付账款 | 10 000 | 1 000 | 11 000 |  |  |  | 11 000 |
| 其他应付款 | 0 | 0 | 0 |  |  |  | 0 |
| 负债合计 | 10 000 | 1 000 | 11 000 |  |  |  | 11 000 |
| 股本 | 10 000 | 3 000 | 13 000 | ① 3 000 |  |  | 10 000 |
| 资本公积 | 2 800 | 500 | 3 300 | ② 1 200<br>① 500 |  |  | 1 600 |
| 盈余公积 | 3 000 | 300 | 3 300 | ① 300 | ② 240 |  | 3 240 |
| 未分配利润 | 3 575 | 1 200 | 4 775 | ① 1 200 | ② 960 |  | 4 535 |
| 少数股东权益 |  |  |  |  |  | ① 1 000 | 1 000 |
| 所有者权益合计 | 19 375 | 5 000 | 24 375 | 6 200 | 1 200 | 1 000 | 20 375 |
| **负债和所有者权益总计** | **29 375** | **6 000** | **35 375** | **6 200** | **1 200** | **1 000** | **31 375** |

## （二）同一控制下企业合并在合并日后的抵销处理

教学视频

同一控制下与内部股权投资有关的在合并日后的抵销处理

对于同一控制下企业合并，在编制合并日后合并财务报表时，除应考虑母子公司会计政策和会计期间的差别外，还需要考虑的合并处理要点如下：

（1）将母公司对子公司的长期股权投资由成本法调整为权益法。

① 应享有子公司当期净损益的调整。

a. 调整应享有子公司当期实现净利润（经过调整后的净利润[①]）的份额：

借：长期股权投资（子公司当期实现的净利润 × 母公司持股比例）

　　贷：投资收益

（若为亏损，做相反调整会计分录）

b. 调整应享有子公司当期分派的现金股利或利润的份额：

借：投资收益

　　贷：长期股权投资（子公司当期分派的现金股利 × 母公司持股比例）

上述两笔会计分录可以合并如下：

借：长期股权投资［（子公司当期实现的净利润 − 子公司当期分派的现金股利）］× 母公司持股比例

　　贷：投资收益

② 应享有子公司以前年度净损益的调整。

借：长期股权投资［（子公司以前年度实现的净利润 − 子公司以前年度分派的现金股利）］× 母公司持股比例

　　贷：未分配利润（期初）

③ 应享有子公司其他综合收益的调整。

借：长期股权投资（子公司各年其他综合收益的增加额 × 母公司持股比例）

　　贷：其他综合收益

（若为减少，做相反调整会计分录）

④ 应享有子公司除净损益、其他综合收益和股利分配以外的其他所有者权益变动（资本公积变动）的调整。

借：长期股权投资（子公司各年资本公积的增加额 × 母公司持股比例）

　　贷：资本公积

（若为减少，做相反调整会计分录。）

注：上述会计分录可以概括为"成本法 + $X$ = 权益法"公式中 $X$ 所表示的会计分录。

（2）将母公司对子公司的长期股权投资与子公司所有者权益项目抵销，并确认少数股东权益。

借：实收资本（或股本）<br>
　　资本公积<br>
　　其他综合收益<br>
　　盈余公积<br>
　　未分配利润等<br>
　　（以上合计：$A$ = 子公司期末报告价值）

　　贷：长期股权投资（母公司对子公司长期股权投资按权益法调整后的期末值）

　　　　少数股东权益（$A$ × 少数股东持股比例）

---

① 调整后的净利润是在非同一控制情形下，根据子公司购买日净资产公允价值为基础重新计量后的净利润。

同时，还应以母公司资本公积（资本溢价或股本溢价）的贷方余额为限，将子公司在合并前实现的留存收益中归属于母公司的份额自“资本公积”转入“盈余公积”和“未分配利润”科目。

借：资本公积（子公司合并前实现的留存收益 × 母公司持股比例）
　　贷：盈余公积（子公司合并前实现的盈余公积 × 母公司持股比例）
　　　　未分配利润（期初）（子公司合并前实现的未分配利润 × 母公司持股比例）

**提示**

在合并财务报表中，子公司少数股东分担的当期亏损超过了少数股东在该子公司期初所有者权益中所享有的份额的（发生超额亏损），其余额仍应当冲减少数股东权益，即少数股东权益可以出现负数。

（3）将内部股权投资收益与子公司利润分配项目抵销，并确认少数股东享有的收益。

借：投资收益（子公司当年净利润 × 母公司持股比例）
　　少数股东损益（子公司当年净利润 × 少数股东持股比例）
　　未分配利润（期初）（连续编制时上年子公司期末未分配利润）
　　贷：提取盈余公积（子公司当年提取的盈余公积）
　　　　对所有者（股东）分配利润（子公司当年对所有者或股东分配利润）
　　　　未分配利润（期末）（子公司年末未分配利润）

**教学讨论**

第（1）点将母公司对子公司的长期股权投资由成本法调整为权益法的“投资收益”与第（3）点将内部股权投资收益与子公司利润分配项目抵销的“投资收益”数额相同吗？两者存在什么关系？

例5-13为同一控制下控股合并形成全资控股的合并日后情况。

【例5-13】 沿用例5-11的有关资料，至2×21年12月31日，A公司实现净利润1 000万元，按净利润的10%提取盈余公积，宣告分派现金股利375万元（尚未支付）。开源公司2×21年度确认主营业务利润等2 625万元，确认投资收益375万元，年度净利润为3 000万元，按净利润的10%提取盈余公积，未分派股利。开源公司和A公司受同一方控制。具体资料如表5-9所示。

表5-9 合并日后资产负债表（简表）

2×21年12月31日 单位：万元

| 项目 | 开源公司 | | A公司 | |
|---|---|---|---|---|
| | 期初数额 | 期末数额 | 期初数额 | 期末数额 |
| 资产： | | | | |
| 货币资金 | 1 375 | 2 000 | 600 | 1 800 |
| 其他应收款 | 0 | 375 | 0 | 0 |
| 存货 | 10 000 | 8 000 | 2 200 | 2 000 |
| 长期股权投资 | 5 000 | 5 000 | 0 | 0 |
| 固定资产 | 14 000 | 18 000 | 3 200 | 2 500 |
| **资产总计** | **30 375** | **33 375** | **6 000** | **6 300** |
| 负债和所有者权益： | | | | |
| 应付账款 | 10 000 | 10 000 | 1 000 | 300 |
| 其他应付款 | 0 | 0 | 0 | 375 |
| 股本 | 10 000 | 10 000 | 3 000 | 3 000 |
| 资本公积（股本溢价） | 3 800 | 3 800 | 500 | 500 |
| 盈余公积 | 3 000 | 3 300 | 300 | 400 |
| 未分配利润 | 3 575 | 6 275 | 1 200 | 1 725 |
| **负债和所有者权益总计** | **30 375** | **33 375** | **6 000** | **6 300** |

（1）合并日后（2×21年12月31日），合并工作底稿中的相关合并处理如下：

① 将母公司对子公司的长期股权投资由成本法调整为权益法。

借：长期股权投资 （10 000 000 − 3 750 000）6 250 000

　　贷：投资收益 6 250 000

（注：本笔调整会计分录可以概括为“成本法 + $X$ = 权益法”公式中$X$所表示的会计分录。）

② 将母公司对子公司的长期股权投资与子公司所有者权益项目抵销。

借：股本 30 000 000

　　资本公积 5 000 000

　　盈余公积 4 000 000

　　未分配利润 17 250 000

　　贷：长期股权投资 56 250 000

同时，将子公司以前年度留存收益中属于母公司的部分自母公司的资本公积转入留存收益（为简化处理，该笔会计分录在后续的底稿中予以省略）。

借：资本公积　　15 000 000
　　贷：盈余公积　　3 000 000
　　　　未分配利润　　12 000 000

③ 将内部股权投资收益与子公司利润分配项目抵销。

借：投资收益　　10 000 000
　　未分配利润（期初）　　12 000 000
　　贷：提取盈余公积　　1 000 000
　　　　向股东分配利润　　3 750 000
　　　　未分配利润（期末）　　17 250 000

④ 将母公司对子公司的应收股利与子公司对母公司的应付股利抵销。

借：其他应付款　　3 750 000
　　贷：其他应收款　　3 750 000

（2）合并日后当年年末合并工作底稿（局部）如表5-10所示。

表5-10 合并日后当年年末合并工作底稿（局部）

单位：万元

| 项目 | 个别报表 | | 合计数 | 调整与抵销分录 | | 少数股东权益 | 合并数* |
|---|---|---|---|---|---|---|---|
| | 母公司 | 子公司 | | 借方 | 贷方 | | |
| **资产负债表项目：** | | | | | | | |
| 货币资金 | 2 000 | 1 800 | 3 800 | | | | 3 800 |
| 其他应收款 | 375 | 0 | 375 | | ④ 375 | | 0 |
| 存货 | 8 000 | 2 000 | 10 000 | | | | 10 000 |
| 长期股权投资 | 5 000 | 0 | 5 000 | ① 625 | ② 5 625 | | 0 |
| 固定资产 | 18 000 | 2 500 | 20 500 | | | | 20 500 |
| **资产总计** | **33 375** | **6 300** | **39 675** | **625** | **6 000** | | **34 300** |
| 应付账款 | 10 000 | 300 | 10 300 | | | | 10 300 |
| 其他应付款 | 0 | 375 | 375 | ④ 375 | | | 0 |
| 股本 | 10 000 | 3 000 | 13 000 | ② 3 000 | | | 10 000 |
| 资本公积 | 3 800 | 500 | 4 300 | ② 500 | | | 3 800 |
| 盈余公积 | 3 300 | 400 | 3 700 | ② 400 | | | 3 300 |
| 未分配利润 | 6 275 | 1 725 | 8 000 | 3 925 | 2 825 | | 6 900** |

续表

| 项目 | 个别报表 | | 合计数 | 调整与抵销分录 | | 少数股东权益 | 合并数* |
|---|---|---|---|---|---|---|---|
| | 母公司 | 子公司 | | 借方 | 贷方 | | |
| 少数股东权益 | | | 0 | | | | 0 |
| **负债和所有者权益总计** | **33 375** | **6 300** | **39 675** | **8 200** | **2 825** | | **34 300** |
| **利润表项目：** | | | | | | | |
| 主营业务利润等 | 2 625 | 1 000 | 3 625 | | | | 3 625 |
| 投资收益 | 375 | 0 | 375 | ③ 1 000 | ① 625 | | 0 |
| 净利润 | 3 000 | 1 000 | 4 000 | 1 000 | 625 | | 3 625 |
| 其中：归属于母公司股东损益 | | | | | | | 3 625 |
| 少数股东损益 | | | | | | | |
| **所有者权益变动表有关项目：** | | | | | | | |
| 未分配利润（期初） | 3 575 | 1 200 | 4 775 | ③ 1 200 | | | 3 575 |
| 本年增减变动金额 | | | | | | | |
| 其中：利润分配 | | | | | | | |
| 提取盈余公积 | 300 | 100 | 400 | | ③ 100 | | 300 |
| 向股东分配利润 | | 375 | 375 | | ③ 375 | | 0 |
| 未分配利润（期末） | 6 275 | 1 725 | 8 000 | ② 1 725<br>3 925 | ③ 1 725<br>2 825 | | 6 900 |

注：*对于某一特定时点的合并资产负债表而言，其中的“期初数”取自上期合并资产负债表有关项目“期末数”栏相关数据，本期的“期末数”则取自本期编制的工作底稿中的“合并数”栏相关数据。以下同。

**工作底稿中未分配利润项目有三行：一是资产负债表中的未分配利润项；二是所有者权益变动表中的年初未分配利润项；三是所有者权益变动表中的年末未分配利润项。这三项的数据是关联变动的，具体填写时需要注意以下四点：第一，调整和抵销分录中出现的未分配利润项目数，都应该填写在所有者权益变动表中的期末未分配利润项，如底稿中① 625和② 1 725。第二，所有者权益变动表中年初未分配利润项应该根据上年合并所有者权益变动表中的合并数填写，本例中不涉及上年合并报表的期末数，直接为开源公司的年初未分配利润3 575万元。第三，所有者权益变动表中的期末未分配利润项目调整和抵销借贷方发生额合计数需要进行加计计算。底稿中未分配利润期末（借方）3 925 = 1 000 + 1 200 + 1 725，未分配利润（贷方）2 825 = 625 + 100 + 375 + 1 725，因而未分配利润（期末）合并数6 900 = 8 000 + 2 825 − 3 925。第四，资产负债表中的未分配利润项借贷金额直接取自所有者权益变动表中的未分配利润（期末）项目的借贷方发生额的合计数。

例5-14为同一控制下控股合并形成非全资控股的合并日后情况。

【例5-14】 承例5-13的有关资料，假定开源公司拥有A公司80%股权，开源公司2×21年度确认主营业务利润等2 625万元，确认投资收益300万元，年度净利润为2 925万元，按净利润的10%提取盈余公积，未分派股利。其他资料不变。具体资料如表5-11所示。

表5-11　合并日后资产负债表（简表）

2×21年12月31日　　单位：万元

| 项目 | 开源公司 | | A公司 | |
|---|---|---|---|---|
| | 期初数额 | 期末数额 | 期初数额 | 期末数额 |
| 资产： | | | | |
| 货币资金 | 1 375 | 2 000 | 600 | 1 800 |
| 其他应收款 | 0 | 300 | 0 | 0 |
| 存货 | 10 000 | 8 000 | 2 200 | 2 000 |
| 长期股权投资 | 4 000 | 4 000 | 0 | 0 |
| 固定资产 | 14 000 | 18 000 | 3 200 | 2 500 |
| **资产总计** | **29 375** | **32 300** | **6 000** | **6 300** |
| 负债和所有者权益： | | | | |
| 应付账款 | 10 000 | 10 000 | 1 000 | 300 |
| 其他应付款 | 0 | 0 | 0 | 375 |
| 股本 | 10 000 | 10 000 | 3 000 | 3 000 |
| 资本公积（股本溢价） | 2 800 | 2 800 | 500 | 500 |
| 盈余公积 | 3 000 | 3 292.5 | 300 | 400 |
| 未分配利润 | 3 575 | 6 207.5 | 1 200 | 1 725 |
| **负债和所有者权益总计** | **29 375** | **32 300** | **6 000** | **6 300** |

（1）合并日后（2×21年12月31日），合并工作底稿中的相关合并处理如下：

① 将母公司对子公司的长期股权投资由成本法调整为权益法。

借：长期股权投资　　[（10 000 000－3 750 000）×80%] 5 000 000

　　贷：投资收益　　5 000 000

② 将母公司对子公司的长期股权投资与子公司股东权益项目抵销。

借：股本　　30 000 000

　　资本公积　　5 000 000

　　盈余公积　　4 000 000

未分配利润 17 250 000
贷：长期股权投资 45 000 000
少数股东权益 11 250 000

同时，将子公司以前年度留存收益中属于母公司的部分自母公司的资本公积转入留存收益。

借：资本公积 12 000 000
贷：盈余公积 2 400 000
未分配利润 9 600 000

③ 将内部股权投资收益与子公司利润分配项目抵销。

借：投资收益 8 000 000
少数股东损益 2 000 000
未分配利润（期初） 12 000 000
贷：提取盈余公积 1 000 000
向股东分配利润 3 750 000
未分配利润（期末） 17 250 000

上述②和③抵销分录可以合并。

④ 将母公司对子公司的应收股利与子公司对母公司的应付股利抵销。

借：其他应付款 3 000 000
贷：其他应收款 3 000 000

（2）合并日后当年年末合并工作底稿（局部）如表5-12所示。

表5-12 合并日后当年年末合并工作底稿（局部）

2×21年12月31日 单位：万元

| 项目 | 个别报表 | | 合计数 | 调整与抵销分录 | | 少数股东权益 | 合并数 |
|---|---|---|---|---|---|---|---|
| | 母公司 | 子公司 | | 借方 | 贷方 | | |
| **资产负债表项目：** | | | | | | | |
| 货币资金 | 2 000 | 1 800 | 3 800 | | | | 3 800 |
| 其他应收款 | 300 | 0 | 300 | | ④ 300 | | 0 |
| 存货 | 8 000 | 2 000 | 10 000 | | | | 10 000 |
| 长期股权投资 | 4 000 | 0 | 4 000 | ① 500 | ② 4 500 | | 0 |
| 固定资产 | 18 000 | 2 500 | 20 500 | | | | 20 500 |
| **资产总计** | **32 300** | **6 300** | **38 600** | **500** | **4 800** | | **34 300** |
| 应付账款 | 10 000 | 300 | 10 300 | | | | 10 300 |

续表

| 项目 | 个别报表 | | 合计数 | 调整与抵销分录 | | 少数股东权益 | 合并数* |
|---|---|---|---|---|---|---|---|
| | 母公司 | 子公司 | | 借方 | 贷方 | | |
| 其他应付款 | 0 | 375 | 375 | ④ 300 | | | 75 |
| 股本 | 10 000 | 3 000 | 1 3000 | ② 3 000 | | | 10 000 |
| 资本公积 | 2 800 | 500 | 3 300 | ② 500 | | | 2 800 |
| 盈余公积 | 3 292.5 | 400 | 3 692.5 | ② 400 | | | 3 292.5 |
| 未分配利润 | 6 207.5 | 1 725 | 7 932.5 | 3 725 | 2 700 | 200 | 6 707.5* |
| 少数股东权益 | | | | | | ② 1 125 | 1 125 |
| **负债和所有者权益总计** | **32 300** | **6 300** | **38 600** | **7 925** | **2 700** | **925** | **34 300****  |
| **利润表项目：** | | | | | | | |
| 主营业务利润等 | 2 625 | 1 000 | 3 625 | | | | 3 625 |
| 投资收益 | 300 | 0 | 300 | ③ 800 | ① 500 | | 0 |
| 净利润 | 2 925 | 1 000 | 3 925 | 800 | 500 | | 3 625 |
| 其中：归属于母公司股东损益 | | | | | | | 3 425 |
| 少数股东损益 | | | | | | ③ 200 | 200 |
| **所有者权益变动表有关项目：** | | | | | | | |
| 未分配利润（期初） | 3 575 | 1 200 | 4 775 | ③ 1 200 | | | 3 575 |
| 本年增减变动金额 | | | | | | | |
| 其中：利润分配 | | | | | | | |
| 提取盈余公积 | 292.5 | 100 | 392.5 | | ③ 100 | | 292.5 |
| 向股东分配利润 | | 375 | 375 | | ③ 375 | | 0 |
| 未分配利润（期末） | 6 207.5 | 1 725 | 7 932.5 | ② 1 725<br>3 725 | ③ 1 725<br>2 700 | 200 | 6 707.5 |

注：*3 725 = 800 + 1 200 + 1 725；2 700 = 500 + 100 + 375 + 1 725；
6 707.5 = 6 207.5 + 1 725 + 2 700 − 3 725 − 200 = 3 425 + 3 575 − 292.5。
**34 300 = 38 600 + 2 700 − 7 925 + 925。

例5-15为连续编制同一控制下控股合并形成非全资控股的合并日后情况。

【例5-15】　承例5-14的有关资料，假定至2×22年度，A公司实现净利润2 000

万元，按净利润的10%提取盈余公积，宣告分派现金股利500万元（尚未支付）。开源公司2×22年度确认主营业务利润等4 675万元，确认投资收益400万元，年度净利润为5 075万元，按净利润的10%提取盈余公积，未分派股利。

（1）合并日后（2×22年12月31日），合并工作底稿中的相关合并处理如下：

① 将母公司对子公司的长期股权投资由成本法调整为权益法。

借：长期股权投资 17 000 000
　　贷：投资收益 [(20 000 000－5 000 000)×80%] 12 000 000
　　　　未分配利润（期初） 5 000 000

② 将母公司对子公司的长期股权投资与子公司股东权益项目抵销。

借：股本 30 000 000
　　资本公积 5 000 000
　　盈余公积 6 000 000
　　未分配利润 30 250 000
　　贷：长期股权投资 57 000 000
　　　　少数股东权益 14 250 000

同时，将子公司以前年度留存收益中属于母公司的部分自母公司的资本公积转入留存收益。

借：资本公积 12 000 000
　　贷：盈余公积 2 400 000
　　　　未分配利润 9 600 000

③ 将内部股权投资收益与子公司利润分配项目抵销。

借：投资收益 16 000 000
　　少数股东损益 4 000 000
　　未分配利润（期初） 17 250 000
　　贷：提取盈余公积 2 000 000
　　　　向股东分配利润 5 000 000
　　　　未分配利润（期末） 30 250 000

上述②和③抵销分录可以合并。

④ 将母公司对子公司的应收股利与子公司对母公司的应付股利抵销。

借：其他应付款 4 000 000
　　贷：其他应收款 4 000 000

### 教学讨论

在连续编制合并财务报表时，为什么需要将以前年度在工作底稿中编制的调整和抵销分录再重复进行调整和抵销？为什么需要对调整分录中影响损益类的项目还要通过“未分配利润（期初）”项目进行替换？

（2）合并日后第二年年末合并工作底稿（局部）如表5-13所示。

表5-13　合并日后第二年年末合并工作底稿（局部）

单位：万元

| 项目 | 个别报表 | | 合计数 | 调整与抵销分录 | | 少数股东权益 | 合并数 |
|---|---|---|---|---|---|---|---|
| | 母公司 | 子公司 | | 借方 | 贷方 | | |
| **资产负债表项目：** | | | | | | | |
| 货币资金 | 3 100 | 1 600 | 4 700 | | | | 4 700 |
| 其他应收款 | 400 | 0 | 400 | | ④ 400 | | 0 |
| 存货 | 8 000 | 3 000 | 11 000 | | | | 11 000 |
| 长期股权投资 | 4 000 | 0 | 4 000 | ① 1 700 | ② 5 700 | | 0 |
| 固定资产 | 21 000 | 3 100 | 24 100 | | | | 24 100 |
| **资产总计** | **36 500** | **7 700** | **44 200** | **1 700** | **6 100** | | **39 800** |
| 应付账款 | 8 125 | 75 | 8 200 | | | | 8 200 |
| 其他应付款 | 0 | 500 | 500 | ④ 400 | | | 100 |
| 股本 | 10 000 | 3 000 | 13 000 | ② 3 000 | | | 10 000 |
| 资本公积 | 3 800 | 500 | 4 300 | ② 500 | | | 3 800 |
| 盈余公积 | 3 800 | 600 | 4 400 | ② 600 | | | 3 800 |
| 未分配利润 | 10 775 | 3 025 | 13 800 | 6 350 | 5 425 | ③ 400 | 12 475* |
| 少数股东权益 | | | | | | ② 1 425 | 1 425 |
| **负债和所有者权益总计** | **36 500** | **7 700** | **44 200** | **10 850** | **5 425** | **1 025** | **39 800** |
| **利润表项目：** | | | | | | | |
| 主营业务利润等 | 4 675 | 2 000 | 6 675 | | | | 6 675 |
| 投资收益 | 400 | | | ③ 1 600 | ① 1 200 | | 0 |
| 净利润 | 5 075 | 2 000 | 7 075 | 1 600 | 1 200 | | 6 675 |
| 其中：归属于母公司股东损益 | | | | | | | 6 275 |
| 少数股东损益 | | | | | | ③ 400 | 400 |
| **所有者权益变动表有关项目：** | | | | | | | |
| 未分配利润（期初） | 6 207.5 | 1 725 | 7 932.5 | ③ 1 725 | ① 500 | | 6 707.5 |
| 本年增减变动金额 | | | | | | | |

续表

| 项目 | 个别报表 | | 合计数 | 调整与抵销分录 | | 少数股东权益 | 合并数 |
|---|---|---|---|---|---|---|---|
| | 母公司 | 子公司 | | 借方 | 贷方 | | |
| 其中：利润分配 | | | | | | | |
| 提取盈余公积 | 507.5 | 200 | 707.5 | | ③ 200 | | 507.5 |
| 向股东分配利润 | | 500 | 500 | | ③ 500 | | 0 |
| 未分配利润（期末） | 10 775 | 3 025 | 13 800 | ② 3 025<br>6 350 | ③ 3 025<br>5 425 | 400 | 12 475 |

注：*6 350 = 1 600 + 1 725 + 3 025；5 425 = 1 200 + 500 + 200 + 500 + 3 025；
12 475 = 13 800 + 5 425 − 6 350 − 400 = 6 275 + 6 707.5 − 507.5。

## 三、非同一控制下企业合并与内部股权投资有关的合并处理

### （一）非同一控制下企业合并在购买日的抵销处理

教学视频

非同一控制下与内部股权投资有关的在购买日的抵销处理

根据现行企业会计准则，非同一控制下企业合并需要编制购买日合并资产负债表。在编制过程中，除应考虑母子公司会计政策和会计期间的差别外，还需要考虑的合并处理要点如下：

（1）按购买日子公司资产、负债的公允价值对其财务报表进行调整，将子公司资产负债表中资产、负债的账面价值调整为公允价值。调整原因在本章第一节已有讲述。根据《企业会计准则第20号——企业合并》，子公司可辨认净资产按公允价值调整后，如果计税基础不变，则需要在合并报表中确认相关资产或负债的递延所得税①。以资产的公允价值上升为例，在合并工作底稿中，购买日的调整分录为：

借：有关资产（$A$ = 子公司有关资产公允价值与账面价值之差）

　　贷：递延所得税负债（$A\times$ 所得税税率）

　　　　资本公积（差额）

注：资产的调整减值做相反处理，负债的调整与资产的调整方向相反。资产调整减值或负债调整增值还会涉及递延所得税资产的确认。

（2）将母公司对子公司的长期股权投资与子公司所有者权益项目抵销，并确认少数股东权益：

① 该种情形属于税法政策认定的免税合并。如果税法政策认定为应税合并，那么合并工作底稿中的调整分录应为借记有关资产项目，贷记“资本公积”项目，此时不涉及递延所得税调整。本章按照免税合并展开后续讲解。

借：实收资本（或股本）
　　资本公积①
　　其他综合收益　　　　　　A = 子公司调整后的公允价值
　　盈余公积
　　未分配利润
　　商誉（差额 = 长期股权投资的金额 − $A$ × 母公司持股比例）
　　贷：长期股权投资（母公司对子公司的合并成本）
　　　　少数股东权益（$A$ × 少数股东持股比例）
　　　　未分配利润②（差额 = $A$ × 母公司持股比例 − 长期股权投资的金额）

**提示**

在非同一控制下的控股合并中，母公司按照合并对价的公允价值确认长期股权投资，借贷无差额；在合并工作底稿中，站在集团的角度，需要将母公司对子公司的长期股权投资与子公司所有者权益项目抵销，并确认少数股东权益，此时“抵销权益”分录有差额。也就是说，非同一控制下控股合并，合并差额记入集团的合并报表，母公司账簿中不体现该差额。

例5-16为非同一控制下控股合并形成全资控股的情况。

**【例5-16】**　承例5-11的有关资料，假定开源公司和A公司不属于同一控制下的两家企业，开源公司用账面价值4 200万元、公允价值4 700万元的库存商品（假定不考虑增值税）和1 100万元银行存款作为对价，全资控股合并A公司。税法政策认定此合并为免税合并，所得税税率为25%。为简化起见，个别报表中的所得税费用及其他资料省略。

购买日，开源公司及A公司的所有者权益③构成如表5-14所示。

表5-14　资产负债表（简表，合并前）

2×20年12月31日　　　　单位：万元

| 项目 | 开源公司 | A公司 | |
|---|---|---|---|
| | 账面价值 | 账面价值 | 公允价值 |
| 资产： | | | |
| 货币资金 | 2 125 | 600 | 600 |

① “资本公积”项目是经过第一步调整后的数额。
② 如果编制合并利润表，这个差额需要调整营业外收入项目，从而对资产负债表的留存收益产生影响；由于非同一控制下购买日不编制合并利润表，因而直接调整留存收益项目。
③ A公司的所有者权益是指在最终控制方合并财务报表中所有者权益的账面价值。

续表

| 项 目 | 开源公司 | A公司 | |
|---|---|---|---|
| | 账面价值 | 账面价值 | 公允价值 |
| 其他应收款 | 0 | 0 | |
| 存货 | 13 400 | 2 200 | 2 600 |
| 长期股权投资 | 0 | 0 | |
| 固定资产 | 14 000 | 3 200 | 3 400 |
| **资产总计** | **29 525** | **6 000** | **6 600** |
| 负债和所有者权益： | | | |
| 应付账款 | 10 000 | 1 000 | 1 000 |
| 其他应付款 | 0 | 0 | |
| 负债合计 | 10 000 | 1 000 | 1 000 |
| 股本 | 10 000 | 3 000 | |
| 资本公积（股本溢价） | 2 950 | 500 | |
| 盈余公积 | 3 000 | 300 | |
| 未分配利润 | 3 575 | 1 200 | |
| 所有者权益合计 | 19 525 | 5 000 | 5 600 |
| **负债和所有者权益总计** | **29 525** | **6 000** | **6 600** |

（1）购买日，开源公司的相关账务处理：

借：长期股权投资　58 000 000
　　贷：主营业务收入　47 000 000
　　　　银行存款　11 000 000
借：主营业务成本　42 000 000
　　贷：库存商品　42 000 000

（2）购买日，合并工作底稿中的相关合并处理：

① 将子公司可辨认资产、负债由账面价值调整为公允价值。

借：存货　4 000 000
　　固定资产　2 000 000
　　贷：资本公积　4 500 000
　　　　递延所得税负债　（6 000 000×25%）1 500 000

（注：本笔调整分录可以概括为“账面价值+*X*=公允价值”公式中*X*所表示的分录。）

② 将母公司对子公司的长期股权投资与子公司股东权益项目抵销。

商誉＝合并成本－子公司购买日可辨认净资产按公允价值调整后的份额＝5 800－（5 600－150）＝5 800－（5 000＋450）＝350（万元）

借：股本　30 000 000
　　资本公积　（5 000 000＋4 500 000）9 500 000
　　盈余公积　3 000 000
　　未分配利润　12 000 000
　　商誉　3 500 000（差额）
　　贷：长期股权投资　58 000 000

（3）购买日合并工作底稿（局部）如表5-15所示。

表5-15　购买日合并工作底稿（局部）

单位：万元

| 项目 | 个别报表 | | 合计数 | 调整与抵销分录 | | 少数股东权益 | 合并数 |
|---|---|---|---|---|---|---|---|
| | 母公司 | 子公司 | | 借方 | 贷方 | | |
| 资产： | | | | | | | |
| 货币资金 | 1 025 | 600 | 1 625 | | | | 1 625 |
| 其他应收款 | 0 | 0 | 0 | | | | 0 |
| 存货 | 9 200 | 2 200 | 11 400 | ① 400 | | | 11 800* |
| 长期股权投资 | 5 800 | 0 | 5 800 | | ② 5 800 | | 0 |
| 固定资产 | 14 000 | 3 200 | 17 200 | ① 200 | | | 17 400 |
| 商誉 | | | | ② 350 | | | 350 |
| **资产总计** | **30 025** | **6 000** | **36 025** | **950** | **5 800** | | **31 175** |
| 负债和所有者权益： | | | | | | | |
| 应付账款 | 10 000 | 1 000 | 11 000 | | | | 11 000 |
| 其他应付款 | 0 | 0 | 0 | | | | 0 |
| 递延所得税负债 | | | | | ① 150 | | 150 |
| 负债合计 | 10 000 | 1 000 | 11 000 | | 150 | | 11 150 |
| 股本 | 10 000 | 3 000 | 13 000 | ② 3 000 | | | 10 000 |
| 资本公积 | 2 950 | 500 | 3 450 | ② 950 | ① 450 | | 2 950 |
| 盈余公积 | 3 050 | 300 | 3 350 | ② 300 | | | 3 050 |

续表

| 项目 | 个别报表 | | 合计数 | 调整与抵销分录 | | 少数股东权益 | 合并数 |
|---|---|---|---|---|---|---|---|
| | 母公司 | 子公司 | | 借方 | 贷方 | | |
| 未分配利润 | 4 025** | 1 200 | 5 225 | ② 1 200 | | | 4 025 |
| 所有者权益合计 | 20 025 | 5 000 | 25 025 | 5 450 | 450 | | 20 025 |
| **负债和所有者权益总计** | **30 025** | **6 000** | **36 025** | **5 450** | **600** | | **31 175** |

注：* 合并数中存货项目 = 合计数11 400万元 + 子公司存货账面价值调为公允价值增加400万元 = 11 800万元。固定资产的合并数计算类似。

** 本题假定开源公司销售存货所产生的利润500万元（4 700 − 4 200）不考虑所得税的影响。盈余公积增加50万元 = 500万元 × 10%，剩下的450万元增加未分配利润，即4 025万元 = 3 575万元 + 450万元。

【例5–17】 接例5–16中相关资料，假定开源公司用账面价值4 200万元、公允价值4 700万元的库存商品（假定不考虑增值税）和600万元银行存款作为对价，全资控股合并A公司。其他资料不变。

（1）购买日，开源公司的相关账务处理：

借：长期股权投资 53 000 000

　　贷：主营业务收入 47 000 000

　　　　银行存款 6 000 000

借：主营业务成本 42 000 000

　　贷：库存商品 42 000 000

（2）购买日，合并工作底稿中的相关合并处理：

① 将子公司可辨认资产、负债由账面价值调整为公允价值的分录与例5–16相同。

借：存货 4 000 000

　　固定资产 2 000 000

　　贷：资本公积 4 500 000

　　　　递延所得税负债 （6 000 000 × 25%）1 500 000

② 将母公司对子公司的长期股权投资与子公司股东权益项目抵销。

借：股本 30 000 000

　　资本公积 （5 000 000 + 4 500 000）9 500 000

　　盈余公积 3 000 000

　　未分配利润 12 000 000

　　贷：长期股权投资 53 000 000

　　　　未分配利润 1 500 000（差额）

注：本笔分录借方的“未分配利润”项目是需要抵销的子公司净资产的一部分；贷

方的未分配利润 = 子公司购买日可辨认净资产按公允价值调整后的份额 − 合并成本 =（5 600 − 150）− 5 300 =（5 000 + 450）− 5 300 = 150（万元）。

（3）购买日合并工作底稿（局部）如表5-16所示。

表5-16　购买日合并工作底稿（局部）

单位：万元

| 项目 | 个别报表 | | 合计数 | 调整与抵销分录 | | 少数股东权益 | 合并数 |
|---|---|---|---|---|---|---|---|
| | 母公司 | 子公司 | | 借方 | 贷方 | | |
| 资产： | | | | | | | |
| 货币资金 | 1 525 | 600 | 2 125 | | | | 2 125 |
| 其他应收款 | 0 | 0 | 0 | | | | 0 |
| 存货 | 9 200 | 2 200 | 11 400 | ① 400 | | | 11 800 |
| 长期股权投资 | 5 300 | 0 | 5 300 | | ② 5 300 | | 0 |
| 固定资产 | 14 000 | 3 200 | 17 200 | ① 200 | | | 17 400 |
| **资产总计** | **30 025** | **6 000** | **36 025** | **600** | **5 300** | | **31 325** |
| 负债和所有者权益： | | | | | | | |
| 应付账款 | 10 000 | 1 000 | 11 000 | | | | 11 000 |
| 其他应付款 | 0 | 0 | 0 | | | | 0 |
| 递延所得税负债 | | | | | ① 150 | | 150 |
| 负债合计 | 10 000 | 1 000 | 11 000 | | 150 | | 11 150 |
| 股本 | 10 000 | 3 000 | 13 000 | ② 3 000 | | | 10 000 |
| 资本公积 | 2 950 | 500 | 3 450 | ② 950 | ① 450 | | 2 950 |
| 盈余公积 | 3 050 | 300 | 3 350 | ② 300 | | | 3 050 |
| 未分配利润 | 4 025 | 1 200 | 5 225 | ② 1 200 | ② 150 | | 4 175 |
| 所有者权益合计 | 20 025 | 5 000 | 25 025 | 5 450 | 600 | | 20 175 |
| **负债和所有者权益总计** | **30 025** | **6 000** | **36 025** | **5 450** | **750** | | **31 325** |

例5-18为非同一控制下控股合并形成非全资控股的情况。

【例5-18】　承例5-16的有关资料，假定开源公司通过合并取得了A公司80%的股份，其他资料不变。

（1）购买日，开源公司的相关账务处理：

借：长期股权投资　　58 000 000

　　贷：主营业务收入　　47 000 000

　　　　银行存款　　11 000 000

借：主营业务成本　　42 000 000

　　贷：库存商品　　42 000 000

（2）购买日，合并工作底稿中的相关合并处理：

① 将子公司可辨认资产、负债由账面价值调整为公允价值的分录与例5-16相同。

借：存货　　4 000 000

　　固定资产　　2 000 000

　　贷：资本公积　　4 500 000

　　　　递延所得税负债　　（6 000 000×25%）1 500 000

② 将母公司对子公司的长期股权投资与子公司股东权益项目抵销。

商誉＝合并成本－子公司购买日可辨认净资产按公允价值调整后的份额＝5 800－（5 600－150）×80%＝5 800－（5 000＋450）×80%＝1 440（万元）

借：股本　　30 000 000

　　资本公积　　（5 000 000＋4 500 000）9 500 000

　　盈余公积　　3 000 000

　　未分配利润　　12 000 000

　　商誉　　14 400 000（差额）

　　贷：长期股权投资　　58 000 000

　　　　少数股东权益　　10 900 000

（3）购买日合并工作底稿（局部）如表5-17所示。

表5-17　购买日合并工作底稿（局部）

单位：万元

| 项目 | 个别报表 | | 合计数 | 调整与抵销分录 | | 少数股东权益 | 合并数 |
|---|---|---|---|---|---|---|---|
| | 母公司 | 子公司 | | 借方 | 贷方 | | |
| 资产： | | | | | | | |
| 货币资金 | 1 025 | 600 | 1 625 | | | | 1 625 |
| 其他应收款 | 0 | 0 | 0 | | | | 0 |
| 存货 | 9 200 | 2 200 | 11 400 | ① 400 | | | 11 800* |
| 长期股权投资 | 5 800 | 0 | 5 800 | | ② 5 800 | | 0 |
| 固定资产 | 14 000 | 3 200 | 17 200 | ① 200 | | | 17 400 |

续表

| 项目 | 个别报表 | | 合计数 | 调整与抵销分录 | | 少数股东权益 | 合并数 |
|---|---|---|---|---|---|---|---|
| | 母公司 | 子公司 | | 借方 | 贷方 | | |
| 商誉 | | | | ② 1 440 | | | 1 440** |
| **资产总计** | **30 025** | **6 000** | **36 025** | **2 040** | **5 800** | | **32 265** |
| 负债和所有者权益： | | | | | | | |
| 应付账款 | 10 000 | 1 000 | 11 000 | | | | 11 000 |
| 其他应付款 | 0 | 0 | 0 | | | | 0 |
| 递延所得税负债 | | | | | ① 150 | | 150 |
| 负债合计 | 10 000 | 1 000 | 11 000 | | 150 | | 11 150 |
| 股本 | 10 000 | 3 000 | 13 000 | ② 3 000 | | | 10 000 |
| 资本公积 | 2 950 | 500 | 3 450 | ② 950 | ① 450 | | 2 950 |
| 盈余公积 | 3 050 | 300 | 3 350 | ② 300 | | | 3 050 |
| 未分配利润 | 4 025 | 1 200 | 5 225 | ② 1 200 | | | 4 025 |
| 少数股东权益 | | | | | | ② 1 090 | 1 090 |
| 所有者权益合计 | 20 025 | 5 000 | 25 025 | 5 450 | 450 | 1 090 | 21 115 |
| **负债和所有者权益总计** | **30 025** | **6 000** | **36 025** | **5 450** | **600** | **1 090** | **32 265** |

注：*购买日对取得的子公司存货和固定资产100%按公允价值报告，即存货合并数11 800＝9 200＋(2 200＋400)，固定资产合并数17 400＝14 000＋(3 200＋200)，符合合并财务报表的实体理论。

**由于子公司可辨认净资产全部按公允价值报告，合并商誉却仅按照母公司拥有的部分计量，所以少数股东权益只能按子公司可辨认净资产公允价值中少数股东拥有的份额计算。

【例5-19】 接例5-16中相关资料，假定开源公司仅用账面价值3 400万元、公允价值4 000万元的库存商品（假定不考虑增值税）作为对价，取得了A公司80%的股份。其他资料不变。

（1）购买日，开源公司的相关账务处理：

借：长期股权投资　　40 000 000

　　贷：主营业务收入　　40 000 000

借：主营业务成本　　34 000 000

　　贷：库存商品　　34 000 000

（2）购买日，合并工作底稿中的相关合并处理：

① 将子公司可辨认资产、负债由账面价值调整为公允价值的分录与例5-16相同。

借：存货　　4 000 000

　　固定资产　　2 000 000

　　贷：资本公积　　4 500 000

　　　　递延所得税负债　　（6 000 000×25%）1 500 000

② 将母公司对子公司的长期股权投资与子公司股东权益项目抵销。

借：股本　　30 000 000

　　资本公积　　（5 000 000+4 500 000）9 500 000

　　盈余公积　　3 000 000

　　未分配利润　　12 000 000

　　贷：长期股权投资　　40 000 000

　　　　少数股东权益　　10 900 000

　　　　未分配利润　　3 600 000（差额）

注：本笔分录借方的“未分配利润”项目是需要抵销的子公司净资产的一部分；贷方的未分配利润＝子公司购买日可辨认净资产按公允价值调整后的份额－合并成本＝（5 600－150）×80%－4 000＝（5 000＋450）×80%－4 000＝360（万元）。

（3）购买日合并工作底稿（局部）如表5-18所示。

表5-18　购买日合并工作底稿（局部）

单位：万元

| 项目 | 个别报表 | | 合计数 | 调整与抵销分录 | | 少数股东权益 | 合并数 |
|---|---|---|---|---|---|---|---|
| | 母公司 | 子公司 | | 借方 | 贷方 | | |
| 资产： | | | | | | | |
| 货币资金 | 2 125 | 600 | 2 725 | | | | 2 725 |
| 其他应收款 | 0 | 0 | 0 | | | | 0 |
| 存货 | 10 000 | 2 200 | 12 200 | ① 400 | | | 12 600 |
| 长期股权投资 | 4 000 | 0 | 4 000 | | ② 4 000 | | 0 |
| 固定资产 | 14 000 | 3 200 | 17 200 | ① 200 | | | 17 400 |
| **资产总计** | **30 125** | **6 000** | **36 125** | **600** | **4 000** | | **32 725** |
| 负债和所有者权益： | | | | | | | |
| 应付账款 | 10 000 | 1 000 | 11 000 | | | | 11 000 |
| 其他应付款 | 0 | 0 | 0 | | | | 0 |
| 递延所得税负债 | | | | | ① 150 | | 150 |

续表

| 项目 | 个别报表 | | 合计数 | 调整与抵销分录 | | 少数股东权益 | 合并数 |
|---|---|---|---|---|---|---|---|
| | 母公司 | 子公司 | | 借方 | 贷方 | | |
| 负债合计 | 10 000 | 1 000 | 11 000 | | 150 | | 11 150 |
| 股本 | 10 000 | 3 000 | 13 000 | ② 3 000 | | | 10 000 |
| 资本公积 | 2 950 | 500 | 3 450 | ② 950 | ① 450 | | 2 950 |
| 盈余公积 | 3 060 | 300 | 3 360 | ② 300 | | | 3 060 |
| 未分配利润 | 4 115 | 1 200 | 5 315 | ② 1 200 | ② 360 | | 4 475 |
| 少数股东权益 | | | | | | ② 1 090 | 1 090 |
| 所有者权益合计 | 20 125 | 5 000 | 25 125 | 5 450 | 810 | 1 090 | 21 575 |
| **负债和所有者权益总计** | **30 125** | **6 000** | **36 125** | **5 450** | **960** | **1 090** | **32 725** |

## （二）非同一控制下企业合并在购买日后的抵销处理

教学视频

非同一控制下与内部股权投资有关的在购买日后的抵销处理（一）

对于非同一控制下企业合并，在编制购买日后合并财务报表时，除应考虑母子公司会计政策和会计期间的差别外，还需要考虑的合并处理要点如下：

（1）将子公司可辨认净资产按购买日公允价值为基础进行调整。按购买日子公司资产、负债的公允价值对其财务报表进行调整，将子公司资产负债表中资产、负债的账面价值调整为公允价值。子公司可辨认净资产按公允价值调整后，如果计税基础不变，则需要在合并报表中确认相关资产或负债的递延所得税。以资产的公允价值上升为例，在合并工作底稿中，购买日的调整分录为：

借：有关资产（$A$ = 子公司有关资产公允价值与账面价值之差）

　贷：递延所得税负债（$A\times$ 所得税税率）

　　资本公积（差额）

注：资产的调整减值做相反处理，负债的调整与资产的调整方向相反。资产调整减值或负债调整增值还会涉及递延所得税资产的确认。

### 教学讨论

购买日后的上述调整会计分录，有关资产（如固定资产、无形资产等）在合并底稿中的计量金额发生变化，将如何影响企业集团后续的折旧额和摊销额？

（2）将母公司对子公司的长期股权投资由成本法调整为权益法。基本调整分录类似于前述同一控制下的，这里不再重复论述。需要注意的是，这里调整投资收益时依据子公司的净利润是根据购买日子公司净资产公允价值为基础重新计量后的净利润。

### 教学讨论

第1条的调整会计分录与第2条的调整会计分录顺序是否可以更换，两者之间是否存在关联？

（3）将母公司对子公司的长期股权投资与子公司所有者权益项目抵销，并确认少数股东权益。

借：实收资本（或股本）
　　资本公积①
　　其他综合收益
　　盈余公积
　　未分配利润（期末）
　　（以上合计：$A$ = 子公司调整后期末公允价值）
　　商誉（差额 = 长期股权投资的金额 − $A\times$ 母公司持股比例）
　　贷：长期股权投资（母公司对子公司的合并成本 + 按权益法的调整金额）
　　　　少数股东权益（$A\times$ 少数股东持股比例）
　　　　营业外收入②（差额 = $A\times$ 母公司持股比例 − 长期股权投资的金额）

其中，子公司的所有者权益项目是按照购买日子公司可辨认净资产公允价值为基础调整之后计量的金额；长期股权投资是按照成本法调整为权益法后的数额。

### 提示

子公司调整后期末所有者权益的公允价值，其中资本公积是调整后的，未分配利润（期末）也是调整后的。

（4）将内部股权投资收益与子公司利润分配项目抵销，并确认少数股东享有的收益。

借：投资收益（子公司调整后的当年净利润 × 母公司持股比例）
　　少数股东损益（子公司调整后的当年净利润 × 少数股东持股比例）
　　未分配利润（期初）（连续编制时上年子公司调整后期末未分配利润）
　　贷：提取盈余公积（子公司当年提取的盈余公积）
　　　　对所有者（股东）的分配（子公司当年对所有者或股东利润分配）
　　　　未分配利润（期末）（子公司调整后年末未分配利润）

---

①“资本公积”项目是经过第（1）条调整后的数额。

② 购买日编制合并底稿时，该差额记入“未分配利润”科目，购买日后编制底稿时，该差额记入“营业外收入”科目。

其中，投资收益、少数股东损益抵销金额的计算要考虑以子公司购买日可辨认净资产公允价值为基数调整计算后的净利润为基础。

例5-20为非同一控制下控股合并形成非全资控股的购买日后情况。

【例5-20】 沿用例5-16的有关资料，假定开源公司和A公司不属于同一控制下的两家企业，2×20年12月31日，开源公司用账面价值4 200万元、公允价值4 700万元的库存商品（假定不考虑增值税）和1 100万元银行存款作为对价，取得了A公司80%的股份，其他资料不变。购买日A公司存货公允价值比账面价值高400万元，截至2×21年12月31日，该批存货的80%售出；购买日A公司某项管理用固定资产公允价值比账面价值高200万元，该固定资产按直线法在5年内计提折旧。开源公司2×21年度确认主营业务利润等3 775万元，确认投资收益300万元，年度净利润为4 075万元，按净利润的10%提取盈余公积，未分派股利。A公司2×21年度报告净利润1 000万元，按净利润的10%提取盈余公积，宣告分派现金股利375万元（尚未支付）。税法政策认定此合并为免税合并，所得税税率为25%。为简化起见，个别报表中的所得税费用及其他资料省略。

（1）购买日后（2×21年12月31日），合并工作底稿中的相关合并处理：

① 将子公司可辨认资产、负债的账面价值按购买日公允价值为基础进行调整。

a. 借：存货　　4 000 000
　　　固定资产　　2 000 000
　　贷：资本公积　　4 500 000
　　　　递延所得税负债　　（6 000 000×25%）1 500 000

b. 借：营业成本　　（4 000 000×80%）3 200 000
　　贷：存货　　3 200 000

c. 借：递延所得税负债　　（3 200 000×25%）800 000
　　贷：所得税费用　　800 000

d. 借：管理费用　　（2 000 000÷5）400 000
　　贷：固定资产　　400 000

e. 借：递延所得税负债　　（400 000×25%）100 000
　　贷：所得税费用　　100 000

上述5笔小会计分录可以合并。

因此，子公司调整后的净利润为1 000－320＋80－40＋10＝730（万元）

② 将母公司对子公司的长期股权投资由成本法调整为权益法。

借：长期股权投资　　[（7 300 000－3 750 000）×80%] 2 840 000
　贷：投资收益　　2 840 000

③ 将母公司对子公司的长期股权投资与子公司所有者权益项目抵销。

商誉＝合并成本－子公司购买日可辨认净资产按公允价值调整后的份额＝5 800－（5 600－150）×80%＝5 800－（5 000＋450）×80%＝1 440（万元）

借：股本 30 000 000

资本公积 （5 000 000＋4 500 000）9 500 000

盈余公积 4 000 000

未分配利润 14 550 000①

商誉 14 400 000

贷：长期股权投资 60 840 000

少数股东权益 11 610 000

④ 将内部股权投资收益与子公司利润分配项目抵销。

借：投资收益[（7 300 000×80%）或（3 750 000×80%＋2 840 000）]

5 840 000

少数股东损益 1 460 000

未分配利润（期初） 12 000 000

贷：提取盈余公积 1 000 000

向股东分配利润 3 750 000

未分配利润（期末） 14 550 000

⑤ 将母公司对子公司的应收股利与子公司对母公司的应付股利抵销。

借：其他应付款 3 000 000

贷：其他应收款 3 000 000

（2）购买日后当年年末合并工作底稿（局部）如表5-19所示。

表5-19 购买日后当年年末合并工作底稿（局部）

单位：万元

| 项目 | 个别报表 | | 合计数 | 调整与抵销分录 | | 少数股东权益 | 合并数 |
|---|---|---|---|---|---|---|---|
| | 母公司 | 子公司 | | 借方 | 贷方 | | |
| **资产负债表项目：** | | | | | | | |
| 货币资金 | 2 000 | 1 800 | 3 800 | | | | 3 800 |
| 其他应收款 | 300 | 0 | 300 | | ⑤300 | | 0 |
| 存货 | 8 000 | 2 000 | 10 000 | a 400 | b 320 | | 10 080 |
| 长期股权投资 | 5 800 | 0 | 5 800 | ②284 | ③6 084 | | 0 |
| 固定资产 | 18 000 | 2 500 | 20 500 | a 200 | d 40 | | 20 660 |
| 商誉 | | | | ③ 1 440 | | | 1 440 |
| **资产总计** | **34 100** | **6 300** | **40 400** | **2 324** | **6 744** | | **35 980** |

① 调整后的未分配利润（期末）1 455万元＝期初1 200万元＋本期净利润1 000万元－提取盈余公积100万元－宣告分派股利375万元－② 分录320万元＋③ 分录80万元－④ 分录40万元＋⑤ 分录10万元＝期初未分配利润1 200万元＋本期调整后净利润730－提取盈余公积100万元－宣告分派股利375万元。

续表

| 项目 | 个别报表 | | 合计数 | 调整与抵销分录 | | 少数股东权益 | 合并数* |
|---|---|---|---|---|---|---|---|
| | 母公司 | 子公司 | | 借方 | 贷方 | | |
| 应付账款 | 10 000 | 300 | 10 300 | | | | 10 300 |
| 其他应付款 | 0 | 375 | 375 | ⑤ 300 | | | 75 |
| 递延所得税负债 | | | | c 80<br>e 10 | a 150 | | 60 |
| **负债合计** | **10 000** | **675** | **10 675** | **390** | **150** | | **10 435** |
| 股本 | 10 000 | 3 000 | 13 000 | ③ 3 000 | | | 10 000 |
| 资本公积 | 2 950 | 500 | 3 450 | ③ 950 | a 450 | | 2 950 |
| 盈余公积 | 3 457.5 | 400 | 3 857.5 | ③ 400 | | | 3 457.5 |
| 未分配利润 | 7 692.5 | 1 725 | 9 417.5 | 3 599 | 2 304 | 146 | 7 976.5* |
| 少数股东权益 | | | 0 | | | ③ 1 161 | 1 161 |
| **负债和所有者权益总计** | **34 100** | **6 300** | **40 400** | **8 339** | **2 904** | **1 015** | **35 980** |
| **利润表项目：** | | | | | | | |
| 主营业务利润等 | 3 775 | 1 000 | 4 775 | b 320<br>d 40 | | | 4 415 |
| 投资收益 | 300 | 0 | 300 | ④ 584 | ② 284 | | 0 |
| 减：所得税费用 | | | | | c 80<br>e 10 | | −90 |
| 净利润 | 4 075 | 1 000 | 5 075 | 944 | 374 | | 4 505 |
| 其中：归属于母公司股东损益 | | | | | | | 4 359 |
| 少数股东损益 | | | | | | ④ 146 | 146 |
| **所有者权益变动表有关项目：** | | | | | | | |
| 未分配利润（期初） | 4 025 | 1 200 | 5 225 | ④ 1 200 | | | 4 025 |
| 本年增减变动金额 | | | | | | | |
| 其中：利润分配 | | | | | | | |
| 提取盈余公积 | 407.5 | 100 | 507.5 | | ④ 100 | | 407.5 |
| 向股东分配利润 | | 375 | 375 | | ④ 375 | | 0 |
| 未分配利润（期末） | 7 692.5 | 1 725 | 9 417.5 | ③ 1 455<br>3 599 | ④ 1 455<br>2 304 | 146 | 7 976.5 |

注：*3 599 = 944 + 1 200 + 1 455；2 304 = 374 + 100 + 375 + 1 455；7 976.5 = 9 417.5 + 2 304 − 3 599 − 146 = 4 359 + 4 025 − 407.5。

例5-21为连续编制非同一控制下控股合并形成非全资控股的购买日后情况。

教学视频

非同一控制下与内部股权投资有关的在购买日后的抵销处理（二）

【例5-21】　承例5-20的有关资料，假定开源公司2×22年度确认主营业务利润等5 675万元，确认投资收益400万元，年度净利润为6 075万元，按净利润的10%提取盈余公积，未分派股利。假定购买日A公司评估增值的存货，在本年度全部售出；A公司2×22年度报告净利润2 000万元，按净利润的10%提取盈余公积，宣告分派现金股利500万元（尚未支付）。

（1）购买日后（2×22年12月31日），合并工作底稿中的相关合并处理如下：

① 将子公司可辨认资产、负债的账面价值按购买日公允价值为基础进行调整。

a. 借：存货　　4 000 000
　　固定资产　　2 000 000
　　贷：资本公积　　4 500 000
　　　　递延所得税负债　　（6 000 000×25%）1 500 000

b. 借：未分配利润（期初）　　3 200 000
　　营业成本　　800 000
　　贷：存货　　4 000 000

c. 借：递延所得税负债　　（4 000 000×25%）1 000 000
　　贷：未分配利润（期初）　　800 000
　　　　所得税费用　　200 000

d. 借：未分配利润（期初）　　400 000
　　管理费用　　（2 000 000÷5）400 000
　　贷：固定资产　　800 000

e. 借：递延所得税负债　　200 000
　　贷：未分配利润（期初）　　100 000
　　　　所得税费用　　（400 000×25%）100 000

上述5笔合计分录可以合并。

因此，子公司调整后的净利润＝2 000－80＋20－40＋10＝1 910（万元）

② 将母公司对子公司的长期股权投资由成本法调整为权益法。

借：长期股权投资　　14 120 000
　　贷：未分配利润（期初）　　2 840 000
　　　　投资收益　　[（19 100 000－5 000 000）×80%] 11 280 000

③ 将母公司对子公司的长期股权投资与子公司所有者权益项目抵销。

商誉＝合并成本－子公司购买日可辨认净资产按公允价值调整后的份额＝5 800－（5 600－150）×80%＝1 440（万元）

借：股本　　30 000 000

资本公积　（5 000 000＋4 500 000）9 500 000
盈余公积　6 000 000
未分配利润　26 650 000①
商誉　14 400 000
贷：长期股权投资　72 120 000
少数股东权益　14 430 000

④ 将内部股权投资收益与子公司利润分配项目抵销。

借：投资收益
［（19 100 000×80%）或（5 000 000×80%＋11 280 000）］
15 280 000
少数股东损益　3 820 000
未分配利润（期初）　14 550 000②
贷：提取盈余公积　2 000 000
向股东分配利润　5 000 000
未分配利润（期末）　26 650 000

⑤ 将母公司对子公司的应收股利与子公司对母公司的应付股利抵销。

借：其他应付款　4 000 000
贷：其他应收款　4 000 000

（2）购买日后第二年年末合并工作底稿（局部）如表5-20所示。

表5-20　购买日后第二年年末合并工作底稿（局部）

单位：万元

| 项目 | 个别报表 | | 合计数 | 调整与抵销分录 | | 少数股东权益 | 合并数 |
|---|---|---|---|---|---|---|---|
| | 母公司 | 子公司 | | 借方 | 贷方 | | |
| **资产负债表项目：** | | | | | | | |
| 货币资金 | 3 100 | 1 600 | 4 700 | | | | 4 700 |
| 其他应收款 | 400 | 0 | 400 | | ⑤ 400 | | 0 |
| 存货 | 8 000 | 3 000 | 11 000 | a 400 | b 400 | | 11 000 |
| 长期股权投资 | 5 800 | 0 | 5 800 | ② 1 412 | ③ 7 212 | | 0 |
| 固定资产 | 21 000 | 3 100 | 24 100 | a 200 | d 80 | | 24 220 |

① 调整后的未分配利润（期末）2 665万元＝期初1 725万元＋本期净利润2 000万元－提取盈余公积200万元－宣告分派股利500万元－② 分录400万元＋③ 分录100万元－④ 分录80万元＋⑤ 分录20万元＝期初调整后未分配利润1 455万元＋本期调整后净利润1 910－提取盈余公积200万元－宣告分派股利500万元。

② 调整后的未分配利润（期初）1 455万元为2×21年12月31日调整后的未分配利润。

续表

| 项目 | 个别报表 | | 合计数 | 调整与抵销分录 | | 少数股东权益 | 合并数 |
|---|---|---|---|---|---|---|---|
| | 母公司 | 子公司 | | 借方 | 贷方 | | |
| 商誉 | | | | ③ 1 440 | | | 1 440 |
| **资产总计** | **38 300** | **7 700** | **46 000** | **3 452** | **8 092** | | **41 360** |
| 应付账款 | 8 125 | 75 | 8 200 | | | | 8 200 |
| 其他应付款 | 0 | 500 | 500 | ⑤ 400 | | | 100 |
| 递延所得税负债 | | | | c 100<br>e 20 | a 150 | | 30 |
| 股本 | 10 000 | 3 000 | 13 000 | ③ 3 000 | | | 10 000 |
| 资本公积 | 2 950 | 500 | 3 450 | ③ 950 | a 450 | | 2 950 |
| 盈余公积 | 4 065 | 600 | 4 665 | ③ 600 | | | 4 065 |
| 未分配利润 | 13 160 | 3 025 | 16 185 | 6 128 | 4 897 | 382 | 14 572* |
| 少数股东权益 | | | | | | ③ 1 443 | 1 443 |
| **负债和所有者权益总计** | **38 300** | **7 700** | **46 000** | **11 198** | **5 497** | **1 061** | **41 360** |
| **利润表项目：** | | | | | | | |
| 主营业务利润等 | 5 675 | 2 000 | 7 675 | b 80<br>d 40 | | | 7 555 |
| 投资收益 | 400 | | 400 | ④ 1 528 | ② 1 128 | | 0 |
| 减：所得税费用 | | | | | c 20<br>e 10 | | −30 |
| 净利润 | 6 075 | 2 000 | 8 075 | 1 648 | 1 158 | | 7 585 |
| 其中：归属于母公司股东损益 | | | | | | | 7 203 |
| 少数股东损益 | | | | | | ④ 382 | 382 |
| **所有者权益变动表有关项目：** | | | | | | | |
| 未分配利润（期初） | 7 692.5 | 1 725 | 9 417.5 | b 320<br>d 40<br>④ 1 455 | c 80<br>e 10<br>② 284 | | 7 976.5 |

续表

| 项目 | 个别报表 |  | 合计数 | 调整与抵销分录 |  | 少数股东权益 | 合并数 |
|---|---|---|---|---|---|---|---|
|  | 母公司 | 子公司 |  | 借方 | 贷方 |  |  |
| 本年增减变动金额 |  |  |  |  |  |  |  |
| 其中：利润分配 |  |  |  |  |  |  |  |
| 提取盈余公积 | 607.5 | 200 | 807.5 |  | ④ 200 |  | 607.5 |
| 向股东分配利润 |  | 500 | 500 |  | ④ 500 |  | 0 |
| 未分配利润（期末） | 13 160 | 3 025 | 16 185 | ③ 2 665<br>6 128 | ④ 2 665<br>4 897 | 382 | 14 572 |

注：*6 128 = 1 648 + 320 + 40 + 1 455 + 2 665；4 897 = 1 158 + 80 + 10 + 284 + 200 + 500 + 2 665；14 572 = 16 185 + 4 897 − 6 128 − 382 = 7 203 + 7 976.5 − 607.5。

# 第三节 内部债权债务相关业务的合并处理

## 一、内部债权债务的抵销原理

教学视频

与内部债权债务有关的抵销处理

母公司与子公司、子公司相互之间的债权和债务项目，是指母公司与子公司、子公司相互之间的应收账款与应付账款、预付账款和预收账款、应付债券与债券投资等项目。对于发生在母公司与子公司、子公司相互之间的这些项目，从债权方企业来说，在资产负债表中表现为一项债权资产；而从债务方来说，一方面形成一项负债，另一方面同时形成一项资产。发生的这种内部债权债务，从母公司与子公司组成的集团整体角度来看，它只是集团内部资金运动，既不增加企业集团的资产，也不增加负债。为此，在编制合并财务报表时也应当将内部债权债务项目予以抵销。

在编制合并资产负债表时需要进行合并处理的内部债权债务项目主要包括：① 应收账款与应付账款；② 应收票据与应付票据；③ 预付账款与合同负债等；④ 债权投资与应付债券；⑤ 其他应收款与其他应付款。

## 二、内部应收款项与应付款项的抵销处理

### （一）抵销内部应收款项与应付款项

对于母公司与子公司之间、子公司相互之间存在应收款项和应付款项的情况下，编制合并财务报表时，在合并工作底稿中应编制如下抵销会计分录。

（1）抵销内部应收账款与应付账款：

借：应付账款

　　贷：应收账款

（2）抵销内部应收票据与应付票据：

借：应付票据

　　贷：应收票据

（3）抵销内部预付账款与合同负债等：

借：合同负债等

　　贷：预付账款

（4）抵销内部应收股利与应付股利：

借：其他应付款——应付股利

　　贷：其他应收款——应收股利

（5）抵销内部应收利息与应付利息：

借：其他应付款——应付利息

　　贷：其他应收款——应收利息

（6）抵销内部其他应收款与其他应付款：

借：其他应付款

　　贷：其他应收款

### （二）抵销内部应收款项计提的坏账准备

企业对于包括应收账款、应收票据、预付账款、应收股利以及其他应收款在内的所有应收款项，应当根据其预计可收回金额变动情况，确认信用减值损失，计提坏账准备。这里的应收账款、应收票据等也包括应收子公司账款、应收子公司票据等。在对子公司的应收款项计提坏账准备的情况下，在编制合并财务报表时，随着内部应收款项的抵销，与此相联系也须将该内部应收款项计提的坏账准备予以抵销。由于坏账准备在资产负债表中并不单独列示，而是作为应收款项的抵减，因此将内部应收款项计提的坏账准备抵销时，在合并工作底稿中应编制如下抵销会计分录（以应收账款为例）：

借：应收账款——坏账准备（内部应收账款计提的坏账准备期末余额）

贷或借：信用减值损失（内部应收账款本期计提或冲销的坏账准备）

　　贷：未分配利润（期初）（内部应收账款计提的坏账准备期初余额）

## 教学讨论

在连续编制合并报表时，为什么需要抵销内部应收款项计提的坏账准备期初数？

### （三）抵销内部应收款项计提坏账准备的所得税影响

在编制合并财务报表时，随着内部债权债务的抵销，也必须将内部应收款项计提的坏账准备予以抵销。通过对其进行合并抵销处理后，合并财务报表中该内部应收款项已不存在，由内部应收款项账面价值与计税基础之间的差异所形成的暂时性差异也不能存在。在编制合并财务报表时，对持有该集团内部应收款项的企业因该暂时性差异确认的递延所得税资产则需要进行抵销处理，在合并工作底稿中应编制如下抵销会计分录：

借：未分配利润（期初）（抵销以前期间计提坏账准备的金额 × 适用所得税税率）

借或贷：所得税费用（抵销本期补提或冲销坏账准备的余额 × 适用所得税税率）

　　贷：递延所得税资产（抵销期末坏账准备余额 × 适用所得税税率）

【例5-22】 开源公司为D公司的母公司，开源公司按年末应收账款余额的0.5%计提坏账准备。2×21年末，开源公司应收账款余额60 000元为应向D公司收取的销货款；2×22年末，开源公司应收账款余额100 000元全部为D公司的应付账款；2×23年末，开源公司应收账款余额40 000元全部为D公司的应付账款。三年中D公司各年年末应付账款余额分别为70 000元、120 000元、40 000元。所得税税率为25%。预计各年均有足够的应纳税所得额用以抵扣可抵扣暂时性差异。

（1）2×21年年末，合并工作底稿中的相关合并处理：

① 抵销内部应收账款和应付账款。

| | | |
|---|---|---|
| 借：应付账款 | 60 000 | |
| 　　贷：应收账款 | | 60 000 |

② 抵销内部应收账款计提的坏账准备。

| | | |
|---|---|---|
| 借：应收账款 | 300 | |
| 　　贷：信用减值损失 | | 300 |

③ 抵销内部应收账款计提坏账准备所确认的递延所得税资产①。

| | | |
|---|---|---|
| 借：所得税费用 | 75 | |
| 　　贷：递延所得税资产 | | 75 |

（2）2×22年年末，合并工作底稿中的相关合并处理如下：

① 抵销内部应收账款和应付账款。

| | | |
|---|---|---|
| 借：应付账款 | 100 000 | |

---

① 2×21年年末，母公司（开源公司）应收账款的账面价值为59 700元（60 000－300），计税基础为60 000元，因而母公司应借记“递延所得税资产”科目，贷记“所得税费用”科目。在合并底稿中随着坏账准备的抵销，母公司因该项内部业务产生的“递延所得税资产”也应予以抵销。

　　　贷：应收账款　　　　　　　　　　　　　　　　100 000

② 抵销内部应收账款计提的坏账准备。

借：应收账款　　　　　　　　　　　　　　　　500

　　贷：未分配利润（期初）　　　　　　　　　　　300

　　　　信用减值损失　　　　　　　　　　　　　　200

③ 抵销内部应收账款计提坏账准备所确认的递延所得税资产。

借：未分配利润（期初）　　　　　　　　　　　75

　　所得税费用　　　　　　　　　　　　　　　50

　　贷：递延所得税资产　　　　　　　　　　　　125

（3）2×23年末，合并工作底稿中的相关合并处理如下：

① 抵销内部应收账款和应付账款。

借：应付账款　　　　　　　　　　　　　　40 000

　　贷：应收账款　　　　　　　　　　　　　40 000

② 抵销内部应收账款计提的坏账准备。

借：应收账款　　　　　　　　　　　　　　　200

　　信用减值损失　　　　　　　　　　　　　300

　　贷：未分配利润（期初）　　　　　　　　　500

③ 抵销内部应收账款计提坏账准备所确认的递延所得税资产。

借：未分配利润（期初）　　　　　　　　　　125

　　贷：递延所得税资产　　　　　　　　　　50

　　　　所得税费用　　　　　　　　　　　　75

（4）合并工作底稿（局部）如表5-21所示。

表5-21　合并工作底稿（局部）

单位：元

| 项目 | 个别报表 | | 合计数 | 调整与抵销分录 | | 少数股东权益 | 合并数 |
|---|---|---|---|---|---|---|---|
| | 母公司 | 子公司 | | 借方 | 贷方 | | |
| **2×21年** | | | | | | | |
| **利润表和所有者权益变动表有关项目：** | | | | | | | |
| 信用减值损失 | 300 | | 300 | | ② 300 | | 0 |
| 减：所得税费用 | −75 | | −75 | ③ 75 | | | 0 |
| 未分配利润（期末）* | 75−300 | | 75−300 | 75 | 300 | | 0 |
| **资产负债表有关项目：** | | | | | | | |
| 应收账款 | 59 700 | | 59 700 | ② 300 | ① 60 000 | | 0 |
| 递延所得税资产 | 75 | | 75 | | ③ 75 | | 0 |

续表

| 项目 | 个别报表 | | 合计数 | 调整与抵销分录 | | 少数股东权益 | 合并数 |
|---|---|---|---|---|---|---|---|
| | 母公司 | 子公司 | | 借方 | 贷方 | | |
| 应付账款 | | 70 000 | 70 000 | ① 60 000 | | | 10 000 |
| 未分配利润 | −225 | | −225 | 75 | 300 | | 0 |
| **2×22年** | | | | | | | |
| **利润表和所有者权益变动表有关项目：** | | | | | | | |
| 信用减值损失 | 200 | | 200 | | ② 200 | | 0 |
| 减：所得税费用 | −50 | | −50 | ③ 50 | | | 0 |
| 未分配利润（期初） | 75−300 | | 75−300 | ③ 75 | ② 300 | | 0 |
| 未分配利润（期末） | 125−500 | | 125−500 | 125 | 500 | | 0 |
| **资产负债表有关项目：** | | | | | | | |
| 应收账款 | 99 500 | | 99 500 | ② 500 | ① 100 000 | | 0 |
| 递延所得税资产 | 125 | | 125 | | ③ 125 | | 0 |
| 应付账款 | | 120 000 | 120 000 | ① 100 000 | | | 20 000 |
| 未分配利润 | −375 | | −375 | 125 | 500 | | 0 |
| **2×23年** | | | | | | | |
| **利润表和所有者权益变动表有关项目：** | | | | | | | |
| 信用减值损失 | −300 | | −300 | ② 300 | | | 0 |
| 减：所得税费用 | 75 | | 75 | | ③ 75 | | 0 |
| 未分配利润（期初） | 125−500 | | 125−500 | ③ 125 | ② 500 | | 0 |
| 未分配利润（期末） | 50−200 | | 50−200 | 425 | 575 | | 0 |
| **资产负债表有关项目：** | | | | | | | |
| 应收账款 | 39 800 | | 39 800 | ② 200 | ① 40 000 | | |
| 递延所得税资产 | 50 | | 50 | | ③ 50 | | 0 |
| 应付账款 | | | 40 000 | ① 40 000 | | | 0 |
| 未分配利润 | −150 | | −150 | 425 | 575 | | 0 |

注：* 为了区分母公司信用减值损失及所得税费用对未分配利润合计数及合并数的影响，表5-21的合并工作底稿中“未分配利润（期末）”项目在2×21年末的合计数采用75－300（元）表示，以便于理解“未分配利润（期初）”项目在后续抵销分录中的含义。

## 三、内部债权投资与应付债券的抵销处理

### （一）抵销债权投资和应付债券

在企业集团内部，如果母公司或子公司一方发行债券，形成应付债券；而企业集团的另一方全部或部分购买其发行的债券，形成债权投资。但站在企业集团的角度，该业务属于企业集团内部的资金调拨，并不会增加企业集团的负债（应付债券），也不会增加企业集团的资产（债权投资）。因此，编制合并财务报表时，应将企业集团内部的债权投资与应付债券予以抵销。在合并工作底稿中，应编制如下抵销分录：

借：应付债券（发行方账面价值）
　　投资收益（借差）
　　贷：债权投资（购买方账面价值）
　　　　财务费用（贷差）

### （二）抵销内部债券的利息收益和利息支出

在企业集团内部，购买债券的一方期末需要计提利息，确认为投资收益，并反映在其个别财务报表中；发行债券的一方期末也要计提利息，确认为财务费用或资本化计入在建工程等。但从企业集团角度分析，该业务属于集团内部的资金调拨，并不会增加企业集团的收益也不会增加企业集团的费用。因此，编制合并财务报表时，应将企业集团内部债券的利息收益和利息费用予以抵销。

（1）如果发行方所筹资金用于非工程项目，则根据当年投资方所提的利息收益和发行债券方所计提的利息费用，在合并工作底稿中，应编制如下抵销会计分录：

借：投资收益
　　贷：财务费用

如果这两项不相等，则就低不就高，高出部分是集团认可的部分。

（2）如果发行方所筹资金用于工程项目，则分别以下两种情况来处理：

① 根据当年投资方所提的利息收益和发行方当年所提的利息费用，在合并工作底稿中，应编制如下抵销会计分录：

借：投资收益
　　贷：财务费用（计入当期财务费用的部分）
　　　　在建工程（计入当期工程的部分）

② 根据以前年度债券发行方所提的利息费用及资本化部分结合投资方所提的利息收益部分，在合并工作底稿中，应编制如下抵销会计分录：

借：未分配利润（期初）
　　贷：在建工程

如果工程已经完工，则需改记入"固定资产"科目并按固定资产内部交易原则来处理，在此不再赘述。

### 教学讨论

在抵销内部债券的利息收益和利息支出时，如果本期利息支出直接费用化，是否还需要在下期继续编制抵销会计分录？

### （三）抵销内部应收利息与应付利息

若内部购买的债券为分期付息债券，且利息尚未支付，在合并工作底稿中，应编制如下抵销会计分录：

借：其他应付款——应付利息

　　贷：其他应收款——应收利息

【例5-23】 开源公司为D公司的母公司，开源公司2×21年年初以420万元（不含利息）的价格从证券市场购入D公司2×20年初按面值发行的4年期一次还本的债券，债券每年年初支付一次利息（D公司发行债券所筹集资金用于补充流动资金），该债券面值400万元，年利率10%。开源公司购入的债券作为债权投资核算，按实际利率法摊销债权投资初始确认金额与到期日金额之间的差额。假定实际利率为8%。

2×21年年末，合并工作底稿中的相关合并处理如下。

（1）抵销债权投资和应付债券：

借：应付债券　4 000 000

　　投资收益　136 000

　　贷：债权投资　（[4 200 000－(400 000－4 200 000×8%)]　4 136 000

（2）抵销内部债券的利息收益和利息支出：

借：投资收益　（4 200 000×8%）336 000

　　贷：财务费用　336 000

（3）抵销内部应收利息与应付利息：

借：其他应付款——应付利息　400 000

　　贷：其他应收款——应收利息　400 000

# 第四节 内部资产相关业务的合并处理

## 一、内部商品交易的合并处理

教学视频

内部商品交易的抵销处理

### （一）交易当期内部销售收入和内部销售成本的抵销处理

内部销售收入是指企业集团内部母公司与子公司、子公司相互之间（以下称成员企业）发生的购销活动所产生的销售收入。内部销售成本是指企业集团内部母公司与子公司、子公司相互之间发生的内部销售商品的销售成本。

1. 购买企业内部购进的商品当期全部实现销售时的抵销处理

在这种情况下，对于销售企业来说，销售给其他成员企业商品与销售给集团外部企业情况下的会计处理相同，即在本期确认销售收入、结转销售成本、计算损益，并在其个别利润表中反映；对于购买企业来说，一方面要确认销售收入，另一方面要结转销售内部购进商品的成本，并在其个别利润表中分别作为营业收入和营业成本反映，并确认损益。也就是说，对于同一购销业务，在销售企业和购买企业的个别利润表都作了反映。但从企业集团整体来看，这一购销业务只是实现了一次销售，其销售收入只是购买企业销售该产品的销售收入，其销售成本只是销售企业销售该商品的成本。销售企业销售该商品的收入属于内部销售收入（重复计算），相应的购买企业销售该商品的销售成本则属于内部销售成本（重复计算）。因此，在编制合并财务报表时，就必须将重复反映的内部销售收入与内部销售成本予以抵销，即在合并工作底稿中，应编制如下抵销会计分录：

借：营业收入（内部交易销售方的销售收入）

　　贷：营业成本（内部交易购买方的销售成本）

【例5-24】 开源公司拥有A公司70%的股权，系A公司的母公司。开源公司2×21年度个别利润表的营业收入包括向A公司销售产品取得的销售收入100万元，该批产品销售成本为80万元。A公司在本期将该产品全部售出，其销售收入为120万元，销售成本为100万元，并分别在其个别利润表中列示。为简化起见，个别报表中的所得税费用及其他资料省略。

对此，编制合并财务报表将内部销售收入和内部销售成本予以抵销时，应编制如下抵销会计分录：

借：营业收入　　　　　　　　　　　　　　　　1 000 000

贷：营业成本 1 000 000

合并工作底稿（局部）如表5-22所示。

表5-22 合并工作底稿（局部）

单位：万元

| 项目 | 个别报表 | | 合计数 | 调整与抵销分录 | | 少数股东权益 | 合并数 |
|---|---|---|---|---|---|---|---|
| | 母公司 | 子公司 | | 借方 | 贷方 | | |
| **利润表和所有者权益变动表有关项目：** | | | | | | | |
| 营业收入 | 100 | 120 | 220 | ① 100 | | | 120 |
| 营业成本 | 80 | 100 | 180 | | ① 100 | | 80 |
| 净利润 | | | | | | | |
| 未分配利润（期初） | 0 | 0 | 0 | | | | 0 |
| 未分配利润（期末） | 20 | 20 | 40 | 100 | 100 | | 40 |
| **资产负债表有关项目：** | | | | | | | |
| 存货 | 0 | 0 | 0 | | | | 0 |
| 未分配利润 | 20 | 20 | 40 | 100 | 100 | | 40 |

2. 内部购进的商品未实现对外销售时的抵销处理

在内部购进的商品未实现对外销售的情况下，从销售企业来说，同样是按照一般的销售业务确认销售收入，结转销售成本，计算销售利润，并在其利润表中列示。这一业务从整个企业集团来看，实际上只是商品存放地点发生变动，并没有真正实现企业集团对外销售，不应确认销售收入、结转销售成本以及计算损益。因此，对于该内部购销业务，在编制合并财务报表时，应当将销售企业由此确认的内部销售收入和内部销售成本予以抵销。对于这一经济业务，从购买企业来说，则以支付的购货价款作为存货成本入账，并在其个别资产负债表中作为资产列示。这样，购买企业的个别资产负债表中存货的价值中就包含有销售企业实现的销售毛利。销售企业由于内部购销业务实现的销售毛利，属于未实现内部销售损益。因此，在编制合并资产负债表时，应当将存货价值中包含的未实现内部销售损益予以抵销，即在合并工作底稿中，应编制如下抵销会计分录：

借：营业收入（内部交易销售方的销售收入）

贷：营业成本（内部交易销售方的销售成本）

存货（内部交易销售方的利润）

【例5-25】 开源公司是A公司的母公司。开源公司2×21年度个别利润表的营业收入中有100万元，系向A公司销售商品实现的收入，其商品成本为80万元，销售毛利率为20%。A公司本期从开源公司购入的商品在本期均未实现销售，期末存货中包含有100万元从开源公司购进的商品，该存货中包含的未实现内部销售损益为20万元。

编制合并利润表时，将内部销售收入、内部销售成本及存货价值中包含的未实现内部销售损益抵销时，其抵销会计分录如下：

借：营业收入　　1 000 000

　贷：营业成本　　800 000

　　存货　　200 000

合并工作底稿（局部）如表5-23所示。

表5-23　合并工作底稿（局部）

单位：万元

| 项目 | 个别报表 | | 合计数 | 调整与抵销分录 | | 少数股东权益 | 合并数 |
|---|---|---|---|---|---|---|---|
| | 母公司 | 子公司 | | 借方 | 贷方 | | |
| **利润表和所有者权益变动表有关项目：** | | | | | | | |
| 营业收入 | 100 | | 100 | ① 100 | | | 0 |
| 营业成本 | 80 | | 80 | | ① 80 | | 0 |
| 净利润 | | | | | | | |
| 未分配利润（期初） | 0 | 0 | 0 | | | | 0 |
| 未分配利润（期末） | 20 | 0 | 20 | 100 | 80 | | 0 |
| **资产负债表有关项目：** | | | | | | | |
| 存货 | 0 | 100 | 100 | | ① 20 | | 80 |
| 未分配利润 | 20 | 0 | 20 | 100 | 80 | | 0 |

3. 内部购进的商品部分实现对外销售、部分形成期末存货时的抵销处理

在这种情况下，可以将内部购买的商品分解为两部分来理解：一部分为当期购进并全部实现对外销售；另一部分为当期购进但未实现对外销售而形成期末存货。在合并工作底稿中，应编制如下抵销会计分录：

借：营业收入（内部交易销售方的销售收入）

　贷：营业成本（差额或购买方对外已销售成本+销售方成本×购买方未销售比例）

　　存货（内部交易销售方的未实现利润）

【例5-26】　开源公司是A公司的母公司。开源公司2×21年度个别利润表的营业收入中有100万元，系向A公司销售商品实现的收入，其商品成本为80万元，销售毛利

率为20%。A公司在本期将该批内部购进商品的60%实现销售，其销售收入为80万元，销售成本为60万元，销售毛利率为25%，并列示于其个别利润表中。

编制合并利润表时，将内部销售收入、内部销售成本及存货价值中包含的未实现内部销售损益抵销时，其抵销分录如下：

借：营业收入　　1 000 000
　　贷：营业成本　　（600 000＋800 000×40%）920 000
　　　　存货　　（200 000×40%）80 000

合并工作底稿（局部）如表5-24所示。

表5-24　合并工作底稿（局部）

单位：万元

| 项目 | 个别报表 | | 合计数 | 调整与抵销分录 | | 少数股东权益 | 合并数 |
|---|---|---|---|---|---|---|---|
| | 母公司 | 子公司 | | 借方 | 贷方 | | |
| **利润表和所有者权益变动表有关项目：** | | | | | | | |
| 营业收入 | 100 | 80 | 180 | ① 100 | | | 80 |
| 营业成本 | 80 | 60 | 140 | | ① 92 | | 48 |
| 净利润 | | | | | | | |
| 未分配利润（期初） | 0 | 0 | 0 | | | | 0 |
| 未分配利润（期末） | 20 | 20 | 40 | 100 | 92 | | 32 |
| **资产负债表有关项目：** | | | | | | | |
| 存货 | 0 | 40 | 40 | | ① 8 | | 32 |
| 未分配利润 | 20 | 20 | 40 | 100 | 92 | | 32 |

对于内部销售收入的抵销，也可按照如下方法进行抵销处理：① 按照内部销售收入的数额，借记“营业收入”科目，贷记“营业成本”科目；② 按照期末存货价值中包含的未实现内部销售损益的数额，借记“营业成本”科目，贷记“存货”科目。

教学文档

集团内部商品购销交易抵销土地增值税和增值税的处理

因此，例5-26的抵销会计分录也可以编制如下：

借：营业收入　　1 000 000
　　贷：营业成本　　1 000 000
借：营业成本　　80 000
　　贷：存货　　80 000

## （二）连续编制合并财务报表时内部销售商品的合并处理

在连续编制合并财务报表的情况下，首先必须将上期抵销的存货价值中包含的未实现内部销售损益对本期期初未分配利润的影响予以抵销，调整本期期初未分配利润的数额；然后对本期内部购进存货进行合并处理。其具体合并处理程序和方法如下：

（1）将上期抵销的存货价值中包含的未实现内部销售损益对本期期初未分配利润的影响进行抵销。即按照上期内部购进存货价值中包含的未实现内部销售损益的数额，编制如下抵销分录①：

借：未分配利润（期初）（以前年度内部交易未实现利润）

　　贷：营业成本

（2）对于本期发生内部购销活动的，将内部销售收入及内部销售成本予以抵销。即按照销售企业内部销售收入的数额，编制如下抵销分录：

借：营业收入（内部交易销售方的收入）

　　贷：营业成本

（3）将期末内部购进存货价值中包含的未实现内部销售损益予以抵销。对于期末内部购买形成的存货（包括上期结转形成的本期存货），应按照购买企业期末内部购入存货价值中包含的未实现内部销售损益的数额，编制如下抵销分录：

借：营业成本

　　贷：存货（期末存货价值中包含的未实现利润 = 期末内部购进存货成本 × 销售方毛利率）

需要注意的是，第1笔抵销分录，可以理解为上期内部购进的存货中包含的未实现内部销售损益在本期视同为实现利润，将上期未实现内部销售损益转为本期实现利润，冲减当期的合并销售成本。如果上期内部购进的存货在本期没有销售或者部分销售，则通过第3个抵销分录（抵销期末内部购入存货中包含的未实现内部销售损益）予以调整，编制如下抵销分录：

借：未分配利润（期初）（以前年度内部交易未实现利润）

　　贷：营业成本（本年转为实现的利润 = 以前年度内部交易未实现利润 × 本年销售比例）

　　　　存货（本年仍未实现的利润 = 以前年度内部交易未实现利润 × 本年未销售比例）

**【例5-27】** 2×21年度，开源公司与A公司内部购销资料、内部销售的抵销处理及其合并工作底稿（简表）见例5-25。2×22年度，A公司将上期从开源公司购入的成本为100万元的商品在本期实现对外销售30%，销售毛利率为25%。

---

① 该笔抵销分录，可以理解为上期内部购进的存货中包含的未实现内部销售损益在本期视同为实现利润，将上期未实现内部销售损益转为本期实现利润，冲减当期的合并销售成本。如果上期内部购进的存货在本期没有销售或者部分销售，则通过第3个抵销分录（抵销期末内部购入存货中包含的未实现内部销售损益）予以调整。

编制合并利润表时，将内部销售收入、内部销售成本及存货价值中包含的未实现内部销售损益抵销时，其抵销分录如下：

借：未分配利润（期初） 200 000

　贷：营业成本 （200 000×30%）60 000

　　存货 （200 000×70%）140 000

合并工作底稿（局部）如表5-25所示。

表5-25 合并工作底稿（局部）

单位：万元

| 项目 | 个别报表 | | 合计数 | 调整与抵销分录 | | 少数股东权益 | 合并数 |
|---|---|---|---|---|---|---|---|
| | 母公司 | 子公司 | | 借方 | 贷方 | | |
| **利润表和所有者权益变动表有关项目：** | | | | | | | |
| 营业收入 | 0 | 40 | 40 | | | | 40 |
| 营业成本 | 0 | 30 | 30 | | ① 6 | | 24* |
| 净利润 | | | | | | | |
| 未分配利润（期初） | 20 | 0 | 20 | ① 20 | | | 0 |
| 未分配利润（期末） | 20 | 10 | 30 | 20 | 6 | | 16 |
| **资产负债表有关项目：** | | | | | | | |
| 存货 | 0 | 70 | 70 | | ① 14 | | 56** |
| 未分配利润 | 20 | 10 | 30 | 20 | 6 | | 16 |

注：*“营业成本”项目合并数 = 80×30% = 24（万元）；**“存货”项目合并数 = 80×70% = 56（万元）。

【例5-28】 2×21年度，开源公司与A公司内部购销资料、内部销售的抵销处理及其合并工作底稿（简表）见例5-25。2×22年度，开源公司个别财务报表中向A公司销售商品取得销售收入600万元，销售成本为480万元，开源公司本期销售毛利率与上期相同，为20%。A公司个别财务报表中从开源公司购进商品本期实现对外销售收入为500万元，销售成本为375万元，销售毛利率为25%；期末内部购进形成的存货为325万元（期初存货100万元 + 本期购进存货600万元 − 本期销售成本375万元），存货价值中包含的未实现内部销售损益为65万元。

（1）2×22年年末合并工作底稿中的相关合并处理：

① 调整期初未分配利润的数额。

借：期初未分配利润 200 000

　　贷：营业成本　　　　　　　　　　　　　　　　200 000

② 抵销本期内部销售收入。

借：营业收入　　　　　　　　　　　　　　6 000 000

　　贷：营业成本　　　　　　　　　　　　　　　　6 000 000

③ 抵销期末存货中包含的未实现内部销售损益。

借：营业成本　　　　　（3 250 000×20%）650 000

　　贷：存货　　　　　　　　　　　　　　　　　650 000

**提示**

上述抵销分录①是假定以前期间未销售的内部存货在本期全部实现对外销售，抵销分录②是假定本期内部购进的存货全部实现对外销售，但事实并未如此，因此，抵销分录③需要对期末存货价值中包含的未实现内部销售损益予以抵销，“营业成本”项目贯穿了上述三笔抵销会计分录。

（2）合并工作底稿（局部）如表5-26所示。

表5-26　合并工作底稿（局部）

单位：万元

| 项目 | 个别报表 | | 合计数 | 调整与抵销分录 | | 少数股东权益 | 合并数 |
|---|---|---|---|---|---|---|---|
| | 母公司 | 子公司 | | 借方 | 贷方 | | |
| **利润表和所有者权益变动表有关项目：** | | | | | | | |
| 营业收入 | 600 | 500 | 1 100 | ② 600 | | | 500 |
| 营业成本 | 480 | 375 | 855 | ③ 65 | ② 600<br>① 20 | | 300* |
| 净利润 | 120 | 125 | | | | | |
| 未分配利润（期初） | 20 | 0 | 20 | ① 20 | | | 0 |
| 未分配利润（期末） | 20＋120 | 125 | 265 | 685 | 620 | | 200 |
| **资产负债表有关项目：** | | | | | | | |
| 存货 | 0 | 325 | 325 | | ③ 65 | | 260 |
| 未分配利润 | 140 | 125 | 265 | 685 | 620 | | 200 |

注：* “营业成本”项目合并数＝480×（375÷600）＝480×62.5%＝300（万元）；

“存货”项目合并数＝期初80＋480×（1－62.5%）＝260（万元）（此处按销售比例计算）。

## （三）存货跌价准备的合并处理

教学视频

存货跌价准备的抵销处理

1. 初次编制合并财务报表时存货跌价准备的合并处理

根据现行企业会计准则的规定，企业必须定期或者至少于年度终了时，对存货进行全面清查，采用成本与可变现净值孰低法进行期末计价，按单个存货项目计提存货跌价准备。其存货清查的范围既包括从企业集团外部购进形成的存货，也包括从企业集团内部购进形成的存货；采用成本与可变现净值孰低法进行期末计价的范围，也包括从企业集团内部购进形成的期末存货。当企业本期计提的存货跌价准备中包括对内部购进形成的存货计提的跌价准备时，则涉及如何将对内部购进的存货计提的跌价准备进行抵销的问题。

某一商品因毁损、陈旧过时而导致其可变现净值下跌，从而计提跌价准备时，从整个企业集团来说，对这一毁损、陈旧的商品同样必须计提跌价准备。也就是说，某一商品在企业集团内某一成员企业计提跌价准备，对于企业集团来说也同样必须计提跌价准备。某一商品计提跌价准备的金额，从单一企业来说，为该商品可变现净值低于取得成本的差额；而从企业集团来说，则是该商品可变现净值与企业集团范围内取得该商品成本的差额。

从商品的可变现净值来说，某一商品的可变现净值，无论对于企业集团还是持有该商品的企业来说，基本上都是一致的。从商品的取得成本来说，持有内部购进商品的企业，该商品的取得成本包括销售企业所实现的利润，而对于企业集团整体来说，则是指从外部购买该商品的成本或生产这一产品的生产成本。编制合并财务报表时，计提存货跌价准备应当是将该商品的可变现净值与企业集团的取得成本进行比较确定的计提金额。

对内部购进形成的存货计提跌价准备的合并处理，从购买企业来看有两种情况：

（1）购买企业本期期末内部购进存货的可变现净值低于其取得成本，但高于销售企业销售成本。在该种情况下，从购买企业个别财务报表来说，购买企业按该存货的可变现净值低于其取得成本的金额，一方面确认存货跌价准备并在其个别资产负债表中通过抵销存货项目的金额列示，另一方面在利润表中作为资产减值损失列示。但从合并财务报表来说，随着内部购进存货包含的未实现内部销售损益的抵销，该存货在合并财务报表中列示的成本为抵销未实现内部销售损益后的成本。当该存货的可变现净值低于购买企业的取得成本，但高于该存货在合并财务报表中的成本时，则不需要计提存货跌价准备。个别财务报表中计列的相应的存货跌价准备，也应予以抵销。在合并工作底稿中，应编制如下抵销分录：

借：存货（购买企业本期计提存货跌价准备的金额）

　　贷：资产减值损失

**【例5-29】** 开源公司是A公司的母公司。开源公司2×21年度个别利润表的营业收入包括向A公司销售产品取得的销售收入100万元，该批商品成本为80万元。A公司本期从开源公司购入的商品在本期均未实现销售。A公司期末对存货进行检查时，发现该商品已经部分陈旧，其可变现净值已降至95万元。为此，A公司期末对该存货计提存货跌价准备5万元，并在其个别财务报表中列示。

a. 合并工作底稿中的相关合并处理：

① 抵销未实现的内部损益。

| | | |
|---|---|---|
| 借：营业收入 | 1 000 000 | |
| 　　贷：营业成本 | | 800 000 |
| 　　　　存货 | | 200 000 |

② 抵销多计提的存货跌价准备。

| | | |
|---|---|---|
| 借：存货 | 50 000 | |
| 　　贷：资产减值损失 | | 50 000 |

b. 合并工作底稿（局部）如表5-27所示。

表5-27　合并工作底稿（局部）

单位：万元

| 项目 | 个别报表 | | 合计数 | 调整与抵销分录 | | 少数股东权益 | 合并数 |
|---|---|---|---|---|---|---|---|
| | 母公司 | 子公司 | | 借方 | 贷方 | | |
| **利润表和所有者权益变动表有关项目：** | | | | | | | |
| 营业收入 | 100 | | 100 | ① 100 | | | 0 |
| 营业成本 | 80 | | 80 | | ① 80 | | 0 |
| 营业利润 | 20 | | 20 | 100 | 80 | | 0 |
| 减：资产减值损失 | 0 | 5 | 5 | | ② 5 | | 0 |
| 净利润 | 20 | −5 | 15 | 100 | 85 | | 0 |
| 未分配利润（期初） | 0 | 0 | 0 | | | | 0 |
| 未分配利润（期末） | 20 | −5 | 20−5 | 100 | 85 | | 0 |
| **资产负债表有关项目：** | | | | | | | |
| 存货 | 0 | 95 | 95 | ② 5 | ① 20 | | 80 |
| 未分配利润 | 20 | −5 | 20−5 | 100 | 85 | | 0 |

（2）购买企业本期期末内部购进存货的可变现净值既低于该存货的取得成本，也低于销售企业的该存货的取得成本。在该情况下，从购买企业个别财务报表来说，购

买企业按该存货的可变现净值低于其取得成本的金额确认存货跌价准备。确认的存货跌价准备的金额，一方面，在其个别资产负债表中通过抵销存货项目列示；另一方面，在利润表中作为资产减值损失列示。购买企业在个别财务报表中确认的存货跌价准备的金额，既包括购买企业该商品取得成本高于销售企业销售成本（取得成本）的差额（抵销的未实现内部销售损益），也包括销售企业销售成本高于该商品可变现净值的差额。

但从合并财务报表来说，随着内部购进存货价值中包含的未实现内部销售损益的抵销，在合并财务报表中列示的该存货的成本为抵销未实现内部销售损益后的成本。相对于购买企业该存货的取得成本高于销售企业销售该存货成本的差额部分计提的跌价准备的金额，已因未实现内部销售损益的抵销而抵销，故在编制合并财务报表时，也须将这部分金额予以抵销；而相对于销售企业销售该存货成本高于该存货可变现净值的部分而计提的跌价准备的金额，无论从购买企业来说，还是对于整个企业集团来说，都是必须计提的存货跌价准备，必须在合并财务报表中予以反映。进行抵销处理时，应当按购买企业本期计提的存货跌价准备中内部购进商品取得成本高于销售企业取得成本的数额（即抵销的未实现内部销售毛利的金额），编制如下抵销会计分录：

借：存货（购买企业本期计提的存货跌价准备中内部购进商品取得成本高于销售企业取得成本的数额＝抵销的未实现内部销售毛利的金额）

　　贷：资产减值损失

**【例5–30】** 开源公司是A公司的母公司。开源公司2×21年度个别利润表的营业收入中有100万元，系向A公司销售商品实现的收入，其商品成本为80万元。A公司本期从开源公司购入的商品在本期均未实现销售。A公司期末对存货进行检查时，发现该商品已经部分陈旧，其可变现净值已降至75万元。为此，A公司期末对该存货计提存货跌价准备25万元，并在其个别财务报表中列示。

（1）合并工作底稿中的相关合并处理如下：

① 抵销未实现的内部损益。

| | | |
|---|---|---|
| 借：营业收入 | 1 000 000 | |
| 　　贷：营业成本 | | 800 000 |
| 　　　　存货 | | 200 000 |

② 抵销多计提的存货跌价准备。

子公司计提存货跌价准备的期末余额＝100－75＝25（万元）

集团计提存货跌价准备的期末余额＝80－75＝5（万元）

因此，合并工作底稿中需要抵销子公司多计提的20万元存货跌价准备。

| | | |
|---|---|---|
| 借：存货 | 200 000 | |
| 　　贷：资产减值损失 | | 200 000 |

（2）合并工作底稿（局部）如表5–28所示。

表5-28 合并工作底稿（局部）

单位：万元

| 项目 | 个别报表 | | 合计数 | 调整与抵销分录 | | 少数股东权益 | 合并数 |
|---|---|---|---|---|---|---|---|
| | 母公司 | 子公司 | | 借方 | 贷方 | | |
| **利润表和所有者权益变动表有关项目：** | | | | | | | |
| 营业收入 | 100 | | 100 | ① 100 | | | 0 |
| 营业成本 | 80 | | 80 | | ① 80 | | 0 |
| 营业利润 | 20 | | 20 | 100 | 80 | | 0 |
| 减：资产减值损失 | | 25 | 25 | | ② 20 | | 5* |
| 净利润 | 20 | −25 | −5 | 100 | 100 | | −5 |
| 未分配利润（期初） | 0 | 0 | 0 | | | | 0 |
| 未分配利润（期末） | 20 | −25 | 20−25 | 100 | 100 | | 0−5 |
| **资产负债表有关项目：** | | | | | | | |
| 存货 | 0 | 75 | 75 | ② 20 | ① 20 | | 75 |
| 未分配利润 | 20 | −25 | 20−25 | 100 | 100 | | 0−5 |

注：*“资产减值损失”项目合并数＝集团的存货成本80万元－可变现净值75万元＝5万元，从整个集团来说，该处的5万元是必须计提的存货跌价准备，则不需要进行抵销处理。

2. 连续编制合并财务报表时存货跌价准备的合并处理

在连续编制合并财务报表进行合并处理时，一般按照如下步骤展开。

首先，将上期资产减值损失中抵销的存货跌价准备对本期期初未分配利润的影响予以抵销，即按上期资产减值损失项目中抵销的存货跌价准备的数额，编制如下抵销合计分录：

借：存货（上期期末抵销内部购进存货计提的存货跌价准备）

　　贷：未分配利润（期初）

其次，对于本期对内部购进存货在个别财务报表中补提或者冲销的存货跌价准备也应予以抵销，编制如下抵销合计分录：

借：存货（本期内部购入存货多提的存货跌价准备）

　　贷：资产减值损失

（若为抵销本期冲销的存货跌价准备，则为相反分录。）

至于抵销存货跌价准备的数额，应当分别不同的情况进行处理。

（1）当本期内部购进存货的可变现净值低于持有该存货企业的取得成本但高于抵销未实现内部销售损益后的取得成本（销售企业该存货的取得成本）时，其抵销的存货跌价准备的金额为本期存货跌价准备的增加额。

【例5-31】 接例5-29，开源公司与A公司之间内部销售情况、内部销售及跌价准备的抵销处理，以及合并工作底稿（简表）见例5-29。A公司和开源公司本期未发生内部销售。本例期末存货系上期内部销售结存的存货。A公司本期期末对存货清查时，该内部购进存货的可变现净值为85万元，A公司期末存货跌价准备金额为15万元。

（1）合并工作底稿中的相关合并处理如下：

① 抵销上期未实现的内部损益。

借：未分配利润（期初）　200 000

　　贷：存货　200 000

② 抵销上期多计提的存货跌价准备。

借：存货　50 000

　　贷：未分配利润（期初）　50 000

③ 抵销本期多计提的存货跌价准备。

借：存货　100 000

　　贷：资产减值损失　100 000

（2）合并工作底稿（局部）如表5-29所示。

表5-29　合并工作底稿（局部）

单位：万元

| 项目 | 个别报表 | | 合计数 | 调整与抵销分录 | | 少数股东权益 | 合并数 |
|---|---|---|---|---|---|---|---|
| | 母公司 | 子公司 | | 借方 | 贷方 | | |
| **利润表和所有者权益变动表有关项目：** | | | | | | | |
| 营业收入 | | | | | | | |
| 营业成本 | | | | | | | |
| 营业利润 | | | | | | | |
| 减：资产减值损失 | 0 | 10 | 10 | | ③ 10 | | 0 |
| 净利润 | 0 | −10 | −10 | | 10 | | 0 |
| 未分配利润（期初） | 20 | −5 | 20−5 | ① 20 | ② 5 | | 0 |
| 未分配利润（期末） | 20 | −15 | 20−15 | 20 | 15 | | 0 |
| **资产负债表有关项目：** | | | | | | | |
| 存货 | 0 | 85 | 85 | ② 5<br>③ 10 | ① 20 | | 80 |
| 未分配利润 | 20 | −20 | 20−20 | 20 | 15 | | 0−5 |

（2）当本期内部购进存货的可变现净值低于抵销未实现内部销售损益后的取得成本（销售企业的取得成本）时，其抵销的存货跌价准备的金额为相对于购买企业该存货的取得成本高于销售企业销售成本的差额部分计提的跌价准备的数额扣除期初内部购进存货计提的存货跌价准备的金额后的余额，即本期期末存货中包含的未实现内部销售损益的金额减去期初内部购进存货计提的存货跌价准备的金额后的余额。

【例5-32】 接例5-29，开源公司与A公司之间内部销售情况、内部销售及跌价准备的抵销处理，以及合并工作底稿（简表）见例5-29。A公司和开源公司本期未发生内部销售。本例期末存货系上期内部销售结存的存货。A公司本期期末对存货清查时，该内部购进存货的可变现净值为65万元，A公司期末存货跌价准备金额为35万元。

（1）合并工作底稿中的相关合并处理如下：

① 抵销上期未实现的内部损益。

借：未分配利润（期初） 200 000

　　贷：存货 200 000

② 抵销上期多计提的存货跌价准备。

借：存货 50 000

　　贷：未分配利润（期初） 50 000

③ 抵销本期多计提的存货跌价准备。

借：存货 150 000

　　贷：资产减值损失 150 000

（2）合并工作底稿（局部）如表5-30所示。

表5-30 合并工作底稿（局部）

单位：万元

| 项目 | 个别报表 | | 合计数 | 调整与抵销分录 | | 少数股东权益 | 合并数 |
|---|---|---|---|---|---|---|---|
| | 母公司 | 子公司 | | 借方 | 贷方 | | |
| **利润表和所有者权益变动表有关项目：** | | | | | | | |
| 营业收入 | | | | | | | |
| 营业成本 | | | | | | | |
| 营业利润 | | | | | | | |
| 减：资产减值损失 | 0 | 30 | 30 | | ③ 15 | | 15 |
| 净利润 | 0 | -30 | -30 | | 15 | | -15 |
| 未分配利润（期初） | 20 | -5 | 20-5 | ① 20 | ② 5 | | 0 |
| 未分配利润（期末） | 20 | -35 | 20-35 | 20 | 20 | | 0-15 |

续表

| 项目 | 个别报表 | | 合计数 | 调整与抵销分录 | | 少数股东权益 | 合并数 |
|---|---|---|---|---|---|---|---|
| | 母公司 | 子公司 | | 借方 | 贷方 | | |
| **资产负债表有关项目：** | | | | | | | |
| 存货 | 0 | 65 | 65 | ② 5<br>③ 15 | ① 20 | | 65 |
| 未分配利润 | 20 | −30 | 20−30 | 20 | 20 | | 0−10 |

## （四）递延所得税的相关问题

教学视频

考虑所得税对内部商品交易的影响

1. 调整因抵销未实现内部销售损益产生的递延所得税

企业在编制合并财务报表时，应当将纳入合并范围的母公司与子公司以及子公司相互之间发生的内部交易对个别财务报表的影响予以抵销，其中包括内部商品交易所形成的存货价值中包含的未实现内部销售损益的金额。对于内部商品交易所形成的存货，从持有该存货的企业来说，假定不考虑计提资产减值损失，其取得成本就是该资产的账面价值，这其中包括销售企业因该销售所实现的损益，这一取得成本也就是计税基础。由于所得税是以独立的法人实体为对象计征的，这一计税基础也是合并财务报表中该存货的计税基础。此时，账面价值与其计税基础是一致的，不存在暂时性差异，也不涉及确认递延所得税资产或递延所得税负债的问题。

但是，在编制合并财务报表过程中，随着内部商品交易所形成的存货价值包含的未实现内部销售损益的抵销，合并资产负债表所反映的存货价值是以原来内部销售企业该商品的销售成本列示的，不包含未实现内部销售损益。由此导致在合并资产负债表所列示的存货的价值与持有该存货的企业计税基础不一致，存在着暂时性差异。这一暂时性差异的金额就是编制合并财务报表时所抵销的未实现内部销售损益的数额。从合并财务报表编制来说，对于这一暂时性差异，则必须确认递延所得税资产或递延所得税负债。因此，在合并工作底稿中，应编制如下调整分录：

借：递延所得税资产（抵销期末存货中包含的未实现内部销售毛利的金额 × 适用所得税税率）

　　贷：所得税费用

需要注意的是，在连续编制合并财务报表时，调整因抵销未实现内部销售损益产生的递延所得税，应编制如下调整分录：

借：递延所得税资产（抵销期末存货中包含的未实现内部销售毛利的金额 × 适用所得税税率）

　　借差（或贷差）所得税费用

贷：未分配利润（期初）（抵销期初存货中包含的未实现内部销售毛利的金额 × 适用所得税税率）

2. 抵销购买企业根据计提的存货跌价准备而确认的递延所得税资产

在内部购入存货计提存货跌价准备的情况下，其个别资产负债表中会由于计提存货跌价准备使存货的账面价值（存货成本减去存货跌价准备的金额）小于其计税基础（存货成本）产生的可抵扣暂时性差异而确认递延所得税资产。在编制合并财务报表时，随着内部购入存货计提跌价准备的抵销，合并财务报表中该内部购入存货原计提的存货跌价准备已不再存在，因而该存货跌价准备导致存货账面价值与其计税基础之间的暂时性差异也不再存在。从合并财务报表编制角度，应将内部购入存货因存货跌价准备产生的可抵扣暂时性差异所确认的递延所得税资产予以抵销。因此，在合并工作底稿中，应编制如下抵销分录：

借：所得税费用（抵销内部购入存货本期计提存货跌价准备的金额 × 适用所得税税率）

　　贷：递延所得税资产

需要注意的是，在连续编制合并财务报表时，抵销购买方因计提存货跌价准备而确认的递延所得税资产，应编制如下抵销分录：

借：未分配利润（期初）（抵销以前期间存货跌价准备金额 × 适用所得税税率）

　　所得税费用（抵销本期存货跌价准备金额 × 适用所得税税率）

　　贷：递延所得税资产（抵销期末存货跌价准备余额 × 适用所得税税率）

【例5-33】 开源公司是A公司的母公司。2×21年7月，开源公司将成本400万元的存货按480万元的价格出售给A公司，A公司将该购入存货也作为存货核算。2×21年末，A公司未将该存货售出企业集团。2×22年，A公司将该存货中的30%另加10%的毛利率售出企业集团；年末剩余存货的可变现净值为300万元。所得税税率为25%。预计各年均有足够的应纳税所得额用以抵扣可抵扣暂时性差异。其他资料省略。

（1）2×21年合并工作底稿中的相关合并处理如下：

① 抵销本期未实现的内部损益。

| | | |
|---|---|---|
| 借：营业收入 | 4 800 000 | |
| 　　贷：营业成本 | | 4 000 000 |
| 　　　　存货 | | 800 000 |

② 调整内部交易存货相关的递延所得税。

合并报表中存货账面价值 = 400（万元）

合并报表中存货计税基础 = 480（万元）

可抵扣暂时性差异余额 = 80（万元）

递延所得税资产 = 80 × 25% = 20（万元）

| | | |
|---|---|---|
| 借：递延所得税资产 | 200 000 | |
| 　　贷：所得税费用 | | 200 000 |

（2）2×22年合并工作底稿中的相关合并处理如下：

① 抵销上期未实现的内部损益。

借：未分配利润（期初） 800 000

　　贷：营业成本 （800 000×30%）240 000

　　　　存货 （800 000×70%）560 000

② 调整因抵销上期未实现内部损益的所得税影响。

合并报表中存货账面价值＝400×70%＝280（万元）

合并报表中存货计税基础＝480×70%＝336（万元）

可抵扣暂时性差异余额＝56（万元）

递延所得税资产＝56×25%＝14（万元）

借：递延所得税资产 140 000

　　所得税费用 60 000

　　贷：未分配利润（期初） 200 000

③ 抵销内部交易存货本期末已经计提跌价准备。

A公司角度：存货期末账面价值＝480×70%＝336（万元），存货期末可变现净值＝300万元，因此需要计提跌价准备36万元。

集团角度：存货期末账面价值＝400×70%＝280（万元），存货期末可变现净值＝300万元，因此不需要计提存货跌价准备。

综合分析，A公司计提的存货跌价准备需要予以抵销。

借：存货 360 000

　　贷：资产减值损失 360 000

④ 抵销内部购入存货计提存货跌价准备所确认的递延所得税资产。

借：所得税费用 （360 000×25%）90 000

　　贷：递延所得税资产 90 000

（3）合并工作底稿（局部）如表5-31所示。

表5-31 合并工作底稿（局部）

单位：万元

| 项目 | 个别报表 | | 合计数 | 调整与抵销分录 | | 少数股东权益 | 合并数 |
|---|---|---|---|---|---|---|---|
| | 母公司 | 子公司 | | 借方 | 贷方 | | |
| **2×21年** | | | | | | | |
| **资产负债表有关项目：** | | | | | | | |
| 存货 | 0 | 480 | 480 | | ① 80 | | 400 |
| 递延所得税资产 | 0 | 0 | 0 | ② 20 | | | 20 |
| 应交税费 | 20 | 0 | 20 | | | | 20 |
| **利润表有关项目：** | | | | | | | |

续表

| 项目 | 个别报表 | | 合计数 | 调整与抵销分录 | | 少数股东权益 | 合并数 |
|---|---|---|---|---|---|---|---|
| | 母公司 | 子公司 | | 借方 | 贷方 | | |
| 营业收入 | 480 | 0 | 480 | ① 480 | | | 0 |
| 营业成本 | 400 | 0 | 400 | | ① 400 | | 0 |
| 营业利润 | 80 | 0 | 80 | 480 | 400 | | 0 |
| 减：所得税费用 | 20 | 0 | 20 | | ② 20 | | 0 |
| 净利润 | 60 | 0 | 60 | 480 | 420 | | 0 |
| **所有者权益变动表有关项目：** | | | | | | | |
| 未分配利润（期初） | 0 | 0 | 0 | | | | 0 |
| 未分配利润（期末）* | 80−20 | 0 | 80−20 | 480 | 420 | | 0 |
| **2×22年** | | | | | | | |
| **资产负债表有关项目：** | | | | | | | |
| 存货 | 0 | 300 | 300 | ③ 36 | ① 56 | | 280 |
| 递延所得税资产 | 0 | 9 | 9 | ② 14 | ④ 9 | | 14 |
| 应交税费 | 0 | 0 | 0 | | | | 0 |
| **利润表有关项目：** | | | | | | | |
| 营业收入 | 0 | 158.4 | 158.4 | | | | 158.4 |
| 营业成本 | 0 | 144 | 144 | | ① 24 | | 120 |
| 营业利润 | 0 | 14.4 | 14.4 | | 24 | | 38.4 |
| 减：资产减值损失 | 0 | 36 | 36 | | ③ 36 | | 0 |
| 减：所得税费用 | 0 | −5.4 | −5.4 | ② 6<br>④ 9 | | | 9.6 |
| 净利润 | 0 | −16.2 | −16.2 | 15 | 60 | | 28.8 |
| **所有者权益变动表有关项目：** | | | | | | | |
| 未分配利润（期初） | 80−20 | 0 | 80−20 | ① 80 | ② 20 | | 0 |
| 未分配利润（期末） | 60 | −16.2 | 43.8 | 95 | 80 | | 28.8 |

注：*为了区分母公司营业利润（营业收入−营业成本）及所得税费用对未分配利润合计数及合并数的影响，表5−31的合并工作底稿中“未分配利润（期末）”项目在2×21年末的合计数采用80−20（万元）表示，以便于理解“未分配利润（期初）”项目在后续抵销分录中的含义。

## 二、内部固定资产交易的合并处理

教学视频

内部固定资产交易的抵销处理

内部固定资产交易，是指企业集团内部发生的与固定资产有关的购销业务。根据销售企业销售的是产品还是固定资产，可以将企业集团内部固定资产交易划分为两种类型：第一种类型是企业集团内部企业将自身使用的固定资产变卖给企业集团内的其他企业作为固定资产使用；第二种类型是企业集团内部企业将自身生产的产品销售给企业集团内的其他企业作为固定资产使用。

此外，还有另一类型的内部固定资产交易，即企业集团内部企业将自身使用的固定资产变卖给企业集团内的其他企业作为普通存货。这种类型的固定资产交易，属于固定资产的内部处置，在企业集团内部发生的情况极少，金额也很小，按照重要性要求，通常不予以抵销。

内部固定资产交易属于内部商品交易，其在编制合并财务报表时的抵销处理与一般内部商品交易的抵销处理有相同之处。但由于固定资产取得并投入使用后，往往要跨越若干个会计期间，并且在使用过程中通过计提折旧将其价值转移到产品生产成本或各会计期间费用之中去，因而其抵销处理也有其特殊性。由于其跨越若干会计期间，则涉及使用该固定资产期间编制合并财务报表的期初未分配利润的调整问题；由于固定资产需要计提折旧，则涉及每一次计提折旧中包含的未实现内部销售损益的抵销问题，也涉及每期累计折旧中包含的未实现内部销售损益的抵销问题。

### （一）内部固定资产交易当期的合并处理

1. 抵销固定资产原价中包含的未实现内部销售损益

（1）企业集团内部固定资产变卖交易的抵销处理。在合并工作底稿中，应当按照该内部交易固定资产的转让价格与其原账面价值之间的差额，编制如下抵销分录：

借：资产处置收益（变卖固定资产收入大于固定资产账面价值的金额）

　　贷：固定资产——原价

或编制如下抵销分录：

借：固定资产——原价

　　贷：资产处置收益（变卖固定资产收入小于固定资产账面价值的金额）

（2）企业集团内部产品销售给其他企业作为固定资产的交易的抵销处理。在合并工作底稿中，编制如下抵销分录：

借：营业收入（销售方销售该产品的销售收入）

　　贷：营业成本（销售方销售该产品结转的销售成本）

　　　　固定资产——原价（固定资产原价中包含的未实现内部销售损益的数额）

2. 抵销购买方当年对该固定资产计提的折旧额中按未实现内部销售损益计提的部分

在发生内部固定资产交易当期编制合并财务报表时，购买企业使用该内部交易固定资产并计提折旧，其折旧费用计入当期损益，由于购买企业是以该固定资产的取得成本作为其原价计提折旧，在取得成本中包含有销售企业由于该内部固定资产交易所实现的损益（未实现内部销售损益），相应地在该内部交易固定资产使用过程中其各期计提的折旧额中，也包含有未实现内部销售损益摊销的金额。因此，在合并工作底稿中，应编制如下抵销分录：

借：固定资产——累计折旧（内部交易固定资产当期多计提折旧的金额）

　　贷：管理费用等

或编制如下抵销分录：

借：管理费用等

　　贷：固定资产——累计折旧（内部交易固定资产当期少计提折旧的金额）

【例5-34】 开源公司是A公司的母公司。2×21年1月，开源公司将其净值为800万元的某厂房，以1 000万元的价格变卖给A公司作为固定资产使用。开源公司因该内部固定资产交易实现收益200万元，并列示于其个别利润表之中。A公司以1 000万元的金额将该厂房作为固定资产的原价入账，购入当日交管理部门使用，预计尚可使用年限5年，预计净残值为零，采用年限平均法计提折旧（为简化计算，假定固定资产交付使用当月即开始计提折旧）。不考虑增值税。

（1）2×21年合并工作底稿中的相关合并处理如下：

① 抵销固定资产原价中包含的未实现内部损益。

借：资产处置收益　　2 000 000

　　贷：固定资产——原价　　2 000 000

② 抵销内部固定资产交易因未实现损益而多提折旧。

借：固定资产——累计折旧　　（2 000 000 ÷ 5）400 000

　　贷：管理费用　　400 000

（2）合并工作底稿（局部）如表5-32所示。

表5-32 合并工作底稿（局部）

2×21年　　单位：万元

| 项目 | 个别报表 | | 合计数 | 调整与抵销分录 | | 少数股东权益 | 合并数 |
|---|---|---|---|---|---|---|---|
| | 母公司 | 子公司 | | 借方 | 贷方 | | |
| **2×21年** | | | | | | | |
| **资产负债表有关项目：** | | | | | | | |
| 固定资产——原价 | 1 000 | 1 000 | | | ① 200 | | 800 |
| ——累计折旧 | 200 | 200 | | ② 40 | | | 160 |
| **利润表有关项目：** | | | | | | | |
| 管理费用 | 200 | 200 | | | ② 40 | | 160 |

续表

| 项目 | 个别报表 | | 合计数 | 调整与抵销分录 | | 少数股东权益 | 合并数 |
|---|---|---|---|---|---|---|---|
| | 母公司 | 子公司 | | 借方 | 贷方 | | |
| 资产处置收益 | 200 | 0 | 200 | ① 200 | | | 0 |
| 净利润 | 200 | −200 | 0 | 200 | 40 | | −160 |

【例5-35】 开源公司是A公司的母公司。2×21年1月，开源公司将成本为800万元的商品，以1 000万元的价格变卖给A公司作为固定资产使用。不考虑增值税。其他相关资料与例5-34相同。（为简化计算，假定固定资产交付使用当月即开始计提折旧）

（1）2×21年合并工作底稿中的相关合并处理如下：

① 抵销固定资产原价中包含的未实现内部损益。

借：营业收入 10 000 000

  贷：营业成本 8 000 000

    固定资产——原价 2 000 000

② 抵销内部固定资产交易因未实现损益而多提折旧。

借：固定资产——累计折旧 400 000

  贷：管理费用 400 000

（2）合并工作底稿（局部）如表5-33所示。

表5-33 合并工作底稿（局部）

2×21年 单位：万元

| 项目 | 个别报表 | | 合计数 | 调整与抵销分录 | | 少数股东权益 | 合并数 |
|---|---|---|---|---|---|---|---|
| | 母公司 | 子公司 | | 借方 | 贷方 | | |
| **2×21年** | | | | | | | |
| **资产负债表有关项目：** | | | | | | | |
| 存货 | 0 | 0 | 0 | | | | 0 |
| 固定资产——原价 | | 1 000 | 1 000 | | ① 200 | | 800 |
| ——累计折旧 | | 200 | 200 | ② 40 | | | 160 |
| **利润表有关项目：** | | | | | | | |
| 营业收入 | 1 000 | 0 | 1 000 | ① 1 000 | | | 0 |
| 营业成本 | 800 | 0 | 800 | | ① 800 | | 0 |
| 管理费用 | | 200 | 200 | | ② 40 | | 160 |
| 净利润 | 200 | −200 | 0 | 1 000 | 840 | | −160 |

## （二）内部交易固定资产取得后至处置前期间的合并处理

1. 抵销内部交易固定资产原价中包含的未实现内部销售损益

对固定资产内部交易所做的抵销分录只在合并工作底稿中登记，并不影响个别财务报表，销售企业因该内部固定资产交易确认的销售利润（未实现内部销售损益）会作为年末未分配利润的一部分逐期结转至以后会计期间，并作为以后会计期间年初未分配利润的一部分。也就是说，在以后会计期间，销售企业个别财务报表中的年初未分配利润中仍然包含未实现内部销售损益。同时，购买企业内部交易形成的固定资产仍然是以包含未实现内部销售损益的原价在其个别财务报表中列示。因此，在内部交易固定资产原价中包含的未实现内部销售损益的金额予以抵销，以调整期初未分配利润的金额，即在合并工作底稿中，按内部交易固定资产原价中包含的未实现内部销售损益的金额，编制如下抵销分录：

借：未分配利润（期初）（固定资产原价中包含的未实现内部销售损益的金额）

　　贷：固定资产——原价

2. 抵销以前会计期间和本期固定资产内部交易多计提的累计折旧

一方面，由于购买企业个别财务报表中，对内部交易形成的固定资产在以前会计期间是按包含未实现内部销售损益的原价计提折旧，并形成本期的期初累计折旧，因而本期编制合并财务报表时，应将以前会计期间按包含未实现内部销售损益的原价为依据而多计提的折旧抵销，调整期初未分配利润。另一方面，本期购买企业仍然按照包含未实现内部交易损益的固定资产原价计提折旧，因而本期又多计提了折旧额。因此，在合并工作底稿中，按以前会计期间和本期抵销该内部交易形成的固定资产多计提的累计折旧额，编制如下抵销分录：

借：固定资产——累计折旧（以前期间和本期固定资产内部交易多计提的累计折旧总额）

　　贷：管理费用等（本期固定资产内部交易多计提的折旧额）

　　　　未分配利润（期初）（以前期间固定资产内部交易多计提的累计折旧额）

【例5-36】 开源公司是A公司的母公司。2×20年12月1日，开源公司将成本为800万元的商品，以1 000万元的价格变卖给A公司作为固定资产使用（不考虑增值税）。A公司购入当日交管理部门使用，预计尚可使用年限为4年，预计净残值为0，采用年限平均法计提折旧，从2×21年开始计提折旧。

（1）2×20年合并工作底稿中的相关合并处理：

抵销固定资产原价中包含的未实现内部损益。

| | | |
|---|---|---|
| 借：营业收入 | 10 000 000 | |
| 　　贷：营业成本 | | 8 000 000 |
| 　　　　固定资产——原价 | | 2 000 000 |

（2）2×21年合并工作底稿中的相关合并处理：

① 抵销固定资产原价中包含的未实现内部损益。

| | | |
|---|---|---|
| 借：未分配利润（期初） | 2 000 000 | |

贷：固定资产——原价 2 000 000

② 抵销内部固定资产交易因未实现损益而多提折旧。

借：固定资产——累计折旧 500 000

贷：管理费用 500 000

（3）2×22年合并工作底稿中的相关合并处理：

① 抵销固定资产原价中包含的未实现内部损益。

借：未分配利润（期初） 2 000 000

贷：固定资产——原价 2 000 000

② 抵销内部固定资产交易因未实现损益而多提折旧。

借：固定资产——累计折旧 1 000 000

贷：管理费用 500 000

未分配利润（期初） 500 000

（4）2×23年合并工作底稿中的相关合并处理：

① 抵销固定资产原价中包含的未实现内部损益。

借：未分配利润（期初） 2 000 000

贷：固定资产——原价 2 000 000

② 抵销内部固定资产交易因未实现损益而多提折旧。

借：固定资产——累计折旧 1 500 000

贷：管理费用 500 000

未分配利润（期初） 1 000 000

（5）2×24年合并工作底稿中的相关合并处理：

① 抵销固定资产原价中包含的未实现内部损益。

借：未分配利润（期初） 2 000 000

贷：固定资产——原价 2 000 000

② 抵销内部固定资产交易因未实现损益而多提折旧。

借：固定资产——累计折旧 2 000 000

贷：管理费用 500 000

未分配利润（期初） 1 500 000

（6）合并工作底稿（局部）如表5-34所示。

表5-34 合并工作底稿（局部）

单位：万元

| 项目 | 个别报表 | | 合计数 | 调整与抵销分录 | | 少数股东权益 | 合并数 |
|---|---|---|---|---|---|---|---|
| | 母公司 | 子公司 | | 借方 | 贷方 | | |
| **2×20年** | | | | | | | |
| **资产负债表有关项目：** | | | | | | | |

续表

| 项目 | 个别报表 | | 合计数 | 调整与抵销分录 | | 少数股东权益 | 合并数 |
|---|---|---|---|---|---|---|---|
| | 母公司 | 子公司 | | 借方 | 贷方 | | |
| 存货 | 0 | 0 | 0 | | | | 0 |
| 固定资产——原价 | | 1 000 | 1 000 | | (1) 200 | | 800 |
| ——累计折旧 | | | | | | | |
| **利润表有关项目：** | | | | | | | |
| 营业收入 | 1 000 | 0 | 1 000 | (1) 1 000 | | | 0 |
| 营业成本 | 800 | 0 | 800 | | (1) 800 | | 0 |
| 净利润 | 200 | 0 | 200 | 1 000 | 800 | | 0 |
| **所有者权益变动表有关项目：** | | | | | | | |
| 未分配利润（期初） | 0 | 0 | 0 | | | | 0 |
| 未分配利润（期末） | 200 | 0 | 200 | 1 000 | 800 | | 0 |
| **2×21年** | | | | | | | |
| **资产负债表有关项目：** | | | | | | | |
| 固定资产——原价 | | 1 000 | 1 000 | | ① 200 | | 800 |
| ——累计折旧 | | 250 | 250 | ② 50 | | | 200 |
| **利润表有关项目：** | | | | | | | |
| 管理费用 | | 250 | 250 | | ② 50 | | 200 |
| 净利润 | | −250 | −250 | 0 | 50 | | −200 |
| **所有者权益变动表有关项目：** | | | | | | | |
| 未分配利润（期初） | 200 | 0 | 200 | ① 200 | | | 0 |
| 未分配利润（期末）* | 200 | −250 | 200−250 | 200 | 50 | | 0−200 |
| **2×22年** | | | | | | | |
| **资产负债表有关项目：** | | | | | | | |
| 固定资产——原价 | | 1 000 | 1 000 | | ① 200 | | 800 |
| ——累计折旧 | | 500 | 500 | ② 100 | | | 400 |
| **利润表有关项目：** | | | | | | | |
| 管理费用 | | 250 | 250 | | ② 50 | | 200 |

续表

| 项目 | 个别报表 | | 合计数 | 调整与抵销分录 | | 少数股东权益 | 合并数 |
|---|---|---|---|---|---|---|---|
| | 母公司 | 子公司 | | 借方 | 贷方 | | |
| 净利润 | | −250 | −250 | 0 | 50 | | −200 |
| **所有者权益变动表有关项目：** | | | | | | | |
| 未分配利润（期初） | 200 | −250 | 200−250 | ① 200 | ② 50 | | 0−200 |
| 未分配利润（期末） | 200 | −500 | 200−500 | 200 | 100 | | 0−400 |
| **2×23年** | | | | | | | |
| **资产负债表有关项目：** | | | | | | | |
| 固定资产——原价 | | 1 000 | 1 000 | | ① 200 | | 800 |
| ——累计折旧 | | 750 | 750 | ② 150 | | | 600 |
| **利润表有关项目：** | | | | | | | |
| 管理费用 | | 250 | 250 | | ② 50 | | 200 |
| 净利润 | | −250 | −250 | 0 | 50 | | −200 |
| **所有者权益变动表有关项目：** | | | | | | | |
| 未分配利润（期初） | 200 | −500 | 200−500 | ① 200 | ② 100 | | 0−400 |
| 未分配利润（期末） | 200 | −750 | 200−750 | 200 | 150 | | 0−600 |
| **2×24年** | | | | | | | |
| **资产负债表有关项目：** | | | | | | | |
| 固定资产——原价 | | 1 000 | 1 000 | | ① 200 | | 800 |
| ——累计折旧 | | 1 000 | 1 000 | ② 200 | | | 800 |
| **利润表有关项目：** | | | | | | | |
| 管理费用 | | 250 | 250 | | ② 50 | | 200 |
| 净利润 | | −250 | −250 | 0 | 50 | | −200 |
| **所有者权益变动表有关项目：** | | | | | | | |
| 未分配利润（期初） | 200 | −750 | 200−750 | ① 200 | ② 150 | | 0−600 |
| 未分配利润（期末） | 200 | −1 000 | 200−1 000 | 200 | 200 | | 0−800 |

注：*为了区分母公司营业利润（营业收入－营业成本）及子公司管理费用（固定资产折旧）对未分配利润合计数及合并数的影响，表5-34的合并工作底稿中“未分配利润（期末）”项目在2×21年年末的合计数采用200－250（万元）表示，合并数采用0－200（万元）表示，以便于理解“未分配利润（期初）”项目在后续抵销分录中的含义。后续年份“未分配利润（期末）”项目在工作底稿中类似处理。

## （三）内部交易固定资产清理期间的合并处理

教学视频

内部固定资产清理期间的抵销处理

对于销售企业来说，因该内部交易固定资产实现的利润，作为期初未分配润的一部分结转到以后的会计期间，直到购买企业对该内部交易固定资产进行清理的会计期间。从购买企业来说，对内部交易固定资产进行清理的会计期间，在其个别财务报表中表现为固定资产原价和累计折旧的减少；该固定资产清理收入减去该固定资产净值以及有关清理费用后的余额，则在其个别利润表中以“资产处置收益”项目列示。固定资产清理时可能出现三种情况：① 提前清理；② 期满清理；③ 超期清理。编制合并财务报表时，应当根据具体情况进行合并处理。

1. 内部交易固定资产使用期限未满提前进行清理期间的合并处理

在这种情况下，购买企业内部交易固定资产实体已不复存在，因此不存在未实现内部销售损益抵销问题，但由于固定资产提前清理，固定资产原价中包含的未实现内部销售损益随着清理而成为实现的损益。对于销售企业来说，因该内部交易固定资产所实现的利润，作为期初未分配利润的部分结转到购买企业对该内部交易固定资产进行清理的会计期间。为此，首先必须调整期初未分配利润；其次在固定资产进行清理前仍需计提折旧，本期计提折旧中仍然包含有多计提的折旧，需要将多计提的折旧费用予以抵销。因此，在合并工作底稿中，应编制如下抵销分录：

（1）抵销内部固定资产交易时确认的未实现内部损益（调整未分配利润期初）。

借：未分配利润（期初）

　　贷：资产处置收益（出售净收益）

　　　　或营业外收入（报废清理净收益）

（2）抵销以前会计期间和清理当期固定资产内部交易多计提的累计折旧。

借：资产处置收益（或营业外收入）

　　贷：管理费用等（清理当期固定资产内部交易多计提的折旧额）

　　　　未分配利润（期初）（以前期间固定资产内部交易多计提的累计折旧额）

2. 内部交易固定资产使用期限届满进行清理期间的合并处理

首先，在内部交易固定资产使用期限届满进行清理的会计期间期末，购买企业内部固定资产实体已不复存在，因此不存在未实现内部销售损益抵销问题，包括未实现内部销售损益在内的该内部交易固定资产的价值全部转移到各会计期间实现的损益之中。从购买企业来说，随着该内部交易固定资产的使用期满，其包含的未实现内部销售损益也转化为已实现利润。从销售企业来说，因该内部销售所实现的利润，作为期初未分配利润的一部分已结转到购买企业对该内部交易固定资产使用期满进行清理的会计期间。为此，编制合并财务报表时首先必须调整期初未分配利润。其次，在固定资产进行清理的会计期间，在未进行清理前仍处于使用之中，仍须计提折旧，本期计提折旧中仍然包含因内部未实现销售损益而多计提的折旧额，因此，在合并工作底稿中，应编制如下抵销分录：

借：未分配利润（期初）（固定资产清理当期因内部未实现销售损益而多计提的折旧额）

贷：管理费用等

3. 内部交易固定资产超期使用进行清理期间的合并处理

对于超期使用后再进行清理的内部交易的固定资产，由于清理当期其实物已不存在，不存在固定资产原价中包含未实现内部销售损益的抵销问题；同时，该固定资产累计折旧也随着固定资产清理而转销，也不存在固定资产使用多计提折旧的抵销问题。也可以这样理解，即当内部交易固定资产超期使用进行清理的情况下，随着其折旧计提完毕，其包含的未实现内部销售损益已实现。因此，在编制对该内部交易固定资产进行清理的会计期间的合并财务报表时，不需要进行合并处理。

需要注意的是，如果固定资产清理结果是因为毁损或正常报废而导致的净损失，则上述抵销分录中的“营业外收入”应改为“营业外支出”。

【例5-37】 接例5-36，分别假定以下三种情况编报清理期末抵销分录和合并工作底稿。情况一：第3年年末出售，出售收益1 000元；情况二：第4年年末出售，出售收益400元；情况三：第5年年末出售，出售收益200元。上述出售收益均在A公司个别利润表作为资产处置收益列示。

（1）情况一：2×23年末清理，合并工作底稿中的相关合并处理：

① 抵销内部固定资产交易时确认的未实现内部损益。

借：未分配利润（期初）　　2 000 000

　贷：资产处置收益　　2 000 000

② 抵销以前会计期间和清理当期固定资产内部交易多计提的累计折旧。

借：资产处置收益　　1 500 000

　贷：管理费用　　500 000

　　未分配利润（期初）　　1 000 000

（2）情况二：2×24年末清理，合并工作底稿中的相关合并处理：

抵销固定资产清理当期因内部未实现销售损益而多计提的折旧额。

借：未分配利润（期初）　　500 000

　贷：管理费用　　500 000

（3）情况三：2×25年末清理，不需要进行合并处理。

（4）合并工作底稿（局部）如表5-35所示。

表5-35　合并工作底稿（局部）

单位：万元

| 项目 | 个别报表 | | 合计数 | 调整与抵销分录 | | 少数股东权益 | 合并数 |
|---|---|---|---|---|---|---|---|
| | 母公司 | 子公司 | | 借方 | 贷方 | | |
| **情况一：2×23年末清理：** | | | | | | | |
| 资产负债表有关项目： | | | | | | | |
| 固定资产——原价 | | 0 | 0 | | | | 0 |

续表

| 项目 | 个别报表 | | 合计数 | 调整与抵销分录 | | 少数股东权益 | 合并数 |
|---|---|---|---|---|---|---|---|
| | 母公司 | 子公司 | | 借方 | 贷方 | | |
| ——累计折旧 | | 0 | 0 | | | | 0 |
| 利润表有关项目： | | | | | | | |
| 管理费用 | | 250 | 250 | | ② 50 | | 200 |
| 加：资产处置收益 | | 0.1 | 0.1 | ② 150 | ① 200 | | 50.1* |
| 净利润 | | −249.9 | −249.9 | 150 | 250 | | −149.9 |
| 所有者权益变动表有关项目： | | | | | | | |
| 未分配利润（期初） | 200 | −500 | 200−500 | ① 200 | ② 100 | | 0−400 |
| 未分配利润（期末） | 200 | −749.9 | −549.9 | | | | −549.9 |
| **情况二：2×24年末清理：** | | | | | | | |
| 资产负债表有关项目： | | | | | | | |
| 固定资产——原价 | | 0 | 0 | | | | 0 |
| ——累计折旧 | | 0 | 0 | | | | 0 |
| 利润表有关项目： | | | | | | | |
| 管理费用 | | 250 | 250 | | ① 50 | | 200 |
| 加：资产处置收益 | | 0.04 | 0.04 | | | | 0.04 |
| 净利润 | | −249.96 | −249.96 | | 50 | | −199.96 |
| 所有者权益变动表有关项目： | | | | | | | |
| 未分配利润（期初） | 200 | −750 | −550 | ① 50 | | | −600 |
| 未分配利润（期末） | 200 | −999.96 | −799.96 | | | | −799.96 |
| **情况三：2×25年末清理：** | | | | | | | |
| 资产负债表有关项目： | | | | | | | |
| 固定资产——原价 | | 0 | 0 | | | | 0 |
| ——累计折旧 | | 0 | 0 | | | | 0 |
| 利润表有关项目： | | | | | | | |
| 管理费用 | | 0 | 0 | | | | 0 |
| 加：资产处置收益 | | 0.02 | 0.02 | | | | 0.02 |
| 净利润 | | | | | | | |

续表

| 项目 | 个别报表 | | 合计数 | 调整与抵销分录 | | 少数股东权益 | 合并数 |
|---|---|---|---|---|---|---|---|
| | 母公司 | 子公司 | | 借方 | 贷方 | | |
| 所有者权益变动表有关项目： | | | | | | | |
| 未分配利润（期初） | 200 | −1 000 | −800 | | | | −800 |
| 未分配利润（期末） | 200 | −999.98 | −799.98 | | | | −799.98 |

注：* 合并数中“资产处置收益”项目 50.1 万元的计算步骤：

第一步，计算该固定资产售价 = 0.1（清理收益）+ 250（子公司角度固定资产账面价值）= 250.1（万元）；

第二步，计算集团的资产处置收益 = 250.1 − 200（集团角度固定资产账面价值）= 50.1（万元）。

## （四）递延所得税的调整

教学视频

考虑所得税对内部固定资产交易的影响

对于内部交易形成的固定资产，编制合并财务报表时应当将该内部交易对个别财务报表的影响予以抵销，其中包括将内部交易形成的固定资产价值中包含的未实现内部销售利润予以抵销。对于内部交易形成的固定资产，从持有该固定资产的企业来说，假定不考虑计提资产减值损失，其取得成本就是该固定资产的账面价值，其中包括销售企业因该销售所实现的损益。这一账面价值与其计税基础是一致的，不存在暂时性差异，也不涉及确认递延所得税资产或递延所得税负债的问题。但在编制合并财务报表时，随着内部交易所形成的固定资产价值所包含的未实现内部销售损益的抵销，合并资产负债表中所反映的该固定资产价值不包含这一未实现内部销售损益，也就是说是以原销售企业该商品的销售成本列示的，因而导致在合并资产负债表所列示的固定资产价值与持有该固定资产的企业计税基础不一致，存在着暂时性差异。这一暂时性差异的金额就是编制合并财务报表时所抵销的未实现内部销售损益的数额。从合并财务报表来说，对于这一暂时性差异，在编制合并财务报表时必须确认相应的递延所得税资产或递延所得税负债。因此，在合并工作底稿中，应编制如下调整分录：

借：递延所得税资产［（抵销原价中包含的未实现内部销售损益的金额 − 抵销的折旧）× 适用所得税税率］

　　贷：所得税费用

需要注意的是，在连续编制合并财务报表时，调整因抵销未实现内部销售损益及多计提折旧所产生的可抵扣暂时性差异的所得税影响，应编制如下调整分录：

借：递延所得税资产［（抵销原价中包含的未实现内部销售损益的金额 − 抵销至本期累计多计提的折旧）× 适用所得税税率］

　　所得税费用（抵销的本期多计提的折旧 × 适用所得税税率）

　　贷：未分配利润（期初）［（抵销原价中包含的未实现内部销售损益的金额 − 抵销至上期累计多计提的折旧）× 适用所得税税率］

【例5-38】 开源公司是A公司的母公司。2×21年1月，开源公司将成本为400万元的商品，以500万元的价格变卖给A公司作为固定资产使用（不考虑增值税）。A公司购入当日交管理部门使用，预计尚可使用年限为5年，预计净残值为零，采用年限平均法计提折旧（为简化计算，假定固定资产交付使用当月即开始计提折旧）。所得税税率为25%。预计各年均有足够的应纳税所得额用以抵扣可抵扣暂时性差异。

（1）2×21年合并工作底稿中的相关合并处理：

① 抵销固定资产原价中包含的未实现内部损益。

借：营业收入　　5 000 000

　　贷：营业成本　　4 000 000

　　　　固定资产——原价　　1 000 000

② 抵销内部固定资产交易因未实现损益而多提折旧。

借：固定资产——累计折旧　　200 000

　　贷：管理费用　　200 000

③ 调整因抵销未实现内部损益及多计提折旧所产生的可抵扣暂时性差异的所得税影响。

A公司角度：

固定资产的账面价值 = 500 - 100 = 400（万元）

固定资产的计税基础 = 500 - 100 = 400（万元）

根据上述计算，A公司固定资产账面价值与其计税基础相同，不产生暂时性差异，在A公司个别财务报表中不涉及递延所得税资产或递延所得税负债的问题。

集团角度：

固定资产的账面价值 = 400 - 80 = 320（万元）

固定资产的计税基础 = A公司固定资产的计税基础 = 500 - 100 = 400（万元）

可抵扣暂时性差异 = 400 - 320 = 80（万元）

确认递延所得税资产 = 80 × 25% = 20（万元）

因此，需要调整如下分录：

借：递延所得税资产　　200 000

　　贷：所得税费用　　200 000

**提示**

从上述抵销分录①中降低固定资产100万元和抵销分录②中调增固定资产20万元也可以分析出，通过这两笔抵销分录的编制，固定资产的账面价值低于计税基础80万元，进而需要调整递延所得税资产20万元。

（2）合并工作底稿（局部）如表5-36所示。

表5-36　合并工作底稿（局部）

2×21年　　　　　　　　　　单位：万元

| 项目 | 个别报表 | | 合计数 | 调整与抵销分录 | | 少数股东权益 | 合并数 |
|---|---|---|---|---|---|---|---|
| | 母公司 | 子公司 | | 借方 | 贷方 | | |
| **资产负债表有关项目：** | | | | | | | |
| 存货 | 0 | 0 | 0 | | | | 0 |
| 固定资产——原价 | | 500 | 500 | | ① 100 | | 400 |
| ——累计折旧 | | 100 | 100 | ② 20 | | | 80 |
| 递延所得税资产 | | 0 | 0 | ③ 20 | | | 20 |
| **利润表有关项目：** | | | | | | | |
| 营业收入 | 500 | 0 | 500 | ① 500 | | | 0 |
| 营业成本 | 400 | 0 | 400 | | ① 400 | | 0 |
| 管理费用 | | 100 | 100 | | ② 20 | | 80 |
| 利润总额 | 100 | −100 | 0 | | | | −80 |
| 减：所得税费用 | 25 | −25 | 0 | | ③ 20 | | −20 |
| 净利润 | 75 | −75 | 0 | 500 | 440 | | −60 |

## 三、内部无形资产交易的合并处理

教学视频

内部无形资产交易的抵销处理

内部无形资产交易是企业集团内部发生交易的一方涉及无形资产的交易，如企业集团内部某一成员企业将自身拥有的专利权、专有技术等转让出售给其他成员企业作为无形资产继续使用。对于内部无形资产交易，在编制合并财务报表时，首先必须将转让出售无形资产所产生的收入、成本及购入企业无形资产入账价值中包含的未实现内部销售损益予以抵销；其次，随着无形资产价值的摊销，无形资产价值中包含的未实现内部销售损益也随之计入当期费用，为此也必须对内部交易无形资产摊销计入相关费用项目进行抵销处理。

### （一）内部无形资产交易当期的合并处理

1. 抵销无形资产成本中包含的未实现内部销售损益

借：资产处置收益（出售无形资产收入大于无形资产账面价值的金额）

　　贷：无形资产——成本

或编制如下抵销分录：

借：无形资产——成本

　　贷：资产处置收益（出售无形资产收入小于无形资产账面价值的金额）

2. 抵销内部交易无形资产摊销额中包含的未实现内部销售损益的数额

借：无形资产——累计摊销（内部交易无形资产当期多计提摊销的金额）

　　贷：管理费用等

或编制如下抵销分录：

借：管理费用等

　　贷：无形资产——累计摊销（内部交易无形资产当期少计提摊销的金额）

### （二）内部无形资产交易持有期间的合并处理

1. 抵销无形资产成本中包含的未实现内部销售损益

借：未分配利润（期初）（无形资产成本中包含的未实现内部交易损益的金额）

　　贷：无形资产——成本

2. 抵销以前期间和本期内部交易无形资产摊销额中包含的未实现内部销售损益的数额

借：无形资产——累计摊销（以前期间和本期无形资产内部交易多计提的累计摊销总额）

　　贷：管理费用等（本期无形资产内部交易多计提的摊销额）

　　　　未分配利润（期初）（以前期间无形资产内部交易多计提的累计摊销额）

### （三）内部无形资产交易摊销完毕期间的合并处理

从购买企业来说，该内部交易无形资产到期时，其账面价值已摊销完毕，包含于其中的未实现内部销售损益的数额也摊销完毕，无形资产账面价值经摊销后为零。对于转让企业来说，因该内部交易无形资产实现的收益，作为期初未分配利润的一部分结转到以后的会计期间，直到购买企业对该内部交易无形资产到期的会计期间。从整个企业集团来说，随着该内部交易无形资产的使用期满，其包含的未实现内部销售损益也转化为已实现损益。由于销售企业因该内部交易无形资产所实现的收益，作为期初未分配利润的一部分结转到购买企业该内部交易无形资产到期的会计期间，为此，首先必须调整期初未分配利润。其次，在该无形资产到期的会计期间，本期无形资产摊销额中仍然包含无形资产价值中包含的未实现内部销售损益的摊销额，这一数额仍须进行抵销处理。因此，在合并工作底稿中，应编制如下抵销分录：

借：未分配利润（期初）（无形资产内部交易未实现损益造成的当期多摊销的金额）

　　贷：管理费用

**提示**

无形资产内部交易处理基本与固定内部交易处理相同，注意两个细节差异：第一，无形资产内部交易一般销售方管理方式是无形资产，购买方管理方式也是无形资产；第二，无形资产的摊销从当月开始，固定资产的折旧是从下月开始。

**【例5-39】** 开源公司是A公司的母公司。2×21年1月，开源公司出售一项无形资产给A公司，无形资产的账面价值为400万元，出售价款为500万元，款项已记入“银行存款”。A公司购入的无形资产预计尚可使用4年，预计净残值为零，采用直线法摊销。假定不考虑相关税费。

（1）2×21年合并工作底稿中的相关合并处理：

① 抵销无形资产成本中包含的未实现内部损益。

借：资产处置收益　　1 000 000
　　贷：无形资产——成本　　1 000 000

② 抵销内部无形资产交易因未实现损益而多提摊销。

借：无形资产——累计摊销　　（1 000 000÷4）250 000
　　贷：管理费用　　250 000

（2）2×22年合并工作底稿中的相关合并处理：

① 抵销无形资产成本中包含的未实现内部损益。

借：未分配利润（期初）　　1 000 000
　　贷：无形资产——成本　　1 000 000

② 抵销内部无形资产交易因未实现损益而多提摊销。

借：无形资产——累计摊销　　500 000
　　贷：管理费用　　250 000
　　　　未分配利润（期初）　　250 000

（3）2×23年合并工作底稿中的相关合并处理如下：

① 抵销无形资产成本中包含的未实现内部损益。

借：未分配利润（期初）　　1 000 000
　　贷：无形资产——成本　　1 000 000

② 抵销内部无形资产交易因未实现损益而多提摊销。

借：无形资产——累计摊销　　750 000
　　贷：管理费用　　250 000
　　　　未分配利润（期初）　　500 000

（4）2×24年合并工作底稿中的相关合并处理：

① 抵销无形资产成本中包含的未实现内部损益。

借：未分配利润（期初）　　1 000 000
　　贷：无形资产——成本　　1 000 000

② 抵销内部无形资产交易因未实现损益而多提摊销。

借：无形资产——累计摊销　　1 000 000
　　贷：管理费用　　250 000
　　　　未分配利润（期初）　　750 000

上述两笔分录可以合并为：

借：未分配利润（期初） 250 000

　　贷：管理费用 250 000

（5）合并工作底稿（局部）如表5-37所示。

表5-37 合并工作底稿（局部）

单位：万元

| 项目 | 个别报表 | | 合计数 | 调整与抵销分录 | | 少数股东权益 | 合并数 |
|---|---|---|---|---|---|---|---|
| | 母公司 | 子公司 | | 借方 | 贷方 | | |
| **2×21年** | | | | | | | |
| **资产负债表有关项目：** | | | | | | | |
| 无形资产——成本 | | 500 | 500 | | ① 100 | | 400 |
| ——累计摊销 | | 125 | 125 | ② 25 | | | 100 |
| **利润表有关项目：** | | | | | | | |
| 管理费用 | | 125 | 125 | | ② 25 | | 100 |
| 加：资产处置收益 | 100 | 0 | 100 | ① 100 | | | 0 |
| 净利润 | 100 | −125 | −25 | 100 | 25 | | −100 |
| **所有者权益变动表有关项目：** | | | | | | | |
| 未分配利润（期初） | 0 | 0 | 0 | | | | 0 |
| 未分配利润（期末）* | 100 | −125 | 100−125 | 100 | 25 | | 0−100 |
| **2×22年** | | | | | | | |
| **资产负债表有关项目：** | | | | | | | |
| 无形资产——成本 | | 500 | 500 | | ① 100 | | 400 |
| ——累计摊销 | | 250 | 250 | ② 50 | | | 200 |
| **利润表有关项目：** | | | | | | | |
| 管理费用 | | 125 | 125 | | ② 25 | | 100 |
| 加：资产处置收益 | 0 | 0 | 0 | | | | 0 |
| 净利润 | 0 | −125 | −125 | | 25 | | −100 |
| **所有者权益变动表有关项目：** | | | | | | | |
| 未分配利润（期初） | 100 | −125 | 100−125 | ① 100 | ② 25 | | 0−100 |
| 未分配利润（期末） | 100 | −250 | 100−250 | 100 | 50 | | 0−200 |

续表

| 项目 | 个别报表 | | 合计数 | 调整与抵销分录 | | 少数股东权益 | 合并数 |
|---|---|---|---|---|---|---|---|
| | 母公司 | 子公司 | | 借方 | 贷方 | | |
| **2×23年** | | | | | | | |
| **资产负债表有关项目：** | | | | | | | |
| 无形资产——成本 | | 500 | 500 | | ① 100 | | 400 |
| ——累计摊销 | | 375 | 375 | ② 75 | | | 300 |
| **利润表有关项目：** | | | | | | | |
| 管理费用 | | 125 | 125 | | ② 25 | | 100 |
| 加：资产处置收益 | 0 | 0 | 0 | | | | 0 |
| 净利润 | 0 | −125 | −125 | | 25 | | −100 |
| **所有者权益变动表有关项目：** | | | | | | | |
| 未分配利润（期初） | 100 | −250 | 100−250 | ① 100 | ② 50 | | 0−200 |
| 未分配利润（期末） | 100 | −375 | 100−375 | 100 | 75 | | 0−300 |
| **2×24年** | | | | | | | |
| **资产负债表有关项目：** | | | | | | | |
| 无形资产——成本 | | 500 | 500 | | ① 100 | | 400 |
| ——累计摊销 | | 500 | 500 | ② 100 | | | 400 |
| **利润表有关项目：** | | | | | | | |
| 管理费用 | | 125 | 125 | | ② 25 | | 100 |
| 加：资产处置收益 | 0 | 0 | 0 | | | | 0 |
| 净利润 | 0 | −125 | −125 | | 25 | | −100 |
| **所有者权益变动表有关项目：** | | | | | | | |
| 未分配利润（期初） | 100 | −375 | 100−375 | ① 100 | ② 75 | | 0−300 |
| 未分配利润（期末） | 100 | −500 | 100−500 | 100 | 100 | | 0−400 |

注：*为了区分母公司资产处置收益及子公司管理费用（无形资产摊销）对未分配利润合计数及合并数的影响，表5−37的合并工作底稿中“未分配利润（期末）”项目在2×21年末的合计数采用100−125（万元）表示，合并数采用0−100（万元）表示，以便于理解“未分配利润（期初）”项目在后续抵销分录中的含义。后续年份“未分配利润（期末）”项目在工作底稿中类似处理。

### （四）递延所得税的调整

与内部交易形成的固定资产类似，随着内部交易所形成的无形资产价值中包含未实现内部交易损益以及多摊销（或少摊销）无形资产的抵销处理，合并财务报表中所反映的无形资产账面价值与内部购入无形资产的计税基础之间就会产生暂时性差异。因此，在合并工作底稿中，应编制如下调整分录：

教学视频

考虑所得税对内部无形资产交易的影响

借：递延所得税资产［（抵销成本中包含的未实现内部销售损益的金额－抵销的多摊销金额）× 适用所得税税率］

贷：所得税费用

需要注意的是，在连续编制合并财务报表时，调整因抵销未实现内部销售损益及多计提摊销所产生的可抵扣暂时性差异的所得税影响，应编制如下调整分录：

借：递延所得税资产［（抵销成本中包含的未实现内部销售损益的金额－抵销至本期累计多摊销金额）× 适用所得税税率］

所得税费用（抵销的本期多计提的摊销金额 × 适用所得税税率）

贷：未分配利润（期初）［（抵销成本中包含的未实现内部销售损益的金额－抵销至上期累计多计提的摊销金额）× 适用所得税税率］

【例5-40】 开源公司是B公司的母公司。2×21年1月，开源公司出售一项无形资产给B公司，无形资产的账面价值为800万元，出售价款为1 000万元，款项已记入“银行存款”。B公司购入的无形资产预计尚可使用10年，预计净残值为0，采用直线法摊销。税法规定的无形资产摊销政策与会计一致，母、子公司的所得税税率均为25%。预计各年均有足够的应纳税所得额用以抵扣可抵扣暂时性差异。

（1）2×21年合并工作底稿中的相关合并处理：

① 抵销无形资产成本中包含的未实现内部损益。

借：资产处置收益 2 000 000

贷：无形资产——成本 2 000 000

② 抵销无形资产交易因未实现损益而多提摊销。

借：无形资产——累计摊销 （2 000 000 ÷ 10）200 000

贷：管理费用 200 000

③ 调整因抵销未实现内部损益及多计提摊销所产生的可抵扣暂时性差异的所得税影响。

B公司角度：

无形资产的账面价值＝1 000－100＝900（万元）

无形资产的计税基础＝1 000－100＝900（万元）

根据上述计算，B公司无形资产账面价值与其计税基础相同，不产生暂时性差异，在B公司个别财务报表中不涉及递延所得税资产或递延所得税负债的问题。

集团角度：

无形资产的账面价值 = 800 − 80 = 720（万元）
无形资产的计税基础 = B公司无形资产的计税基础 = 1 000 − 100 = 900（万元）
可抵扣暂时性差异 = 900 − 720 = 180（万元）
确认递延所得税资产 = 180 × 25% = 45（万元）
因此，需要编制如下调整分录：

借：递延所得税资产　　450 000
　　贷：所得税费用　　450 000

**提示**

从上述抵销分录①中降低无形资产200万元和抵销分录②中调增无形资产20万元也可以分析出，通过这两笔抵销分录的编制，无形资产的账面价值低于计税基础180万元，进而需要调增递延所得税资产45万元。

（2）合并工作底稿（局部）如表5-38所示。

表5-38 合并工作底稿（局部）

2×21年　　单位：万元

| 项目 | 个别报表 | | 合计数 | 调整与抵销分录 | | 少数股东权益 | 合并数 |
|---|---|---|---|---|---|---|---|
| | 母公司 | 子公司 | | 借方 | 贷方 | | |
| **资产负债表有关项目：** | | | | | | | |
| 无形资产——成本 | | 1 000 | 1 000 | | ① 200 | | 800 |
| ——累计摊销 | | 100 | 100 | ② 20 | | | 80 |
| 递延所得税资产 | | 0 | 0 | ③ 45 | | | 45 |
| **利润表有关项目：** | | | | | | | |
| 管理费用 | | 100 | 100 | | ② 20 | | 80 |
| 加：资产处置收益 | 200 | 0 | 200 | ① 200 | | | 0 |
| 利润总额 | 200 | −100 | 100 | 200 | 20 | | −80 |
| 减：所得税费用 | 50 | −25 | 25 | | ③ 45 | | −20 |
| 净利润 | 150 | −75 | 75 | 200 | 65 | | −60 |
| **所有者权益变动表有关项目：** | | | | | | | |
| 未分配利润（期初） | 0 | 0 | 0 | | | | 0 |
| 未分配利润（期末） | 150 | −75 | 75 | 200 | 65 | | −60 |

# 第五节 编制合并财务报表的其他问题

## 一、特殊交易在编制合并财务报表中的会计处理

### （一）追加投资的会计处理

1. 母公司购买子公司少数股东股权

母公司购买子公司少数股东拥有的子公司股权的，在母公司个别财务报表中，其自子公司少数股东处新取得的长期股权投资应当按照《企业会计准则第2号——长期股权投资》的规定确定其入账价值；在合并财务报表中，子公司的资产、负债应以购买日或合并日所确定的净资产价值开始持续计算的金额反映，因购买少数股东股权新取得的长期股权投资与按照新增持股比例计算应享有子公司自购买日或合并日开始持续计算的净资产份额之间的差额，应当调整母公司个别报表中的资本公积（资本溢价或股本溢价），资本公积不足冲减的，调整留存收益。

**提示**

母公司购买子公司少数股东股权时，由于控制权未变，因而商誉不变，差额计入资本公积（资本溢价或股本溢价），资本公积不足冲减的，调整留存收益。

**【例5–41】** 2×21年12月25日，开源公司以14 000万元取得A公司60%的股权，能够对A公司实施控制，形成非同一控制下的企业合并。2×22年12月24日，开源公司又以公允价值为7 000万元、原账面价值为6 500万元的固定资产作为对价，自A公司的少数股东处取得A公司30%的股权。本例中开源公司与A公司的少数股东在交易前不存在任何关联方关系（不考虑所得税等影响）。

**【分析】**

2×21年12月25日，开源公司在取得A公司60%股权时，A公司可辨认净资产公允价值为18 000万元。2×22年12月24日，A公司自购买日开始持续计算的净资产账面价值为20 000 万元。

本例中，2×22年12月24日，开源公司进一步取得A公司30%的股权时，开源公司合并财务报表的会计处理如下：

合并财务报表中，A公司的有关资产、负债按照自购买日开始持续计算的价值进行

合并，无须按照公允价值进行重新计量。开源公司按新增持股比例计算应享有自购买日开始持续计算的净资产份额为6 000（20 000×30%）万元，与新增长期股权投资7 000万元之间的差额为1 000万元，在合并资产负债表中应调整所有者权益相关项目，首先调整归属于母公司的资本公积（资本溢价或股本溢价），资本公积不足冲减的，冲减归属于母公司的盈余公积，盈余公积不足冲减的，冲减归属于母公司的未分配利润。

开源公司作为对价的固定资产的公允价值（7 000万元）与账面价值（6 500万元）的差异（500万元），应计入开源公司利润表中的资产处置收益。

2. 企业因追加投资等原因能够对非同一控制下的被投资方实施控制

企业因追加投资等原因，通过多次交易分步实现非同一控制下企业合并的，在合并财务报表上，首先，应结合分步交易的各个步骤的协议条款，以及各个步骤中所分别取得的股权比例、取得对象、取得方式、取得时点及取得对价等信息，来判断分步交易是否属于一揽子交易。

各项交易的条款、条件以及经济影响符合以下一种或多种情况的，通常应将多次交易事项作为一揽子交易进行会计处理：一是这些交易是同时或者在考虑了彼此影响的情况下订立的；二是这些交易整体才能达成一项完整的商业结果；三是一项交易的发生取决于至少一项其他交易的发生；四是一项交易单独看是不经济的，但是和其他交易一并考虑时是经济的。

如果分步取得对子公司股权投资直至取得控制权的各项交易属于一揽子交易，应当将各项交易作为一项取得子公司控制权的交易进行会计处理。

如果不属于一揽子交易，需要按照以下两种情形进行会计处理：

（1）达到控股合并前长期股权投资采用权益法核算时。购买方在个别财务报表中，应当以购买日之前所持被购买方的股权投资的账面价值与购买日新增投资成本之和，作为该项投资的初始投资成本。购买日长期股权投资的初始投资成本，为原权益法下的账面价值加上购买日为取得新的股份所支付对价的公允价值之和，购买日之前因权益法形成的其他综合收益或其他资本公积暂时不做处理，待到处置该项投资时将与其相关的其他综合收益或其他资本公积采用与被购买方直接处置相关资产或负债相同的基础进行会计处理。

在合并财务报表中，对于购买日之前持有的被购买方的股权，应当按照该股权在购买日的公允价值进行重新计量，公允价值与其账面价值之间的差额计入当期投资收益。购买日之前持有的被购买方的股权涉及其他综合收益的，与其相关的其他综合收益应当转为购买日所属当期投资收益等。合并财务报表中的合并成本为购买日之前所持被购买方的股权于购买日的公允价值与购买日新购入股权所支付对价的公允价值之和。购买日的合并商誉为按上述计算的合并成本与应享有被购买方可辨认净资产公允价值的份额之差。

（2）达到企业合并前将权益性投资作为其他权益工具投资或交易性金融资产核算时。购买方在个别财务报表中，形成控股合并前对股权投资采用金融工具准则以公允价值计量的（例如，原分类为以公允价值计量且其变动计入其他综合收益金融资产的非交易性权益工具投资），长期股权投资在购买日的初始投资成本为原公允价值计量的账面价值加上购买日取得新的股份所支付对价的公允价值之和，购买日之前持有的被购买方的股权涉及其他综合收益的，计入留存收益，不得转入当期损益。

此时，由于个别财务报表已经调整，因此，合并财务报表不需要进行调整。合并财务报表中的合并成本为购买日之前所持被购买方的股权于购买日的公允价值与购买日新购入股权所支付对价的公允价值之和。购买日的合并商誉为按上述计算的合并成本与应享有被购买方可辨认净资产公允价值的份额之差。

**提示**

通过多次交易分步实现非同一控制下的企业合并的过程中，由于涉及控制权的改变，因而企业在进行账务处理时，可以先将其视为先按长期股权投资出售，再按公允价值将其回购。

**【例5–42】** 2×21年1月1日，开源公司以12 000万元取得B公司20%的股权，并能对B公司施加重大影响，采用权益法核算该项股权投资，取得投资时B公司净资产的公允价值为65 000万元。当年度确认对B公司的投资收益2 400万元，因B公司其他权益工具投资公允价值变动增加其他综合收益1 000万元而确认其他综合收益200万元。2×22年1月1日，开源公司又斥资40 000万元自C公司取得B公司40%的股权。购买日B公司可辨认净资产公允价值为78 000万元。B公司自2×21年开源公司取得投资后至2×22年购买进一步股权前实现的留存收益为12 000万元，其他综合收益增加1 000万元，未进行利润分配。假定20%股份在购买日的公允价值为16 000万元。

（1）2×22年1月1日，开源公司在个别财务报表中的账务处理如下：

借：长期股权投资　　400 000 000
　　贷：银行存款　　400 000 000

长期股权投资的初始投资成本 =（12 000 + 1 000 + 2 400 + 200）+ 40 000 = 15 600 + 40 000 = 55 600（万元）

（2）2×22年1月1日，在合并财务报表中的账务处理如下：

① 计算应加入损益的金额 = 16 000 − 15 600 = 400（万元）。

购买日之前持有的被购买方的股权，应当按照该股权在购买日的公允价值进行重新计量，公允价值与其账面价值的差额计入当期投资收益。

借：长期股权投资　　4 000 000
　　贷：投资收益　　4 000 000

同时，购买日之前持有的被购买方的股权涉及其他综合收益的，与其相关的其他综合收益应当转为购买日所属当期投资收益。

借：其他综合收益　　2 000 000
　　贷：投资收益　　2 000 000

② 计算购买日形成的商誉。

合并财务报表中的合并成本 = 购买日之前所持被购买方的股权于购买日的公允价值 + 购买日新购入股权所支付对价的公允价值 = 16 000 + 40 000 = 56 000（万元）

购买日的合并商誉 = 按上述计算的合并成本 − 应享有被购买方可辨认净资产公允价值的份额 = 56 000 − 78 000 × 60% = 9 200（万元）

③ 编制合并抵销分录。

| | | |
|---|---|---|
| 借：子公司所有者权益 | 780 000 000 | |
| 　　商誉 | 92 000 000 | |
| 　　贷：长期股权投资 | | 560 000 000 |
| 　　　　少数股东权益 | | 312 000 000 |

3. 通过多次交易分步实现同一控制下企业合并

对于分步实现的同一控制下企业合并，在编制合并财务报表时应视同参与合并的各方在最终控制方开始控制时即以目前的状态存在进行调整，在编制比较报表时，以不早于合并方和被合并方同处于最终控制方的控制之下的时点开始，将被合并方的有关资产、负债并入合并方合并财务报表的比较报表中，并将合并而增加的净资产在比较报表中调整所有者权益项下的相关项目。

教学文档

由交易性金融资产增资实现企业合并例题

为避免对被合并方净资产的价值进行重复计算，合并方在取得被合并方控制权之前持有的股权投资，在取得原股权之日与合并方和被合并方同处于同一方最终控制之日孰晚日起至合并日之间已确认有关损益、其他综合收益以及其他净资产变动，应分别冲减比较报表期间的期初留存收益或当期损益。

教学文档

多次交易分步实现同一控制下企业合并例题

4. 本期增加子公司时合并财务报表的编制

编制合并资产负债表时，以本期取得的子公司在合并资产负债表日的资产负债表为基础编制。对于本期投资或追加投资取得的子公司，不需要调整合并资产负债表的期初数。但为了提高会计信息的可比性，应当在财务报表附注中披露本期取得的子公司对合并财务报表的财务状况的影响，即披露本期取得的子公司在购买日的资产和负债金额，包括流动资产、长期股权投资、固定资产、无形资产及其他资产和流动负债、长期负债等金额。

编制合并利润表时，应当以本期取得的子公司自取得控制权日起至本期期末为会计期间的财务报表为基础编制，将本期取得的子公司自取得控制权日起至本期期末的收入、费用和利润通过合并，纳入合并财务报表之中。同时，为了提高会计信息的可比性，应在财务报表附注中披露本期取得的子公司对合并财务报表的经营成果的影响，以及对前期相关金额的影响，即披露本期取得的子公司自取得控制权日至本期期末止的经营成果，包括营业收入、营业利润、利润总额、所得税费用和净利润等。

编制合并现金流量表时，应当将本期取得的子公司自取得控制权日起至本期期末止的现金流量的信息纳入合并现金流量表，并将取得子公司所支付的现金扣除子公司于购买日持有的现金及现金等价物后的净额，在有关投资活动类的“取得子公司及其他营业单位所支付的现金”项目反映。

### （二）处置对子公司投资的会计处理

1. 在不丧失控制权的情况下部分处置对子公司长期股权投资

母公司在不丧失控制权的情况下部分处置对子公司的长期股权投资的，在母公司个别财务报表中作为长期股权投资的处置，确认有关处置损益。即出售股权取得的价款或对价的公允价值与所处置投资账面价值的差额，应作为投资收益或损失计入处置投资当期母公司的个别财务报表；在合并财务报表中，因出售部分股权后，母公司仍能够对被投资单位实施控制，被投资单位应当纳入母公司合并财务报表。因此，在合并财务报表中，处置价款与处置长期股权投资相对应享有子公司自购买日或合并日开始持续计算的净资产份额之间的差额，应当调整资本公积（资本溢价或股本溢价），资本公积不足以冲减的，调整留存收益。

2. 母公司因处置对子公司长期股权投资而丧失控制权

（1）一次交易处置子公司。母公司因处置部分股权投资或其他原因丧失了对原有子公司控制的，在合并财务报表中，应当进行如下会计处理：

① 终止确认相关资产负债、商誉等的账面价值，并终止确认少数股东权益（包括属于少数股东的其他综合收益）的账面价值。

② 按照丧失控制权日的公允价值进行重新计量剩余股权，按剩余股权对被投资方的影响程度，将剩余股权作为长期股权投资或金融工具进行核算。

③ 处置股权取得的对价与剩余股权的公允价值之和，减去按原持股比例计算应享有原有子公司自购买日开始持续计算的净资产账面价值份额与商誉之和，形成的差额计入丧失控制权当期的投资收益。

④ 与原有子公司的股权投资相关的其他综合收益、其他所有者权益变动，应当在丧失控制权时转入当期损益，由于被投资方重新计量设定受益计划净负债或净资产变动而产生的其他综合收益等不能重分类进损益的其他综合收益除外。

（2）多次交易分步处置子公司。

企业通过多次交易分步处置对子公司股权投资直至丧失控制权，在合并财务报表中，首先应判断分步交易是否属于一揽子交易。

如果分步交易不属于一揽子交易，则在丧失对子公司控制权以前的各项交易，应按照前文“在不丧失控制权的情况下部分处置对子公司长期股权投资”的规定进行会计处理。

如果分步交易属于一揽子交易，则应将各项交易作为一项处置原有子公司并丧失控制权的交易进行会计处理。其中，对于丧失控制权之前的每一次交易，处置价款与处置投资对应的享有该子公司自购买日开始持续计算的净资产账面价值的份额之间的差额，在合并财务报表中应当计入其他综合收益，在丧失控制权时一并转入丧失控制权当期的损益。

教学文档

多次交易分步处置子公司例题

3. 本期减少子公司时合并财务报表的编制

在本期出售转让子公司部分股份或全部股份，丧失对该子公司的控制权而使其成为非子公司的情况下，应当将其排除在合并财务报表的合并范围之外。

在编制合并资产负债表时，不需要对该出售转让股份而成为非子公司的资产负债表进行合并。但为了提高会计信息的可比性，应当在财务报表附注中披露该子公司成为非子公司对合并财务报表财务状况以及对前期相关金额的影响，即披露该子公司在丧失控制权日以及该子公司在上年年末的资产和负债金额，具体包括流动资产、长期股权投资、固定资产、无形资产及其他资产和流动负债、长期负债等。

编制合并利润表时，则应当以该子公司期初至丧失控制权成为非子公司之日止的利润表为基础，将该子公司自期初至丧失控制权之日止的收入、费用、利润纳入合并利润表。同时为提高会计信息的可比性，在财务报表附注中披露该子公司成为非子公司对合并财务报表的经营成果以及对前期相关金额的影响，即披露该子公司自期初至丧失控制权日止的经营成果以及上年度的经营成果，具体包括营业收入、营业利润、利润总额、所得税费用和净利润等。

在编制现金流量表时，应将该子公司自期初至丧失控制权之日止的现金流量信息纳入合并现金流量表，并将出售该子公司所收到的现金扣除子公司持有的现金和现金等价物以及相关处置费用后的净额，在有关投资活动类的“处置子公司及其他营业单位所收到的现金”项目反映。

### （三）因子公司少数股东增资导致母公司股权稀释

如果由于子公司的少数股东对子公司进行增资，导致母公司股权稀释，母公司应当按照增资前的股权比例计算其在增资前子公司账面净资产中的份额，该份额与增资后按母公司持股比例计算的在增资后子公司账面净资产份额之间的差额计入资本公积，资本公积不足以冲减的，调整留存收益。

【例5-43】　2×22年1月1日，开源公司和乙公司分别出资1 200万元和300万元设立A公司，开源公司、乙公司的持股比例分别为80%和20%。A公司为开源公司的子公司。2×23年1月1日，乙公司对A公司增资600万元，增资后占A公司股权比例为30%。增资完成后，开源公司仍控制A公司。A公司自成立日至增资前实现净利润1 500万元。除此以外，不存在其他影响A公司净资产变动的事项（不考虑所得税等影响）。

【分析】

本例中，开源公司持股比例原为80%，由于少数股东乙公司增资而变为70%。增资前，开源公司按照80%的持股比例享有的A公司净资产账面价值为2 400（3 000×80%）万元；增资后，开源公司按照70%持股比例享有的净资产账面价值为2 520（3 600×70%）万元，两者之间的差额120万元，在开源公司合并资产负债表中应调增资本公积。

### （四）交叉持股的合并处理

交叉持股，是指在由母公司和子公司组成的企业集团中，母公司持有子公司一定比例股份，能够对其实施控制，同时子公司也持有母公司一定比例股份，即相互持有对方的股份。母子公司有交互持股情形的，在编制合并财务报表时，对于母公司持有的子公司股权，与通常情况下母公司长期股权投资与子公司所有者权益的合并抵销处理相同。对于子公司持有的母公司股权，应当按照子公司取得母公司股权日所确认的长期股权投资的初始投资成本，将其转为合并财务报表中的库存股，作为所有者权益的减项，在合并资产负债表中所有者权益项目下以“减：库存股”项目列示；对于子公司持有母公司股权所确认的投资收益（如利润分配或现金股利），应当进行抵销处理。子公司将所持有的母公司股权分类为以公允价值计量且其变动计入其他综合收益的金融资产，按照公允价值计量的，同时冲销子公司累计确认的公允价值变动。

子公司相互之间持有的长期股权投资，应当比照母公司对子公司的股权投资的抵销方法，将长期股权投资与其对应的子公司所有者权益中所享有的份额相互抵销。

### （五）逆流交易的合并处理

如果母子公司之间发生逆流交易，即子公司向母公司出售资产，则所发生的未实现内部交易损益，应当按照母公司对该子公司的分配比例在“归属于母公司所有者的净利润”和“少数股东损益”之间分配抵销。

【例5–44】 开源公司是A公司的母公司，持有A公司80%的股份。2×23年5月1日，A公司向开源公司销售商品2 000万元，商品销售成本为1 400万元，开源公司以银行存款支付全款，将购进的该批商品作为存货核算。截至2×23年12月31日，该批商品仍有20%未实现对外销售。2×23年末，开源公司对剩余存货进行检查，发现未发生存货跌价损失。除此之外，开源公司与A公司2×23年未发生其他交易（不考虑所得税等影响）。

【分析】

本例中，2×23年存货中包含的未实现内部销售损益为120［（2 000－1 400）×20%］万元。在2×23年合并工作底稿中的抵销分录如下：

借：营业收入　　20 000 000
　　贷：营业成本　　18 800 000
　　　　存货　　1 200 000

同时，由于该交易为逆流交易，应将内部销售形成的存货中包含的未实现内部销售损益在开源公司和A公司少数股东之间进行分摊。

在存货中包含的未实现内部销售损益中，归属于少数股东的未实现内部销售损益分摊金额为24（120×20%）万元。在2×23年合并工作底稿中的抵销分录如下：

借：少数股东权益　　240 000
　　贷：少数股东损益　　240 000

子公司之间出售资产所发生的未实现内部交易损益，应当按照母公司对出售方子公司的持股比例在“归属于母公司所有者的净利润”和“少数股东损益”之间分配抵销。

### （六）其他特殊交易

站在企业集团合并财务报表角度的确认和计量结果与站在其所属的母公司或子公司

的个别财务报表层面的确认和计量结果不一致的，在编制合并财务报表时，应站在企业集团角度对该特殊交易事项予以调整。例如，母公司将借款作为实收资本投入子公司用于长期资产的建造，母公司应在合并财务报表层面反映借款利息的资本化金额。再如，子公司作为投资性房地产的大厦，出租给集团内其他企业使用，母公司应在合并财务报表层面作为固定资产反映。

## 二、合并现金流量表的编制

教学视频

合并现金流量表的编制

### （一）合并现金流量表概述

合并现金流量表是综合反映母公司及其子公司组成的企业集团在一定会计期间现金流入、现金流出数量以及其增减变动情况的财务报表。合并现金流量表以母公司和子公司的现金流量表为基础，在抵销母公司与子公司、子公司相互之间发生内部交易对合并现金流量表的影响后，由母公司编制。合并现金流量表也可以合并资产负债表和合并利润表为依据进行编制。

### （二）编制合并现金流量表需要抵销的项目

在以母公司和子公司个别现金流量表为基础编制合并现金流量表时，需要进行抵销的内容主要有：

（1）母公司与子公司、子公司相互之间当期以现金投资或收购股权增加的投资所产生的现金流量的抵销处理。当母公司从子公司中购买其持有的其他企业的股票时，由此所产生的现金流量，在购买股权方的母公司的个别现金流量表中，表现为“投资活动产生的现金流量”中的“投资支付的现金”的增加，而在出售股权方的子公司的个别现金流量表中则表现为“投资活动产生的现金流量”中的“收回投资收到的现金”的增加。在母公司对子公司投资的情况下，其所产生的现金流量表在母公司的个别现金流量表中表现为“投资活动产生的现金流量”中的“投资支付的现金”的增加，而在接受投资的子公司个别现金流量表中则表现为“筹资活动产生的现金流量”中的“吸收投资收到的现金”的增加。因此，编制合并现金流量表时将其予以抵销，具体抵销分录为：

① 当母公司从子公司中购买其持有的其他企业的股票时：

借：投资支付的现金

　　贷：收回投资收到的现金

② 在母公司对子公司投资的情况下：

借：投资支付的现金

　　贷：吸收投资收到的现金

（2）母公司与子公司、子公司相互之间当期取得投资收益收到的现金与分配股利、利润或偿付利息支付的现金的抵销处理。母公司对子公司投资以及子公司之间进行投资分配现金股利或利润时，由此所产生的现金流量，在股利或利润支付方的个别现金流量表中表现为“筹资活动产生的现金流量”中的“分配股利、利润或偿付利息支付的现金”的增加，而在股利或利润收到方的个别现金流量表中则表现为“投资活动产生的现金流量”中的“取得投资收益收到的现金”的增加，为此，在编制合并现金流量表时必须将其予以抵销，具体抵销分录为：

借：分配股利、利润或偿付利息支付的现金

贷：取得投资收益收到的现金

（3）母公司与子公司、子公司相互之间以现金结算债权与债务所产生的现金流量的抵销处理。以现金结算内部债权债务，对于债权方来说表现为现金的流入，而对于债务方来说则表现为现金的流出。在现金结算的债权与债务属于母公司与子公司、子公司相互之间内部销售商品和提供劳务所产生的情况下，从其个别现金流量表来说，在债权方的个别现金流量表中表现为“销售商品、提供劳务收到的现金”的增加；而在债务方的个别现金流量表中则表现为“购买商品、接受劳务支付的现金”的增加。在编制合并现金流量表时必须将由此所产生的现金流量予以抵销。在现金结算的债权与债务属于内部往来所产生的情况下，在债权方的个别现金流量表中表现为“收到的其他与经营活动有关的现金”的增加，在债务方的个别现金流量表中表现为“支付的其他与经营活动有关的现金”的增加，在编制合并现金流量表时由此所产生的现金流量也必须将其予以抵销。

① 在现金结算的债权与债务属于母公司与子公司、子公司相互之间内部销售商品和提供劳务所产生的情况下，具体抵销分录为：

借：购买商品、接受劳务支付的现金

贷：销售商品、提供劳务收到的现金

② 在现金结算的债权与债务属于内部往来所产生的情况下，具体抵销分录为：

借：支付的其他与经营活动有关的现金

贷：收到的其他与经营活动有关的现金

（4）母公司与子公司、子公司相互之间当期销售商品所产生的现金流量的抵销处理。母公司与子公司、子公司相互之间当期销售商品没有形成固定资产、在建工程、无形资产等资产的情况下，该内部销售商品所产生的现金流量，在销售方的个别现金流量表中表现为“销售商品、提供劳务收到的现金”的增加，而在购买方的个别现金流量表中则表现为“购买商品、接受劳务支付的现金”的增加。而在母公司与子公司、子公司相互之间当期销售商品形成固定资产、工程物资、在建工程、无形资产等资产的情况下，该内部销售商品所产生的现金流量，在购买方的个别现金流量表中表现为“购建固定资产、无形资产和其他长期资产所支付的现金”的增加。为此，在编制合并现金流量表时必须将由此所产生的现金流量予以抵销。

① 母公司与子公司、子公司相互之间当期销售商品没有形成固定资产、在建工程、无形资产等资产的情况下，具体抵销分录为：

借：购买商品、接受劳务支付的现金

贷：销售商品、提供劳务收到的现金

② 而在母公司与子公司、子公司相互之间当期销售商品形成固定资产、工程物资、

在建工程、无形资产等资产的情况下，具体抵销分录为：

借：购建固定资产、无形资产和其他长期资产支付的现金

　　贷：销售商品、提供劳务收到的现金

（5）母公司与子公司、子公司相互之间处置固定资产、无形资产和其他长期资产收回的现金净额与购建固定资产、无形资产和其他长期资产支付的现金的抵销处理。内部处置固定资产时，由于处置固定资产等所产生的现金流量，对于处置方个别现金流量表来说，表现为“处置固定资产、无形资产和其他长期资产收回的现金净额”的增加；对于购置该资产的接受方来说，在其个别现金流量表中表现为“购建固定资产、无形资产和其他长期资产支付的现金”的增加。故在编制合并现金流量表时必须将由此所产生的现金流量予以抵销，具体抵销分录为：

借：购建固定资产、无形资产和其他长期资产支付的现金

　　贷：处置固定资产、无形资产和其他长期资产收回的现金净额

（6）母公司与子公司、子公司相互之间当期发生的其他内部交易所产生的现金流量应当抵销。

## 课后思考题

1. 什么是合并财务报表？合并财务报表有哪些特点？
2. 编制合并财务报表的前期准备事项有哪些？
3. 编制合并财务报表的步骤有哪些？
4. 内部股权投资应如何进行抵销处理？
5. 内部债权债务、内部资产交易应如何进行抵销处理？

## 第五章教学课件

| 教学课件 | 教学文档 |
| --- | --- |
| 合并财务报表 | 课外文献拓展 |

## 案例分析题及参考答案

## 即测即评

请扫描右侧二维码，进行随堂测试。

# 第六章 租赁会计

## 教学目标

通过本章教学，使学生了解租赁的识别、分拆与合并，熟悉租赁期的确定，掌握租赁付款额、租赁收款额、租赁内含利率等含义；掌握承租人和出租人的会计处理；了解特殊租赁业务的会计处理。

## 思维导图

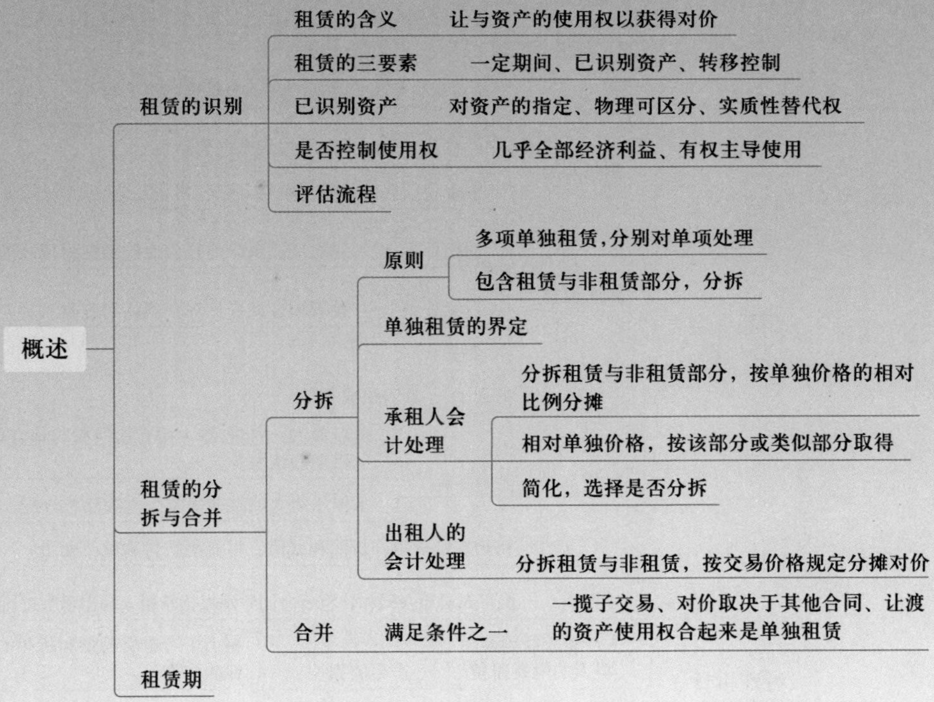

# 租赁会计

- 承租人会计处理
  - 初始计量
    - 租赁负债：按开始日未支付的租赁付款额现值计量
    - 使用权资产：成本内容
  - 后续计量
    - 租赁负债
      - 计量基础
      - 重新计量
        - 实质固定付款额变动
        - 担保余额预计的应付金额变动
        - 用于确定租赁付款额的指数或比率变动
        - 购买、续租和终止租赁选择权评估结果或实际情况变动
    - 使用权资产
      - 计量基础：成本模式
      - 折旧：承租人无法确定期满后能否获得使用权，按租赁期与租赁资产剩余使用寿命孰短
      - 减值：使用权资产减值准备一旦计提，不得转回
    - 租赁变更的会计处理
      - 作为单独租赁：扩大了租赁范围、增加对价与调整后的金额相当
      - 未作为单独租赁：按分拆规定分摊对价
  - 短期租赁和低价值资产租赁
    - 会计处理原则：直线法或其他计入相关资产成本或当期损益
    - 短期租赁：不超过12个月(包含购买选择权的租赁，即使租赁期不超过12个月，也不属于短期租赁)
    - 低价值资产租赁：全新资产价值较低
- 出租人会计处理
  - 租赁分类
    - 转移几乎全部风险和报酬是融资租赁
    - 融资租赁以外的其他租赁是经营租赁
  - 融资租赁
    - 初始计量：以租赁投资净额作为应收融资租赁款的入账价值
    - 后续计量：按周期性利率计算并确认利息收入
    - 变更
  - 经营租赁
    - 租金：直线法或其他
    - 出租人的激励措施
      - 免租期：整个租赁期内按直线法或其他合理的方法分配，免租期确认租金收入
      - 承担承租人的某些费用，先扣除再分配
    - 初始直接费用、折旧和减值、可变租赁付款额、变更
- 特殊租赁业务的会计处理
  - 转租赁：出租人对原合同和转租赁合同分别根据承租人和出租人进行会计处理
  - 生产商或经销商出租人的融资租赁
    - 产生的损益：相当于考虑交易量和折扣的正常售价销售标的资产
  - 售后租回交易
    - 原则：评估售后租回交易的资产转让是否属于销售，并区别进行会计处理
    - 属于销售：计量售后租回所形成的使用权资产
    - 不属于销售
      - 卖方不终止确认转让资产，收到的现金作为金融负债
      - 买方不确认被转让资产，支付的现金作为金融资产

# 引导案例：审理“首例”无形资产融资租赁纠纷，助力优化营商环境

2021年3月24日，天津市滨海新区人民法院公开审理并宣判了一起无形资产融资租赁纠纷案。据悉，该案系天津法院首例确认无形资产融资租赁合同有效案。

一、案情回顾：著作权可否作为融资租赁标的物

本案为原告某融资租赁有限公司（出租人）与被告某传媒股份有限公司（承租人），以及某传媒集团有限公司、某影视传播有限公司、苏某、刘某四方保证人之间的融资租赁合同纠纷。该案中，原告与被告某传媒股份有限公司签订了《售后回租赁合同》及《所有权转让协议》，约定某传媒股份有限公司将其所有的某电视栏目著作权转让给原告，并通过许可的方式租回使用。

然而，在双方履约过程中，某传媒股份有限公司在支付部分租金后便未再按期支付。原告认为其构成违约，故诉至法院，要求其支付全部租金、留购价款及违约金，并要求保证人承担保证责任。被告方则辩称，付款凭证载明的是设备款，与融资租赁无关；本案实际上是借款合同关系，不存在真实的融资租赁关系，故不应承担连带清偿责任。

二、法院认定：涉案合同构成融资租赁法律关系

首先，从租赁物的性质来看，《中华人民共和国合同法》2021年1月1日归入开始施行的《中华人民共和国民法典》并未对租赁物的性质加以限定，亦无法律、行政法规对著作权作为租赁物的适格性进行否定。根据《融资租赁公司监督管理暂行办法》，租赁物虽然原则上应为固定资产，但并未完全将著作权排除在租赁物范围之外。故本案《售后回租赁合同》以真实存在的电视栏目著作权作为租赁物，符合“融资”“融物”双重特性，不违反法律、行政法规的强制性规定。其次，从租赁物的价值来看，第三方评估机构对涉案著作权的市场价值进行了评估，到庭被告对该估值不持异议，亦无相反证据证明租赁物的价值存在低值高估的情形。再次，从租金构成来看，根据涉案《所有权转让协议》及《售后回租赁合同》约定，租金系由租赁物购买价款及合理利润组成，符合《合同法》规定。此外，法院还指出，从双方的合同权利义务来看，《所有权转让协议》约定被告某传媒股份有限公司将涉案著作权转让给原告，且双方已在国家版权局办理了权利转移变更登记，故涉案作品著作权已转移至原告；被告某传媒股份有限公司则享有涉案著作权的使用权，并依约向原告支付了部分租金，符合融资租赁权利义务关系。

三、法官说法：裁判结果或引领产业创新

作为一种新型融资模式，无形资产融资租赁业务受到了企业和政府的高度关注，部分地方政府已经出台了支持无形资产融资租赁的产业支持政策。近年来，同行实操和政策导向的支持，让这一领域的融资租赁得到了快速发展。同时，司法机关依法用足用活强制执行措施，不断探索更多执行之道，为优化法治化营商环境提供更强有力的司法保障。

资料来源：传媒式权威网媒。

通过该案例，我们熟悉租赁的要素，并探讨出租方和承租方应如何合理地履行相应的责任，进而助力营商环境的优化。

教学文档

企业会计准则第21号——租赁

教学文档

新冠肺炎疫情相关租金减让会计处理规定

# 第一节 租赁会计概述

## 一、租赁的识别

教学文档

改革开放40多年以来我国租赁会计的演进及启示

### （一）租赁的含义

《企业会计准则第21号——租赁》第2条指出，租赁是指在一定期间内，出租人将资产的使用权让与承租人以获取对价的合同。在合同开始日，企业应当评估合同是否为租赁或者包含租赁。如果合同一方让渡了在一定期间内控制一项或多项已识别资产使用的权利以换取对价，则该合同为租赁或者包含租赁。

一项合同要被分类为租赁，必须满足三要素：一是存在一定期间；二是存在已识别资产；三是资产供应方向客户转移对已识别资产使用权的控制。

在合同中，“一定期间”也可以表述为已识别资产的使用量，例如，某项设备的产出量。如果客户有权在部分合同期内控制已识别资产的使用，则合同包含一项在该部分合同期间的租赁。

企业应当就合同进行评估，判断其是否为租赁或包含租赁。同时符合下列条件的，使用已识别资产的权利构成一项单独租赁：① 承租人可从单独使用该资产或将其与易于获得的其他资源一起使用中获利；② 该资产与合同中的其他资产不存在高度依赖或高度关联关系。

另外，接受商品或服务的合同可能由合营安排或合营安排的代表签订。在这种情况下，企业评估合同是否包含一项租赁时，应将整个合营安排视为该合同中的客户，评估该合营安排是否在使用期间有权控制已识别资产的使用。

除非合同条款或条件发生变化，企业无须重新评估合同是否为租赁或者是否包含租赁。

### （二）已识别资产

1. 对资产的指定

已识别资产通常由合同明确指定，也可以在资产可供客户使用时隐性指定。

【例6–1】 开源公司（客户）与乙公司（供应方）签订了使用乙公司一节火车车厢的5年期合同。该车厢专用于运输开源公司生产过程中使用的特殊材料而设计，未经重大改造，不适合其他客户使用。合同中没有明确指定轨道车辆（如通过序列号），但是乙公司仅拥有一节适合客户开源公司使用的火车车厢。如果车厢不能正常工作，合同要求乙公司修理或更换车厢。

【分析】

具体哪节火车车厢虽未在合同中明确指定，但是被隐含指定，因为乙公司仅拥有一节适合客户开源公司使用的火车车厢，必须使用其来履行合同，乙公司无法自由替换该车厢。因此，火车车厢是一项已识别资产。

2. 物理可区分

如果资产的部分产能在物理上可区分（如建筑物的一层），则该部分产能属于已识别资产。如果资产的某部分产能与其他部分在物理上不可区分（如光缆的部分容量），则该部分不属于已识别资产，除非其实质上代表该资产的全部产能，从而使客户获得因使用该资产所产生的几乎全部经济利益的权利。

【例6-2】 情形1：开源公司（客户）与乙公司（公用设施公司）签订了一份为期15年的合同，以取得连接A、B城市光缆中三条指定的物理上可区分的光纤使用权。若光纤损坏，乙公司应负责修理和维护。乙公司拥有额外的光纤，但仅可因修理、维护或故障等原因替换指定给开源公司使用的光纤。情形2：开源公司与乙公司签订了一份为期15年的合同，以取得连接A、B城市光缆中约定带宽的光纤使用权。开源公司约定的带宽相当于使用光缆中三条光纤的全部传输容量（乙公司光缆包含15条传输容量相近的光纤）。

【分析】

情形1：合同明确指定了三条光纤，并且这些光纤与光缆中的其他光纤在物理上可区分，乙公司不可因修理、维护或故障以外的原因替换光纤，因此情形1中存在三条已识别光纤。情形2：开源公司仅使用光缆的部分传输容量，提供给开源公司使用的光纤与其余光纤在物理上不可区分，且不代表光缆的几乎全部传输容量，因此情形2中不存在已识别资产。

3. 实质性替换权

即使合同已对资产进行指定，如果资产供应方在整个使用期间拥有对该资产的实质性替换权，则该资产不属于已识别资产。其原因在于，如果资产供应方在整个使用期间均能自由替换合同资产，那么实际上，合同只规定了满足客户需求的一类资产，而不是被唯一识别出的一项或几项资产。也就是说，在这种情况下，合同资产并未和资产供应方的同类其他资产明确区分开来，并未被识别出来。

同时符合下列条件时，表明资产供应方拥有资产的实质性替换权：

（1）资产供应方拥有在整个使用期间替换资产的实际能力。例如，客户无法阻止供应方替换资产，且用于替换的资产对于资产供应方而言易于获得或者可以在合理期间内取得。

（2）资产供应方通过行使替换资产的权利将获得经济利益。即替换资产的预期经济利益将超过替换资产所需成本。

需要注意的是，如果合同仅赋予资产供应方在特定日期或者特定事件发生日或之后拥有替换资产的权利或义务，考虑资产供应方可能没有在整个使用期间替换资产的实际能力，资产供应方的替换权不具有实质性。

企业在评估资产供应方的替换权是否为实质性权利时，应基于合同开始日的事实和情况，而不应考虑在合同开始日企业认为不可能发生的未来事件，例如：① 未来某个客户为使用该资产同意支付高于市价的价格；② 引入了在合同开始日尚未实质开发的新技术；③ 客户对资产的实际使用或资产实际性能与在合同开始日认为可能的使用或性能存在重大差异；④ 使用期间资产市价与合同开始日认为可能的市价存在重大差异。

与资产位于资产供应方所在地相比，如果资产位于客户所在地或其他位置，替换资产所需要的成本更有可能超过其所能获取的利益。资产供应方在资产运行结果不佳或者进行技术升级的情况下，因修理和维护而替换资产的权利或义务不属于实质性替换权。

（3）企业难以确定资产供应方是否拥有实质性替换权的，应视为资产供应方没有对该资产的实质性替换权。

【例6-3】 开源公司（客户）与乙公司（供应方）签订合同，合同要求乙公司在5年内按照约定的时间表使用指定型号的火车车厢为开源公司运输约定数量的货物。合同中约定的时间表和货物数量，相当于开源公司在5年内有权使用10节指定型号火车车厢。合同规定了所运输货物的性质，乙公司有大量类似的车厢可以满足合同要求，车厢不用于运输货物时存放在乙公司处。

【分析】

① 乙公司在整个使用期间有替换每节车厢的实际能力。用于替换的车厢是乙公司易于获得的，且无须开源公司批准即可替换。② 乙公司可通过替换车厢获得经济利益。车厢存放在乙公司处，乙公司拥有大量类似的车厢，替换每节车厢的成本极小，乙公司可以通过替换车厢获益。例如，使用已位于任务所在地的车厢执行任务，或利用某客户未使用而闲置的车厢。

因此，乙公司拥有车厢的实质性替换权，合同中用于运输开源公司货物的车厢不属于已识别资产。

【例6-4】 假定开源公司是一家便利店运营企业，与某机场运管商乙公司签订了使用机场内某处商业区域销售商品的3年期合同。合同规定了商业区域的面积，商业区域可以位于机场内的任一登机区域，乙公司有权在整个使用期间随时调整分配给开源公司的商业区域位置，开源公司使用易于移动的自有售货亭销售商品。机场有很多符合合同规定的区域可供开源公司使用。

【分析】

① 乙公司在整个使用期间有变更开源公司使用的商业区域的实际能力。机场内有许多区域符合合同规定的商业区域，乙公司有权随时将开源公司使用的商业区域的位置变更至其他区域而无须开源公司批准。② 乙公司通过替换商业区域将获得经济利益。因为售货亭易于移动，所以乙公司变更开源公司所使用商业区域的成本极小。乙公司能够根据情况变化最有效地利用机场登机区域，因此乙公司能够通过替换机场内的商业区域获益。开源公司控制的是自有的售货亭，而合同约定的是机场内的商业区域，乙公司可随意变更该商业区域，因此乙公司有替换开源公司所使用商业区域的实质性权利。

因此，尽管合同具体规定了开源公司使用的商业区域的面积，但合同中不存在已识别资产。

【例6-5】 开源公司（客户）与乙公司（供应方）签订了使用一架指定飞机的两年期合同，合同详细规定了飞机的内、外部规格。合同规定，乙公司在两年合同期内可以随时替换飞机，在飞机出现故障时则必须替换飞机；无论哪种情况下，所替换的飞机必须符合合同中规定的内、外部规格。在乙公司的机队中配备符合开源公司要求规格的飞机所需成本高昂。

【分析】

本例中，合同明确指定了飞机，尽管合同允许乙公司替换飞机，但配备另一架符合合同要求规格的飞机会发生高昂的成本，乙公司不会因替换飞机而获益，因此乙公司的替换权不具有实质性。合同约定的指定飞机属于已识别资产。

### （三）客户是否控制已识别资产使用权的判断

为确定合同是否让渡了在一定期间内控制已识别资产使用的权利，企业应当评估合同中的客户是否有权获得在使用期间因使用已识别资产所产生的几乎全部经济利益，并有权在该使用期间主导已识别资产的使用。

1. 客户是否有权获得因使用资产所产生的几乎全部经济利益

在评估客户是否有权获得因使用已识别资产所产生的几乎全部经济利益时，企业应当在约定的客户权利范围内考虑其所产生的经济利益。

比如，① 如果合同规定汽车在使用期间仅限在某一特定区域使用，则企业应当仅考虑在该区域内使用汽车所产生的经济利益，而不包括在该区域外使用汽车所产生的经济利益；② 如果合同规定客户在使用期间仅能在特定里程范围内驾驶汽车，则企业应当仅考虑在允许的里程范围内使用汽车所产生的经济利益，而不包括超出该里程范围使用汽车所产生的经济利益。

为了控制已识别资产的使用，客户应当有权获得整个使用期间使用该资产所产生的几乎全部经济利益（例如，在整个使用期间独家使用该资产）。客户可以通过多种方式直接或间接获得使用资产所产生的经济利益，例如，通过使用、持有或转租资产。使用资产所产生的经济利益包括资产的主要产出和副产品（包括来源于这些项目的潜在现金流量）以及通过与第三方之间的商业交易实现的其他经济利益。

如果合同规定客户应向资产供应方或另一方支付因使用资产所产生的部分现金流量作为对价，该现金流量仍应视为客户因使用资产而获得的经济利益的一部分。

比如，如果客户因使用零售区域须向供应方支付零售收入的一定比例作为对价，该条款本身并不妨碍客户拥有获得使用零售区域所产生的几乎全部经济利益的权利。因为零售收入所产生的现金流量是客户使用零售区域而获得的经济利益，而客户支付给零售区域供应方的部分现金流量是使用零售区域的权利的对价。

2. 客户是否有权主导资产的使用

存在下列情形之一的，可视为客户有权主导对已识别资产在整个使用期间的使用：

（1）客户有权在整个使用期间主导已识别资产的使用目的和使用方式。如果客户有权在整个使用期间在合同界定的使用权范围内改变资产的使用目的和使用方式，则视为客户有权在该使用期间主导资产的使用目的和使用方式。

在判断客户是否有权在整个使用期间主导已识别资产的使用目的和使用方式时，企业应当考虑在该使用期间与改变资产的使用目的和使用方式最为相关的决策权。相关决策权是指对使用资产所产生的经济利益产生影响的决策权。最为相关的决策权可能因资产性质、合同条款和条件不同而不同。

此类情况包括：① 变更资产的产出类型的权利。例如，决定将集装箱用于运输商品还是储存商品，或者决定在零售区域销售的产品组合。② 变更资产的产出时间的权利。例如，决定机器或发电厂的运行时间。③ 变更资产的产出地点的权利。例如，决定卡车或船舶的目的地，或者决定设备的使用地点。④ 变更资产是否产出以及产出数量的权利。例如，决定是否使用发电厂发电以及发电量的多少。

某些决策权并未授予客户改变资产的使用目的和使用方式的权利。例如，在资产的使用目的和使用方式未预先确定的情况下，客户仅拥有运行或维护资产的权利。这些决策权对于资产的高效使用通常是必要的，但它们往往取决于有关资产使用目的和使用方式，而并非主导资产的使用目的和使用方式的权利。

（2）已识别资产的使用目的和使用方式在使用期间前已预先确定，并且客户有权在整个使用期间自行或主导他人按照其确定的方式运营该资产，或者客户设计了已识别资产（或资产的特定方面）并在设计时已预先确定了该资产在整个使用期间的使用目的和使用方式。

与资产使用目的和使用方式相关的决策可以通过很多方式预先确定，例如，通过设计资产或在合同中对资产的使用做出限制来预先确定相关决策。

【例6-6】 开源公司（客户）与乙公司（供应方）就使用一辆卡车在一周时间将货物从A地运至B地签订了合同。根据合同，乙公司只提供卡车、发运及到货的时间和站点，开源公司负责派人驾车自A地到B地。合同中明确指定了卡车，并规定在合同期内该卡车只允许用于运输合同中指定的货物，乙公司没有替换权。合同规定了卡车可行驶的最大里程。开源公司可在合同规定的范围内选择具体的行驶速度、路线、停车休息地点等。开源公司在指定路程完成后无权继续使用这辆卡车。

【分析】

本例中，合同明确指定了一辆卡车，且乙公司无权替换，因此合同存在已识别资产。合同预先确定了卡车的使用目的和使用方式，即在规定时间内将指定货物从A地运至B地。开源公司有权在整个使用期间操作卡车（例如决定行驶速度、路线、停车休息地点），因此开源公司主导了卡车的使用，开源公司通过控制卡车的操作在整个使用期间全权决定卡车的使用。

在评估客户是否有权主导资产的使用时，除非资产（或资产的特定方面）由客户设计，企业应当仅考虑在使用期间对资产使用做出决策的权利。例如，如果客户仅能在使用期间之前指定资产的产出而没有与资产使用相关的任何其他决策权，则该客户享有的权利与任何购买该项商品或服务的其他客户享有的权利并无不同。

**【例6-7】** 开源公司（客户）与乙公司（供应方）签订合同，使用指定的乙公司船只将货物从A地运至B地。合同明确规定了船只、运输的货物以及装卸日期。乙公司没有替换船只的权利。运输的货物将占据该船只几乎全部的运力。乙公司负责船只的操作和维护，并负责船上货物的安全运输。合同期间，开源公司不得雇用其他人员操作船只或自行操作船只。

**【分析】**

本例中，合同明确指定了船只，且乙公司无权替换，因此合同存在已识别资产。合同预先确定了船只的使用目的和使用方式，即在规定的装卸日期将指定货物从A地运至B地。开源公司在使用期间无权改变船只的使用目的和使用方式，也没有关于船只使用的其他决策权（例如，开源公司无权操作船只），也未参与该船只的设计，因此开源公司在使用期间无权主导船只的使用。

合同可能包含一些旨在保护资产供应方在已识别资产或其他资产中的权益、保护资产供应方的工作人员，或者确保资产供应方不因客户使用租赁资产而违反法律法规的条款和条件。例如，合同可能规定资产使用的最大工作量，限制客户使用资产的地点或时间，要求客户遵守特定的操作惯例，或者要求客户在变更资产使用方式时通知资产供应方。这些权利虽然对客户使用资产权利的范围做出了限定，但是其本身不足以否定客户拥有主导资产使用的权利。

**【例6-8】** 开源公司（客户）与乙公司（供应方）签订了使用指定船只的5年期合同。合同明确规定了船只，且乙公司没有替换权。开源公司在整个5年使用期内决定运输的货物、船只是否航行以及航行的时间和目的港，但需遵守合同规定的限制条件。这些限制条件是为了防止开源公司将船只驶入遭遇海盗风险较高的水域或装载危险品。乙公司负责船只的操作与维护，并负责船上货物的安全运输。合同期间，开源公司不得雇用其他人员操作船只或自行操作船只。

**【分析】**

本例中，合同明确指定了船只，且乙公司无权替换，因此存在已识别资产。合同中关于船只可航行水域和可运输货物的限制限定了开源公司使用船只的权利范围，但目的仅是保护乙公司船只和人员安全。因为开源公司在使用权范围内可以决定船只是否航行、航行的时间和地点以及所运输的货物，所以开源公司在整个5年使用期内可以决定船只的使用目的和使用方式，并有权改变这些决定。尽管船只的操作和维护对于船只的有效使用必不可少，但乙公司在这些方面的决策并未赋予其主导船只使用目的和使用方式的权利。相反，乙公司的决策取决于开源公司关于船只使用目的和使用方式的决定。

因此，开源公司在整个5年使用期有权主导该船只的使用。

### （四）评估流程

综上，合同开始日，企业评估合同是否为租赁或是否包括租赁可参考图6-1所示。

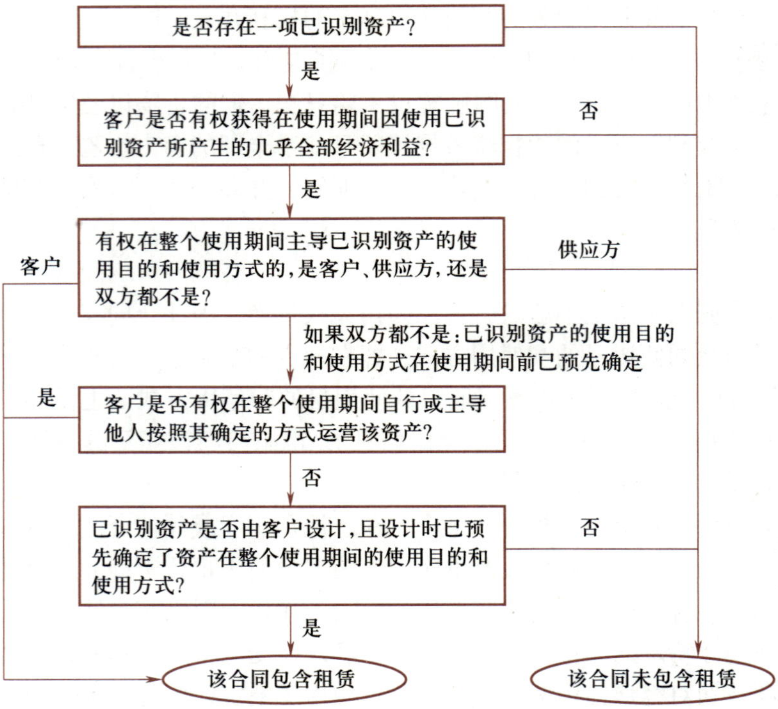


图6-1 识别租赁合同流程图

【例6-9】 开源公司（客户）与乙公司（货运商）签订了一份使用10个指定型号集装箱的5年期合同。合同指定了具体的集装箱，集装箱归乙公司所有。开源公司有权决定何时、何地使用这些集装箱以及用其运输什么货物。不用时，集装箱存放在开源公司处。开源公司可将集装箱用于其他目的（如用于存储）。但合同明确规定开源公司不能运输特定类型的货物（如爆炸物）。若某个集装箱需要保养或维修，乙公司应以同类型的集装箱替换。除非开源公司违约，乙公司在这合同期内不得收回集装箱。除集装箱外，合同还约定乙公司应按照开源公司的要求提供运输集装箱的卡车和司机。卡车存放在乙公司处，乙公司向司机发出指示详细说明开源公司的货物运输要求。乙公司可使用任一卡车满足开源公司的需求，卡车既可以用于运输开源公司的货物，也可以运输其他客户的货物，即如果其他客户要求运输货物的目的地与开源公司要求的目的地距离不远且时间接近，乙公司可以用同一卡车运送开源公司使用的集装箱及其他客户的货物。

【分析】

本例中，合同明确指定了10个集装箱，乙公司一旦交付集装箱给开源公司，仅在集装箱需要保养或维修时方可替换，因此，这10个集装箱是已识别资产。合同既未明确也未隐性指定卡车，因此运输集装箱的卡车不属于已识别资产。开源公司在整个5年使用期内控制这10个集装箱的使用，原因如下：① 开源公司有权获得在5年使用期使用集装箱所产生的几乎全部经济利益。本例中开源公司在整个使用期间（包括不使用集装箱运输货物的期间）拥有这些集装箱的独家使用权。② 合同中关于集装箱可运输货物的限制并未赋予乙公司主导集装箱使用目的和使用方式的权利。在合同约定的使用权范围内，开源公司可以主导集装箱的使用目的和使用方式，决定何时、何地使用集装箱以及使用集装箱运输什么货物。当集装箱不用于运输货物时，开源公司还可决定是否使用以及如何使用集装箱（如用于存储）。开源公司在5年使用期内有权改变这些决定，因此开源公司有权主导集装箱的使用。尽管乙公司控制了运输集装箱的卡车和司机，但乙公司在这方面的决策并未赋予其主导集装箱使用目的和使用方式的权利。因此，乙公司在使用期间不能主导集装箱的使用。

基于上述分析可以得出结论，该合同包含集装箱的租赁，开源公司拥有10个集装箱的5年使用权。关于卡车的合同条款并不构成一项租赁，而是一项服务。

## 二、租赁的分拆与合并

### （一）租赁的分拆

1. 租赁的分拆原则

（1）合同中同时包含多项单独租赁的，承租人和出租人应当将合同予以分拆，并分别各项单独租赁进行会计处理。

（2）合同中同时包含租赁和非租赁部分的，承租人和出租人应当将租赁和非租赁部分进行分拆，除非企业适用新租赁准则的简化处理。分拆时，各租赁部分应当分别按照新租赁准则进行会计处理，非租赁部分应当按照其他适用的企业会计准则进行会计处理。

2. 单独租赁的界定

同时符合下列条件的，使用已识别资产的权利构成一项单独租赁：

（1）承租人可从单独使用该资产或将其与易于获得的其他资源一起使用中获利。易于获得的资源是指出租人或其他供应方单独销售或出租的商品或服务，或者承租人已从出租人或其他交易中获得的资源。

（2）该资产与合同中的其他资产不存在高度依赖或高度关联关系。例如，若承租人租入资产的决定不会对承租人使用合同中的其他资产的权利产生重大影响，则表明该项资产与合同中的其他资产不存在高度依赖或高度关联关系。

**提示**

出租人可能要求承租人承担某些款项（如管理费或与租赁相关的其他成本，计入应付金额），却并未向承租人转移商品或服务，此类应付金额不构成合同中单独的组成部分，而应视为总对价的一部分分摊至单独识别的合同组成部分。

3. 承租人的处理

（1）在分拆合同包含的租赁和非租赁部分时，承租人应当按照各项租赁部分单独价格及非租赁部分的单独价格之和的相对比例分摊合同对价。

（2）租赁和非租赁部分的相对单独价格，应当根据出租人或类似资产供应方就该部分或类似部分向企业单独收取的价格确定。如果可观察的单独价格不易于获得，承租人应当最大限度地利用可观察的信息估计单独价格。

（3）为简化处理，承租人可以按照租赁资产的类别选择是否分拆合同包含的租赁和非租赁部分。承租人选择不分拆的，应当将各租赁部分及与其相关的非租赁部分分别合并为租赁，按照新租赁准则进行会计处理。但是，对于按照《企业会计准则第22号——金融工具确认和计量》应分拆的嵌入衍生工具，承租人不应将其与租赁部分合并进行会计处理。

【例6-10】　开源公司从乙公司租赁一台推土机、一辆卡车和一台长臂挖掘机用于采矿业务，租赁期为4年。乙公司同意在整个租赁期内维护各项设备。合同固定对价为4 500 000元，按年分期支付，每年支付1 125 000元。合同对价包含了各项设备的维护费用。

【分析】

开源公司未采用简化处理，而是将非租赁部分（维护服务）与租入的各项设备分别进行会计处理。开源公司认为租入的推土机、卡车和长臂挖掘机分别属于单独租赁，因为同时满足如下条件：

（1）开源公司可从单独使用这三项设备中的每一项，或将其与易于获得的其他资源一起使用中获利（例如，开源公司易于租入或购买其他卡车或挖掘机用于其采矿业务）。

（2）尽管开源公司租入这三项设备只有一个目的（从事采矿业务），但这些设备不存在高度依赖或高度关联关系。

因此，开源公司得出结论，合同中存在三个租赁部分和对应的三个非租赁部分（维护服务）。开源公司将合同对价分摊至三个租赁部分和三个非租赁部分（维护服务）。

市场上有多家供应方提供类似推土机和卡车的维护服务，因此这两项租入设备的维护服务存在可观察的单独价格。假设推土机和卡车维护服务的可观察单独价格分别为240 000元和120 000元。长臂挖掘机是高度专业化机械，其他供应方不出租类似挖掘机或为其提供维护服务。乙公司对从本公司购买相似长臂挖掘机的客户提供4年的维护服务，可观察对价为固定金额420 000元，分4年支付。因此，开源公司估计长臂挖掘机维护服务的单独价格为420 000元。开源公司观察到乙公司在市场上单独出租租赁期为4年的推土机、卡车和长臂挖掘机的价格分别为1 350 000元、870 000元和1 800 000元。

开源公司将合同固定对价4 500 000元分摊至租赁和非租赁部分的情况如表6-1所示。

表6-1　合同固定对价分摊至租赁和非租赁部分的情况

单位：元

| | | 推土机 | 卡车 | 长臂挖掘机 | 合计 |
|---|---|---|---|---|---|
| 可观察的单独价格 | 租赁 | 1 350 000 | 870 000 | 1 800 000 | 4 020 000 |
| | 非租赁 | 240 000 | 120 000 | 420 000 | 780 000 |
| | 合计 | | | | 4 800 000 |
| 固定对价总额 | | | | | 4 500 000 |
| 分摊率＝4 500 000/4 800 000 | | | | | 93.75% |
| 各单独租赁的分拆价格 | | 1 265 625<br>＝1 350 000×93.75% | 815 625<br>＝870 000×93.75% | 1 687 500<br>＝1 800 000×93.75% | |

4. 出租人的处理

出租人应当分拆租赁部分和非租赁部分，根据《企业会计准则第14号——收入》关于交易价格分摊的规定分摊合同对价。

### （二）租赁的合并

企业与同一交易方或其关联方在同一时间或相近时间订立的两份或多份包含租赁的合同，在满足下列条件之一时，应当合并为一份合同进行会计处理：

（1）该两份或多份合同基于总体商业目的而订立并构成一揽子交易，若不作为整体考虑则无法理解其总体商业目的。

（2）该两份或多份合同中的某份合同的对价金额取决于其他合同的定价或履行情况。

（3）该两份或多份合同让渡的资产使用权合起来构成一项单独租赁。

两份或多份合同合并为一份合同进行会计处理的，仍然需要区分该一份合同中的租赁部分和非租赁部分。

## 三、租赁期

租赁期是指承租人有权使用租赁资产且不可撤销的期间；承租人有续租选择权，即有权选择续租该资产，且合理确定将行使该选择权的，租赁期还应当包含续租选择权涵盖的期间；承租人有终止租赁选择权，即有权选择终止租赁该资产，但合理确定将不会行使该选择权的，租赁期应当包含终止租赁选择权涵盖的期间。

### （一）租赁期开始日

租赁期自租赁期开始日起计算。租赁期开始日，是指出租人提供租赁资产使其可供承租人使用的起始日期。如果承租人在租赁协议约定的起租日或租金起付日之前，已获得对租赁资产使用权的控制，则表明租赁期已经开始。租赁协议中对起租日或租金支付时间的约定，并不影响租赁期开始日的判断。

【例6-11】 在某商铺的租赁安排中，出租人于2×21年1月1日将房屋钥匙交付承租人，承租人在收到钥匙后，就可以自主安排对商铺的装修布置，并安排搬迁。合同约定有3个月的免租期，起租日为2×21年4月1日，承租人自起租日开始支付租金。

【分析】

此交易中，由于承租人自2×21年1月1日起就已拥有对商铺使用权的控制，因此租赁期开始日为2×21年1月1日，即租赁期包含出租人给予承租人的免租期。

### （二）不可撤销期间

在确定租赁期和评估不可撤销租赁期间时，企业应根据租赁条款约定确定可强制执行合同的期间。如果承租人和出租人双方均有权在未经另一方许可的情况下终止租赁，且罚款金额不重大，则该租赁不再可强制执行。如果只有承租人有权终止租赁，则在确定租赁期时，企业应将该项权利视为承租人可行使的终止租赁选择权予以考虑；如果只有出租人有权终止租赁，则不可撤销的租赁期包括终止租赁选择权所涵盖的期间。

【例6-12】 承租人与出租人签订了一份租赁合同，约定自租赁期开始日1年内不可撤销，如果撤销，双方将支付重大罚金；1年期满后，经双方同意可再延长1年，如有一方不同意，将不再续期，且没有罚款。假设承租人对于租赁资产并不具有重大依赖。

【分析】

在此情况下，自租赁期开始日起的第1年有强制的权利和义务，是不可撤销期间。而此后1年的延长期并非不可撤销期间，因为承租人或出租人均可单方面选择不续约而无须支付任何罚款。

### （三）续租选择权和终止租赁选择权

在租赁期开始日，企业应当评估承租人是否合理确定将行使续租或购买标的资产的选择权，或者将不行使终止租赁选择权。在评估时，企业应当考虑对承租人行使续租选择权或不行使终止租赁选择权带来经济利益的所有相关事实和情况，包括自租赁期开始日至选择权行使日之间的事实和情况的预期变化。

企业须考虑的因素包括但不限于以下方面：

（1）与市价相比，选择权期间的合同条款和条件。例如，选择权期间内为使用租赁资产而需支付的租金；可变租赁付款额或其他或有款项，如因终止租赁罚款和余值担保导致的应付款项；初始选择权期间后可行使的其他选择权的条款和条件，如续租期结束时可按低于市价的价格行使购买选择权。

【例6-13】 假定开源公司将一套房产出租给A公司，双方合同约定，租期5年，每年租金1万元，租赁到期日，承租方A公司有优先续租选择权，续租期为3年，每年租金0.1万元，在此情况下，该租赁期为8年。再如，开源公司将一台设备出租给A公司，双方合同约定，租期5年，每年租金1万元；租赁到期日，A公司有优先续租选择权，续租期为3年，每年租金0.9万元；同时5年后租赁到期日，A公司还有一项优惠购买选择权，可以以远低于市场价格的100元购买该项设备（预计租赁到期日，该设备的市场公允价为10万元）。在这种情况下，租赁期为5年。

（2）在合同期内，承租人进行或预期进行重大租赁资产改良的，在可行使续租选择权、终止租赁选择权或者购买租赁资产选择权时，预期能为承租人带来的重大经济利益。

（3）与终止租赁相关的成本。例如，谈判成本、搬迁成本、寻找与选择适合承租人需求的替代资产所发生的成本、将新资产融入运营所发生的整合成本、终止租赁的罚款、将租赁资产恢复至租赁条款约定状态的成本、将租赁资产归还至租赁条款约定地点的成本等。

（4）租赁资产对承租人运营的重要程度。例如，租赁资产是否为一项专门资产，租赁资产位于何地以及是否可获得合适的替换资产等。

（5）与行使选择权相关的条件及满足相关条件的可能性。例如，租赁条款约定仅在满足一项或多项条件时方可行使选择权，此时还应考虑相关条件及满足相关条件的可能性。

租赁的不可撤销期间的长短会影响对承租人是否合理确定将行使或不行使选择权的评估。通常，租赁的不可撤销期间越短，承租人行使续租选择权或不行使终止租赁选择权的可能性就越大，原因在于不可撤销期间越短，获取替代资产的相对成本就越高。此外，评估承租人是否合理确定将行使或不行使选择权时，如果承租人以往曾经使用过特定类型的租赁资产或自有资产，则可以参考承租人使用该类资产的通常期限及原因。例如，承租人通常在特定时期内使用某类资产，或承租人时常对某类租赁资产行使选择权，则承租人应考虑以往这些做法的原因，以评估是否合理确定将对此类租赁资产行使选择权。

续租选择权或终止租赁选择权可能与租赁的其他条款相结合。例如，无论承租人是否行使选择权，均保证向出租人支付基本相等的最低或固定现金，在此情形下，应假定承租人合理确定将行使续租选择权或不行使终止租赁选择权。又如，同时存在原租赁和转租赁时，转租赁期限超过原租赁期限，如原租赁包含5年的不可撤销期间和2年的续租选择权，而转租赁的不可撤销期限为7年，此时应考虑转租赁期限及相关租赁条款对续租选择权评估的可能影响。

购买选择权的评估方式应与续租选择权或终止租赁选择权的评估方式相同。购买选择权在经济上与将租赁期延长至租赁资产全部剩余经济寿命的续租选择权类似。

【例6-14】 承租人开源公司签订了一份建筑租赁合同，包括4年不可撤销期限和2年按照市价行使的续租选择权。在搬入该建筑之前，承租人花费大量资金对租赁建筑进行了改良，预计在4年结束时租赁资产改良仍将具有重大价值，且该价值仅可通过继续使用租赁资产实现。

【分析】

在此情况下，承租人开源公司合理确定将行使续租选择权，因为如果在4年结束时放弃该租赁资产改良，将蒙受重大经济损失。因此，在租赁开始时，承租人确定租赁期为6年。

### （四）对租赁期和购买选择权的重新评估

发生承租人可控范围内的重大事件或变化，且影响承租人是否合理确定将行使相应选择权的，承租人应当对其是否合理确定将行使续租选择权、购买选择权或不行使终止租赁选择权进行重新评估，并根据重新评估结果修改租赁期。

承租人可控范围内的重大事件或变化包括但不限于下列情形：① 在租赁期开始日未预计到的重大租赁资产改良，在可行使续租选择权、终止租赁选择权或购买选择权时，预期将为承租人带来重大经济利益。② 在租赁期开始日未预计到的租赁资产的重大改动或定制化调整。③ 承租人做出的与行使或不行使选择权直接相关的经营决策。例如，决定续租互补性资产、处置可替代的资产或处置包含相关使用权资产的业务。

如果不可撤销的租赁期间发生变化，企业应当修改租赁期。例如，在下述情况下，不可撤销的租赁期将发生变化：一是承租人实际行使了选择权，但该选择权在之前企业确定租赁期时未涵盖；二是承租人未实际行使选择权，但该选择权在之前企业确定租赁期时已涵盖；三是某些事件的发生，导致根据合同规定承租人有义务行使选择权，但该选择权在之前企业确定租赁期时未涵盖；四是某些事件的发生，导致根据合同规定禁止承租人行使选择权，但该选择权在之前企业确定租赁期时已涵盖。

教学文档

租赁会计国际准则变革及其影响分析

# 第二节 承租人会计处理

在租赁期开始日，承租人应当对租赁确认使用权资产和租赁负债，适用短期租赁和低价值资产租赁简化处理的除外。

## 一、初始计量

### （一）租赁负债的初始计量

租赁负债应当按照租赁期开始日尚未支付的租赁付款额的现值进行初始计量，并使用“租赁负债”科目进行核算，下设“租赁付款额”“未确认融资费用”等明细科目。

1. 租赁付款额

租赁付款额，是指承租人向出租人支付的与在租赁期内使用租赁资产的权利相关的款项。

租赁付款额包括以下五项内容：

（1）固定付款额及实质固定付款额，如果存在租赁激励，应扣除租赁激励相关金额。租赁业务中的实质固定付款额是指在形式上可能包含变量但实质上无法避免的付款额。具体情形如下：

① 付款额设定为可变租赁付款额，但该可变条款几乎不可能发生，没有真正的经济实质。例如，付款额仅需在租赁资产经证实能够在租赁期间正常运行时支付，或者仅需在不可能不发生的事件发生时支付。又如，付款额初始设定为与租赁资产使用情况相关的可变付款额，但其潜在可变性将于租赁期开始日之后的某个时点消除，在可变性消除时，该类付款额成为实质固定付款额。

② 承租人有多套付款额方案，但其中仅有一套是可行的。在此种情况下，承租人应采用该可行的付款额方案作为租赁付款额。

③ 承租人有多套可行的付款额方案，但必须选择其中一套。在此种情况下，承租人应采用总折现金额最低的一套作为租赁付款额。

【例6-15】 假定承租人开源公司是一家知名零售商，从乙公司处租入已成熟开发的零售场所开设一家商店。根据租赁合同，开源公司在正常工作时间内必须经营该商店，且开源公司不得将商店闲置或进行分租。合同中关于租赁付款额的条款为：如果开源公司开设的这家商店没有发生销售，则开源公司应付的年租金为200元；如果这家商店发生了任何销售，则开源公司应付的年租金为200万元。

【分析】

该租赁包含每年200万元的实质固定付款额。该金额不是取决于销售额的可变付款额。因为开源公司是一家知名零售商，根据租赁合同，开源公司应在正常工作时间内经营该商店，所以开源公司开设的这家商店不可能不发生销售。

租赁激励，是指出租人为达成租赁向承租人提供的优惠，包括出租人向承租人支付的与租赁有关的款项、出租人为承租人偿付或承担的成本等。存在租赁激励的，承租人在确定租赁付款额时，应扣除租赁激励相关金额。

（2）取决于指数或比率的可变租赁付款额。可变租赁付款额，是指承租人为取得在租赁期内使用租赁资产的权利，而向出租人支付的因租赁期开始日后的事实或情况发生变化（而非时间推移）而变动的款项。可变租赁付款额可能与下列各项指标或情况挂钩：

① 由于市场比率或指数数值变动导致的价格变动。例如，基准利率或消费者价格指数变动可能导致租赁付款额调整。

② 承租人源自租赁资产的绩效。例如，零售业不动产租赁可能会要求基于使用该不动产取得的销售收入的一定比例确定租赁付款额。

③ 租赁资产的使用。例如，车辆租赁可能要求承租人在超过特定里程数时支付额外的租赁付款额。

需要注意的是，可变租赁付款额中，仅取决于指数或比率的可变租赁付款额纳入租赁负债的初始计量中，包括与消费者价格指数挂钩的款项、与基准利率挂钩的款项和为反映市场租金费率变化而变动的款项等。此类可变租赁付款额应当根据租赁期开始日的指数或比率确定。除了取决于指数或比率的可变租赁付款额之外，其他可变租赁付款额均不纳入租赁负债的初始计量中。

【例6-16】 承租人开源公司与出租人乙公司签订了为期7年的商铺租赁合同。每年的租赁付款额为900 000元，在每年年末支付。开源公司无法确定租赁内含利率，其增量借款利率为5.04%。除固定付款额外，合同还规定租赁期间开源公司商铺当年销售额超过2 000 000元的，当年应再支付按销售额的2%计算的租金，于当年年末支付。

由于该可变租赁付款额与未来的销售额挂钩，而并非是取决于指数或比率的，因此不应被纳入租赁负债的初始计量中。

假设在租赁的第3年，该商铺的销售额为3 000 000元。开源公司第3年年末应支付的可变租赁付款额为60 000（3 000 000×2%）元，在实际发生时计入当期损益。开源公司的账务处理如下：

借：销售费用等　　60 000
　　贷：银行存款等　　60 000

（3）购买选择权的行权价格，前提是承租人合理确定将行使该选择权。在租赁期开始日，承租人应评估是否合理确定将行使购买标的资产的选择权。在评估时，承租人应考虑对其行使或不行使购买选择权产生经济激励的所有相关事实和情况。如果承租人合理确定将行使购买标的资产的选择权，则租赁付款额中应包含购买选择权的行权价格。

【例6-17】 承租人开源公司与出租人乙公司签订了一份不可撤销的5年期设备租赁合同。合同规定，开源公司可以选择在租赁期结束时以5 000元购买这台设备。已知该设备应用于不断更新、迅速变化的科技领域，租赁期结束时其公允价值可能出现大幅波动，估计在4 000元至9 000元之间，在5年租赁期内可能会有更好的替代产品出现。

【分析】

在租赁期开始日，开源公司对于其是否将行使购买选择权的经济动机作出全面评估，并最终认为不能合理确定将行使购买选择权。该评估包括：租赁期结束时该设备公允价值的重大波动性，以及在租赁期间内可能出现更好替代产品的可能性等。评估开源公司是否合理确定将行使购买选择权可能涉及重大判断。假设开源公司租赁设备时，约定更短的租赁期限（如1年或2年）或设备所处环境不同（例如，租赁设备并非应用于不断更新的科技领域，而是应用于相对稳定的行业，并且其未来的公允价值能够可靠预测和估计），则开源公司是否行使购买选择权的判断可能不同。

（4）行使终止租赁选择权须支付的款项，前提是租赁期反映出承租人将行使终止租赁选择权。在租赁期开始日，承租人应评估是否合理确定将行使终止租赁的选择权。在评估时，承租人应考虑对其行使或不行使终止租赁选择权产生经济激励的所有相关事实和情况。如果承租人合理确定将行使终止租赁选择权，则租赁付款额中应包含行使终止租赁选择权须支付的款项并且租赁期不应包含终止租赁选择权涵盖的期间。

【例6-18】 承租人开源公司租入某办公楼的一层楼，为期10年。开源公司有权选择在第5年后提前终止租赁，并以相当于6个月的租金作为罚金。每年的租赁付款额为固定金额30万元。该办公楼是全新的，并且在周边商业园区的办公楼中处于技术领先水平。上述租赁付款额与市场租金水平相符。

【分析】

在租赁期开始日，开源公司评估后认为，6个月的租金对于开源公司而言金额重大，同等条件下，也难以按更优惠的价格租入其他办公楼，可以合理确定不会选择提前终止租赁，因此其租赁负债不应包括提前终止租赁时须支付的罚金，租赁期确定为10年。

（5）根据承租人提供的担保余值预计应支付的款项。担保余值，是指与出租人无关的一方向出租人提供担保，保证在租赁结束时租赁资产的价值至少为某指定的金额。如果承租人提供了对余值的担保，则租赁付款额应包含该担保下预计应支付的款项，它反映了承租人预计将支付的金额，而不是承租人担保余值下的最大敞口。

【例6-19】 承租人开源公司与出租人乙公司签订了汽车租赁合同，租赁期为5年。合同中就担保余值的规定为：如果标的汽车在租赁期结束时的公允价值低于40 000元，则开源公司须向乙公司支付40 000元与汽车公允价值之间的差额，因此，开源公司在该担保值下的最大敞口为40 000元。

【分析】

在租赁期开始日，开源公司预计标的汽车在租赁期结束时的公允价值为40 000元，即开源公司预计在担保余值下将支付的金额为0。因此，开源公司在计算租赁负债时，与担保余值相关的付款额为0。

2. 折现率

租赁负债应当按照租赁期开始日尚未支付的租赁付款额的现值进行初始计量。在计算租赁付款额的现值时，承租人应当采用租赁内含利率作为折现率；无法确定租赁内含利率的，应当采用承租人增量借款利率作为折现率。

租赁内含利率，是指使出租人的租赁收款额的现值与未担保余值的现值之和等于租赁资产公允价值与出租人的初始直接费用之和的利率。其中，未担保余值，是指租赁资产余值中，出租人无法保证能够实现或仅由与出租人有关的一方予以担保的部分。

初始直接费用，是指为达成租赁所发生的增量成本。增量成本是指若企业不取得该租赁，则不会发生的成本，如佣金、印花税等。无论是否实际取得租赁都会发生的支出，不属于初始直接费用。例如，为评估是否签订租赁而发生的差旅费、法律费用等，此类费用应当在发生时计入当期损益。

【例6-20】 承租人开源公司与出租人A公司签订了一份车辆租赁合同，租赁期为5年。在租赁开始日，该车辆的公允价值为100 000元，A公司预计在租赁结束时其公允价值（未担保余值）将为10 000元。租赁付款额为每年23 000元，于年末支付。开源公司发生的初始直接费用为5 000元。

【分析】

A公司计算租赁内含利率$r$应满足如下公式：

$$23\ 000\times(P/A,\ r,\ 5)+10\ 000\times(P/F,\ r,\ 5)=100\ 000+5\ 000$$

内插法计算得出的租赁内含利率为5.79%。

承租人增量借款利率，指承租人在类似经济环境下为获得与使用权资产价值接近的资产，在类似期间以类似抵押条件借入资产须支付的利率。该利率与下列事项相关：① 承租人自身情况，即承租人的偿债能力和信用状况；②“借款”的期限，即租赁期；③“借入”资金的金额，即租赁负债的金额；④“抵押条件”，即租赁资产的性质和质量；⑤ 经济环境，包括承租人所处的司法管辖区、计价货币、合同签订时间等。

在具体操作时，承租人可以先根据所处经济环境，以可观察的利率作为确定增量借款利率的参考基础，然后根据承租人自身情况、标的资产情况、租赁期和租赁负债金额等租赁业务的具体情况对参考基础进行调整，得出适用的承租人增量借款利率。企业应当对确定承租人增量借款利率的依据和过程做好记录。

### （二）使用权资产的初始计量

使用权资产，是指承租人可在租赁期内使用租赁资产的权利。在租赁期开始日，承租人应当按照成本对使用权资产进行初始计量。该成本包括下列四项：

（1）租赁负债的初始计量金额。

（2）在租赁期开始日或之前支付的租赁付款额；存在租赁激励的，应扣除已享受的租赁激励相关金额。

（3）承租人发生的初始直接费用。

（4）承租人为拆卸及移除租赁资产、复原租赁资产所在场地或将租赁资产恢复至租赁条款约定状态预计将发生的成本。若该成本属于为生产存货而发生的，则适用《企业会计准则第1号——存货》。

关于上述第（4）项成本，承租人有可能在租赁期开始日就承担了上述成本的支付义务，也可能在特定期间因使用标的资产而承担了相关义务。承租人应在其有义务承担上述成本时，将这些成本确认为使用权资产成本的一部分。但是，承租人由于在特定期间将使用权资产用于生产存货而发生的上述成本，应按照《企业会计准则第1号——存货》进行会计处理。承租人应当按照《企业会计准则第13号——或有事项》对上述成本的支付义务进行确认和计量。承租人发生的租赁资产改良支出不属于使用权资产，应当记入“长期待摊费用”科目。

在某些情况下，承租人可能在租赁期开始前就发生了与标的资产相关的经济业务或事项。例如，租赁合同双方经协商在租赁合同中约定，标的资产须经建造或重新设计后方可供承租人使用；根据合同条款与条件，承租人须支付与资产建造或设计相关的成本。承租人如发生与标的资产建造或设计相关的成本，应适用其他相关准则（如《企业会计准则第4号——固定资产》）进行会计处理。同时，需要注意的是，与标的资产建造或设计相关的成本不包括承租人为获取标的资产使用权而支付的款项，此类款项无论在何时支付，均属于租赁付款额。

承租人应当按成本借记“使用权资产”科目，按尚未支付的租赁付款额的现值贷记

“租赁负债”科目；按发生的初始直接费用，贷记“银行存款”等科目；按为拆卸及移除租赁资产、复原租赁资产所在场地或将租赁资产恢复至租赁条款约定状态预计将发生的成本的现值，贷记“预计负债”科目。对于租赁期开始日之前支付租赁付款额的（扣除已享受的租赁激励），贷记“预付账款”等科目。具体账务处理为：

借：使用权资产

　　贷：租赁负债（租赁付款额的现值）

　　　　银行存款（初始直接费用＋已支付的租赁付款额）

　　　　预计负债（预计拆除、复原成本的现值）

【例6-21】 承租人开源公司就某栋建筑物的某一层楼与出租人乙公司签订了为期10年的租赁协议，并拥有5年的续租选择权。有关资料如下：（1）初始租赁期内的不含税租金为每年75 000元，续租期间为每年82 500元，所有款项应于每年年初支付；（2）为获得该项租赁，开源公司发生的初始直接费用为30 000元，其中22 500元为向该楼层前任租户支付的款项，7 500元为向促成此租赁交易的房地产中介支付的佣金；（3）作为对开源公司的租赁激励，乙公司同意补偿开源公司7 500元的佣金；（4）在租赁期开始日，开源公司评估后认为，不能合理确定将行使续租选择权，因此，将租赁期确定为10年；（5）开源公司无法确定租赁内含利率，其增量借款利率为每年5%，该利率反映的是开源公司以类似抵押条件借入期限为10年、与使用权资产等值的相同币种的借款而必须支付的利率。为简化处理，假设不考虑相关税费影响。（$P/A$，5%，9）＝7.107 8。

承租人开源公司的账务处理如下。

（1）计算租赁期开始日租赁付款额的现值，并确认租赁负债和使用权资产。

在租赁期开始日，乙公司支付第1年的租金75 000元，并以剩余9年租金（每年75 000元）按5%的年利率折现后的现值计量租赁负债。计算租赁付款额现值的过程：

剩余9期租赁付款额＝75 000×9＝675 000（元）

租赁负债＝剩余9期租赁付款额的现值＝75 000×（$P/A$，5%，9）＝533 085（元）

未确认融资费用＝剩余9期租赁付款额－剩余9期租赁付款额的现值

　　　　　　　＝675 000－533 085＝141 915（元）

| | | |
|---|---|---|
| 借：使用权资产 | 608 085（533 085＋75 000） | |
| 　　租赁负债——未确认融资费用 | 141 915 | |
| 　　贷：租赁负债——租赁付款额 | | 675 000 |
| 　　　　银行存款 | | 75 000 |

（2）将初始直接费用计入使用权资产的初始成本：

| | | |
|---|---|---|
| 借：使用权资产 | 30 000 | |
| 　　贷：银行存款 | | 30 000 |

（3）将已收的租赁激励相关金额从使用权资产入账价值中扣除：

| | | |
|---|---|---|
| 借：银行存款 | 7 500 | |
| 　　贷：使用权资产 | | 7 500 |

综上，开源公司使用权资产的初始成本为 = 608 085 + 30 000 − 7 500 = 630 585（元）。

讨论

如果考虑所得税，假设适用税率为25%，则应该如何处理？

## 二、后续计量

### （一）租赁负债的后续计量

1. 计量基础

在租赁期开始日后，承租人应当按以下原则对租赁负债进行后续计量。

（1）确认租赁负债的利息时，增加租赁负债的账面金额，其账务处理为：

借：财务费用（费用化）

　　在建工程（资本化）

　　贷：租赁负债——未确认融资费用

（2）支付租赁付款额时，减少租赁负债的账面金额，其账务处理为：

借：租赁负债——租赁付款额

　　贷：银行存款

（3）因重估或租赁变更等原因导致租赁付款额发生变动时，重新计量租赁负债的账面价值，其账务处理如下。

① 当租赁负债增加时：

借：使用权资产

　　租赁负债——未确认融资费用

　　贷：租赁负债——租赁付款额

② 当租赁负债减少时：

借：租赁负债——租赁付款额（按租赁付款额的减少额）

　　贷：使用权资产（按租赁付款额现值的减少额）

　　　　租赁负债——未确认融资费用（差额）

若使用权资产的账面价值已调减至零，应当按仍需进一步调减的租赁付款额借记"租赁负债——租赁付款额"科目，按仍需进一步调减的租赁付款额现值贷记"营业成本""制造费用""销售费用""管理费用""研发支出"等科目，按其差额贷记"租赁负债——未确认融资费用"科目。

租赁变更导致租赁范围缩小或租赁期缩短的，承租人应当按缩小或缩短的相应比例，做如下账务处理。

借：租赁负债——租赁付款额
　　使用权资产累计折旧
　　使用权资产减值准备
　　贷：使用权资产
　　　　租赁负债——未确认融资费用
　　　　资产处置损益（差额）

承租人应当按照固定的周期性利率计算租赁负债在租赁期内各期间的利息费用，并计入当期损益，但按照《企业会计准则第17号——借款费用》等其他准则规定应当计入相关资产成本的，从其规定。

周期性利率，是指承租人对租赁负债进行初始计量时所采用的折现率，或者因租赁付款额发生变动或因租赁变更而需按照修订后的折现率对租赁负债进行重新计量时，承租人所采用的修订后的折现率。

**【例6-22】** 承租人开源公司与出租人乙公司签订了为期8年的商铺租赁合同。每年的租赁付款额为400 000元，在每年年末支付。开源公司无法确定租赁内含利率，其增量借款利率为6%。（*P*/*A*，6%，8）=6.209 8。

承租人开源公司的账务处理如下。

（1）计算租赁期开始日租赁付款额的现值，并确认租赁负债和使用权资产。

计算租赁付款额现值的过程：

租赁付款额=400 000×8=3 200 000（元）

租赁负债=租赁付款额的现值=400 000×（*P*/*A*，6%，8）=2 483 920（元）

未确认融资费用=租赁付款额-租赁付款额的现值=3 200 000-2 483 920=716 080（元）

| | | |
|---|---|---|
| 借：使用权资产 | 2 483 920 | |
| 　　租赁负债——未确认融资费用 | 716 080 | |
| 　　贷：租赁负债——租赁付款额 | | 3 200 000 |

（2）第一年年末计提利息费用并支付租赁款。

支付的利息=2 483 920×6%=149 035.2（元）

| | | |
|---|---|---|
| 借：财务费用——利息费用 | 149 035.2 | |
| 　　贷：租赁负债——未确认融资费用 | | 149 035.2 |
| 借：租赁负债——租赁付款额 | 400 000 | |
| 　　贷：银行存款 | | 400 000 |

（3）第一年年末租赁负债=2 483 920×（1+6%）-400 000=2 232 955.2（元）。

第一年负债本金是2 483 920元，负担利息149 035.2（2 483 920×6%）元，负债年末余额是年底本息之和2 632 955.2（2 483 920元+149 035.2）元，再减去还款额400 000万元，剩余2 232 955.2元。

**提示**

未纳入租赁负债计量的可变租赁付款额，并非取决于指数或比率的可变租赁付款额，应当在实际发生时计入当期损益，但按照《企业会计准则第1号——存货》等其他准则规定应当计入相关资产成本的，从其规定。

2. 租赁负债的重新计量

在租赁期开始日后，当发生下列四种情形时，承租人应当按照变动后的租赁付款额的现值重新计量租赁负债，并相应调整使用权资产的账面价值。

使用权资产的账面价值已调减至零，但租赁负债仍需进一步调减的，承租人应当将剩余金额计入当期损益。

（1）实质固定付款额发生变动。如果租赁付款额最初是可变的，但在租赁期开始日后的某一时点转为固定，那么，在潜在可变性消除时，该付款额成为实质固定付款额，应纳入租赁负债的计量中，承租人应当按照变动后租赁付款额的现值重新计量租赁负债。在该情形下，承租人采用的折现率不变，即采用租赁期开始日确定的折现率。相关账务处理为：

借：使用权资产
　　租赁负债——未确认融资费用
　　贷：租赁负债——租赁付款额

【例6-23】 承租人开源公司签订了一份为期10年的机器租赁合同。租金于每年年末支付，并按以下方式确定：第1年，租金是可变的，根据该机器在第1年下半年的实际产能确定；第2年至第10年，每年的租金根据该机器在第1年下半年的实际产能确定，即租金将在第1年年末转变为固定付款额。在租赁期开始日，开源公司无法确定租赁内含利率，其增量借款利率为6%。假设在第1年年末，根据该机器在第1年下半年的实际产能所确定的租赁付款额为每年30 000元。（$P/A$，6%，9）= 6.801 7。

在租赁期开始时，由于未来的租金尚不确定，因此开源公司的租赁负债为0。在第1年年末，租金的潜在可变性消除，成为实质固定付款额（每年30 000元），因此开源公司应基于变动后的租赁付款额重新计量租赁负债，并采用不变的折现率（6%）进行折现，相关账务处理如下。

① 支付第一年租金。

借：制造费用等　　30 000
　　贷：银行存款　　30 000

② 确认使用权资产和租赁负债：

借：使用权资产　　204 051［30 000 ×（$P/A$，6%，9）］
　　租赁负债——未确认融资费用　　65 949
　　贷：租赁负债——租赁付款额（30 000 × 9）　　270 000

（2）担保余值预计的应付金额发生变动。在租赁期开始日后，承租人应对其在担保余值下预计支付的金额进行估计。该金额发生变动的，承租人应当按照变动后租赁付款额的现值重新计量租赁负债。在该情形下，承租人采用的折现率不变。

（3）用于确定租赁付款额的指数或比率发生变动。在租赁期开始日后，因浮动利率的变动而导致未来租赁付款额发生变动的，承租人应当按照变动后租赁付款额的现值重新计量租赁负债。在该情形下，承租人应采用反映利率变动的修订后的折现率进行折现。在租赁期开始日后，因用于确定租赁付款额的指数或比率（浮动利率除外）的变动而导致未来租赁付款额发生变动的，承租人应当按照变动后租赁付款额的现值重新计量租赁负债。在该情形下，承租人采用的折现率不变。

需要注意的是，仅当现金流量发生变动时，即租赁付款额的变动生效时，承租人才应重新计量租赁负债，以反映变动后的租赁付款额。承租人应基于变动后的合同付款额，确定剩余租赁期内的租赁付款额。

（4）购买、续租或终止租赁选择权的评估结果或实际行使情况发生变化。租赁期开始日后，发生下列情形的，承租人应采用修订后的折现率对变动后的租赁付款额进行折现，以重新计量租赁负债：

① 发生承租人可控范围内的重大事件或变化，且影响承租人是否合理确定将行使续租选择权或终止租赁选择权的，承租人应当对其是否合理确定将行使相应选择权进行重新评估。上述选择权的评估结果发生变化的，承租人应当根据新的评估结果重新确定租赁期和租赁付款额。前述选择权的实际行使情况与原评估结果不一致等导致租赁期变化的，也应当根据新的租赁期重新确定租赁付款额。

② 发生承租人可控范围内的重大事件或变化，且影响承租人是否合理确定将行使购买选择权的，承租人应当对其是否合理确定将行使购买选择权进行重新评估。评估结果发生变化的，承租人应根据新的评估结果重新确定租赁付款额。

上述两种情形下，承租人在计算变动后租赁付款额的现值时，应当采用剩余租赁期间的租赁内含利率作为折现率；无法确定剩余租赁期间的租赁内含利率的，应当采用重估日的承租人增量借款利率作为折现率。

**【例6-24】** 承租人开源公司与出租人乙公司签订了一份办公楼租赁合同，每年的租赁付款额为75 000元，于每年年末支付。开源公司无法确定租赁内含利率，其增量借款利率为5%，不可撤销租赁期为5年，并且合同约定在第5年年末，开源公司有权选择以每年75 000元续租5年，也有权选择以1 500 000元购买该房产。开源公司在租赁期开始时评估认为，可以合理确定将行使续租选择权，而不会行使购买选择权，因此将租赁期确定为10年。

在租赁期开始日，开源公司确认的租赁负债和使用权资产为579 000元①，为便于计算，年金现值系数取两位小数，（$P/A$，5%，10）= 7.72］。租赁负债将按表6-2所述方法进行后续计量。

---

① 579 000 =［75 000 ×（$P/A$，5%，10）］。

表6-2 租赁负债的计量

单位：元

| 年度 | 租赁负债年初金额 | 利息 | 租赁付款额 | 租赁负债年末金额 |
|---|---|---|---|---|
| | ① | ②=①×5% | ③ | ④=①+②-③ |
| 1 | 579 000 | 28 950 | 75 000 | 532 950 |
| 2 | 532 950 | 26 647.5 | 75 000 | 484 597.5 |
| 3 | 484 597.5 | 24 229.5 | 75 000 | 433 827 |
| 4 | 433 827 | 21 691.5 | 75 000 | 380 518.5 |
| 5 | 380 518.5 | 19 026 | 75 000 | 324 544.5 |
| 6 | 324 544.5 | 16 227 | 75 000 | 265 771.5 |
| 7 | 265 771.5 | 13 288.5 | 75 000 | 204 060 |
| 8 | 204 060 | 10 203 | 75 000 | 139 263 |
| 9 | 139 263 | 6 963 | 75 000 | 71 226 |
| 10 | 71 226 | 3 774 | 75 000 | — |

开源公司相关账务处理如下：

（1）在租赁期开始日，确认租赁负债和使用权资产。

借：使用权资产　　579 000

　　租赁负债——未确认融资费用　　171 000

　　贷：租赁负债——租赁付款额　　750 000

在第4年，该房产所在地房价显著上涨，开源公司预计租赁期结束时该房产的市价为3 000 000元，开源公司在第4年年末重新评估后认为，能够合理确定将行使上述购买选择权，而不会行使上述续租选择权。该房产所在地区的房价上涨属于市场情况发生的变化，不在开源公司的可控范围内。因此，虽然该事项导致购买选择权及续租选择权的评估结果发生变化，但开源公司不需重新计量租赁负债。

（2）在第5年年末开源公司实际行使了购买选择权。使用权资产的原值为579 000元，累计折旧为289 500元（579 000×5÷10）；支付了第5年租赁付款额之后，租赁负债的账面价值为342 544.5元，其中，租赁付款额为375 000（75 000×5）元，未确认融资费用为32 455.5（375 000－342 544.5）元。

借：固定资产——办公楼　　1 446 955.5（倒挤）

　　使用权资产累计折旧　　（579 000×5÷10）289 500

　　租赁负债——租赁付款额　　（75 000×5）375 000

| | |
|---|---|
| 贷：使用权资产 | 579 000 |
| 租赁负债——未确认融资费用 | 32 455.5 |
| 银行存款 | 1 500 000 |

## （二）使用权资产的后续计量

1. 计量基础

在租赁期开始日后，承租人应当采用成本模式对使用权资产进行后续计量，即以成本减累计折旧及累计减值损失计量使用权资产。

承租人按照新租赁准则有关规定重新计量租赁负债的，应当相应调整使用权资产的账面价值。

2. 使用权资产的折旧

（1）承租人应当参照《企业会计准则第4号——固定资产》有关折旧规定，自租赁期开始日起对使用权资产计提折旧。

（2）租赁期开始的当月计提折旧确有困难的，企业也可以选择自租赁期开始的下月计提折旧，但应对同类使用权资产采取相同的折旧政策。

（3）计提的折旧金额应根据使用权资产的用途，计入相关资产的成本或者当期损益。

（4）承租人通常按直线法对使用权资产计提折旧，其他折旧方法更能反映使用权资产有关经济利益预期实现方式的，应采用其他折旧方法。

（5）承租人能够合理确定租赁期届满时取得租赁资产所有权的，应当在租赁资产剩余使用寿命内计提折旧；承租人无法合理确定租赁期届满时能够取得租赁资产所有权的，应当在租赁期与租赁资产剩余使用寿命两者孰短的期间内计提折旧。如果使用权资产的剩余使用寿命短于前两者，则应在使用权资产的剩余使用寿命内计提折旧。

3. 使用权资产的减值

在租赁期开始日后，承租人应当按照《企业会计准则第8号——资产减值》的规定，确定使用权资产是否发生减值，并对已识别的减值损失进行会计处理。使用权资产发生减值的，按应减记的金额，借记“资产减值损失”科目，贷记“使用权资产减值准备”科目。使用权资产减值准备一旦计提，不得转回。承租人应当按照扣除减值损失之后的使用权资产的账面价值进行后续折旧。

【例6-25】 承租人开源公司签订了一份为期10年的机器租赁合同，用于开源公司的生产经营。相关使用权资产的初始账面价值为120 000元，按直线法在10年内计提折旧，年折旧费为12 000元。在第5年年末，确认该使用权资产发生的减值损失40 000元，计入当期损益。该使用权资产在减值前账面价值为60 000（120 000×5÷10）元。计提减值损失之后，该使用权资产的账面价值减至20 000（60 000－40 000）元，之后每年的折旧费也相应减至4 000（20 000÷5）元。

**提示**

企业执行新租赁准则后,《企业会计准则第13号——或有事项》有关亏损合同的规定仅适用于采用短期租赁和低价值资产租赁简化处理方法的租赁合同以及在租赁开始日前已是亏损合同的租赁合同，不再适用于其他租赁合同。

### （三）租赁变更的会计处理

租赁变更，是指原合同条款之外的租赁范围、租赁对价、租赁期限的变更，包括增加或终止一项或多项租赁资产的使用权，延长或缩短合同规定的租赁期等。租赁变更生效日，是指双方就租赁变更达成一致的日期。

1. 租赁变更作为一项单独租赁处理

租赁发生变更且同时符合下列条件的，承租人应当将该租赁变更作为一项单独租赁进行会计处理：

（1）该租赁变更通过增加一项或多项租赁资产的使用权而扩大了租赁范围。

（2）增加的对价与租赁范围扩大部分的单独价格按该合同情况调整后的金额相当。

【例6-26】 承租人开源公司与出租人乙公司就2 000平方米的办公场所签订了一项为期10年的租赁合同。在第6年年初，开源公司和乙公司同意对原租赁合同进行变更，以扩租同一办公楼内3 000平方米的办公场所。扩租的场所于第6年第二季度末可供开源公司使用。增加的租赁对价与新增3 000平方米办公场所的当前市价（根据开源公司获取的扩租折扣进行调整后的金额）相当。扩租折扣反映了乙公司节约的成本，即若将相同场所租赁给新租户，乙公司将会发生的额外成本（如营销成本）。

【分析】

在本例中，开源公司应当将该变更作为一项单独的租赁，与原来的10年期租赁分别进行会计处理。原因在于，该租赁变更通过增加3 000平方米办公场所的使用权而扩大了租赁范围，并且增加的租赁对价与新增使用权的单独价格按该合同情况调整后的金额相当。据此，在新租赁的租赁期开始日（第6年第二季度末），开源公司确认与新增3 000平方米办公场所租赁相关的使用权资产和租赁负债。开源公司对原有2 000平方米办公场所租赁的会计处理不会因为该租赁变更而进行任何调整。

2. 租赁变更未作为一项单独租赁处理

租赁变更未作为一项单独租赁进行会计处理的，在租赁变更生效日，承租人应当按照新租赁准则有关租赁分拆的规定对变更后合同的对价进行分摊；按照新租赁准则有关租赁期的规定确定变更后的租赁期，并采用变更后的折现率对变更后的租赁付款额进行折现，以重新计量租赁负债。

在计算变更后租赁付款额的现值时，承租人应当采用剩余租赁期间的租赁内含利率作为折现率；无法确定剩余租赁期间的租赁内含利率的，应当采用租赁变更生效日的承租人增量借款利率作为折现率。

就上述租赁负债调整的影响，承租人应区分以下情形进行会计处理：

（1）租赁变更导致租赁范围缩小或租赁期缩短的，承租人应当调减使用权资产的账面价值，以反映租赁的部分终止或完全终止。承租人应将部分终止或完全终止租赁的相关利得或损失计入当期损益。

承租人应当按缩小或缩短的相应比例，做账务处理如下：

借：租赁负债——租赁付款额

　　使用权资产累计折旧

　　使用权资产减值准备

　　贷：租赁负债——未确认融资费用

　　　　使用权资产

　　　　资产处置损益（借或贷）

（2）其他租赁变更，承租人应当相应调整使用权资产的账面价值。

教学案例

未作为一项单独租赁的例题

**教学讨论**

租赁负债何时需要评估？折现率是否应改变？

答案参考

教学讨论答案参考

## 三、短期租赁和低价值资产租赁

### （一）会计处理原则

对于短期租赁和低价值资产租赁，承租人可以选择不确认使用权资产和租赁负债。做出选择的承租人应当将短期租赁和低价值资产租赁的租赁付款额，在租赁期内各个期间按照直线法或其他系统合理的方法计入相关资产成本或当期损益。其他系统合理的方法能够更好地反映承租人收益模式的，承租人应当采用该方法。

### （二）短期租赁

短期租赁，是指在租赁期开始日，租赁期不超过12个月的租赁。包含购买选择权的租赁，即使租赁期不超过12个月，也不属于短期租赁。

对于短期租赁，承租人可以按照租赁资产的类别作出采用简化会计处理的选择。如果承租人对某类租赁资产做出了简化会计处理的选择，未来该类资产下所有的短期租赁都应采用简化会计处理。某类租赁资产是指企业运营中具有类似性质和用途的一组租赁资产。

按照简化会计处理的短期租赁发生租赁变更或者其他原因导致租赁期发生变化的，承租人应当将其视为一项新租赁，重新按照上述原则判断该项新租赁是否可以选择简化会计处理。

【例6-27】　承租人与出租人签订了一份租赁合同，约定不可撤销期间为9个月，且承租人拥有5个月的续租选择权。在租赁期开始日，承租人判断可以合理确定将行使续租选择权，因为续租期的月租赁付款额明显低于市场价格。在此情况下，承租人确定租赁期为14个月，不属于短期租赁，承租人不能选择上述简化会计处理。

**教学讨论**

承租人与出租人签订租赁期为1年的租赁合同，能否简单认定该租赁为短期租赁？

答案参考

教学讨论答案参考

### （三）低价值资产租赁

低价值资产租赁，是指单项租赁资产为全新资产时价值较低的租赁。

承租人在判断是否低价值资产租赁时，应基于租赁资产在全新状态下的价值进行评估，不应考虑资产已被使用的年限。

对于低价值资产租赁，承租人可根据每项租赁的具体情况作出简化会计处理选择。低价值资产同时还应满足以下条件，即只有承租人能够从单独使用该低价值资产或将其与承租人易于获得的其他资源一起使用中获利，且该项资产与其他租赁资产没有高度依赖或高度关联关系时，才能对该资产租赁选择进行简化会计处理。

低价值资产租赁的标准应该是一个绝对金额，即仅与资产全新状态下的绝对价值有关，不受承租人规模、性质等影响，也不考虑该资产对于承租人或相关租赁交易的重要性。常见的低价值资产的例子包括平板电脑、普通办公家具等小型资产。但是，如果承租人已经或者预期要把相关资产进行转租赁，则不能将原租赁按照低价值资产租赁进行简化会计处理。值得注意的是，符合低价值资产租赁的，也并不代表承租人若采取购入方式取得该资产时该资产不符合固定资产确认条件。

【例6-28】　承租人与出租人签订了一份租赁合同，约定的租赁资产包括：（1）IT设备，包括供员工个人使用的笔记本电脑、台式电脑、平板电脑、桌面打印机和手机等；（2）服务器，其中包括增加服务器容量的单独组件，这些组件根据承租人需要陆续添加到大型服务器以增加服务器存储容量；（3）办公家具，如桌椅和办公隔断等；（4）饮水机。

通常，办公笔记本电脑全新时的单独价格不超过人民币10 000元，台式电脑、平板电脑、桌面打印机和手机全新时的单独价格不超过人民币5 000元，普通办公家具的单独价格不超过人民币10 000元，饮水机的单独价格不超过人民币1 000元，服务器单个组件单独价格不超过人民币10 000元。

【分析】

上述租赁资产中，各种IT设备、办公家具、饮水机都能够单独使承租人获益，且与其他租赁资产没有高度依赖或高度关联关系。通常情况下，符合低价值资产租赁的资产全新状态下的绝对价值应低于人民币40 000元。本例中，承租人将IT设备、办公具、饮水机作为低价值租赁资产，选择按照简化方法进行会计处理。对于服务器中的组件，尽管单个组件的单独价格较低，但由于每组件都与服务器中的其他部分高度相关，承租人若不租赁服务器不会租赁这些组件，构成单独的租赁部分，因此不能作为低价值租赁资产进行会计处理。

# 第三节 出租人会计处理

## 一、出租人的租赁分类

### （一）融资租赁和经营租赁的分类原则

出租人应当在租赁开始日将租赁分为融资租赁和经营租赁。

租赁开始日，是指租赁合同签署日与租赁各方就主要租赁条款做出承诺日中的较早者。租赁开始日可能早于租赁期开始日，也可能与租赁期开始日重合。

一项租赁属于融资租赁还是经营租赁取决于交易的实质，而不是合同的形式。如果一项租赁实质上转移了与租赁资产所有权有关的几乎全部风险和报酬，出租人应当将该项租赁分类为融资租赁。出租人应当将除融资租赁以外的其他租赁分类为经营租赁。

出租人的租赁分类是以租赁转移与租赁资产所有权相关的风险和报酬的程度为依据的。风险包括由于生产能力的闲置或技术陈旧可能造成的损失，以及由于经济状况的改变可能造成的回报变动。报酬可以表现为在租赁资产的预期经济寿命期间经营的盈利以及因增值或残值变现可能产生的利得。

租赁开始日，除非发生租赁变更，出租人无须对租赁的分类进行重新评估。租赁资产预计使用寿命、预计余值等会计估计变更或发生承租人违约等情况变化的，出租人不对租赁进行重分类。

租赁合同可能包括因租赁开始日与租赁期开始日之间发生的特定变化而需对租赁付款额进行调整的条款与条件（例如，出租人标的资产的成本发生变动，或出租人对该租赁的融资成本发生变动）。在此情况下，出于租赁分类目的，此类变动的影响均视为在租赁开始日已发生。

### （二）融资租赁的界定标准

一项租赁存在下列一种或多种情形的，通常归类为融资租赁：

（1）在租赁期届满时，租赁资产的所有权转移给承租人。即如果在租赁协议中已经约定，或者根据其他条件，在租赁开始日就可以合理地判断，租赁期届满时出租人会将资产的所有权转移给承租人，那么该项租赁通常分类为融资租赁。

（2）承租人有购买租赁资产的选择权，所订立的购买价款预计将远低于行使选择权时租赁资产的公允价值，因而在租赁开始日就可以合理确定承租人将行使该选择权。

（3）资产的所有权虽然不转移，但租赁期占租赁资产使用寿命的大部分。实务中，这里的“大部分”一般指租赁期占租赁开始日租赁资产使用寿命的75%以上（含75%）。如果租赁资产是旧资产，在租赁前已使用年限超过资产自全新时起算可使用年限的75%以上时，则这条判断标准不适用，不能使用这条标准确定租赁的分类。

（4）在租赁开始日，租赁收款额的现值几乎相当于租赁资产的公允价值。实务中，这里的“几乎相当于”，通常掌握在90%以上。

（5）租赁资产性质特殊，如果不做较大改造，只有承租人才能使用。租赁资产由出租人根据承租人对资产型号、规格等方面的特殊要求专门购买或建造的，具有专购、专用性质。这些租赁资产如果不做出较大的重新改造，其他企业通常难以使用。这种情况下，通常也分类为融资租赁。

一项租赁存在下列一项或多项迹象的，也可能归类为融资租赁：① 若承租人撤销租赁，撤销租赁对出租人造成的损失由承租人承担；② 资产余值的公允价值波动所产生的利得或损失归属于承租人；③ 承租人有能力以远低于市场水平的租金继续租赁至下一期间。

此经济激励政策与购买选择权类似，如果续租选择权行权价远低于市场水平，可以合理确定承租人将继续租赁至下一期间。

**教学提示**

出租人判断租赁类型时，上述情形和迹象并非总是决定性的，而是应综合考虑经济激励的有利方面和不利方面。若有其他特征充分表明，租赁实质上没有转移与租赁资产所有权相关的几乎全部风险和报酬，则该租赁应分类为经营租赁。例如，若承租资产的所有权在租赁期结束时是以相当于届时其公允价值的可变付款额转让至承租人，或者因存在可变租赁付款额导致出租人实质上没有转移几乎全部风险和报酬，就可能出现这种情况。

## 二、出租人对融资租赁的会计处理

### （一）初始计量

在租赁期开始日，出租人应当对融资租赁确认应收融资租赁款，并终止确认融资租赁资产。出租人对应收融资租赁款进行初始计量时，应当以租赁投资净额作为应收融资租赁款的入账价值。

租赁投资净额为未担保余值和租赁期开始日尚未收到的租赁收款额按照租赁内含利率折现的现值之和。租赁内含利率，是指使出租人的租赁收款额的现值与未担保余值的现值之和（租赁投资净额）等于租赁资产公允价值与出租人的初始直接费用之和的利率。因此，出租人发生的初始直接费用包括在租赁投资净额中，即包括在应收融资租赁款的初始入账价值中。

租赁收款额，是指出租人因让渡在租赁期内使用租赁资产的权利而应向承租人收取的款项，包括：① 承租人须支付的固定付款额及实质固定付款额。存在租赁激励的，应当扣除租赁激励相关金额。② 取决于指数或比率的可变租赁付款额。该款项在初始计量时根据租赁期开始日的指数或比率确定。③ 购买选择权的行权价格，前提是合理确定承租人将行使该选择权。④ 承租人行使终止租赁选择权须支付的款项，前提是租赁期反映出承租人将行使终止租赁选择权。⑤ 由承租人、与承租人有关的一方以及有经济能力履行担保义务的独立第三方向出租人提供的担保余值。

【例6-29】 2×21年12月1日，开源公司与乙公司签订了一份租赁合同，向乙公司租出塑钢机一台。租赁合同主要条款如下：

（1）租赁资产：全新塑钢机。

（2）租赁期开始日：2×22年1月1日。

（3）租赁期：2×22年1月1日至2×27年12月31日，共72个月。

（4）固定租金支付：自2×22年1月1日，每年年末支付租金160 000元。如果乙公司能够在每年年末的最后一天及时付款，则给予减少租金10 000元的奖励。

（5）取决于指数或比率的可变租赁付款额：租赁期限内，如遇中国人民银行贷款基准利率调整时，出租人将对租赁利率做出同方向、同幅度的调整。基准利率调整日之前各期和调整日当期租金不变，从下一期租金开始按调整后的租金金额收取。

（6）租赁开始日租赁资产的公允价值：该机器在2×21年12月31日的公允价值为700 000元，账面价值为600 000元。

（7）初始直接费用：签订租赁合同过程中开源公司发生可归属于租赁项目的手续费、佣金10 000元。

（8）承租人的购买选择权：租赁期届满时，乙公司享有优惠购买该机器的选择权，购买价为20 000元，估计该日租赁资产的公允价值为80 000元。

（9）取决于租赁资产绩效的可变租赁付款额：2×23年和2×25年两年，乙公司每年按该机器所生产的产品——塑钢窗户的年销售收入的5%向开源公司支付。

（10）承租人的终止租赁选择权：乙公司享有终止租赁选择权。在租赁期间，如果乙公司终止租赁，须支付的款项为剩余租赁期间的固定租金支付金额。

（11）担保余值和未担保余值均为0。

（12）全新塑钢机的使用寿命为7年。

出租人开源公司的账务处理如下：

（1）判断租赁类型。

① 本例存在优惠购买选择权，优惠购买价20 000元远低于行使选择权日租赁资产的公允价值80 000元，因此在2×21年12月31日就可合理确定乙公司将会行使这种选择权。

② 在本例中，租赁期6年，占租赁开始日租赁资产使用寿命的86%（占租赁资产使用寿命的大部分）。

③ 开源公司综合考虑其他各种情形和迹象，认为该租赁实质上转移了与该项设备所有权有关的几乎全部风险和报酬，因此将这项租赁认定为融资租赁。

（2）确定租赁收款额。

① 承租人的固定付款额为考虑扣除租赁激励后的金额=（160 000－10 000）×6=900 000（元）。

② 取决于指数或比率的可变租赁付款额。该款项在初始计量时根据租赁期开始日的指数或比率确定，因此本例题在租赁期开始日不做考虑。

③ 承租人购买选择权的行权价格。租赁期届满时，乙公司享有优惠购买该机器的选择权，购买价为20 000元，远低于行使选择权日租赁资产的公允价值80 000元，因此在2×21年12月31日就可合理确定乙公司将会行使这种选择权。租赁付款额中应包括承租人购买选择权的行权价格20 000元。

④ 终止租赁的罚款。虽然乙公司享有终止租赁选择权，但若终止租赁，乙公司须支付的款项为剩余租赁期间的固定租金支付金额。根据上述条款，可以合理确定乙公司不会行使终止租赁选择权。

⑤ 由承租人向出租人提供的担保余值：乙公司向开源公司提供的担保余值为0元。

综上所述，租赁收款额为：900 000＋20 000＝920 000（元）。

（3）确认租赁投资总额。

租赁投资总额＝在融资租赁下出租人应收的租赁收款额＋未担保余值

＝920 000＋0＝920 000（元）

（4）确认租赁投资净额的金额和未实现融资收益。

① 租赁投资净额＝租赁资产在租赁期开始日公允价值（700 000）＋出租人发生的租赁初始直接费用（10 000）＝710 000（元）。

② 未实现融资收益＝租赁投资总额－租赁投资净额＝920 000－710 000＝210 000（元）。

（5）计算租赁内含利率。

该利率应满足如下等式：

150 000×（$P/A$，$r$，6）＋20 000×（$P/F$，$r$，6）＝710 000，经内插法测算，租赁的内含利率为7.82%。

（6）2×22年1月1日，相关账务处理如下：

借：应收融资租赁款——租赁收款额　　920 000

　贷：银行存款　　10 000

　　　融资租赁资产　　600 000

资产处置损益 100 000

应收融资租赁款——未实现融资收益 210 000

若某融资租赁合同必须以收到租赁保证金为生效条件，出租人收到承租人交来的租赁保证金，借记“银行存款”科目，贷记“其他应收款——租赁保证金”科目。承租人到期不交租金，以保证金抵作租金时，借记“其他应收款——租赁保证金”科目，贷记“应收融资租赁款”科目。承租人违约，按租赁合同或协议规定没收保证金时，借记“其他应收款——租赁保证金”科目，贷记“营业外收入”科目。

**提示**

纳入出租人租赁投资净额的可变租赁付款额只包含取决于指数或比率的可变租赁付款额。在初始计量时，应当采用租赁期开始日的指数或比率进行初始计量。

### （二）融资租赁的后续计量

出租人应当按照固定的周期性利率计算并确认租赁期内各个期间的利息收入。对于租赁企业或一般企业而言，此时应借记“应收融资租赁款——未实现融资收益”科目，贷记“租赁收入”或“其他业务收入”科目。

**【例6-30】** 承例6-29，租赁期内各期间利息收入的确认与计量。

（1）计算租赁期内各期的利息收入，如表6-3所示。

表6-3 租赁期内各期的利息收入

单位：元

| 日期 | 租金 | 确认的利息收入 | 租赁投资净额余额 |
|---|---|---|---|
| ① | ② | ③＝期初④×7.82% | 期末④＝期初④－②＋③ |
| 2×22年1月1日 | | | 710 000 |
| 2×22年12月31日 | 150 000 | 55 522 | 615 522 |
| 2×23年12月31日 | 150 000 | 48 134 | 513 656 |
| 2×24年12月31日 | 150 000 | 40 168 | 403 824 |
| 2×25年12月31日 | 150 000 | 31 579 | 285 403 |
| 2×26年12月31日 | 150 000 | 22 319 | 157 722 |
| 2×27年12月31日 | 150 000 | 12 278* | 20 000 |
| 2×27年12月31日 | 20 000 | | |
| 合计 | 920 000 | 210 000 | |

（2）出租人开源公司相关账务处理如下：

① 2×22年12月31日收到第一期租金。

| | | |
|---|---|---|
| 借：银行存款 | 150 000 | |
| 贷：应收融资租赁款——租赁收款额 | | 150 000 |
| 借：应收融资租赁款——未实现融资收益 | 55 522 | |
| 贷：租赁收入 | | 55 522 |

② 2×23年12月31日收到第二期租金。

| | | |
|---|---|---|
| 借：银行存款 | 150 000 | |
| 贷：应收融资租赁款——租赁收款额 | | 150 000 |
| 借：应收融资租赁款——未实现融资收益 | 48 134 | |
| 贷：租赁收入 | | 48 134 |

**提示**

"租赁收入"科目核算租赁企业作为出租人确认的融资租赁和经营租赁的租赁收入。一般企业根据自身业务特点确定租赁收入的核算科目，例如"其他业务收入"等。

### （三）融资租赁变更的会计处理

融资租赁发生变更且同时符合下列条件的，出租人应当将该变更作为一项单独租赁进行会计处理：

（1）该变更通过增加一项或多项租赁资产的使用权而扩大了租赁范围或延长了租赁期限。

（2）增加的对价与租赁范围扩大部分或租赁期限延长部分的单独价格按该合同情况调整后的金额相当。

【例6-31】 承租人就某套机器设备与出租人签订了一项为期5年的租赁，构成融资租赁。在第2年年初，承租人和出租人同意对原租赁进行修改，再增加1套机器设备用于租赁，租赁期也为5年。扩租的设备从第2年第二季度末时可供承租人使用。租赁总对价的增加额与新增的该套机器设备的当前出租市价扣减相关折扣后相当。其中，折扣反映了出租人节约的成本，即若将同样设备租赁给新租户出租人会发生的成本，如营销成本等。

【分析】

此情况下，该变更通过增加一项或多项租赁资产的使用权而扩大了租赁范围，增加的对价与租赁范围扩大部分的单独价格按该合同情况调整后的金额相当，应将该变更作为一项新的租赁。

如果融资租赁的变更未作为一项单独租赁进行会计处理，且满足假如变更在租赁开始日生效，该租赁会被分类为经营租赁条件的，出租人应当自租赁变更生效日开始将其作为一项新租赁进行会计处理，并以租赁变更生效日前的租赁投资净额作为租赁资产的账面价值。

**【例6-32】** 承租人就某套机器设备与出租人签订了一项为期5年的租赁，构成融资租赁。合同规定，每年末承租人向出租人支付租金10 000元，租赁期开始日，出租资产公允价值为37 908元。按照公式10 000×（$P/A$，$r$，5）= 37 908（元），计算得出租赁内含利率10%，租赁收款额为50 000元，未实现融资收益为12 092元。在第2年年初，承租人和出租人同意对原租赁进行修改，缩短租赁期限到第3年年末，每年支付租金时点不变，租金总额从50 000元变更到33 000元。假设本例中不涉及未担保余值、担保余值、终止租赁罚款等。

【分析】

该笔业务实质是放贷资金37 908元，最终要收回50 000元，形成12 092元的利息收入，账务处理如下：

借：应收融资租赁款——租赁收款额　　50 000

　　贷：融资租赁资产　　37 908

　　　　应收融资租赁款——未实现融资收益　　12 092

第1年末租赁投资净额 = 37 908 ×（1 + 10%）− 10 000 = 31 699（元）

如果原租赁期限设定为3年，在租赁开始日，租赁类别被分类为经营租赁，那么在租赁变更生效日，即第2年年初，出租人将租赁投资净额余额31 699（37 908 + 37 908 × 10% − 10 000）元作为该套机器设备的入账价值，并从第2年年初开始，作为一项新的经营租赁（2年租赁期，每年末收取租金11 500元）进行会计处理。

第2年年初账务处理如下：

借：固定资产　　31 699

　　应收融资租赁款——未实现融资收益

　　　　（12 092 − 37 908 × 10%）8 301

　　贷：应收融资租赁款——租赁收款额　　（50 000 − 10 000）40 000

如果融资租赁的变更未作为一项单独租赁进行会计处理，且满足假如变更在租赁开始日生效，该租赁会被分类为融资租赁条件的，出租人应当按照《企业会计准则第22号——金融工具确认和计量》第42条关于修改或重新议定合同的规定进行会计处理。即修改或重新议定租赁合同，未导致应收融资租赁款终止确认，但导致未来现金流量发生变化的，应当重新计算该应收融资租赁款的账面余额，并将相关利得或损失计入当期损益。重新计算应收融资租赁款账面余额时，应当根据重新议定或修改的租赁合同现金流量按照应收融资租赁款的原折现率或按照《企业会计准则第24号——套期保值》第23条规定重新计算的折现率（如适用）折现的现值确定。对于修改或重新议定租赁合同所产生的所有成本和费用，企业应当调整修改后的应收融资租赁款的账面价值，并在修改后应收融资租赁款的剩余期限内进行摊销。

## 三、出租人对经营租赁的会计处理

### （一）租金的处理

在租赁期内各个期间，出租人应采用直线法或者其他系统合理的方法将经营租赁的租赁收款额确认为租金收入。如果其他系统合理的方法能够更好地反映因出租租赁资产所产生经济利益的消耗模式的，则出租人应采用该方法。

### （二）出租人对经营租赁提供激励措施

出租人提供免租期的，出租人应将租金总额在不扣除免租期的整个租赁期内，按直线法或其他合理的方法进行分配，免租期内应当确认租金收入。出租人承担了承租人某些费用的，出租人应将该费用自租金收入总额中扣除，按扣除后的租金收入余额在租赁期内进行分配。

【例6-33】 开源公司出租房屋给乙公司，租期共4年，免租1年，每年年末收取租金3万元，开源公司为出租房屋代垫资金1万元，则每年租金收益＝（3×3－1）÷（3＋1）＝2（万元/年）。

### （三）初始直接费用

出租人发生的与经营租赁有关的初始直接费用应当资本化至租赁标的资产的成本，在租赁期内按照与租金收入相同的确认基础分期计入当期损益。

### （四）折旧和减值

（1）对于经营租赁资产中的固定资产，出租人应当采用类似资产的折旧政策计提折旧。

（2）对于其他经营租赁资产，应当根据该资产适用的企业会计准则，采用系统合理的方法进行摊销。

（3）出租人应当按照《企业会计准则第8号——资产减值》的规定，确定经营租赁资产是否发生减值，并对已识别的减值损失进行会计处理。

### （五）可变租赁付款额

出租人取得的与经营租赁有关的可变租赁付款额，如果是与指数或比率挂钩的，应在租赁期开始日计入租赁收款额。除此之外的，应当在实际发生时计入当期损益。

### （六）经营租赁的变更

经营租赁发生变更的，出租人应自变更生效日开始，将其作为一项新的租赁进行会计处理，与变更前租赁有关的预收或应收租赁收款额视为新租赁的收款额。

# 第四节 特殊租赁业务的会计处理

## 一、转租赁

转租情况下，原租赁合同和转租赁合同通常都是单独协商的，交易对手也是不同的企业，企业会计准则要求转租出租人对原租赁合同和转租赁合同分别根据承租人和出租人会计处理要求，进行会计处理。

承租人在对转租赁进行分类时，转租出租人应基于原租赁中产生的使用权资产，而不是租赁资产（如作为租赁对象的不动产或设备）进行分类。原租赁资产不归转租出租人所有，原租赁资产也未计入其资产负债表。因此，转租出租人应基于其控制的资产（使用权资产）进行会计处理。

原租赁为短期租赁，且转租出租人作为承租人已按照企业会计准则采用简化会计处理方法的，应将转租赁分类为经营租赁。

【例6-34】 开源公司（原租赁承租人）与乙公司（原租赁出租人）就6 000平方米办公场所签订了一项为期5年的租赁（原租赁）。在第3年年初，开源公司将该6 000平方米办公场所转租给丙公司，期限为原租赁的剩余3年时间（转租赁）。假设不考虑初始直接费用。

【分析】

开源公司应基于原租赁形成的使用权资产对转租赁进行分类。本例中，转租赁的期限覆盖了原租赁的所有剩余期限，综合考虑其他因素，开源公司判断其实质上转移了与该项使用权资产有关的几乎全部风险和报酬，开源公司将该项转租赁分类为融资租赁。

开源公司的会计处理为：（1）终止确认与原租赁相关且转给丙公司（转租承租人）的使用权资产，并确认转租赁投资净额；（2）将使用权资产与转租赁投资净额之间的差额确认为损益；（3）在资产负债表中保留原租赁的租赁负债，该负债代表应付原租赁出租人的租赁付款额。在转租期间，中间出租人既要确认转租赁的融资收益，也要确认原租赁的利息费用。

## 二、生产商或经销商出租人的融资租赁会计处理

生产商或经销商通常为客户提供购买或租赁其产品或商品的选择。

如果生产商或经销商出租其产品或商品构成融资租赁，则该交易产生的损益应相当于按照考虑适用的交易量或商业折扣后的正常售价直接销售标的资产所产生的损益。

构成融资租赁的，生产商或经销商出租人在租赁期开始日应当按照租赁资产公允价值与租赁收款额按市场利率折现的现值两者孰低确认收入，并按照租赁资产账面价值扣除未担保余值的现值后的余额结转销售成本，收入和销售成本的差额作为销售损益。

由于取得融资租赁所发生的成本主要与生产商或经销商赚取的销售利得相关，生产商或经销商出租人应当在租赁期开始日将其计入损益。即与其他融资租赁出租人不同，生产商或经销商出租人取得融资租赁所发生的成本不属于初始直接费用，不计入租赁投资净额。相关账务处理如下：

借：应收融资租赁款——租赁收款额
　　贷：主营业务收入（租赁资产公允价值与租赁收款额按市场利率折现的现值两者孰低确认收入）
　　　　应收融资租赁款——未实现融资收益
借：主营业务成本（租赁资产账面价值扣除未担保余值的现值后的余额结转销售成本）
　　应收融资租赁款
　　贷：库存商品
借：销售费用（融资租赁所发生的成本）
　　贷：银行存款

教学案例

生产商出租人的融资租赁例题

## 三、售后租回交易的会计处理

### （一）售后租回交易会计处理的原则

若企业（卖方兼承租人）将资产转让给其他企业（买方兼出租人），并从买方兼出租人租回该项资产，则卖方兼承租人和买方兼出租人均应按照售后租回交易的规定进行会计处理。企业应当按照《企业会计准则第14号——收入》的规定，评估确定售后租回交易中的资产转让是否属于销售，并区别进行会计处理。

如果承租人在资产转移给出租人之前已经取得对标的资产的控制，则该交易属于售后租回交易。如果承租人未能在资产转移给出租人之前取得对标的资产的控制，那么即便承租人在资产转移给出租人之前先获得标的资产的法定所有权，该交易也不属于售后租回交易。

### （二）售后租回交易中的资产转让属于销售

卖方兼承租人应当按原资产账面价值中与租回获得的使用权有关的部分，计量售后租回所形成的使用权资产，并仅就转让至买方兼出租人的权利确认相关利得或损失。

买方兼出租人根据其他适用的企业会计准则对资产购买进行会计处理，并根据新租赁准则对资产出租进行会计处理。

如果销售对价的公允价值与资产的公允价值不同，或者出租人未按市场价格收取租金，企业应当进行以下调整：① 销售对价低于市场价格的款项作为预付租金进行会计处理；② 销售对价高于市场价格的款项作为买方兼出租人向卖方兼承租人提供的额外融资进行会计处理。

同时，承租人按照公允价值调整相关销售利得或损失，出租人按市场价格调整租金收入。

在进行上述调整时，企业应当按以下二者中较易确定者进行：① 销售对价的公允价值与资产的公允价值的差异；② 合同付款额的现值与按市场租金计算的付款额的现值的差异。

教学案例

资产转让属于销售的例题

### （三）售后租回交易中的资产转让不属于销售

卖方兼承租人不终止确认所转让的资产，而应当将收到的现金作为金融负债，并按照《企业会计准则第22号——金融工具确认和计量》进行会计处理。买方兼出租人不确认被转让资产，而应当将支付的现金作为金融资产，并按照《企业会计准则第22号——金融工具确认和计量》进行会计处理。

教学案例

资产转让不属于销售的例题

## 课后思考题

1. 如何识别租赁？
2. 租赁的分拆原则是什么？
3. 租赁期应当如何确定？
4. 承租人应当如何进行会计处理？
5. 出租人应当如何进行会计处理？

## 第六章教学课件

教学课件

租赁会计

教学文档

课外文献拓展

## 案例分析题及参考答案

## 即测即评

请扫描右侧二维码，进行随堂测试。

# 第七章 股份支付会计

## 教学目标

通过本章学习，使学生了解股份支付的含义和分类，理解股份支付的行权条件；掌握权益结算股份支付的确认、计量及会计处理；掌握现金结算股份支付的确认、计量及会计处理；了解股份支付的信息披露要求。

## 思维导图

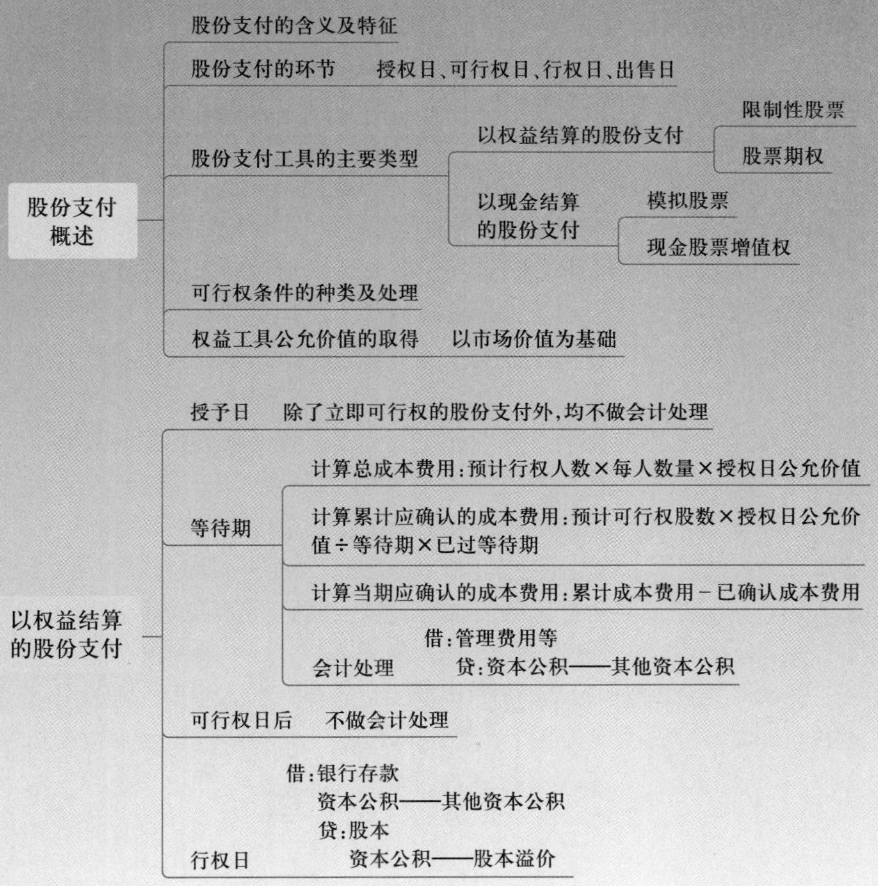

- 以现金结算的股份支付
  - 授予日
    - 除了立即可行权的股份支付外，均不做会计处理
  - 等待期
    - 计算总成本费用：预计行权人数×每人数量×期末权益工具公允价值
    - 应付职工薪酬期末余额：预计可行权股数×期末公允价值÷等待期×已过等待期
    - 计算当期应确认的成本费用：期末余额+当期支付−期初余额
    - 会计处理
      - 借：管理费用等
      - 贷：应付职工薪酬
  - 可行权日后
    - 不再确认成本费用
    - 公允价值变动计入当期损益(公允价值变动损益)
  - 行权日
    - 借：应付职工薪酬
    - 贷：银行存款
- 股份支付的信息披露
  - 与股份支付有关的信息披露
  - 股份支付交易对当期财务状况和经营成果的影响

## 引导案例：美的多层次股权激励，着力提升全员积极性

美的集团自2013年9月通过换股吸收合并方式在深圳证券交易所上市以来，截至2021年4月30日，已实施八期股票期权激励计划、七期全球合伙人持股计划、四期事业合伙人计划、五期限制性股票激励计划。合伙人持股计划，主要适用于总裁、副总裁等核心高管；限制性股票计划，主要适用于副总裁、单位或部门负责人等高管；股票期权计划，主要适用于重要专业的业务骨干。

1. 高管层级的合伙人计划

美的采用的合伙人持股主要是针对公司的总裁以及总经理级别的人员，在公司的利润中提出一部分作为专项基金在二级交易市场上购买公司的股票，然后根据业绩的考核结果分发给高管的一种激励方式。通过构建创新的核心管理团队持股的长期激励机制，推动与促进公司“经理人”向“合伙人”的身份转变，将企业的利益与员工的利益相捆绑，高管会通过提高每年的业绩，来获取更多的公司股票。对于企业高管来讲，长期的股权激励计划能够减少人才流失，保持企业核心高管的稳定性，避免经营方针频繁调整。

2. 中层管理者的限制性股票计划

限制性股票计划相较于合伙人计划而言，优势在于可以以市场价格的一半给予激励对象股票，激励力度比较强，并且需要员工出资，较于期权计划，员工与企业的捆绑性会加强。除此之外，限制性股票在一定程度是对于企业全方位的激励模式补充，能够让美的内部的股权激励计划更完善。

3. 核心骨干的期权计划

通过向特定对象发行新股作为股票的来源，筹措的资金是员工的自有资金。第四期期权激励计划总计发行了9 898.2股，占到美的集团已发行股本总额的1.53%。这种激励模式侧重于研发、制造相关的科技人员以及中基层人员。期权计划相对于合伙人计划和限制性股票计划，实施的时间最长，普惠的性质更加明显，也能与企业的战略计划较好地融合。在行业环境的影响下，随着企业经营战略调整和组织架构改造，内部的期权计划考核指标也有了一定的调整，开始弱化集团方面的指标，加强单位经营的指标，形成企业、事业部以及个人三层次结构，在本质上避免了搭便车的情况。

美的集团的股权激励计划，一方面是根据自身企业的背景以及公司战略调整，来推出符合企业发展的激励政策，制定合理的考核指标，选择合适的激励对象，并且根据企业不同时期的发展阶段来做出相应的调整；另一方面就是根据不同层次来选择不同的激励政策，比如合伙人计划、限制性股票期权激励、期权激励计划。

资料来源：作者根据相关资料和年报资料整理。

教学文档

企业会计准则第11号——股份支付

教学文档

美的集团：核心管理团队持股计划暨美的集团事业合伙人计划之第四期持股计划

通过该案例，我们讨论股权激励的核心要素有哪些，在股权激励计划实施的各个时间点，我们将如何对其进行确认和计量。

# 第一节 股份支付概述

## 一、股份支付的含义及特征

### （一）股份支付的含义

股份支付，是“以股份为基础的支付”的简称，是指企业为获取职工和其他方提供服务而授予权益工具或者承担以权益工具为基础确定的负债的交易。

### （二）股份支付的特征

（1）股份支付是企业与职工或其他方之间发生的交易。以股份为基础的支付可能发生在企业与股东之间、合并交易中的合并方与被合并方之间或者企业与其职工之间，只有发生在企业与其职工或向企业提供服务的其他方之间的交易，才可能符合股份支付的定义。

（2）股份支付是以获取职工或其他方服务为目的的交易。企业在股份支付交易中旨在获取其职工或其他方提供的服务（费用）或取得这些服务的权利（资产）。企业获取这些服务或权利的目的是用于其正常生产经营，不是转手获利等。

（3）股份支付交易的对价或其定价与企业自身权益工具未来的价值密切相关。股份支付交易与企业与其职工间其他类型交易的最大不同，是交易对价或其定价与企业自身权益工具未来的价值密切相关。在股份支付中，企业要么向职工支付其自身权益工具，要么向职工支付一笔现金，而其金额高低取决于结算时企业自身权益工具的公允价值。对价的特殊性可以说是股份支付定义中最突出的特征。企业自身权益工具包括会计主体本身、母公司和同一集团内的其他会计主体的权益工具。

## 二、股份支付的环节

股份支付交易一般涉及的时间较长。以薪酬性股票期权为例，典型的股份支付通常涉及授予、可行权、行权和出售四个主要环节，如图7-1所示。

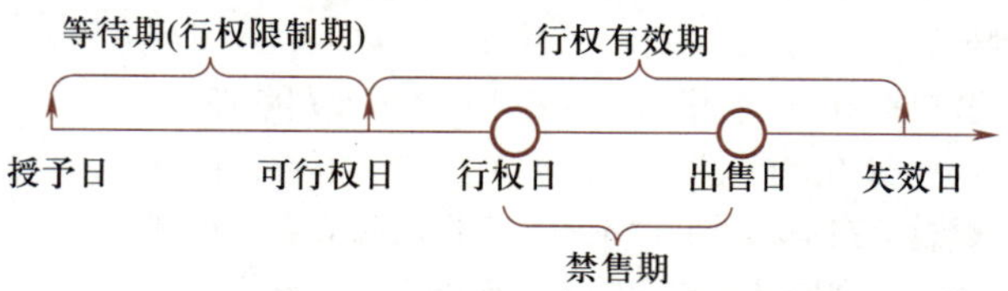


图7-1　典型的股份支付交易环节示意图

### （一）授予日

授予日是指股份支付协议获得批准的日期。其中“获得批准”，是指企业与职工或其他方就股份支付的协议条款和条件已达成一致，该协议获得股东大会或类似机构的批准；“达成一致”是指在双方对该计划或协议内容充分形成一致理解的基础上，均接受其条款和条件。如果按照相关法规的规定，在提交股东大会或类似机构之前存在必要程序或要求，则应履行该程序或满足该要求。

### （二）可行权日

可行权日是指可行权条件得到满足、职工或其他方具有从企业取得权益工具或现金权利的日期。有的股份支付协议是一次性可行权，有的则是分批可行权。只有已经可行权的股票期权，才是职工真正拥有的“财产”，才能去择机行权。从授予日至可行权日的时段，是可行权条件得到满足的期间，因此称为“等待期”，又称“行权限制期”。

### （三）行权日

行权日是指职工和其他方行使权利、获取现金或权益工具的日期。例如，持有股票期权的职工行使了以特定价格购买一定数量本公司股票的权利，该日期即为行权日。行权是按期权的约定价格实际购买股票，一般是在可行权日之后至期权到期日之前的可选择时段内行权。

### （四）出售日

出售日是指股票的持有人将行使期权所取得的期权股票出售的日期。按照我国法规规定，用于期权激励的股份支付协议，应在行权日与出售日之间设立禁售期，其中国有控股上市公司的禁售期不得低于2年。

对于“一次授予、分期行权”，即在授予日一次授予给员工若干权益工具，之后每年分批达到可行权条件，每个批次是否可行权的结果通常是相对独立的，即每一期是否达到可行权条件并不会直接影响其他几期是否能够达到可行权条件。在会计处理时应将其作为同时授予的几个独立的股份支付计划。例如，在一次授予、分三年行权的股份支付计划中，应当将其视同三个独立的股份支付计划，分别确定每个计划的等待期。公司应根据每个计划在授予日的公允价值估计股份支付费用，在其相应的等待期内，按照各计划在某会计期间内等待期长度占整个等待期长度的比例进行分摊。

【例7-1】 开源公司于2×21年1月1日确定了一项限制性股票激励计划，一次性授予其高级管理人员共计3 000万股限制性股票，当日限制性股票的公允价值为每股8元，2×21年至2×23年每年年末，在达到当年的行权条件的前提下，每年可解锁1 000万股。在解锁时职工应当在职，当年末满足条件不能解锁的股票作废。2×21年年末限制性股票的公允价值为每股9元，2×22年年末限制性股票的公允价值为每股10元，2×23年年末限制性股票的公允价值为每股10元。假设每年年末均无人离职，并且都预计未来年度不会有人离职，且均能达到当年的行权条件。

【分析】

（1）开源公司授予的限制性股票激励计划属于“一次授予、分期行权”的股份支付，所以应作为三个独立的子计划进行会计处理，等待期分别为1年、2年、3年。

（2）第一年年末确认成本费用 $=1\ 000\times8\times\frac{1}{1}+1\ 000\times8\times\frac{1}{2}+1\ 000\times8\times\frac{1}{3}$

$=14\ 666.67$（万元）

（3）第二年年末确认成本费用 $=1\ 000\times8\times\frac{1}{1}+1\ 000\times8\times\frac{2}{2}+1\ 000\times8\times\frac{2}{3}$

$-14\ 666.67$

$=6\ 666.66$（万元）

（4）第三年年末确认成本费用 $=1\ 000\times8\times\frac{1}{1}+1\ 000\times8\times\frac{2}{2}+1\ 000\times8\times\frac{3}{3}$

$-14\ 666.67-6\ 666.66$

$=2\ 666.67$（万元）

## 三、股份支付工具的主要类型

按照股份支付的方式和工具类型，主要可划分为两大类、四小类。

### （一）以权益结算的股份支付

以权益结算的股份支付，是指企业为获取服务而以股份或其他权益工具作为对价进行结算的交易。以权益结算的股份支付最常用的工具有两类：限制性股票和股票期权。

限制性股票是指职工或其他方按照股份支付协议规定的条款和条件，从企业获得一定数量的本企业股票。企业授予职工一定数量的股票，在一个确定的等待期内或在满足特定业绩指标之前，职工出售股票要受到持续服务期限条款或业绩条件的限制。

股票期权是指企业授予职工或其他方在未来一定期限内以预先确定的价格和条件购买本企业一定数量股票的权利。

### （二）以现金结算的股份支付

以现金结算的股份支付，是指企业为获取服务而承担的以股份或其他权益工具为基础计算的交付现金或其他资产的义务的交易。以现金结算的股份支付最常用的工具有两类：模拟股票和现金股票增值权。

模拟股票和现金股票增值权，是用现金支付模拟的股权激励机制，即与股票挂钩，但用现金支付。除不需实际授予股票和持有股票之外，模拟股票的运作原理与限制性股票是一样的。除不需实际行权和持有股票之外，现金股票增值权的运作原理与股票期权是一样的，都是一种增值权形式的与股票价值挂钩的薪酬工具。

## 四、可行权条件的种类、处理及修改

教学文档
股权激励模式选择之谜

股份支付中通常涉及可行权条件。可行权条件是指能够确定企业是否得到职工或其他方提供的服务且该服务使职工或其他方具有获取股份支付协议规定的权益工具或现金等权利的条件。反之，为非可行权条件。可行权条件包括服务期限条件和业绩条件。在满足这些条件之前，职工或其他方无法获得股份。

### （一）业绩条件及其处理

业绩条件是指企业达到特定业绩目标的条件，具体包括市场条件和非市场条件。

1. 市场条件

市场条件是指行权价格、可行权条件以及行权可能性与权益工具的市场价格相关的业绩条件，如股份支付协议中关于股价至少上升至何种水平职工可相应取得多少股份的规定。

企业在确定权益工具在授予日的公允价值时，应考虑市场条件的影响，而不考虑非市场条件的影响；市场条件是否得到满足，不影响企业对预计可行权情况的估计。

如果最终未满足市场条件，不能行权，对已经认定的费用、成本不做冲转。

2. 非市场条件

非市场条件是指除市场条件之外的其他业绩条件，如股份支付协议中关于达到最低盈利目标或销售目标才可行权的规定。企业在确定权益工具在授予日的公允价值时，不考虑非市场条件的影响；非市场条件是否得到满足，影响企业对预计可行权情况的估计。

对于可行权条件为业绩条件的股份支付，在确定权益工具的公允价值时，应考虑市场条件的影响，只要职工满足了其他所有非市场条件，企业就应当确认已取得的服务。

**教学提示**

非市场条件主要是指净利润或业绩条件。如果最终未满足非市场条件，不能行权，对已经认定的费用、成本应作冲转。

**【例7-2】** 2×21年1月，为奖励并激励管理层成员，开源公司与其签署股份支付协议，规定如果管理层成员在其后3年中都在公司任职服务，并且公司股价每年均提高10%以上，管理层成员即可以低于市价的价格购买一定数量的本公司股票。

同时作为协议的补充，公司把全体管理层成员的年薪提高了5万元，但公司将这部分年薪按月存入公司专门建立的内部基金，3年后，管理层成员可用属于其个人的部分抵减未来行权时支付的购买股票款项。如果管理层成员决定退出这项基金，可随时全额提取。开源公司以期权定价模型估计授予的此项期权在授予日的公允价值为1 200万元。

在授予日，开源公司估计3年内管理层离职的比例为10%；第二年年末，开源公司调整其估计离职率为5%；到第三年年末，公司实际离职率为7%。

在第一年中，公司股价提高了10.6%，第二年提高了12%，第三年提高了7.2%。公司在第一年、第二年年末均预计下年能实现当年股价增长10%以上的目标。

开源公司应如何处理？

【分析】

如果不同时满足服务3年和公司股价年增长10%以上的要求，管理层成员就无权行使其股票期权，因此两者都属于可行权条件，其中服务满3年是一项服务期限条件，10%的股价增长要求是一项市场业绩条件。

按照股份支付准则的规定，第一年年末确认的服务费用为：

$$1\ 200\times\frac{1}{3}\times90\%=360\text{（万元）}$$

第二年年末累计确认的服务费用为：

$$1\ 200\times\frac{2}{3}\times95\%=760\text{（万元）}$$

第三年年末累计应确认的服务费用为：

$$1\ 200\times93\%=1\ 116\text{（万元）}$$

由此，第二年应确认的费用为：

$$760-360=400\text{（万元）}$$

第三年应确认的费用为：

$$1\ 116-760=356\text{（万元）}$$

最后，93%的管理层成员满足了市场条件之外的全部可行权条件。尽管股价年增长10%以上的市场条件未得到满足，开源公司在第3年年末均确认了收到的管理层提供的服务，并相应确认了费用。

### （二）可行权条件的修改

通常情况下，股份支付协议生效后，不应对其条款和条件随意修改。但在某些情况下，可能需要修改授予权益工具的股份支付协议中的条款和条件。例如，股票除权、除息或其他原因需要调整行权价格或股票期权数量。此外，为取得更佳的激励效果，有关法规也允许企业依据股份支付协议的规定，调整行权价格和股票期权数量，但应当由董事会做出决议并经股东大会审议批准，或者由股东大会授权董事会决定。《上市公司股权激励管理办法》对此作出了严格的限定，必须按照批准股份支付计划的原则和方式进行调整。

在会计核算上，无论已授予的权益工具的条款和条件如何修改，甚至取消权益工具的授予或结算该权益工具，企业都应至少确认按照所授予的权益工具在授予日的公允价值来计量获取的相应服务，除非因不能满足权益工具的可行权条件（除市场条件外）而无法行权。

1. 条款和条件的有利修改

企业应当分别以下情况，确认导致股份支付公允价值总额升高以及其他对职工有利的修改的影响：

（1）如果修改增加了所授予的权益工具的公允价值，企业应按照权益工具公允价值的增加相应地确认取得服务的增加。权益工具公允价值的增加，是指修改前后的权益工具在修改日的公允价值之间的差额。

（2）如果修改增加了所授予的权益工具的数量，企业应将增加的权益工具的公允价值相应地确认为取得服务的增加。

（3）如果企业按照有利于职工的方式修改可行权条件，如缩短等待期、变更或取消业绩条件（非市场条件），企业在处理可行权条件时，应当考虑修改后的可行权条件。

2. 条款和条件的不利修改

如果企业以减少股份支付公允价值总额的方式或其他不利于职工的方式修改条款和条件，企业仍应继续对取得的服务进行会计处理，如同该变更从未发生，除非企业取消了部分或全部已授予的权益工具。具体包括如下几种情况：

（1）如果修改减少了授予的权益工具的公允价值，企业应当继续以权益工具在授予日的公允价值为基础，确认取得服务的金额，而不应考虑权益工具公允价值的减少。

（2）如果修改减少了授予的权益工具的数量，企业应当将减少部分作为已授予的权益工具的取消来进行处理。

（3）如果企业以不利于职工的方式修改了可行权条件，如延长等待期、增加或变更业绩条件（非市场条件），企业在处理可行权条件时，不应考虑修改后的可行权条件。

**提示**

有利修改或不利修改是针对被激励对象（即员工或其他方）而言的，这种不低估费用的处理方式，是会计谨慎性原则的体现。

3. 取消或结算

如果企业在等待期内取消了所授予的权益工具或结算了所授予的权益工具（因未满足可行权条件而被取消或作废的除外），企业应当：

（1）将取消或结算作为加速可行权处理，立即确认原本应在剩余等待期内确认的金额。

（2）在取消或结算时支付给职工的所有款项均应作为权益的回购处理，回购支付的金额高于该权益工具在回购日公允价值的部分（资本公积——其他资本公积的合计数），计入当期费用（管理费用）。

（3）特殊情况。① 如果向职工授予新的权益工具，并在新权益工具授予日认定所授予的新权益工具是用于替代被取消的权益工具的，企业应以与处理原权益工具条款和条件修改相同的方式，对所授予的替代权益工具进行处理。权益工具公允价值的增加，是指在替代权益工具的授予日，替代权益工具公允价值与被取消的权益工具净公允价值之间的差额。被取消的权益工具净公允价值，是指其在取消前立即计量的公允价值减去因取消原权益工具而作为权益回购支付给职工的款项。② 如果企业未将新授予的权益工具认定为替代权益工具，则应将其作为一项新授予的股份支付进行处理。

（4）企业如果回购其职工已可行权的权益工具，应当借记所有者权益，回购支付的金额高于该权益工具在回购日公允价值的部分，计入当期费用。

## 五、权益工具公允价值的取得

股份支付中权益工具的公允价值的确定，应当以市场价格为基础。一些股份和股票期权并没有一个活跃的交易市场，在这种情况下，应当考虑估值技术。通常情况下，企业应当按照《企业会计准则第22号——金融工具确认和计量》的有关规定确定权益工具的公允价值，并根据股份支付协议条款的条件进行调整。

### （一）股份

对于授予职工的股份，企业应按照其股份的市场价格计量。如果其股份未公开交易，则应考虑其条款和条件估计其市场价格。例如，如果股份支付协议规定了期权股票的禁售期，则会对可行权日后市场参与者愿意为该股票支付的价格产生影响，并进而影响该股票期权的公允价值。

### （二）股票期权

对于授予职工的股票期权，因其通常受到一些不同于交易期权的条款和条件的限制，因而在许多情况下难以获得其市场价格。如果不存在条款和条件相似的交易期权，就应通过期权定价模型估计所授予的期权的公允价值。

在选择适用的期权定价模型时，企业应考虑熟悉情况和自愿的市场参与者将会考虑的因素。所有适用于估计授予职工期权的定价模型至少应考虑以下因素：① 期权的行权价格；② 期权期限；③ 基础股份的现行价格；④ 股价的预计波动率；⑤ 股份的预计股利；⑥ 期权期限内的无风险利率。

此外，企业选择的期权定价模型还应考虑熟悉情况和自愿的市场参与者在确定期权价格时会考虑的其他因素，但不包括那些在确定期权公允价值时不考虑的可行权条件和再授予特征因素。确定授予职工的股票期权的公允价值，还需要考虑提前行权的可能性。

在估计授予的期权（或其他权益工具）的公允价值时，不应考虑熟悉情况和自愿的市场参与者在确定股票期权（或其他权益工具）价格时不会考虑的其他因素。例如，对于授予职工的股票期权，那些仅从单个职工的角度影响期权价值的因素，并不影响熟悉情况和自愿的市场参与者确定期权的价格。

1. 期权定价模型的输入变量的估计

在估计基础股份的预计波动率和股利时，目标是尽可能接近当前市场或协议交换价格所反映的价格预期。类似地，在估计职工股票期权提前行权时，目标是尽可能接近外部人基于授予日所掌握信息做出的预期，这些信息包括职工行权行为的详细信息。在通常情况下，对于未来波动率、股利和行权行为的预期存在一个合理的区间。这时，应将区间内的每项可能数额乘以其发生概率，加权计算上述输入变量的期望值。

一般情况下，对未来的预期建立在历史经验基础上，但如果能够合理预期未来与历史经验的不同，则应对该预期进行修正。因此，企业在估计期权定价模型的输入变量时，应充分考虑历史经验合理预测未来的程度和能力，而不能简单地根据历史信息估计波动率行权行为和股利。

2. 预计提早行权

出于各种原因，职工经常在期权失效日之前提早行使股票期权。考虑提早行权对期权公允价值的影响的具体方法，取决于所采用的期权定价模型的类型。但无论采用何种方法，预计提早行权时都要考虑以下因素：① 等待期的长度；② 以往发行在外的类似期权的平均存续时间；③ 基础股份的价格（有时根据历史经验，职工在股价超过行权价格达到特定水平时倾向于行使期权）；④ 职工在企业中所处的层次（有时根据历史经验，高层职工倾向于较晚行权）；⑤ 基础股份的预计波动率（职工倾向于更早地行使高波动率的股份的期权）。

期权价值不是期权期限的线性函数，随着期权期限的延长，期权价值以递减的速度增长。例如，如果所有其他假设相同，虽然一份两年期的期权比一份一年期的期权值钱，但达不到后者的两倍。这意味着，如果估计期权授予的职工群中各个职工之间存在巨大的行权行为差异，此时以职工个人期限预计为基础加权平均计算出来的总期权价值，将高估授予整群职工的期权的公允价值总额。如果将授予的期权依照行权行为分为不同组别，因为行权行为类似，所以每个组别的加权平均期限都只包含相对较小的期限范围，就将减少对授予整群职工的期权的公允价值总额的高估。

采用二项模型或其他类似模型时，也应做类似考虑。例如，对于向高层职工普遍授予期权的企业，有时其历史经验表明，高级管理人员倾向持有期权的时间要比中层管理人员更长，而最基层职工则倾向最早行使期权。在此类情况下，以具有相对类似行权行为的职工组为基础划分期权授予，将更准确地估计授予期权的公允价值总额。

3. 预计波动率

预计波动率是对预期股份价格在一个期间可能发生的波动金额的度量。期权定价模型中所用的波动率的度量，是一段时间内股份的连续复利回报率的年度标准差。波动率通常以年度表示，而不管计算时使用的是何种时间跨度基础上的价格，如每日、每周或每月的价格。

一个期间股份的回报率（可能是正值也可能是负值）衡量了股东从股份的股利和价格涨跌中受益的多少。股份的预计年度波动率是指一个范围（置信区间），连续复利年回报率预期处在这个范围内的概率大约为2/3（置信区间）。

4. 预计股利

计量所授予的股份或期权的公允价值是否应当考虑预计股利，取决于被授予方是否有权取得股利或股利的等价物。

如果职工被授予期权，并有权在授予日和行权日之间取得基础股份的股利或股利的等价物（可现金支付，也可抵减行权价格），所授予的期权应当像不支付基础股份的股利那样进行估价，即预计股利的输入变量应为零。类似地，如果职工有权取得在等待期内支付的股利，在估计授予职工的股份在授予日的公允价值时，也不应考虑因预计股利而进行调整。

相反，如果职工对等待期内或行权前的股利或股利等价物没有要求权，对股份或期权在授予日公允价值的估计就应考虑预计股利因素，在估计所授予期权的公允价值时，期权定价模型的输入变量中应包含预计股利，即从股价中扣除预计会在等待期内支付的股利现值。期权定价模型通常使用预计股利率，但也可能对模型进行修正后使用预计股利金额。如果企业使用股利金额，应根据历史经验考虑股利的增长模式。

一般来说，预计股利应以公开可获取的信息为基础。不支付的股利且没有支付股利计划的企业应假设预计股利收益率为零。如果无股利支付历史的新企业被预期在其职工股票期权期限内开始支付股利，可使用历史股利收益率（零）与大致可比的同类企业的股利收益率均值的平均数。

5. 无风险利率

无风险利率，一般是指期权行权价格以该货币表示的、剩余期限等于被估价期权的预计期限（基于期权的剩余合同期限，并考虑预计提早行权的影响）的零息国债当前可获得的内含收益率。同样，在估计一份有效期与被估价期权的预计期限相等的其他期权的公允价值时，如果市场参与者们一般使用某种适当的替代利率而不是零息国债的内含收益率来确定无风险利率，则企业也应使用这个适当的替代利率。

6. 资本结构的影响

通常情况下，交易期权是由第三方而不是企业签发的，当这些股票期权行权时，签发人将股份支付给期权持有者。这些股份是从现在的股东手中取得的。因此，交易期权的行权不会有稀释效应。

如果股票期权是企业签发的，在行权时需要增加已发行在外的股份数量（要么正式增发，要么使用先前回购的库存股）。假定股份将按行权日的市场价格发行，这种现实或潜在的稀释效应可能会降低股价，因此期权持有者行权时，无法获得像行使其他类似但不稀释股价的交易期权一样多的利益。这一问题能否对企业授予股票期权的价值产生显著影响，取决于各种因素，包括行权时增加的股份数量（相对于已发行在外的股份数量）。如果市场已预期企业将会授予期权，则可能已将潜在的稀释效应体现在了授予日的股价中。企业应考虑所授予的股票期权未来行权的潜在稀释效应，是否可能对股票期权在授予日的公允价值构成影响。企业可能修改期权定价模型，以将潜在稀释效应纳入考虑范围。

# 第二节 以权益结算的股份支付

## 一、权益结算股份支付的确认和计量原则

### （一）换取职工服务的股份支付的确认和计量原则

对于换取职工服务的股份支付，企业应当以股份支付所授予的权益工具的公允价值计量。企业应在等待期内的每个资产负债表日，以对可行权权益工具数量的最佳估计为基础，按照权益工具在授予日的公允价值，将当期取得的服务计入相关资产成本或当期费用，同时计入资本公积中的其他资本公积。

对于授予后立即可行权的换取职工提供服务的权益结算的股份支付（如授予限制性股票的股份支付），应在授予日按照权益工具的公允价值，将取得的服务计入相关资产成本或当期费用，同时计入资本公积中的股本溢价。

### （二）换取其他方服务的股份支付的确认和计量原则

对于换取其他方服务的股份支付，企业应当以股份支付所换取的服务的公允价值计量。企业应当按照其他方服务在取得日的公允价值，将取得的服务计入相关资产成本或当期费用。

如果其他方服务的公允价值不能可靠计量，但权益工具的公允价值能够可靠计量，企业应当按照权益工具在服务取得日的公允价值，将取得的服务计入相关资产成本或当期费用。

### （三）权益工具公允价值无法可靠确定时的处理

在极少数情况下，授予权益工具的公允价值无法可靠计量，企业应在获取服务的时点、后续的每个资产负债表日和结算日，以内在价值计量该权益工具，内在价值的变动应计入当期损益。同时，企业应以最终可行权或实际行权的权益工具数量为基础，确认取得服务的金额。内在价值是指交易对方有权认购或取得的股份的公允价值，与其按照股份支付协议应当支付的价格间的差额。

企业对上述以内在价值计量的已授予权益工具进行结算，应当遵循以下要求：① 结算发生在等待期内的，企业应当将结算作为加速可行权处理，即立即确认本应于剩余等待期内确认的服务金额。② 结算时支付的款项应当作为回购该权益工具处理，即减少所有者权益。结算支付的款项高于该权益工具在回购日内在价值的部分，计入当期损益。

## 二、权益结算股份支付的会计处理

股份支付的会计处理必须以完整、有效的股份支付协议为基础。

### （一）授予日的会计处理

除了立即可行权的股份支付外，无论权益结算的股份支付还是现金结算的股份支付，企业在授予日均不做会计处理。

### （二）等待期内每个资产负债表日的会计处理

（1）企业应当在等待期内的每个资产负债表日，将取得职工或其他方提供的服务计入成本费用，同时确认所有者权益或负债。对于附有市场条件的股份支付，只要职工满足了其他所有非市场条件，企业就应当确认已取得的服务。

（2）在等待期内，业绩条件为非市场条件的，如果后续信息表明需要调整对可行权情况的估计的，应对前期估计进行修改。

（3）在等待期内每个资产负债表日，企业应将取得的职工提供的服务计入成本费用，计入成本费用的金额应当按照权益工具的公允价值计量。

（4）对于权益结算的涉及职工的股份支付，应当按照授予日权益工具的公允价值计入成本费用和资本公积（其他资本公积），不确认其后续公允价值变动。

（5）对于授予的存在活跃市场的期权等权益工具，应当按照活跃市场中的报价确定其公允价值。对于授予的不存在活跃市场的期权等权益工具，应当采用期权定价模型等估值技术确定其公允价值。

（6）在等待期内每个资产负债表日，企业应当根据最新取得的可行权职工人数变动等后续信息作出最佳估计，修正预计可行权的权益工具数量。在可行权日，最终预计可行权权益工具的数量应当与实际可行权工具的数量一致。

（7）根据上述权益工具的公允价值和预计可行权的权益工具数量，计算截至当期累计应确认的成本费用金额，再减去前期累计已确认金额，作为当期应确认的成本费用金额。

根据推算的股份支付额做如下账务处理：

借：管理费用等

　　贷：资本公积——其他资本公积

**提示**

权益工具的总的公允价值由价格和数量两方面决定：价格方面是授予日权益工具的公允价值，是唯一且确定的；数量方面是离职率的估计数字，在可行权日（达到期限条件）之前会随着时间的变化而变化。同时应当注意，离职率是可行权日离职率的最佳估计，而非等待期内的实际离职率。

### （三）可行权日的会计处理

在可行权日，有权参加行权的职工人数可以最终确定，因此，可行权权益工具的数量不再需要估计。也就是说，在可行权日预计可行权权益工具的数量应当与实际可行权工具的数量一致。

### （四）可行权日之后的会计处理

对于权益结算的股份支付，在可行权日之后不再对已确认的成本费用和所有者权益总额进行调整。

### （五）行权日的会计处理

企业应在行权日根据行权情况，确认股本和股本溢价，同时结转等待期内确认的资本公积（其他资本公积）。

借：银行存款
　　资本公积——其他资本公积
　　贷：股本
　　　　资本公积——股本溢价（差额）

### （六）回购股份进行职工期权激励

企业以回购股份形式奖励本企业职工的，属于权益结算的股份支付。

1. 回购股份

企业回购股份时，应按回购股份的全部支出作为库存股处理，同时进行备查登记。

借：库存股
　　贷：银行存款

2. 确认成本费用

按照《企业会计准则第11号——股份支付》对职工权益结算股份支付的规定，企业应当在等待期内每个资产负债表日按照权益工具在授予日的公允价值，将取得的职工服务计入成本费用，同时增加资本公积（其他资本公积）。

借：管理费用等
　　贷：资本公积——其他资本公积

3. 职工行权

在职工行权购买本企业股份时，企业应转销交付职工的库存股成本和等待期内资本公积（其他资本公积）累计金额，同时，按照其差额调整资本公积（股本溢价）。

借：银行存款
　　资本公积——其他资本公积
　　贷：库存股
　　　　资本公积——股本溢价（差额，或借方）

【例7-3】 2×21年1月1日（授予日），开源公司向其400名管理人员每人授予100股股票期权，这些职员从2×21年1月1日起在该公司连续服务3年（等待期），即可以10元每股购买100股开源公司股票，从而获益。公司估计该期权在授予日的公允价值为36元。

第一年有40名职员离开开源公司，开源公司估计三年中离开的职员的比例将达到20%；第二年有20名职员离开公司，公司将估计的职员离开比例修正为15%；第三年又有30名职员离开。

【分析】

（1）此股份支付为附服务年限条件的权益结算股份支付。

（2）费用和资本公积计算过程如表7-1所示。

表7-1　费用和资本公积计算过程

单位：元

| 年份 | 计算 | 当期费用 | 累计费用 |
|---|---|---|---|
| 2×21 | 400×（1－20%）×100×36×1/3 | 384 000 | 384 000 |
| 2×22 | 400×（1－15%）×100×36×2/3－384 000 | 432 000 | 816 000 |
| 2×23 | 310×100×36−816 000 | 300 000 | 1 116 000 |

（3）账务处理如下。

① 2×21年1月1日。

授予日不做账务处理。

② 2×21年12月31日。

借：管理费用　384 000

　　贷：资本公积——其他资本公积　384 000

③ 2×22年12月31日。

借：管理费用　432 000

　　贷：资本公积——其他资本公积　432 000

④ 2×23年12月31日。

借：管理费用　300 000

　　贷：资本公积——其他资本公积　300 000

⑤ 假设全部310名职员都在2×24年12月31日行权，开源公司股份面值为1元。

借：银行存款　（310×100×10）310 000

　　资本公积——其他资本公积　1 116 000

　　贷：股本　（310×100×1）31 000

　　　　资本公积——股本溢价　1 395 000

教学案例

附非市场业绩条件的权益结算股份支付例题

教学文档

限制性股票的股权激励

教学文档

股权激励能抑制高管的急功近利倾向吗

# 第三节
# 以现金结算的股份支付

## 一、现金结算股份支付的确认和计量原则

企业应当在等待期内的每个资产负债表日，以对可行权情况的最佳估计为基础，按照企业承担负债的公允价值，将当期取得的服务计入相关资产成本或当期费用，同时计入负债，并在结算前的每个资产负债表日和结算日对负债的公允价值重新计量，将其变动计入损益。

对于授予后立即可行权的现金结算的股份支付（如授予虚拟股票或业绩股票的股份支付），企业应当在授予日按照企业承担负债的公允价值计入相关资产成本或费用，同时计入负债，并在结算前的每个资产负债表日和结算日对负债的公允价值重新计量，将其变动计入损益。

## 二、现金结算股份支付的会计处理

### （一）授予日的会计处理

除了立即可行权的股份支付外，企业在授予日均不做会计处理。

### （二）等待期内每个资产负债表日的会计处理

（1）企业应当在等待期内的每个资产负债表日，将取得职工或其他方提供的服务计入成本费用，同时确认所有者权益或负债。对于附有市场条件的股份支付，只要职工满足了其他所有非市场条件，企业就应当确认已取得的服务。

（2）在等待期内，业绩条件为非市场条件的，如果后续信息表明需要调整对可行权情况的估计的，应对前期估计进行修改。

（3）在等待期内每个资产负债表日，企业应将取得的职工提供的服务计入成本费用，计入成本费用的金额应当按照权益工具的公允价值计量。

对于现金结算的涉及职工的股份支付，应当按照每个资产负债表日权益工具的公允价值重新计量，确定成本费用和应付职工薪酬。

根据推算的股份支付额做如下账务处理：

借：管理费用等

　　贷：应付职工薪酬——股份支付（现金结算的股份支付）

## （三）可行权日之后的会计处理

对于现金结算的股份支付，企业在可行权日之后不再确认成本费用。但是，由于确定负债的权益工具的公允价值发生变动所引起的负债（应付职工薪酬）公允价值的变动应当确认，计入当期损益（公允价值变动损益）。

1. 未兑付前的公允价值变动

（1）增值时：

借：公允价值变动损益

　　贷：应付职工薪酬——股份支付

（2）贬值时

借：应付职工薪酬——股份支付

　　贷：公允价值变动损益

2. 兑付时

借：应付职工薪酬——股份支付

　　贷：银行存款

【例7-4】 2×21年年初，开源公司为其400名中层以上职员每人授予100份现金股票增值权，这些职员从2×21年1月1日（授予日）起在该公司连续服务3年（等待期），即可按照当时股价的增长幅度获得现金，该增值权应在2×25年12月31日（第五年末、失效日）之前行使。开源公司估计，该增值权在负债结算之前的每一资产负债表日以及结算日的公允价值和可行权后的每份增值权现金支出额如表7-2所示。

表7-2 相关资料

单位：元

| 年份 | 公允价值 | 支付现金 |
|---|---|---|
| 2×21 | 28 | |
| 2×22 | 30 | |
| 2×23 | 36 | 32 |
| 2×24 | 42 | 40 |
| 2×25 | | 50 |

第一年有40名职员离开开源公司，开源公司估计三年中还将有30名职员离开；第二年又有20名职员离开公司，公司估计还将有20名职员离开；第三年又有30名职员离开。第三年年末，有140人行使股份增值权取得了现金。第四年年末，有100人行使了股份增值权。第五年年末，剩余70人也行使了股份增值权。

【分析】

（1）费用和资本公积计算过程如表7-3所示。

表7-3 费用和资本公积计算过程

单位：元

| 年份 | 负债计算（1） | 支付现金计算（2） | 负债（3） | 支付现金（4） | 当期费用（5） |
| --- | --- | --- | --- | --- | --- |
| 2×21 | （400－70）×100×28×1/3 | | 308 000 | | 308 000 |
| 2×22 | （400－80）×100×30×2/3 | | 640 000 | | 332 000 |
| 2×23 | （400－90－140）×100×36 | 140×100×32 | 612 000 | 448 000 | 420 000 |
| 2×24 | （400－90－140－100）×100×42 | 100×100×40 | 294 000 | 400 000 | 82 000 |
| 2×25 | 0 | 70×100×50 | 0 | 350 000 | 56 000 |
| 总额 | | | | 1 198 000 | 1 198 000 |

注：（1）计算得（3），（2）计算得（4）；当期（3）－前一期（3）＋当期（4）＝当期（5）。

（2）账务处理如下：

① 2×21年12月31日。

借：管理费用　　308 000

　　贷：应付职工薪酬——股份支付　　308 000

② 2×22年12月31日。

借：管理费用　　332 000

　　贷：应付职工薪酬——股份支付　　332 000

③ 2×23年12月31日。

借：管理费用　　420 000

　　贷：应付职工薪酬——股份支付　　420 000

借：应付职工薪酬——股份支付　　448 000

　　贷：银行存款　　448 000

④ 2×24年12月31日。

借：公允价值变动损益　　82 000

　　贷：应付职工薪酬——股份支付　　82 000

借：应付职工薪酬——股份支付　　400 000

　　贷：银行存款　　400 000

⑤ 2×25年12月31日。

借：公允价值变动损益　　56 000

　　贷：应付职工薪酬——股份支付　　56 000

借：应付职工薪酬——股份支付　　350 000
　　贷：银行存款　　350 000

**提示**

企业修改以现金结算的股份支付协议中的条款和条件，使其成为以权益结算的股份支付的，在修改日，企业应当按照所授予权益工具当日的公允价值计量以权益结算的股份支付，将已取得的服务计入资本公积，同时终止确认以现金结算的股份支付在修改日已确认的负债，两者之间的差额计入当期损益。

# 第四节 股份支付的信息披露

## 一、与股份支付有关的信息披露

企业应当在附注中披露与股份支付有关的下列信息：

（1）当期授予、行权和失效的各项权益工具总额。

（2）期末发行在外的股份期权或其他权益工具行权价格的范围和合同剩余期限。

（3）当期行权的股份期权或其他权益工具以其行权日价格计算的加权平均价格。

（4）权益工具公允价值的确定方法。

此外，企业对性质相似的股份支付信息可以合并披露。

## 二、股份支付交易对当期财务状况和经营成果的影响

企业应当在附注中披露股份支付交易对当期财务状况和经营成果的影响，至少包括下列信息：

（1）当期因以权益结算的股份支付而确认的费用总额。

（2）当期因以现金结算的股份支付而确认的费用总额。

（3）当期以股份支付换取的职工服务总额及其他方服务总额。

教学文档

集团股份支付的处理

## 课后思考题

1. 股份支付的含义是什么？有哪些特征？
2. 以权益结算的股份支付应如何进行会计处理？
3. 以现金结算的股份支付应如何进行会计处理？

## 第七章教学课件

教学课件

股份支付

教学文档

课外文献拓展

## 案例分析题及参考答案

## 即测即评

请扫描右侧二维码，进行随堂测试。

# 第八章 持有待售的非流动资产、处置组和终止经营

## 教学目标

通过本章学习，使学生了解持有待售的非流动资产和处置组的分类、终止经营的判断标准；掌握持有待售的非流动资产、处置组和终止经营的会计处理；理解持有待售的非流动资产、处置组和终止经营的区别。

## 思维导图

- 持有待售的非流动资产和处置组
  - 持有待售类别的认定
    - 含义：通过出售非流动资产或处置组收回账面价值
    - 认定：可立即出售、出售极可能发生
    - 不符合划分条件
      - 不满足条件则不应继续划分
      - 移除后的剩余处置组仍满足条件，则将新处置组划分为持有待售类别
    - 具体应用
      - 专为转售取得的非流动资产或处置组
      - 持有待售的长期股权投资
      - 拟结束使用而非出售的非流动资产或处置组
  - 持有待售类别的计量
    - 划分前：应计量非流动资产或处置组中资产和负债的账面价值
    - 划分时
      - 初始计量时，按照会计准则计量流动资产，其他准则计量非流动资产和负债
      - 若持有待售的非流动资产或处置组整体的账面价值低于公允价值减去出售费用后的净额，无需调整账面价值
      - 若高于，应将账面价值减计至公允价值减去出售费用后的净额，减计的金额确认为资产减值损失，计入当期损益，计提减值准备
      - 于取得日划分的，应在初始计量时比较假定其不划分情况下的初始计量金额和公允价值减去出售费用后的净额，以两者孰低计量

- **持有待售的非流动资产、处置组和终止经营**
  - ……
    - 划分后
      - 持有待售的非流动资产的后续计量
      - 持有待售的处置组的后续计量
    - 不再继续划分
      - 按孰低计量
        - 划分前的账面价值，按照不划分本该确认的折旧、摊销等调整后的金额
        - 可收回金额
    - 终止确认
      - 将尚未确认的利得或损失计入当期损益
  - 持有待售类别的列报
    - 持有待售资产和负债不应相互抵销，作为流动资产和流动负债列示
    - 不对符合划分条件前的资产负债表进行项目的分类调整或重新列报
    - 在资产负债表日至财务报告批准报出日之间满足划分条件，作为资产负债表日后非调整事项处理，附注中披露
  - 终止经营
    - 定义
      - 满足3个条件之一、能单独区分、已经处置或划分为持有待售类别
    - 确认
      - 能单独区分
      - 有一定规模（专为转售而取得的子公司除外）
      - 划为持有待售或处置（主要业务终止）
    - 列报
      - 持续经营损益：不符合终止经营的
      - 终止经营损益：符合终止经营的
    - 特殊事项的列报
      - 专为转售而取得的持有待售子公司的列报
      - 不再继续划分为持有待售类别的列报

## 引导案例：加强准则执行监管，提升会计信息质量

为了适应社会主义市场经济发展需要，规范持有待售的非流动资产、处置组和终止经营的会计处理，提高会计信息质量，根据《企业会计准则——基本准则》，财政部于2017年制定了《企业会计准则第42号——持有待售的非流动资产、处置组和终止经营》。然而，少数企业在执行该准则过程中，出现了一些违反准则的行为，如下列几个小案例所示。

案例一：2022年1月21日，广东省证监局对广东某公司出具了监管关注函。经查，该公司2020年出售重要子公司金刚石工具100%股权，交易完成后公司不再经营金刚石工具相关业务，但公司未在利润表中分别列示持续经营损益和终止经营损益，也未在报表附注中披露终止经营的收入、费用、利润总额等必要信息，相关财务信息披露不准确。上述行为违反了《企业会计准则第42号——持有待售的非流动资产、处置组和终止经营》第24条、第25条等相关规定。

案例二：2022年1月18日，广东省证监局对广东某股份有限公司采取责令改正的行政监管措施。经查，该公司长期股权投资确认不准确。山东某资产管理有限公司是该公司某子公司持股33%的联营企业。2020年12月30日，子公司与山东某资产管理有限公司签署撤资协议，约定山东某资产管理有限公司于2021年6月30日前归还子公司的初始投资款5 000万元，并于2021年7月底前完成工商变更手续。据此，该公司在2020年年报中应将对山东某资产管理有限公司的初始投资款5 000万元作为持有待售资产进行核算，但该公司将其确认为长期股权投资。上述行为违反了《企业会计准则第42号——持有待售的非流动资产、处置组和终止经营》第6条。

案例三：2021年2月10日，辽宁省证监局对辽宁某股份有限公司发布了责令改正措施的决定。经查，该公司于2019年年报第十二节“财务报告”之第七部分“合并财务报表项目注释”的第9项“持有待售资产”部分的“其他说明”中，在仅达成意向协议，未作出确定交易承诺，也未规定违反购买承诺的违约责任等重要条款的情况下，就将相关资产转入持有待售资产。上述情形不符合《企业会计准则第42号——持有待售的非流动资产、处置组和终止经营》第6条的规定。

资料来源：根据中国证券监督管理委员会广东省监管局、辽宁省监管局网站中相关资料整理。

通过上述三个小案例的综合分析，我们讨论持有待售的非流动资产或处置组的确认标准，以及终止经营应当披露哪些重要信息。

教学文档

企业会计准则第42号——持有待售的非流动资产、处置组和终止经营

教学文档

财政部会计司关于持有待售准则有关问题的解读

# 第一节 持有待售的非流动资产和处置组

## 一、持有待售类别的认定

教学文档

持有待售的非流动资产、处置组和终止经营准则的历史沿革与国际比较

### （一）持有待售类别的含义

企业主要通过出售而非持续使用一项非流动资产或处置组收回其账面价值的，应当将其划分为持有待售类别。处置组，是指在一项交易中作为整体通过出售或其他方式一并处置的一组资产，以及在该交易中转让的与这些资产直接相关的负债。处置组中可能包含企业的任何资产和负债，如流动资产、流动负债、非流动资产和非流动负债。按照《企业会计准则第8号——资产减值》的规定，企业合并中取得的商誉应当按照合理的方法分摊至相关的资产组或资产组组合，如果处置组即为该资产组或者包括在该资产组或资产组组合中，处置组也应当包含分摊的商誉。

对于符合持有待售类别划分条件但仍在使用的非流动资产或处置组，由于通过该资产或处置组的使用收回的价值相对于通过出售收回的价值是微不足道的，资产的账面价值仍然主要通过出售收回，因此企业不应当因持有待售的非流动资产或处置组仍在产生零星收入而不将其划分为持有待售类别。

### （二）持有待售类别的认定条件

非流动资产或处置组划分为持有待售类别，应当同时满足两个条件：

1. 可立即出售

根据类似交易中出售此类资产或处置组的惯例，在当前状况下可立即出售。为满足该条件，企业应当具有在当前状态下出售该非流动资产或处置组的意图和能力。为了符合类似交易中出售此类资产或处置组的惯例，企业应当在出售前做好相关准备，例如，按照惯例允许买方在报价和签署合同前对资产进行尽职调查等。

**提示**

上文所述“出售”包括具有商业实质的非货币性资产交换。如果企业以非货币性资产交换形式换出非流动资产或处置组，且该交易具有商业实质，那么企业应当考虑相关非流动资产或处置组是否符合划分为持有待售类别的条件。

【例8-1】 开源公司在A市有一栋厂房，由于业务发展需要，开源公司计划整体搬迁至B市。开源公司与甲公司签订了厂房转让合同，附带约定条款。

情形1：开源公司将在腾空厂房后将其交付给甲公司，且腾空厂房所需时间是正常且符合交易惯例的。

情形2：开源公司将在B市兴建的厂房竣工前继续使用现有厂房，竣工后将A市厂房交付甲公司。

【分析】

情形1：在出售建筑物前将其腾空属于出售此类资产的惯例，且腾空只占用常规所需时间，因此，即使开源公司的厂房当前尚未腾空，也并不影响其满足在当前状况下即可立即出售的条件。

情形2："在B市兴建的厂房竣工前继续使用现有厂房"的条件不属于类似交易中出售此类资产的惯例，使得厂房在当前状况下不能立即出售，在新厂房竣工前开源公司虽然已取得确定的购买承诺，厂房仍然不符合持有待售类别的划分条件。

【例8-2】 开源公司因经营范围发生改变，计划将生产甲产品的生产线出售，开源公司尚有一批未完成客户订单。

情形1：开源公司决定在完成所积压的客户订单后再将生产线转让给买方。

情形2：开源公司决定在出售生产线的同时，将尚未完成的客户订单一并移交给买方。

【分析】

情形1：由于生产线在完成积压订单后方可出售，在当前状态下不能立即出售，因此不符合划分为持有待售类别的条件。

情形2：由于在出售日移交未完成客户订单不会影响对该生产线的转让时间，可以认为该生产线符合了在当前状况下可立即出售的条件。

2. 出售极可能发生

出售极可能发生，即企业已经就一项出售计划作出决议且获得确定的购买承诺，预计出售将在一年内完成。

"出售极可能发生"应当包含以下三层含义：

（1）企业出售非流动资产或处置组的决议一般需要由企业相应级别的管理层作出，如果有关规定要求企业相关权力机构或者监管部门批准后方可出售，应当已经获得批准。

（2）企业已经获得确定的购买承诺。确定的购买承诺是企业与其他方签订的具有法律约束力的购买协议，该协议包含交易价格、时间和足够严厉的违约惩罚等重要条款，使协议出现重大调整或者撤销的可能性极小。

（3）预计自划分为持有待售类别起一年（含，下同）内，出售交易能够完成。有些情况下，由于发生一些企业无法控制的原因，可能导致出售未能在一年内完成。如果涉及的出售是关联方交易，不允许放松一年期限条件。如果涉及的出售不是关联方交易，且有充分证据表明企业仍然承诺出售非流动资产或处置组，允许放松一年期限条件，企业可以继续将非流动资产或处置组划分为持有待售类资产。

企业无法控制的原因主要包括以下两个方面：

① 意外设定条件。买方或其他方意外设定导致出售延期的条件，企业针对这些条件已经及时采取行动，且预计能够自设定导致出售延期的条件起一年内顺利化解延期因素。即企业在初始对非流动资产或处置组进行分类时，能够满足划分为持有待售类别的所有条件，但此后买方或是其他方提出一些意料之外的条件，且企业已经采取措施应对这些条件，预计能够自设定这些条件起一年内满足条件并完成出售，那么即使出售无法在最初一年内完成，企业仍然可以维持原持有待售类别的分类。

【例8-3】　开源公司计划将整套化工产品生产设施出售给乙公司，开源公司和乙公司不存在关联关系，双方已于2×21年5月12日签订了转让合同。因厂区的污水排放系统存在缺陷，对周边环境造成污染。

情形1：开源公司不知晓土地污染情况，2×21年6月18日，乙公司在对生产设施进行检查过程中发现污染，并要求开源公司进行补救。开源公司立即着手采取措施，预计至2×22年5月底环境污染问题能够得到成功整治。

情形2：开源公司知晓土地污染情况，在转让合同中附带条款，承诺将自2×21年9月1日起开展污染清除工作，清除工作预计将持续8个月。

情形3：开源公司知晓土地污染情况，在协议中标明开源公司不承担清除污染义务，并在确定转让价格时考虑了该污染因素，预计转让将于10个月内完成。

【分析】

情形1：在签订转让合同前，买卖双方并不知晓影响交易进度的环境污染问题，属于符合延长一年期限的例外事项，在2×21年6月18日发现延期事项后，开源公司预计将在一年内消除延期因素，因此仍然可以将处置组划分为持有待售类别。

情形2：虽然买卖双方已经签订协议，但在污染得到整治前，该处置组在当前状态下不可立即出售，不符合划分为持有待售类别的条件。

情形3：由于开源公司不承担清除污染义务，转让价格已将污染因素考虑在内，该处置组于协议签署日即符合划分为持有待售类别的条件。

② 发生罕见情况。“罕见情况”主要指因不可抗力引发的情况、宏观经济形势发生急剧变化等不可控情况。

因发生罕见情况，导致持有待售的非流动资产或处置组未能在一年内完成出售，企业在最初一年内已经针对这些新情况采取必要措施且重新满足了持有待售类别的划分条件。即非流动资产或处置组在初始分类时满足了持有待售类别的所有条件，但在最初一年内，出现罕见情况导致出售将被延迟至一年之后。如果企业针对这些新情况在最初一年内已经采取必要措施，而且该非流动资产或处置组重新满足了持有待售类别的划分条件，也就是在当前状况下可立即出售且出售极可能发生，那么即使原定的出售计划无法在最初一年内完成，企业仍然可以维持原持有待售类别的分类。

【例8-4】　开源公司拟将一栋原自用的办公楼转让，于2×21年12月12日与丙公司签订了房产转让协议，预计将于10个月内完成转让。假定该办公楼于签订协议当日符合划分为持有待售类别的条件。2×22年由于新冠疫情持续发展，市场状况恶化，房地产价格大跌，丙公司决定放弃购买，并于2×22年9月11日按照协议约定缴纳了违约金。开源公司决定在考虑市场状况变化的基础上降低办公楼售价，并积极开展市场营销，于2×22年11月10日与丁公司重新签订了房产转让协议，预计将于10个月内完成转让。丙公司和丁公司不存在关联关系。

【分析】

开源公司与丙公司之间的房产转让交易未能在一年内完成，原因是新冠疫情持续发展，发生市场恶化、买方违约的罕见事件。在将办公楼划分为持有待售类别的最初一年内，开源公司已经重新签署转让协议，并预计将在2×22年11月10日开始的一年内完成，使办公楼重新符合了持有待售类别的划分条件。因此，开源公司仍然可以将该资产划分为持有待售类别。

### （三）不再继续符合划分条件的处理

持有待售的非流动资产或处置组不再继续满足持有待售类别划分条件的，企业不应当继续将其划分为持有待售类别。部分资产或负债从持有待售的处置组中移除后，如果处置组中剩余资产或负债新组成的处置组仍然满足持有待售类别划分条件，企业应当将新组成的处置组划分为持有待售类别，否则应当将满足持有待售类别划分条件的非流动资产单独划分为持有待售类别。

【例8-5】 假设在例8-4中，开源公司尽管降低了办公楼售价并积极开展市场营销，但在2×22年12月11日前始终没有找到合适买家。

【分析】

办公楼不再符合持有待售类别的划分条件，开源公司应当根据实际情况，重新将该办公楼作为固定资产处理。

### （四）特定的持有待售类别分类的具体应用

1. 专为转售而取得的非流动资产或处置组

对于企业专为转售而新取得的非流动资产或处置组，如果在取得日满足“预计出售将在一年内完成”的规定条件，且短期（通常为3个月）内很可能满足划分为持有待售类别的其他条件，企业应当在取得日将其划分为持有待售类别。

“其他条件”包括：根据类似交易中出售此类资产或处置组的惯例，在当前状况下可立即出售；企业已经就一项出售计划作出决议且获得确定的购买承诺。有关规定要求企业相关权力机构或者监管部门批准后方可出售的，应当已经获得批准。

2. 持有待售的长期股权投资

有些情况下，企业因出售对子公司的投资等原因导致其丧失对子公司的控制权，出售后企业可能保留对原子公司的部分权益性投资，也可能丧失所有权益。无论企业是否保留非控制的权益性投资，应当在拟出售的对子公司投资满足持有待售类别划分条件时，在母公司个别财务报表中将对子公司投资整体划分为持有待售类别，而不是仅将拟处置的投资划分为持有待售类别；在合并财务报表中将子公司所有资产和负债划分为持有待售类别，而不是仅将拟处置的投资对应的资产和负债划分为持有待售类别。但是，无论对子公司的投资是否划分为持有待售类别，企业始终应当按照《企业会计准则第33号——合并财务报表》的规定确定合并范围，编制合并财务报表。

企业出售对子公司投资后保留的部分权益性投资，应当区分以下情况处理：① 如果企业对被投资企业施加共同控制或重大影响，在编制母公司个别财务报表时应当按照《企业会计准则第2号——长期股权投资》有关成本法转权益法的规定进行会计处理；在编制合并财务报表时，应当按照《企业会计准则第33号——合并财务报表》的有关规定进行会计处理。② 如果企业对被投资企业不具有控制、共同控制或重大影响，应当按照《企业会计准则第22号——金融工具确认和计量》进行会计处理。

## 教学提示

按照《企业会计准则第2号——长期股权投资》规定，对联营企业或合营企业的权益性投资全部或部分分类为持有待售资产的应当停止权益法核算，对于未划分为持有待售资产的剩余权益性投资，应当在划分为持有待售的那部分权益性投资出售前继续采用权益法进行会计处理。

【例8-6】 开源集团拟出售持有的部分长期股权投资，假设拟出售的股权符合持有待售类别的划分条件。

情形1：开源集团拥有子公司100%的股权，拟出售全部股权。

情形2：开源集团拥有子公司100%的股权，拟出售70%的股权，出售后将丧失对子公司的控制权，但对其具有重大影响。

情形3：开源集团拥有子公司100%的股权，拟出售30%的股权，仍然拥有对子公司的控制权。

情形4：开源集团拥有子公司55%的股权，拟出售10%的股权，出售后将丧失对子公司的控制权，但对其具有重大影响。

情形5：开源集团拥有联营企业38%的股权，拟出售35%的股权，仅持有剩余的3%股权，且对被投资方不具有重大影响。

情形6：开源集团拥有合营企业50%的股权，拟出售40%的股权，仅持有剩余的10%股权，且对被投资方不具有共同控制或重大影响。

【分析】

情形1：开源集团应当在母公司个别财务报表中将拥有的子公司全部股权划分为持有待售类别，在合并财务报表中将子公司所有资产和负债划分为持有待售类别。

情形2：开源集团应当在母公司个别财务报表中将拥有的子公司全部股权划分为持有待售类别，在合并财务报表中将子公司所有资产和负债划分为持有待售类别。

情形3：由于开源集团仍然拥有对子公司的控制权，该长期股权投资并不是“主要通过出售而非持续使用收回其账面价值”的，因此不应当将拟处置的部分股权划分为持有待售类别。

情形4：开源集团应当在母公司个别财务报表中将拥有的子公司55%的股权划分为持有待售类别，在合并财务报表中将子公司所有资产和负债划分为持有待售类别。

情形5：开源集团应当将拟出售的35%股权划分为持有待售类别，不再按权益法核算，剩余3%的股权在35%的股权处置前，应当采用权益法进行会计处理，在35%的股权处置后，应当按照《企业会计准则第22号——金融工具确认和计量》有关规定进行会计处理。

情形6：开源集团应当将拟出售的40%股权划分为持有待售类别，不再按权益法核算，剩余10%的股权在40%的股权处置前，应当采用权益法进行会计处理，在40%的股权处置后，应当按照《企业会计准则第22号——金融工具确认和计量》有关规定进行会计处理。

**教学讨论**

拟出售对子公司投资满足持有待售类别划分条件时，为什么要在母公司个别报表中将其整体划分为持有待售类别？

3. 拟结束使用而非出售的非流动资产或处置组

非流动资产或处置组可能因为种种原因而结束使用，且企业并不会将其出售，或仅获取其残值，例如，因已经使用至经济寿命期结束而将某机器设备报废，因技术进步而将某子公司关停或转产。由于对该非流动资产或处置组的使用几乎贯穿其整个经济使用寿命期，其账面价值并非主要通过出售收回，企业不应当将其划分为持有待售类别。对于暂时停止使用的非流动资产，不应当认为其拟结束使用，也不应当将其划分为持有待售类别。

答案参考

教学讨论答案参考

【例8-7】　开源公司拥有一条钢铁生产线，由于市场需求萧条，钢铁销量锐减，开源公司决定暂停该生产线的生产，但仍然对其进行定期维护，待市场转好时重启生产。

【分析】

由于生产线属于暂停使用，开源公司不应当将其划分为持有待售类别。

## 二、持有待售类别的计量

对于持有待售的非流动资产（包括处置组中的非流动资产）的计量，适用其他会计准则优先原则：① 采用公允价值模式进行后续计量的投资性房地产，适用《企业会计准则第3号——投资性房地产》；② 采用公允价值减去出售费用后的净额计量的生物资产，适用《企业会计准则第5号——生物资产》；③ 职工薪酬形成的资产，适用《企业会计准则第9号——职工薪酬》；④ 递延所得税资产，适用《企业会计准则第18号——所得税》；⑤ 由金融工具相关会计准则规范的金融资产，适用金融工具相关会计准则；

⑥ 由保险合同相关会计准则规范的保险合同所产生的权利，适用保险合同相关会计准则；⑦ 除上述各项外的其他持有待售的非流动资产，按照下文所述的方法计量。

对于持有待售的处置组的计量，只要处置组中包含了上述第⑦项所述的非流动资产（以下简称适用本章计量规定的非流动资产），就应当采用下文所述的方法计量整个处置组。处置组中的流动资产、上述第①至⑥项所述的非流动资产（以下简称适用其他准则计量规定的非流动资产）和所有负债的计量适用相关会计准则。

### （一）划分为持有待售类别前的计量

企业将非流动资产或处置组首次划分为持有待售类别前，应当按照相关会计准则规定计量非流动资产或处置组中各项资产和负债的账面价值。例如，按照《企业会计准则第4号——固定资产》的规定，对固定资产计提折旧；按照《企业会计准则第6号——无形资产》的规定，对无形资产进行摊销。按照《企业会计准则第8号——资产减值》的规定，企业应当在资产负债表日判断资产是否存在可能发生减值的迹象，如果资产已经或者将被闲置、终止使用或者计划提前处置，表明资产可能发生了减值，对于拟出售的非流动资产或处置组，企业应当在划分为持有待售类别前考虑进行减值测试。

【例8–8】 开源公司拥有一栋厂房，原价为2 400万元，年折旧额为240万元，至2×21年12月31日已计提折旧1 200万元。2×22年1月31日，开源公司与南京新百签署不动产转让协议，拟在6个月内将该厂房转让，假定该厂房满足划分为持有待售类别的其他条件，且未发生减值。

【分析】

2×22年1月31日，开源公司应当将厂房划分为持有待售类别，并按照《企业会计准则第4号——固定资产》对该固定资产计提1月份折旧20万元。2×22年1月31日，该厂房在划分为持有待售类别前的账面价值为1 180万元，此后不再计提折旧。

### （二）划分为持有待售类别时的计量

（1）对于持有待售的非流动资产或处置组，企业在初始计量时，应当按照相关会计准则规定计量流动资产、适用其他准则计量规定的非流动资产和负债。

（2）如果持有待售的非流动资产或处置组整体的账面价值低于其公允价值减去出售费用后的净额，企业不需要对账面价值进行调整；如果账面价值高于其公允价值减去出售费用后的净额，企业应当将账面价值减计至公允价值减去出售费用后的净额，减计的金额确认为资产减值损失，计入当期损益，同时计提持有待售资产减值准备。

企业应当按照《企业会计准则第39号——公允价值计量》的有关规定确定非流动资产或处置组的公允价值。具体来说，企业应当参考所获得的确定的购买承诺中的交易价格，确定持有待售的非流动资产或处置组的公允价值，交易价格应当考虑可变对价、合同中存在的重大融资成分、非现金对价、应付客户对价等因素的影响。如果企业尚未获得确定的购买承诺，如对于专为转售而取得的非流动资产或处置组，企业应当对其公允价值做出估计，优先使用市场报价等可观察输入值。

出售费用是企业发生的可以直接归属于出售资产或处置组的增量费用，出售费用直接由出售引起，并且是企业进行出售所必需的，如果企业不出售资产或处置组，该费用将不会产生。出售费用包括为出售发生的特定法律服务、评估咨询等中介费用，也包括相关的消费税、城市维护建设税、土地增值税和印花税等，但不包括财务费用和所得税费用。有些情况下，公允价值减去出售费用后的净额可能为负值，持有待售的非流动资产或处置组中资产的账面价值应当以减记至零为限。是否需要确认相关预计负债，应当按照《企业会计准则第13号——或有事项》的规定进行会计处理。

【例8–9】 开源公司拟将下属子公司X出售给甲公司，双方已签订了转让协议，预计将在6个月内完成转让，子公司X满足划分为持有待售类别的条件。子公司X与某银行之间存在未决诉讼，子公司X可能败诉。由于不符合预计负债的确认条件，开源公司仅在报表附注中披露了或有负债。转让协议约定，子公司X的转让价格将根据最终判决结果作出调整。

【分析】

在合并报表中确定子公司X的公允价值减去出售费用后的净额时，需要考虑尚未确认的或有负债的公允价值，子公司X的账面价值未确认该项或有负债，因此子公司X的公允价值减去出售费用后的净额低于其账面价值，应当确认持有待售资产减值损失，计入当期损益。

（3）对于取得日划分为持有待售类别的非流动资产或处置组，企业应当在初始计量时比较假定其不划分为持有待售类别情况下的初始计量金额和公允价值减去出售费用后的净额，以两者孰低计量。

① 非同一控制下的企业合并中新取得的非流动资产或处置组划分为持有待售类别的，应当按照公允价值减去出售费用后的净额计量。

② 同一控制下的企业合并中非流动资产或处置组划分为持有待售类别的，应当按照合并日在被合并方的账面价值与公允价值减去出售费用后的净额孰低计量。

③ 除企业合并中取得的非流动资产或处置组外，由以公允价值减去出售费用后的净额作为非流动资产或处置组初始计量金额而产生的差额，应当计入当期损益。

【例8–10】 假定开源公司2×21年5月1日购入甲公司全部股权，支付价款5 600万元。购入该股权之前，开源公司的管理层已经做出决议，一旦购入甲公司，将在一年内将其出售给乙公司，甲公司当前状况下即可立即出售。预计开源公司还将为出售该子公司支付50万元的出售费用。开源公司与乙公司计划于2×21年5月31日签署股权转让合同。

情形1：开源公司与乙公司初步议定股权转让价格为5 700万元。

情形2：开源公司尚未与乙公司议定转让价格，购买日股权公允价值与支付价款一致。

【分析】

情形1：甲公司是专为转售而取得的子公司，其不划分为持有待售类别情况下的初始计量金额应当为5 600万元，当日公允价值减去出售费用后的净额为5 650万元，按照二者孰低计量。开源公司2×21年5月1日的账务处理如下：

借：持有待售资产——长期股权投资 56 000 000

贷：银行存款 56 000 000

情形2：甲公司是专为转售而取得的子公司，其不划分为持有待售类别情况下的初始计量金额为5 600万元，当日公允价值减去出售费用后的净额为5 550万元，按照二者孰低计量。开源公司2×21年5月1日的账务处理如下：

借：持有待售资产——长期股权投资 55 500 000

资产减值损失 500 000（差额）

贷：银行存款 56 000 000

## （三）划分为持有待售类别后的计量

1. 持有待售的非流动资产的后续计量

（1）企业在资产负债表日重新计量持有待售的非流动资产时，如果其账面价值高于公允价值减去出售费用后的净额，应当将账面价值减记至公允价值减去出售费用后的净额，减记的金额确认为资产减值损失，计入当期损益，同时计提持有待售资产减值准备。

（2）如果后续资产负债表日持有待售的非流动资产公允价值减去出售费用后的净额增加，以前减记的金额应当予以恢复，并在划分为持有待售类别后非流动资产确认的资产减值损失金额内转回，转回金额计入当期损益，划分为持有待售类别前确认的资产减值损失不得转回。

（3）持有待售的非流动资产不应计提折旧或摊销。

【例8-11】 承例8-10，2×21年5月31日，开源公司与乙公司签订合同，转让所持有甲公司的全部股权，转让价格为5 640万元，开源公司预计还将支付50万元的出售费用。

情形1：2×21年5月31日，开源公司持有的甲公司的股权公允价值减去出售费用后的净额为5 590万元，账面价值为5 600万元，以二者孰低计量。开源公司2×21年5月31日的账务处理如下：

借：资产减值损失 100 000

贷：持有待售资产减值准备——长期股权投资 100 000

情形2：2×21年5月31日，开源公司持有的甲公司的股权公允价值减去出售费用后的净额为5 590万元，账面价值为5 550万元，以二者孰低计量，开源公司不需要进行账务处理。

2. 持有待售的处置组的后续计量

企业在资产负债表日要重新计量持有待售的处置组。

（1）按照相关会计准则规定计量处置组中的流动资产、适用其他准则计量规定的非流动资产和负债的账面价值。例如，处置组中的金融工具，应当按照《企业会计准则第22号——金融工具确认和计量》的规定计量。

（2）比较持有待售的处置组整体账面价值与公允价值减去出售费用后的净额，如果账面价值高于其公允价值减去出售费用后的净额，应当将账面价值减记至公允价值减去出售费用后的净额，减记的金额确认为资产减值损失，计入当期损益，同时计提持有待售资产减值准备。

（3）持有待售的处置组确认的资产减值损失的处理。先抵减商誉的账面价值，再根据处置组中适用本章计量规定的各项非流动资产账面价值所占比重，按比例抵减其账面价值。确认的资产减值损失金额应当以处置组中包含的适用本章计量规定的各项资产的账面价值为限，不应分摊至处置组中包含的流动资产或适用其他准则计量规定的非流动资产。

如果后续资产负债表日持有待售的处置组公允价值减去出售费用后的净额增加，以前减记的金额应当予以恢复，并在划分为持有待售类别后适用本章计量规定的非流动资产确认的资产减值损失金额内转回，转回金额计入当期损益，且不应当重复确认适用其他准则计量规定的非流动资产和负债按照相关准则规定已经确认的利得。

教学案例

持有待售的处置组的后续计量例题

**提示**

已抵减的商誉账面价值，以及适用本章计量规定的非流动资产在划分为持有待售类别前确认的资产减值损失不得转回。对于持有待售的处置组确认的资产减值损失后续转回金额，应当根据处置组中除商誉外适用本章计量规定的各项非流动资产账面价值所占比重，按比例增加其账面价值。

**【例8-12】** 开源公司拟将拥有的化工厂转让给戊公司，双方已签订了转让协议。由于化工厂将产生污染，对当地生态环境产生一定影响，在化工厂最初建造完成并交付使用时，开源公司考虑设备使用期满后将其拆除并整治污染的弃置费用，确认了36万元的预计负债，并按照每年10%的实际利率对该弃置费用逐期确认利息费用。

**【分析】**

开源公司将化工厂划分为持有待售类别后，该预计负债应当作为持有待售负债，且该资产弃置义务产生的利息费用应当继续确认。

### （四）不再继续划分为持有待售类别的计量

非流动资产或处置组因不再满足持有待售类别划分条件而不再继续划分为持有待售类别或非流动资产从持有待售的处置组中移除时，应当按照以下两者孰低计量：① 划分为持有待售类别前的账面价值，按照假定不划分为持有待售类别情况下本应确认的折旧、摊销或减值等进行调整后的金额；② 可收回金额。这样处理的结果是，原来划分为持有待售的非流动资产或处置组在重新分类后的账面价值，与其从未划分为持有待售类别情况下的账面价值相一致。由此产生的差额计入当期损益，可以通过“资产减值损失”科目进行会计处理。

### （五）终止确认

持有待售的非流动资产或处置组在终止确认时，企业应当将尚未确认的利得或损失计入当期损益。

教学案例

终止确认的例题

## 三、持有待售类别的列报

持有待售资产和负债不应当相互抵销。“持有待售资产”和“持有待售负债”应当分别作为流动资产和流动负债列示。具体来说，企业应当在资产负债表资产项下“一年内到期的非流动资产”项目之上增设“持有待售资产”项目，反映资产负债表日划分为持有待售类别的非流动资产及划分为持有待售类别的处置组中的流动资产和非流动资产的期末账面价值。“持有待售资产”项目应当根据“持有待售资产”科目的期末余额，减去“持有待售资产减值准备”科目的期末余额后的金额填列。企业应当在资产负债表负债项下“一年内到期的非流动负债”项目之上增设“持有待售负债”项目，反映资产负债表日处置组中与划分为持有待售类别的资产直接相关的负债的期末账面价值。“持有待售负债”项目应当根据“持有待售负债”科目的期末余额填列。

对于当期首次满足持有待售类别划分条件的非流动资产或划分为持有待售类别的处置组中的资产和负债，不应当调整可比会计期间资产负债表，即不对其符合持有待售类别划分条件前各个会计期间的资产负债表进行项目的分类调整或重新列报。因此，在可比会计期间资产负债表中列报的持有待售资产和持有待售负债都是在可比会计期末即符合持有待售类别划分条件的非流动资产或处置组。

非流动资产或处置组在资产负债表日至财务报告批准报出日之间满足持有待售类别划分条件的，应当作为资产负债表日后非调整事项进行会计处理，并在附注中披露相关信息。

# 第二节 终止经营

## 一、终止经营的定义

终止经营，是指企业满足下列条件之一的、能够单独区分的组成部分，且该组成部分已经处置或划分为持有待售类别：① 该组成部分代表一项独立的主要业务或一个单独的主要经营地区；② 该组成部分是拟对一项独立的主要业务或一个单独的主要经营地区进行处置的一项相关联计划的一部分；③ 该组成部分是专为转售而取得的子公司。

## 二、终止经营的确认

### （一）终止经营应当是企业能够单独区分的组成部分

该组成部分的经营和现金流量在企业经营和编制财务报表时是能够与企业的其他部分清楚区分的。企业组成部分可能是一个资产组，也可能是一组资产组组合，通常是企业的一个子公司、一个事业部或事业群。

### （二）终止经营应当具有一定的规模

终止经营应当代表一项独立的主要业务或一个单独的主要经营地区，或者是拟对一项独立的主要业务或一个单独的主要经营地区进行处置的一项相关联计划的一部分。专为转售而取得的子公司也是企业的组成部分，但不要求具有一定规模。

并非所有处置组都符合终止经营的定义，企业需要运用职业判断确定终止经营。如果企业主要经营一项业务或主要在一个地理区域内开展经营，企业的一个主要产品或服务线也可能满足终止经营定义中的规模条件。有些专为转售而取得的重要的合营企业或联营企业，也可能因为符合有关组成部分的第①和②项条件而符合终止经营的定义。

**【例8-13】** 假定开源公司在全国拥有600家零售门店，开源公司决定将其位于某市的10家零售门店中的一家门店A出售，并于2×21年5月12日与甲企业正式签订了转让协议。假设该门店A符合持有待售类别的划分条件。判断A是否构成开源公司的终止经营。

**解析**

尽管门店A是一个处置组，也符合持有待售类别的划分条件，但由于它只是一个零售点，不能代表一项独立的主要业务或一个单独的主要经营地区，也不构成拟对一项独立的主要业务或一个单独的主要经营地区进行处置的一项相关联计划的一部分，因此该处置组并不构成企业的终止经营。

### （三）终止经营应当满足一定的时点要求

符合终止经营定义的组成部分应当属于以下两种情况之一：

（1）组成部分在资产负债表日之前已经处置，包括已经出售、结束使用（如关停或报废等）。多数情况下，如果组成部分的所有资产和负债均已处置，产生收入和发生成本的来源消失，这时确定组成部分“处置”的时点是较为容易的。但在有些情况下，组成部分的资产仍处于出售或报废过程中，仍可能发生清理费用，企业需要根据实际情况判断组成部分是否已经处置，从而符合终止经营的定义。

【例8-14】 开源公司拥有一家经营药品批发业务的子公司B，药品批发构成开源公司的一项独立的主要业务，且B在全国多个城市设立了营业网点。由于经营不善，开源公司决定停止B的所有业务。至2×21年9月15日，已处置了B公司所有存货并辞退了所有员工，但仍有一些债权等待收回，部分营业网点门店的租约尚未到期，仍需支付租金费用。判断B是否构成开源公司的终止经营。

**解析**

由于子公司B原药品批发业务已经停止，收回债权、处置租约等尚未结算的未来交易并不构成上述业务的延续，因此该子公司的经营已经终止，应当认为2×21年9月15日后B子公司符合终止经营的定义。

（2）组成部分在资产负债表日之前已经划分为持有待售类别。有些情况下，企业对一项独立的主要业务或一个单独的主要经营地区进行处置的一项相关联计划持续数年，并非组成部分中所有的资产组或资产组组合能够同时满足持有待售类别的划分条件。随着处置计划的进行，组成部分中的一些资产组或资产组组合可能先满足持有待售类别划分条件且构成企业的终止经营，其他资产组或资产组组合可能在未来满足持有待售类别的划分条件，应当适时将其作为终止经营处理。

## 三、终止经营的列报

（1）企业应当在利润表中分别列示持续经营损益和终止经营损益。

（2）下列不符合终止经营定义的持有待售的非流动资产或处置组所产生的相关损益，应当在利润表中作为持续经营损益列报：① 企业初始计量或在资产负债表日重新计量持有待售的非流动资产或处置组时，因账面价值高于其公允价值减去出售费用后的净额而确认的资产减值损失。② 后续资产负债表日持有待售的非流动资产或处置组公允价值减去出售费用后的净额增加，因恢复以前减记的金额而转回的资产减值损失。③ 持有待售的非流动资产或处置组的处置损益。

（3）终止经营的相关损益应当作为终止经营损益列报，列报的终止经营损益应当包含整个报告期间，而不仅包含认定为终止经营后的报告期间。

相关损益具体包括：① 终止经营的经营活动损益，如销售商品、提供服务的收入、相关成本和费用等。② 企业初始计量或在资产负债表日重新计量符合终止经营定义的持有待售的处置组时，因账面价值高于其公允价值减去出售费用后的净额而确认的资产减值损失。③ 后续资产负债表日符合终止经营定义的持有待售处置组的公允价值减去出售费用后的净额增加，因恢复以前减记的金额而转回的资产减值损失。④ 终止经营的处置损益。⑤ 终止经营处置损益的调整金额。可能引起调整的情形包括：最终确定处置条款，如与买方商定交易价格调整额和补偿金；消除与处置相关的不确定因素，如确定卖方保留的环保义务或产品质量保证义务；履行与处置相关的职工薪酬支付义务等。

企业在处置终止经营的过程中可能附带产生一些增量费用，如果不进行该项处置就不会产生这些费用，企业应当将这些增量费用作为终止经营损益列报。

拟结束使用而非出售的处置组满足终止经营定义中有关组成部分的条件的，应当自停止使用日起作为终止经营列报。列报的终止经营损益应当包含整个报告期间，而不仅包含认定为终止经营后的报告期间。如果因出售对子公司的投资等原因导致企业丧失对子公司的控制权，且该子公司符合终止经营定义的，应当在合并利润表中列报相关终止经营损益。

从财务报表可比性出发，对于当期列报的终止经营，企业应当在当期财务报表中，将原来作为持续经营损益列报的信息重新作为可比会计期间的终止经营损益列报。这意味着对于可比会计期间的利润表，作为终止经营列报的不仅包括在可比会计期间即符合终止经营定义的处置组，还包括在当期首次符合终止经营定义的处置组。由于后者的存在，处置组在可比会计期间销售商品、提供劳务的收入和相关成本、费用，以及相关资产按照《企业会计准则第8号——资产减值》的规定确认的资产减值损失等也应当作为终止经营损益列报。

企业还应当在附注中披露有关终止经营的相关信息。

终止经营不再满足持有待售类别划分条件的，企业应当在当期财务报表中，将原来作为终止经营损益列报的信息重新作为可比会计期间的持续经营损益列报，并在附注中说明这一事实。

## 四、特殊事项的列报

### （一）企业专为转售而取得的持有待售子公司的列报

如果企业专为转售而取得的子公司符合持有待售类别的划分条件，应当按照持有待售的处置组和终止经营的有关规定进行列报，但适当简化了其资产负债表列示和附注披露。除非企业是投资性主体并将该子公司按照公允价值计量且其变动计入当期损益，否则应当按照《企业会计准则第33号——合并财务报表》的规定，将该子公司纳入合并范围。

在合并资产负债表中，允许采用简便方法处理，将企业专为转售而取得的持有待售子公司的全部资产和负债分别作为持有待售资产和持有待售负债项目列示。

在合并利润表中，企业专为转售而取得的持有待售子公司的列示要求与其他终止经营一致，即将该子公司净利润与其他终止经营净利润合并列示在“终止经营净利润”项目中。企业在附注中披露的信息也可以更为简化。

### （二）不再继续划分为持有待售类别的列报

对于非流动资产或处置组，如果其不再继续划分为持有待售类别或非流动资产从持有待售的处置组中移除，在资产负债表中，企业应当将原来分类为持有待售类别的非流动资产或处置组重新作为固定资产、无形资产等列报，并调整其账面价值。在当期利润表中，企业应当将账面价值调整金额作为持续经营损益列报。企业还应在附注中披露相关信息。

按照《企业会计准则第2号——长期股权投资》的规定，对持有待售的联营企业或合营企业的权益性投资不再符合持有待售类别划分条件的，应当自划分为持有待售类别日起采用权益法进行追溯调整。对持有待售的子公司、共同经营的权益性投资不再符合持有待售类别划分条件的，同样应当自划分为持有待售类别日起追溯调整。上述情况下，划分为持有待售类别期间的财务报表应当做相应调整。

## 课后思考题

1. 持有待售类别应当如何认定？
2. 持有待售类别应当如何计量？
3. 持有待售的非流动资产与终止经营有什么区别？
4. 持有待售的非流动资产是否都是非流动资产？为什么？

## 第八章教学课件

教学课件

持有待售的非流动资产、处置组和终止经营

教学文档

课外文献拓展

## 案例分析题及参考答案

## 即测即评

请扫描右侧二维码，进行随堂测试。

# 第九章 清算会计

## 教学目标

通过本章学习，使学生了解清算会计的基本理论；掌握清算会计要素的确认标准及计量原则；掌握企业普通清算及破产清算的会计核算方法；能运用相关理论知识解决企业清算中的会计处理问题。

## 思维导图

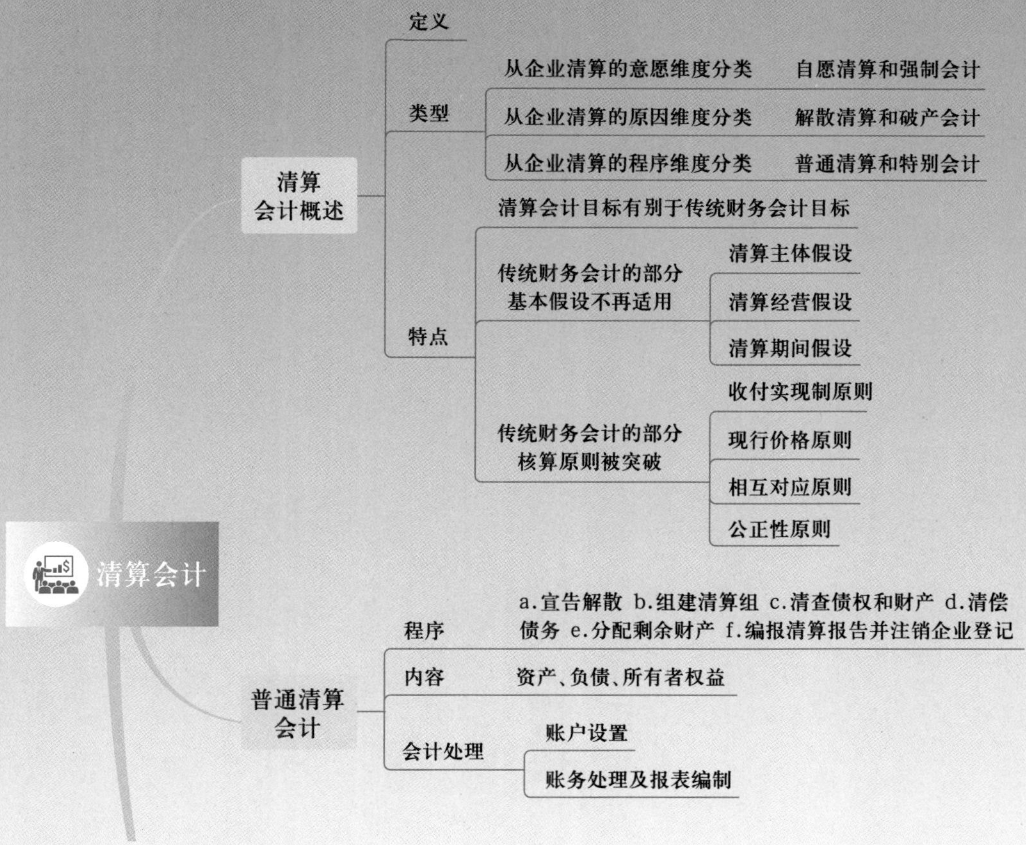

- 破产清算会计
  - 程序：a.提出申请 b.受理申请 c.指定管理人 d.召开债权人会议 e.宣告破产 f.清理变现财产 g.分配破产财产 h.终结破产程序
  - 内容：资产、负债、清算净值、清算损益
  - 会计处理
    - 主要步骤：七步：编制破产报表日的清算报表、核算清理费用、核算变价收入、核算收回的债权及清偿的债务、核算剩余的股东权益、编制清算报表、归还各类股东权益
    - 账户设置：负债类、清算净值类、清算损益类
    - 破产清算的会计处理
      - 破产宣告日余额结转
      - 破产宣告日余额调整
      - 处置破产资产
      - 清偿债务
      - 其他账务处理

## 引导案例："僵尸企业"破产清算，助推经济高质量发展

2019年6月22日，国家发展改革委、最高人民法院、工业和信息化部等13部门共同印发《加快完善市场主体退出制度改革方案》（下称《方案》），提出在进一步完善企业破产制度的基础上，研究建立非营利法人、非法人组织、个体工商户、自然人等市场主体的破产制度；推动国有"僵尸企业"破产清算，对符合破产等退出条件的国有企业，各相关方不得以任何方式阻碍其退出，防止形成"僵尸企业"。

办理破产是法治化营商环境的重要组成部分，也是重要制度支撑。近年来，各省市法院积极践行《法案》精神，持续完善破产审判体制机制，加强企业破产案件依法审理工作，推动用法治办法化解产能过剩、处置"僵尸企业"，努力维护优胜劣汰的市场竞争环境。

"僵尸企业"如何彻底退出市场？上海有了"实招"。2019年7月17日，上海市发布了《关于企业注销若干问题的会商纪要》，该纪要对企业注销部分难点进行了破解。首先破解了"僵尸企业"的注销难题，对于因长期未开展经营活动，账册、文件灭失，企业人员下落不明，无法正常清算的"僵尸企业"，在履行相关强制清算或破产清算程序后，仍无法清算或无法全面清算的，公司清算组或破产管理人可以凭人民法院有关终结清算程序的裁定文书，向登记机关申请办理注销。

上海市法院2019年共审理破产案件750件，同比上升83.4%，一批"僵尸企业"通过破产途径依法有序退出市场；依法办理重大破产重整案件，担保债权人清偿率达100%。2020年推进"僵尸企业"清理工作，共审理破产案件792件。2021年已突破1 000件。2021年最高人民法院发布的全国法院"十大破产典型案例"，上海法院有3起案例入选。主要做法：一是持续优化破产案件集中管辖。先后在上铁法院、上海三中院设立专业化破产庭和破产法庭，积极推动在浦东新区法院成立专门的破产审判庭。二是持续完善破产审判工作机制。积极探索破产案件繁简分流机制，推动构建破产案件全流程网上办案体系，健全破产管理人分级管理制度，努力降低破产成本，提升破产效率。三是持续完善配套保障机制。建立由市政府办公厅、市高院共同牵头，20多家部门共同参与的企业破产工作协调机制，统筹解决办理破产中遇到的疑难复杂问题。四是持续加大破产案件办案力度。2021年，共审结破产、清算案件1 001件，同比增长了近一倍（2020年结案538件）；共清理债务845.4亿元，盘活资产169.3亿元，让一批危困企业脱困重生、大量僵尸企业快速出清。

资料来源：根据中华人民共和国国家发展和改革委员会网站中相关资料整理。

通过该案例，我们学会思考"僵尸企业"破产清算的目的和意义是什么？破产清算要遵循什么基本程序？破产清算中负债如何分类？在整个清算过程中如何进行账务处理？

教学文档

中华人民共和国企业破产法（2007）

教学文档

企业破产清算有关会计处理规定

# 第一节 清算会计概述

## 一、企业清算的含义

企业清算是指企业按章程规定解散以及由于破产或其他原因宣布终止经营时，对企业的财产、债权和债务进行全面清查，并进行债权收取、债务清偿和剩余财产分配等一系列经济活动。企业清算由负有企业清算义务的主体按照法律规定的方式、程序进行。企业清算主体应该是基于对企业的资产享有权益的义务主体。企业清算的目的在于使得企业与其他社会主体之间产生的权利和义务归于消灭，从而为企业的终止提供合理依据。

企业终止经营、进行清算的原因很多，根据我国《企业法》和《中华人民共和国公司法》(以下简称《公司法》)的规定，主要包括：企业章程规定的营业期限届满或规定的其他解散事由的出现；股东大会决议解散；因公司合并或者分立需要解散；依法被吊销营业执照、责令关闭或者被撤销；人民法院依法予以解散。

## 二、企业清算的类型

### (一) 从企业清算的意愿维度分类

根据企业清算意愿不同，可分为自愿清算和强制清算。自愿清算是企业或其所有者自愿终止企业而进行的清算，这种清算可以不按法律的规定处理企业财产。强制清算是按照法定程序要求企业终止或宣告企业终止经营而进行的清算，又称为法定清算。

### (二) 从企业清算的原因维度分类

按照企业清算的原因不同，可分为解散清算和破产清算，这也是较为主流的一种分类方式。解散清算是企业因经营期限届满，或者因经营方面的其他原因导致企业经营难以持续，自愿或被迫宣告解散而进行的清算。破产清算是指清算企业出现财务危机，导致不能偿还到期债务被依法宣告破产，依据企业破产相关法律制度实施的企业清算。

### (三) 从企业清算的程序维度分类

按照企业清算的法律程序不同，可分为普通清算和特别清算。普通清算指按法律规定的一般程序进行的企业清算，法院和债权人不干预清算过程，清算结束后企业的债权人和所有者可以得到财产。特别清算指清算的结果是资不抵债，需要按破产法进行破产处理，所有者一般不能分得财产。由于特别清算不能由企业自行组织，需由法院出面直接干预并进行监督，故又称为破产清算。

## 三、清算会计的特点

清算会计是财务会计的一个特殊分支，是以现有会计方法为基础，以服务于企业终止为目的，对清算企业在清算期间的各项经济业务和事项进行确认、计量、记录和报告的一种程序和方法。相对于持续经营的财务会计而言，清算会计具有以下显著特点。

### （一）清算会计目标有别于传统财务会计目标

传统财务会计的目标主要是为利益相关者提供决策需要的财务信息。通过提供反映企业的财务状况、经营成果和现金流量的财务信息，助力企业的利益相关者进行经济决策。当企业进入清算后，正常的生产经营活动已经停止，清算业务的主要活动是财产清理变现、债务清偿和剩余财产的分配等。因此，清算会计的主要目标是反映清算过程中的财务状况，说明清算过程中的财产变现、债务清偿、资金流转和清算损益等方面的情况。

### （二）传统财务会计的部分基本假设不再适用

传统财务会计主要有四个基本假设，分别是会计主体、会计分期、持续经营和货币计量。企业进入清算阶段以后，清算组将作为一个新的会计主体出现。企业所处环境发生巨大变化，使传统财务会计的一些基本假设对企业清算会计不再适用。例如，在企业宣告破产以后，其经营活动终止，持续经营假设不再适用。此外，由于企业不再持续经营，也没有分期核算经营成果、分期编制财务报告的必要。所以，企业清算会计循环不再以年为单位，而是以清算业务完成实际耗用的时间为准，进行单周期核算。

具体看来，清算会计企业进入清算程序后，会计假设会发生以下变化。

1. 清算主体假设

清算状态下的企业，其各项工作都是围绕企业清算问题而展开的，都是为清算主体服务的。无论正常清算中的清算组还是破产清算中的管理人，其工作的对象都是处于休止状态的企业，会计的主体呈现为静态的清算状态。

2. 清算经营假设

进入清算阶段的企业，将终止一般的生产经营活动，持续经营假设已不复存在，所进行的资产估价、变现和债务的偿还等，是致使企业消亡的一种消极的经营行为，资产、负债已没有长短期之分，而是处于清算这同一起跑线上，也没有流动资产与非流动资产之分。

3. 清算期间假设

企业清算是一项纷繁复杂的工作，很难在短期内完成。《中华人民共和国破产法》（以下简称《破产法》）规定，债权人的债权申报期限最长可达3个月（自公告发布之日算起），尽管债权申报可在较短时间内申报完毕，但为了及时向债权人会议及人民法院、企业原董事会报告清算进展情况，也应定期编制清算报告。实际工作中，一家企业的清算期一般在半年以上。当然，清算期间的认定与收益确认无关，这是与正常企业会计分期的本质区别所在。

### （三）传统财务会计的部分核算要求被突破

会计核算的基本原则也是会计核算的基本规范。在清算会计中，客观性要求、及时性要求等一般会计原则得以完全保留，相关性要求、重要性要求基本得以延续。但是，在清算会计中，正常企业的可比性要求、谨慎性要求、历史成本原则等均失去了赖以存续的基础，产生了以下四个独具特色的会计要求。

1. 收付实现制要求

与正常企业不同，清算会计必须以收付实现制进行财产变现、债务清偿及剩余财产分配和清算损益的确认，这是由企业清算的终极性所决定的。

2. 现行价格要求

传统的财务会计以历史成本为计量基础，资产负债表中反映的是企业资产、负债、所有者权益的历史成本。但在破产清算的情况下，由于持续经营的前提条件不复存在，企业清算目的是将企业财产变现以偿还债务，所以清算会计核算必须以清算价值（变现价值）为计量基础。进入清算程序后，企业资产要按现行市价估价、变现，债务亦按现实应偿还额，根据清算财产的多少和债务类别清偿，由此清算损益、清算报表均是在现行价格基础上确认和编制的。

3. 相互对应要求

在企业破产清算中，为保护债权人和债务人的合法权益，应将资产分为担保财产和普通财产，债务应做相应的分类，担保债务依据担保财产清偿、非担保债务依据普通财产清偿，从而维护清算工作的合法性、公正性。

4. 公正性要求

清算会计中要涉及债权人、债务人、企业所有者、人民法院、职工等各方面关系人。清算会计人员除做到会计管理的客观性外，还必须公正地处理清算业务，不偏不倚地反映清算状况及结果。

# 第二节 普通清算会计

## 一、普通清算及其程序

普通清算，是指公司自愿解散后，由公司股东或股东（大）会确定的人员组成清算组织，依法定程序自行进行清算。公司因章程规定的营业期限届满或者公司章程规定的解散事由出现，公司因股东（大）会决议解散，公司因设立的宗旨已经实现或无法实现而解散，公司因国家授权投资的机构或者国家授权的部门决定解散等，都适用普通清算。

普通清算程序以公司法为主要依据，由企业宣告解散开始，至注销企业登记终结。其主要过程如下：

（1）宣告解散。当企业出现解散事由时，应由企业通过新闻媒介予以公告。以公司为例，首先由董事长将解散提议交股东大会通过，其次企业法人代表向政府审批机构提交签署过的解散意向书，最后经政府审批后颁发企业解散证书。

（2）组建清算组。按照《公司法》的规定成立清算组，开始清算。有限责任公司的清算组由股东组成，股份有限公司的清算组由董事或者股东大会确定的人员组成。逾期不成立清算组进行清算的，债权人可以申请人民法院指定有关人员组成清算组进行清算。人民法院应当受理该申请，并及时组织清算组进行清算。

（3）清查债权和财产。清算组应当在《公司法》规定的时间内通知债权人，并在规定时间内进行公告。债权人申报债权，应当说明债权的有关事项，并提供证明材料。清算组应当对债权进行登记。在申报债权期间，清算组不得对债权人进行清偿。

除了对企业的债权进行登记外，清算组还要对企业财产进行全面清查，编制资产负债表和财产清单。

（4）清偿债务。《公司法》对债务的清偿顺序依次为：支付清算费用、职工的工资、社会保险费用和法定补偿金，缴纳所欠税款，清偿公司其他债务。公司财产在未按前款规定清偿前，不得分配给股东。

（5）分配剩余财产。在清偿债务后，有限责任公司按股东出资比例分配，股份有限公司按股东持有的股份比例分配，独资企业则直接交付该企业所有者。

（6）编报清算报告并注销企业登记。清算组在终结分配后，应制作清算终结报告，报股东会或主管机关认可后，申请注销公司法人资格，吊销营业执照。

## 二、普通清算的内容

### （一）资产的清算

资产作为企业拥有或控制、预期能给企业带来经济利益的资源，其生命和价值在于生产交易过程中的流动性。一般来讲，企业一旦进入清算状态，即应终止正常的生产经营活动，资产亦由动态转为静态，资产价值的垫支性、周转性、增值性、补偿性消失，随之而来的是对资产的全面、详细的核实，分清自有资产与非自有资产，并组织进行严格、客观的财产估价工作，进行必要的财产变现，以便偿还债务，对剩余财产在企业所有者之间进行分配等。

资产清算的主要内容包含以下五个方面：一是正确划分清算资产的范围，确认企业可以支配的各项资产；二是认真做好资产清理的组织工作，设计好资产清理程序，维护好资产的安全、完整，搞好资产的检验、计量的准备工作；三是科学、严格地进行资产估价、变现工作，努力增大资产的变现价值，维护债权人和所有者的合法权利；四是依法进行资产的分配，有秩序地、合理地偿还各项债务和分配剩余财产；五是积极追索在外资产，偿还他人财产，保证清算财产的合法性与财产分配的有效性。

更具体地说，清算财产指企业宣告清算日时所拥有或控制的全部财产，包括存放于企业之外归企业所有的财产，不包括存放于企业之内归他人所有的财产，前者可称为应收回财产，后者可称为应取回财产。因而，清算财产可由下式表示：

清算财产 = 清算日结存财产 + 应收回财产 − 应取回财产

其中，清算日结存财产，是指企业清算时存在于企业内部所有的实物资产与非实物资产，这是通过财产全面清查予以确认的。应收回财产指存在于企业之外、归本企业所有的财产，包括各种应收票据、应收账款、其他应收款、在途货币资金、经营性出租财产、融资性出租但未到租赁期限的财产、出借的财产、暂存于他处的财产等。应取回财产指存放于本企业内、归他人所有、应予以退回的财产，包括借入使用的财产、他人暂存在企业的财产等。

### （二）负债的清算

清偿债务是维护债权人合法权益的需要，包括债务清理、债务分类、债务清偿等内容。偿债工作是企业清算的核心工作之一，能否顺利有效地进行直接关系到企业清算的正常化和保证债权人合法权益得以实现的问题。

企业一旦宣告清算，则所有债务均视为已到期债务，因而流动负债与长期负债的分类已失去意义。此外，普通清算情况下，因为一般都存在剩余财产，不会出现资不抵债的情况，因而也无必要区分担保债务与非担保债务，按偿债顺序偿还即可。

在负债清算过程中，首先是核实、验证各项债务的真实性、债务的性质（是否有财产担保）、债务的金额及到期日；其次，逐一向债权人通报企业清算信息，告之债权申报期限及申报手续；再次，确定各项债务偿还顺序、偿还方式（可以是货币，也可以是实物）与偿还时间，拟订债务清偿方案；最后，根据企业董事会或主管部门批准的债务清偿方案，偿还各项有关债务，并取得公证部门的公证。

### （三）所有者权益的清算

所有者权益作为企业资产总额减负债总额后的余额，从其构成内容看，包括实收资本、资本公积、盈余公积和未分配利润等。在进行所有者权益清算时，意味着各项权益之间已处于静止状态，资本公积、盈余公积不必再转增资本，未分配利润也无须分配，这只是观念上的分类，目的在于更有效、合理地进行资金运作。因此清理的关键在于确认实收资本中各投资者的投资额及其出资比例，以便合理进行剩余财产的分配。

在所有者权益清算过程中，首先应审查“实收资本（或股本）”账户记录的真实性、准确性，然后合并所有者权益，据以分配剩余财产。剩余财产总额超过所有者投资总额部分应视为企业所得，依法交纳企业所得税，纳税后的剩余财产方可在所有者之间分配。

企业清算后最终所有者权益表现为清算损益，具体落实在剩余财产上。一般来讲，只要存在剩余财产，即表明存在清算净收益。

## 三、普通清算的会计处理

企业终止进入清算期，必须设置“清算费用”和“清算损益”两个账户单独核算。存在土地转让业务的企业还应设置“土地转让收益”账户。

教学文档

普通清算综合举例

“清算费用”账户核算清算期间发生的清算人员的酬金、公告费用、咨询费用、诉讼费用和利息等支出。

“清算损益”账户核算清算期间所发生的收益或损失。清算收益或损失指清算期内企业在处置清算财产过程中取得财产的变卖收入超过资产的账面价值所发生的收益和重新确认债务中发生的负债的减少金额，以及在处置清算财产过程中取得的财产变卖收入小于资产的账面价值所发生的损失、不能收回的应收账款和重新确认债务中发生的负债的增加金额等。清算收益减去清算损失和清算费用加上土地转让收益后的余额，即为清算损益（清算净收益）。在依照税法规定弥补以前年度亏损后，应当视同利润按照规定的税率交纳所得税。

“土地转让收益”账户核算被清算企业转让土地使用权取得的收入，发生的与转让土地使用权有关的成本、税费，如应交的有关税金、支付的土地评估费用等。

# 第三节 企业破产清算会计

## 一、企业破产清算的含义及其程序

企业破产是指，当企业法人不能清偿到期债务，并且资产不足以清偿全部债务或者明显缺乏清偿能力时，依照《企业破产法》规定，由法院主持强制执行其全部财产，清理债务。

企业破产清算是指，债务人被依法宣告破产后，由清算组接管公司，对破产财产进行清算、评估和处理、分配。目的在于通过破产程序使全体债权人获得公平受偿，保护债权人的合法权益。

企业破产清算的基本程序如下：

（1）提出申请。提出破产申请意味着破产清算程序的开始。按照《破产法》的规定，破产申请可以由债权人提出，也可以由债务人提出。当事人向人民法院提出破产申请，应当提交破产申请书和有关证据。若由债务人提出申请，还应当向人民法院提交财产状况说明、债务清册、债权清册、有关财务报告、职工安置预案以及职工工资的支付和社会保险费用的交纳情况等。在人民法院受理破产申请前，申请人可以请求撤回申请。

（2）受理申请。债权人提出破产申请的，人民法院应当自收到申请之日起5日内通知债务人。债务人对申请有异议的，应当自收到人民法院的通知之日起7日内向人民法院提出。人民法院应当自异议期满之日起10日内裁定是否受理。对于债务人和依法负有清算责任的人的破产清算申请，人民法院应当自收到破产申请之日起15日内裁定是否受理。有特殊情况需要延长裁定受理期限的，经上一级人民法院批准，可以延长15日。

（3）指定管理人。人民法院裁定受理破产申请的，应当指定管理人。其主要职责是：接管债务人的财产、印章和账簿、文书等资料；调查债务人财产状况，制作财产状况报告；决定债务人的内部管理事务；决定债务人的日常开支和其他必要开支；在第一次债权人会议召开之前，决定继续或者停止债务人的营业；管理和处分债务人的财产；代表债务人参加诉讼、仲裁或者其他法律程序；提议召开债权人会议等。管理人可以由有关部门、机构的人员组成的清算组或者依法设立的律师事务所、会计师事务所、破产清算事务所等社会中介机构担任。

（4）召开债权人会议。人民法院受理破产申请后应召开债权人会议。债权人会议由依法申报债权的债权人组成，债权人会议成员享有表决权。但有财产担保的债权人未放弃优先受偿权利的，其对通过和解协议和通过破产财产的分配方案的事项不享有表决权。债权人会议负责核查企业债权，编制债权表；申请人民法院更换管理人、审查管理费用和报酬；监督管理人；选任和更换债权人委员会成员；决定继续或者停止债务人的营业；讨论通过重整计划、和解协议、债务人财产的管理方案、破产财产的变价方案、破产财产的分配方案及人民法院认为应当由债权人会议行使的其他职权。

（5）宣告破产。人民法院依照《破产法》规定宣告债务人破产的，应当自裁定作出之日起5日内送达债务人和管理人，自裁定作出之日起10日内通知已知债权人，并予以公告。债务人被宣告破产后，债务人称为破产人，债务人财产称为破产财产，人民法院受理破产申请时对债务人享有的债权称为破产债权。

（6）清理变现财产。管理人应当及时拟订破产财产变价方案，提交债权人会议讨论，按照债权人会议通过或者人民法院裁定的破产财产变价方案，适时变价出售破产财产。

（7）分配破产财产。管理人应当及时拟订破产财产分配方案，提交债权人会议讨论。债权人会议通过破产财产分配方案后，由管理人将该方案提请人民法院裁定认可后，由管理人执行。

（8）终结破产程序。管理人在最后分配完结后，应当及时向人民法院提交破产财产分配报告，并提请人民法院裁定终结破产程序。根据《破产法》的规定，破产程序终结方式有三种情况：一是因和解、重整程序顺利完成而终结；二是因债务人的破产财产不足以清偿破产费用而终结；三是因破产财产分配完毕而终结。

人民法院应当自收到管理人终结破产程序的请求之日起15日内作出是否终结破产程序的裁定。裁定终结的，应当予以公告。管理人应当自破产程序终结之日起10日内，持人民法院终结破产程序的裁定，向破产人的原登记机关办理注销登记。

教学文档

文献：软预算约束视角下破产清算程序之反思及重构

## 二、企业破产清算会计的内容

### （一）资产的清算

破产清算期间的资产包括破产资产和非破产资产。

破产资产是指企业被宣告破产后，用以支付破产费用、偿付破产债务的资产。需要注意的是，破产资产的确认并不是以存放于破产企业为标准。破产资产的确认，除了应符合资产的一般定义特征外，还应符合以下确认标准：

（1）破产资产必须是具有一定货币价值的、能够清偿债务的资产或财产权利。

（2）破产资产必须是破产企业可以独立支配的资产。凡是不能由破产企业独立支配的资产，如破产企业受托加工、代销的存货等，不应确认为破产资产。

（3）破产资产必须是符合法律规定的时限的资产，即破产宣告时属于破产企业的资产以及破产宣告后、破产程序终结前取得的各种资产，均属于破产资产。

（4）破产资产必须是可以依照破产程序强制清偿的资产。凡是不应当经破产程序清偿的资产以及国家法律明确规定禁止强制执行的财产，不应确认为破产资产，如抵押给债权人的、由债权人享有优先受偿权的固定资产等。

依照破产资产的确认标准及有关法规的规定，破产资产应包括以下内容：

（1）破产宣告时，破产企业经营管理的全部资产。

（2）破产企业在破产宣告后至破产程序终结前取得的资产。它包括破产企业收回的各种应收款项形成的资产；人民法院受理破产案件前6个月至破产宣告之日，破产企业由于无效行为如隐匿、私分或无偿转让资产，非正常压价出售资产，对没有财产担保的债务提供担保，对未到期的债务提前清偿，放弃自己的债权等，依照法律规定应由清算组追回的财产；破产程序终结后一年内，如果发现破产企业有上述行为，其财产也应追回，作为破产资产。

（3）破产企业未到期的、应在将来行使的财产请求权。如暂存于企业之外的财产的收回权、财产被损害产生的赔款请求权等。

（4）担保资产的数额大于担保债务数额的差额。

（5）破产企业与他人组成法人型或合伙型联营企业的，破产企业作为出资人投入的财产和应得收益应当收回，并作为破产资产。

（6）破产企业的抵销资产数额大于抵销债务数额的差额应作为破产资产。

（7）应当由破产企业行使的其他财产权利应属于破产资产，如专利权、著作权等。

（8）党、团、工会等组织占用的破产企业的资产。

在破产清算会计中，根据有关法律法规的规定，破产企业必须严格划分破产资产与非破产资产的界限。但由于破产企业的资产在实物整体上的不可分割性，决定了企业难以从实物数量上进行划分，因此，有必要在对破产企业的全部资产进行重新计量的基础上，从中划分出破产资产的价值额。

对破产资产的计量方法有很多，一般情况下，应根据破产资产的构成及具体特点不同而采用不同的方法，应用的主要方法包括账面净值法、重置成本法、现行市价法、清算价格法、协商估价法、调查分析法等。我国要求破产资产采用破产资产清算净值计量。

与破产资产相对应，非破产资产是指根据《破产法》以及有关法律法规的规定，具有专门用途的、不能用于偿付破产债务的资产，主要包括担保资产、抵销资产、受托资产、其他非破产资产等。

教学文档

破产资产清算净值和破产债务清偿价值的概念辨析

## （二）负债的清算

破产清算期间的负债包括破产债务和非破产债务。破产债务是在破产宣告前成立的，依法申报确认，并应从破产财产中公平、强制清偿的债务。与普通债务相比，破产债务具有通过破产程序强制履行、破产债务的履行受债务人财产价值的限制、诉讼时效明确规定为3个月等特点。

从破产债务的内容构成角度看，破产债务包括以下内容：

（1）无财产担保债务。无财产担保债务是指破产宣告前成立的、没有提供财产担保、不具有优先受偿权利的债务。这种债务具有涉及的债权人分散、偿付金额不大等特点。

（2）放弃优先受偿权利的债务。放弃优先受偿权利的债务是指原来具有财产担保，但因自愿或其他原因而放弃由担保而产生的优先受偿权利的债务。

（3）担保差额债务。担保差额债务是由于担保资产的价值低于担保债务而未受清偿的部分。

（4）保证债务。保证债务是指为破产企业的债务提供保证的保证人，在代破产企业清偿债务后形成的代为清偿债务。

（5）抵销差额债务。抵销差额债务是指破产企业对债权人的债务数额大于债权数额的差额。

（6）赔偿债务。赔偿债务是指企业被宣告破产，清算组接管破产企业后，由于清算组解除破产企业未履行的合同而给另一方当事人造成损害的赔偿额。

与破产债务相对应，非破产债务是指根据有关法律法规的规定，不属于破产债务的范围、由特定资产偿付的债务，包括担保债务、优先清偿债务、抵销债务、受托债务等。此外，债权人逾期未申报债权、债权人为个人利益参加破产程序的费用以及破产宣告前对债务人的刑事或行政处罚等也属于非破产债务。其在破产宣告后不得作为破产债权再追缴。

教学文档

破产清算程序中的税收债权问题

## （三）清算净值

破产企业的清算净值等于破产企业资产减去负债后的净额。

## （四）清算损益

清算损益是指在清算期间发生的收益或者损失，由清算收益、清算损失和破产费用构成。

1. 清算收益

（1）清算期间破产企业财产变卖收入高于其账面成本之间的差额，包括存货变现收益、固定资产变现收益、对外投资变现收益、应收款项变现收益（如应收票据等）、无形资产变现收益等。

（2）清算期间因破产企业债权人的原因而确实无法偿还的债务、消除的债务以及以变现资产不足以清偿的免责债务。

（3）清算期间发生的财产盘盈作价收入。

（4）由清算组决定继续履行的、在企业宣告破产日之前尚未完结的经济业务所产生的经营损益。

（5）清算组追回的，破产企业自人民法院受理破产案件前6个月至破产宣告日，因隐匿、私分或无偿转让财产、放弃债权等而转移的财产的价值。

2. 清算损失

（1）清算期间破产企业财产变卖收入低于其账面成本之间的差额，包括存货变现损失、固定资产变现损失、对外投资变现损失、应收款项变现损失、无形资产变现损失等。

（2）清算期间破产企业依据相关法律法规重新确认债务而产生的债务增加额。

3. 破产费用

（1）由于破产财产管理、变卖和分配等发生的清算管理费用。

（2）清算组在破产案件审理过程中支付的破产宣告公告费、破产案件受理费、破产债权调查费等案件诉讼费用。

（3）为债权人的共同利益而在破产程序中支付的各项共益费用。

（4）按照相关法律法规，优先用于安置破产企业职工的破产安置费用。

## 三、企业破产清算的会计处理①

### （一）主要步骤

（1）编制破产报表日的清算报表。

（2）核算清理费用。

（3）核算变价收入。

（4）核算收回的债权及清偿的债务。

（5）核算剩余的股东权益。

（6）编制清算报表。

（7）归还各类股东权益。

### （二）账户设置

破产企业的会计档案等财务资料经法院裁定由破产管理人接管的，在企业被法院宣告破产后，可以比照原有资产、负债类会计科目，根据实际情况设置相关科目，并增设相关负债类、清算净值类和清算损益类等会计科目。破产企业还可以根据实际需要，在一级科目下自行设置明细科目。

1. 负债类科目

（1）“应付破产费用”科目。本科目核算破产企业在破产清算期间发生的破产法规定的各类破产费用。

（2）“应付共益债务”科目。本科目核算破产企业在破产清算期间发生的破产法规定的各类共益债务。

教学文档
共益债务

① 本部分内容根据财政部2016年12月颁布的《企业破产清算有关会计处理规定》编写。

2. 清算净值类科目

“清算净值”科目。本科目核算破产企业在破产报表日结转的清算净损益科目余额。破产企业资产与负债的差额，也在本科目核算。

3. 清算损益类科目

（1）“资产处置净损益”科目。本科目核算破产企业在破产清算期间处置破产资产产生的、扣除相关处置费用后的净损益。

（2）“债务清偿净损益”科目。本科目核算破产企业在破产清算期间清偿债务产生的净损益。

（3）“破产资产和负债净值变动净损益”科目。本科目核算破产企业在破产清算期间按照破产资产清算净值调整资产账面价值，以及按照破产债务清偿价值调整负债账面价值产生的净损益。

（4）“其他收益”科目。本科目核算除资产处置、债务清偿以外，在破产清算期间发生的其他收益。

（5）“破产费用”科目。本科目核算破产企业破产清算期间发生的破产法规定的各项破产费用，主要包括破产案件的诉讼费用，管理、变价和分配债务人资产的费用，管理人执行职务的费用、报酬和聘用工作人员的费用。本科目应按发生的费用项目设置明细账。

（6）“共益债务支出”科目。本科目核算破产企业破产清算期间发生的破产法规定的共益债务相关的各项支出。

（7）“其他费用”科目。本科目核算破产企业破产清算期间发生的除破产费用和共益债务支出之外的各项其他费用。

（8）“所得税费用”科目。本科目核算破产企业破产清算期间发生的企业所得税费用。

（9）“清算净损益”科目。本科目核算破产企业破产清算期间结转的上述各类清算损益科目余额。

破产企业可根据具体情况增设、减少或合并某些会计科目。

### （三）账务处理

1. 破产宣告日余额结转

法院宣告企业破产时，应当根据破产企业移交的科目余额表，将部分会计科目的相关余额转入以下新科目，并编制新的科目余额表。

（1）原“应付账款”“其他应付款”等科目中属于破产法所规定的破产费用的余额，转入“应付破产费用”科目。

（2）原“应付账款”“其他应付款”等科目中属于破产法所规定的共益债务的余额，转入“应付共益债务”科目。

（3）原“商誉”“长期待摊费用”“递延所得税资产”“递延所得税负债”“递延收益”“股本”“资本公积”“盈余公积”“其他综合收益”“未分配利润”等科目的余额，

转入“清算净值”科目。

2. 破产宣告日余额调整

（1）关于各类资产。破产企业应当对拥有的各类资产（包括原账面价值为零的已提足折旧的固定资产、已摊销完毕的无形资产等）登记造册，估计其破产资产清算净值，按照其破产资产清算净值对各资产科目余额进行调整，并相应调整“清算净值”科目。

（2）关于各类负债。破产企业应当对各类负债进行核查，按照相关规定对各负债科目余额进行调整，并相应调整“清算净值”科目。

3. 处置破产资产

（1）破产企业收回应收票据等各项债权，出售各类投资、实物资产、无形资产等各项破产资产，按照收到的款项，借记“银行存款”等科目；按照相关资产的账面价值，贷记相关资产科目（若需要缴纳税费，则按应当缴纳的税费贷记“应交税费”科目）；按其差额，借记或贷记“资产处置净损益”科目。

（2）破产企业的划拨土地使用权被国家收回，国家给予一定补偿的，按照收到的补偿金额，借记“银行存款”等科目，贷记“其他收益”科目。

（3）破产企业处置破产资产发生的各类评估、变价、拍卖等费用，按照发生的金额，借记“破产费用”科目，贷记“银行存款”“应付破产费用”等科目。

4. 清偿债务

（1）破产企业清偿破产费用和共益债务，按照相关已确认负债的账面价值，借记“应付破产费用”“应付共益债务”等科目；按照实际支付的金额，贷记“银行存款”等科目；按其差额，借记或贷记“破产费用”“共益债务支出”科目。

（2）破产企业按照经批准的职工安置方案支付的所欠职工的工资和医疗、伤残补助、抚恤费用，应当划入职工个人账户的基本养老保险、基本医疗保险费用和其他社会保险费用，以及法律、行政法规规定应当支付给职工的补偿金，按照相关账面价值借记“应付职工薪酬”等科目；按照实际支付的金额，贷记“银行存款”等科目；按其差额，借记或贷记“债务清偿净损益”科目。

（3）破产企业支付所欠税款，按照相关账面价值，借记“应交税费”等科目；按照实际支付的金额，贷记“银行存款”等科目；按其差额，借记或贷记“债务清偿净损益”科目。

（4）破产企业清偿破产债务，按照实际支付的金额，借记相关债务科目，贷记“银行存款”等科目。

（5）破产企业以非货币性资产清偿债务的，按照清偿的价值借记相关负债科目；按照非货币性资产的账面价值，贷记相关资产科目；按其差额，借记或贷记“债务清偿净损益”科目。

（6）债权人依法行使抵销权的，按照经法院确认的抵销金额，借记相关负债科目，贷记相关资产科目，按其差额，借记或贷记“债务清偿净损益”科目。

5. 其他账务处理

（1）在破产清算期间通过清查、盘点等方式取得的未入账资产，应当按照取得日的破产资产清算净值，借记相关资产科目，贷记“其他收益”科目。

（2）在破产清算期间通过债权人申报发现的未入账债务，应当按照破产债务清偿价值确定计量金额，借记“其他费用”科目，贷记相关负债科目。

（3）在编制破产清算期间的财务报表时，应当对所有资产项目按其于破产报表日的破产资产清算净值重新计量，借记或贷记相关资产科目，贷记或借记“破产资产和负债净值变动净损益”科目；应当对所有负债项目按照破产债务清偿价值重新计量，借记或贷记相关负债科目，贷记或借记“破产资产和负债净值变动净损益”科目。

（4）破产企业在破产清算期间，作为买入方继续履行尚未履行完毕的合同的，按照收到的资产的破产资产清算净值，借记相关资产科目；按照相应的增值税进项税额，借记“应交税费”科目；按照应支付或已支付的款项，贷记“银行存款”“应付共益债务”或“预付款项”等科目；按照上述各科目的差额，借记“其他费用”或贷记“其他收益”科目。企业作为卖出方继续履行尚未履行完毕的合同的，按照应收或已收的金额，借记“银行存款”“应收账款”等科目；按照转让的资产账面价值，贷记相关资产科目；按照应缴纳相关税费，贷记“应交税费”科目；按照上述各科目的差额，借记“其他费用”科目或贷记“其他收益”科目。

（5）破产企业发生破产法规定的相关事实，破产管理人依法追回相关破产资产的，按照追回资产的破产资产清算净值，借记相关资产科目，贷记“其他收益”科目。

（6）破产企业收到的利息、股利、租金等孳息，借记“银行存款”等科目，贷记“其他收益”科目。

（7）破产企业在破产清算终结日，剩余破产债务不再清偿的，按照其账面价值，借记相关负债科目，贷记“其他收益”科目。

（8）在编制破产清算期间的财务报表时，有已实现的应纳税所得额的，考虑可以抵扣的金额后，应当据此计算应交所得税，借记“所得税费用”科目，贷记“应交税费”科目。

（9）在编制破产清算期间的财务报表时，应当将“资产处置净损益”“债务清偿净损益”“破产资产和负债净值变动净损益”“其他收益”“破产费用”“共益债务支出”“其他费用”“所得税费用”科目结转至“清算净损益”科目，并将“清算净损益”科目余额转入“清算净值”科目。

教学案例

破产清算综合举例

## 课后思考题

1. 什么是企业清算？
2. 企业清算会计有哪些特点？

3. 企业普通清算与企业破产清算的会计处理有哪些区别?
4. 企业普通清算的一般程序是什么?
5. 企业的破产资产应包括哪些内容?如何进行计量?

## 第九章教学课件

教学课件
清算会计

教学文档
课外文献拓展

## 案例分析题及参考答案

## 即测即评

请扫描右侧二维码,进行随堂测试。

# 主要参考文献


［1］陈信元．高级财务会计［M］．3版．上海：上海财经大学出版社，2021．
［2］高晓林，田高良．高级财务会计［M］．3版．西安：西安交通大学出版社，2021．
［3］耿建新，戴德明，周华．高级会计学［M］．9版．北京：中国人民大学出版社，2022．
［4］黄中生，路国平．高级财务会计［M］．3版．北京：高等教育出版社，2019．
［5］刘永泽，傅荣．高级财务会计［M］．7版．大连：东北财经大学出版社，2021．
［6］王跃堂．高级财务会计［M］．北京：高等教育出版社，2019．
［7］施先旺，马荣贵．高级财务会计［M］．大连：东北财经大学出版社，2020．
［8］吴娜，韩传模．高级财务会计［M］．2版．厦门：厦门大学出版社，2020．
［9］中国注册会计师协会．会计［M］．北京：中国财政经济出版社，2023．
［10］周华．高级财务会计［M］．3版．北京：中国人民大学出版社，2019．

读者意见反馈

为收集对教材的意见建议，进一步完善教材编写并做好服务工作，读者可将对本教材的意见建议通过如下渠道反馈至我社。

咨询电话 400-810-0598

反馈邮箱 gjdzfwb@pub.hep.cn

通信地址 北京市朝阳区惠新东街4号富盛大厦1座

高等教育出版社总编辑办公室

邮政编码 100029